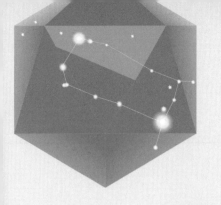

揭開
星盤之謎

全方位星盤解讀, 帶你活出自己的人生藍圖

GETTING TO THE HEART OF YOUR CHART
Playing astrological detective

倫敦占星學院校長
法蘭克·柯利佛 *Frank C. Clifford* 著
陳燕慧、馮少龍 譯

謝辭

致我的摯愛蘇·哈里特·史密斯（Sue Harriet Smith）

我的太陽與第十一宮金星合相在牡羊座，兩顆星皆對分相天王星，我非常幸運地在這二十多年來成爲一個占星師，與極具智慧、動力、創意和勵志的多位女性來往並從她們身上學習。因此，我要將這本書獻給以下女性——所有我有幸從中學習、許多人已經成爲我的朋友的占星師們：

琳恩·比爾（Lynne Beale）、琳恩·貝兒（Lynn Bell）、格拉齊亞·波多尼（Grazia Bordoni）、貝拉迪克·布雷迪（Bernadette Brady）、卡羅琳·凱西（Caroline Casey），菲·柯薩爾（Faye Cossar）、達比·科斯特洛（Darby Costello）、帕梅拉·克雷恩（Pamela Crane）、蘇·蒂娜（Sue Dibnah）、愛麗絲·伊瑞克（Alice Ekrek）、金·法利（Kim Farley）、菲奧娜·格雷厄姆（Fiona Graham）、麗茲·葛林（Liz Greene）、珍妮·哈特（Jenni Harte）、達娜·哈樂黛（Dana Holliday）、迪波拉·霍丁（Deborah Houlding），瑪菲斯·克萊因（Mavis Klein）、潔西卡·莫瑞（Jessica Murray）、黛德麗·派辛（Dietrech Pessin）、梅蘭妮·瑞茵哈特（Melanie Reinhart）、伊芙琳·羅伯茲（Evelyn Roberts）、洛伊絲·羅丹（Lois Rodden）、溫蒂·史黛西（Wendy Stacey）、珍·斯特拉瑟斯（Jane Struthers）、艾琳·沙利文 Erin Sullivan 和蘇·湯普金（Sue Tompkins）。

我真誠地感謝以下支持我創作這本書的人：

　　南格里（Nan Geary）、珍・斯特拉瑟斯（Jane Struthers）、賽・斯科爾菲爾德（Sy Scholfield）、塔瑪拉・斯塔門科維奇（Tamara Stamenkovic）、艾伯特・布加（Albert Buga）、麥可・尼爾（Michael Nile），科芬園（Covent Garden）占星商店的巴里・斯帝利特（Barry Street）和克雷格・克諾藤貝爾特（Craig Knottenbelt）。最後，感謝保羅・偉特（Paul Wright），他通過他的《占星術行動》（*Astrology in Action*），讓當初還是一個新手占星師的我張開雙眼，在星盤上找出主題和暗示。

目錄

附錄

導論

當你觀察星盤時，通常會從哪裡開始呢？你如何評斷哪些是最重要的領域與主題？你如何找出星盤中強調的主題及重覆出現的模式呢？

即使擁有多年經驗的占星師也經常會迷失於細節之中，在試圖整合星盤中不同領域的過程中，主要主題可能會變得模糊不清，而本書的目的就在於協助初學者、占星學學生及專業占星師去找出星盤中重要的元素、特色及情節。

本書專注於星盤中所強調的主題、關鍵相位、不平衡及交點行星——那些透過重覆而凸顯的領域。我的原意絕非是想要將星盤簡化成少數的關鍵因素，去忽略星盤（及其主人）中其他相對細微的部分；相反的，我希望呈現的是，當我們能夠找出星盤中主要參與的角色，並把各種不同主題排列出先後輕重，我們就會發現這個生命故事的主要動能，這能夠讓我們占星師的工作變得比較簡單，同時也比較有效。

本書並非是一本按圖索驥的星盤分析書，也不是要示範如何將行星以星座、宮位及相位混搭的入門書，如果你想要的是這種書的話，市面上已經有相當多不錯的選擇（我在「推薦書目」中列出了一些）；反之，本書重點在於找出星盤中重要的主題及部分，然後透過例子去展示「落實的占星學」。

在接下來的章節中，我會示範解盤的簡易方法，這些方法有助於評估星盤劇中的重要角色、以及那些正在有效演出的行星。

你會學到如何更有效率地精簡資訊，但是要記住，我們不是從頭到尾採用消去法，而是要具體找出關鍵資料並且示範如何詮釋。

本書旨在幫助讀者學習如何辨別、衡量及整合星盤中的所有細節，以下是本

書六個部分的詳細介紹：

1. **工具介紹**：在每一張星盤中都能夠找到的重要部分（元素、模式、黃道星座、行星、四個軸點、十二宮位及相位），這一章會介紹一些快速入門，讓大家認識守護星、支配星及逆行，並分析行星的先後次序。

2. **首要考量**：學習找出星盤中主要的行星角色，評估它們的影響力以及特別的作用方式。

3. **主要評估**：井然有序地「進入」星盤去衡量出生盤中的關鍵領域，透過書中許多人物簡介的協助，你將學習到：

   - 如何從行星的宮位分佈，辨認出關鍵行星或領域。
   - 如何考量星盤上的四個軸點星座以評估此「羅盤」的傾向。
   - 如何辨別出太陽、月亮及上升點（「三大巨頭」）之間的差別，以及它們背後的動力。
   - 計算元素及模式的不平衡。
   - 深入觀察星盤中的主要相位（合相、四分相及對分相）。
   - 分析圖形相位，例如 T 型三角、大十字及大三角圖形相位。
   - 找出星盤主要強調的主題。

4. **五個星盤主題**：在其自傳性的簡介之下，你會看到星盤主題（從模式的不平衡到行星的強調或各種配置）如何去鋪陳、展現名人們的人生。

5. **說出你的星盤**：探討傳記去建立行星檔案，透過特定相位進行偵探遊戲，從電視、音樂、書籍、犯罪及政治演說中玩味占星學上的呼應。

6. **整合**：提出五個延伸檔案及工作表，運用傳記去辨別、整合每張星盤的關鍵領域。

水星法

　　整合分析星盤的方式有很多，因爲我的本命盤中有強烈的水星特質（上升雙子座、月亮處女座落入第三宮，水星在第十宮），因此本書以及書中所介紹的解盤方式當然也會反映出這些特質。某些占星師會從太陽開始入手，也有些人會先從上升點開始，然後跳到星盤守護星；有些人會先計算元素及模式，另一些人則會先深入觀察星群或直覺地從那些與他們「對話」的地方開始。我個人認爲這些方式都相當有價值，當中也沒有對錯（話雖如此，但我眞的建議學生不要一開始就馬上跳到月亮情結，因爲如果諮商一開始就立刻跳到這個非常敏感的地方，往往會造成很大的傷害）。很多占星師並不跟個案一起討論星盤，這一點則存在相當大的討論空間！當然，世上解讀星盤的方法不止一種，也沒有絕對正確的方式，當你有豐富的辭彙、有效的技巧並完整理解星盤的主要部分，那麼條條大路通羅馬。

　　在開始解盤之前，我們必須知道星盤的主要部分——星座、行星、宮位、相位——然後也要清楚掌握一顆位置強勢而有影響力的行星具有哪些條件，這些構成了本書的前兩章（從第 27 頁開始的〈工具介紹〉以及從第 89 頁開始的〈解盤之前的考量〉）。然後，在開始分析星盤之前，我會檢視有哪些突出的部分（例如：單一元素、模式的行星，或元素的缺乏），或是行星主題的重覆出現（從檢視「太陽／月亮／上升」三位一體的考量，到主要圖形相位的思考），這構成自第 99 頁開始〈重要的評估〉章節的討論基礎。

　　身爲執業占星師，可能有人認爲我們需要減少社會行星與外行星的運用，請原諒我以下略爲誇張的敘述：

- 當我們全成爲「唯一眞理占星學派」（the School for One True Astrology）的校長，只接受得到啓發的人，並且蔑視其他不同占星學派時，少運用一點天王星。

- 當模糊不清的說法似乎樣樣都說得通、分析星盤時缺乏分辨能力，並且當諮商是為了拯救／救贖個案（而且每次都是五小時馬拉松式的諮商）時，少運用一點海王星。
- 當我們扮演評判專家，無所不知，並且樂於被視為偉大的先見者或預言家時，少運用一點木星。
- 當我們變成一個喋喋不休、重覆各種教條學理、甚至無視於各種新的發現、發展或數百年嶄新研究的占星師；在我們機械式地將僵硬的規則強加於限制性的星盤架構上，並且錯失（或是未能抱持同理）星盤背後那個真實的人；在分析本命盤變成一種藉口，只為了批判他人的天性或將他們以非黑即白的方式分類時，少運用一點土星。
- 當我們會恐嚇個案，使他們以為自己正身處於絕望深淵，難以改變自己的處境或難以避開那可怕的「命運」或業力；在個案從諮商室離開的時候，將星盤視為是讓自己變成受害者的藉口，而把力量交給上天或占星師，並經常聽到「虐待」一詞時，少運用一點冥王星。

　　我個人的意見是，我們這些希望運用「人本占星學」的人，就行星而言，也許可以把眼光移近地球一點，多運用一點水星，這會有一些幫助。身為提供諮商服務的占星師，我們的工作具有水星特質，也就是說我們需要發展出豐富的辭彙、學習行星位置的關鍵字、並從個人、朋友及家人中取樣。

　　透過思考朋友及家人的人生及經歷，我們見證了月亮摩羯座會如何「反應」，位於下降點的土星會如何透過各種不同的人、以不同的方式「呈現」；但如果沒有眾多的個案研究的話，我們只會更強調其他占星師說法、並將刻板印象加諸於別人身上。只有建立一個特徵的「儲藏庫」，我們才能避免將行星的可能性及占星學的假設硬貼在客戶身上！藉由研究那些有著相似人生經歷、事件、特質的人的星盤，我們可以在其星盤中尋找共同主題。

　　我們需要知道星盤中每個細節的意思，然後成為中間人、媒介，並與客戶一

起解讀符號，最重要的是，我們需要詢問背景資料，所謂「真相就在那裡」，不僅僅是在星盤上，而是在我們面前這個人身上。也許我們會需要一些可以在諮商時使用的辭彙，用來解釋某個相位或行星位置，但是我們也需要聆聽個案的話及他們的故事。與其（根據星盤因素）將成大量分析加在個人身上，我們可以從「對話」中得到更多，並聆聽客戶會如何使用某個特別的相位或位置。只有客戶本人可以真正賦予星盤生命，因為如果缺乏背景資料的話，我們所擁有的就只是一堆可能解釋的成串符號（無論它們是如何精彩）。當我們面見更多個案，並從他們身上聆聽更多故事，下次遇到擁有相似星象的客戶時，我們也越能夠清晰地闡述它們（以及其各種不同變化）。（關於此水星特質的過程，請見始於229頁〈說出你的星盤〉一章）。

也請不要忘記其他內行星，我們需要一些金星讓我們有好的氣息、看起來有稍作打扮而不是剛從野地回來一般；我們也需要一點月亮好讓我們能夠同情別人、打開心胸、從個案星盤去想像其每日生活的滋味，並謹記尊重與同理心永遠需凌駕於想要預言、忠告或「撥亂反正」的渴望。

「他會那樣說吧？不會嗎？」

本書目的在於提供一種方法（我的特殊方式），讓星盤描述變得更直接、有系統，而這方法來自我多年來的星盤研究及近二十年來為個案解讀星盤的經驗。占星師都有其自己的處事方式，這也顯露了他們是哪一種人（以及擁有怎樣的星盤）；我的方式則表達了我是一個怎樣的人並且是怎樣的占星師，我希望這方法會有用，但同時我也希望它能夠幫助你去發現或發展屬於你身為占星師的風格。

當我們分析星盤時，不可以忽略自己的星盤、經歷及盲點這些如何影響了我們看待世界的方式，也不能無視我們看待及活出這些符號的覺察力及能力。我在第137頁中公開了自己的星盤，因為當你寫一本書的目的在於提供個人看法卻不展示其背後的占星符號，這是毫無意義的。我的星盤中強調火星與水星的主題，而這兩顆行星都與做出快速連結有關。我的水星／冥王星對分相熱愛深入挖

掘、追循軌跡及扮演偵探；土星在上升雙子座以及月亮處女座則充分暗示了我對研究傳記、收集準確數據、以及渴望正中星盤核心——精髓——的渴望，好讓客戶覺得受用。

所有星盤都是簡單易解的！

KISS 法則

很多年前，在我廿多歲時，獲邀參加由某位著名占星師在洛杉磯所舉辦的大師講座，出席者都是擁有多年經驗的占星師，工作坊班長展示赫爾曼‧黑塞（Hermann Hesse）的本命盤，某個學生突然冒出一句話：「噢，這張星盤很難懂。」其餘出席者也表示認同並放棄嘗試解盤！這對我來說無疑是大開眼界的經歷：看到那些專業人士苦苦掙扎，找不出一種詮釋星盤的方法，並在過程中被打敗。我在黑塞的星盤中可以看到一些相當關鍵而簡單的主題：有三顆行星在雙魚座，而木星合相上升點在射手座，強調星盤中的木星主題，當時我覺得我不可能像在座任何人那般了解占星，如果我發言的話只會讓自己出醜，所以我保持沉默，這件事也讓我後悔至今！

時至今日，我不認為有任何一張星盤是難以解讀的，只要有方法，所有星盤都可以被解讀、理解然後整合，尤其當你以職業占星師的身分展開解讀星盤的過程時，使用 KISS 法則可謂相當重要。親愛的，記得要維持簡單！我個人認為，很多占星師在工作時因為繁複的技巧及星盤重點而感到困擾，然而，真正的專業占星師在使用四重星盤或許多額外的星盤重點時，通常會使用相當緊密的角距容許度，並專注於星盤中序列的特別領域（這讓我想起經驗豐富的占星師潘蜜拉‧克萊恩（Pamela Crane）。但是很多人似乎被太多可以參考的重點淹沒，讓意義變得模糊不清，最終無可避免地造成混亂，對於客戶的回饋也會相對減少。

我尚未使用那些近年來發現的天體或小行星，但我希望有朝一日可以多花點時間去研究它們。多年來，潘蜜拉‧克萊恩提出小行星的名字與我們日常生活中

重要的人／地／事物名稱之間某些智慧無比的連繫，這引起我的興趣，也許不久的將來，小行星會再次掀起熱潮，然後大家都會接受它們、認同它們能夠提供某些特別資訊，而不再只會擾亂星盤或讓星盤的主題變得模糊。

另外，讓人感到不舒服的是：盲目依附於某種「制度」的習慣。當我們看越多星盤，我們越能理解多年前占星學象徵符號的論述，關於：「哪些星象會造就卓越的專業人士、成功的演員或劃時代的畫家」，這些再也經不起時間的考驗，也許部分原因源自於大家對於星盤真正可描述的內容理解不同，同時必須將各種外在因素納入考量。有一次，當一位客座導師來到我的學院，他認為非常多總統及總理的出生盤時間都不正確，因為這些星盤中皆缺乏世界領袖應該具備的條件（根據她所追隨的占星學教條），這讓我萬分錯愕，我幾乎想跟她說：「如果這些（正確來源）星盤無法支持你的假設，沒關係，但請不要質疑星盤，只要找到更好的工具便是。」這是另外一個極少讓我咬牙切齒的時刻。

在帶翼信使墨丘里（Mercury——水星） 的協助下，我們可以尋找模式、建立連結，並揭露其中的關聯，我們可以將重要的主題獨立、保留，就如同美國占星師史蒂芬・弗里斯特（Steven Forrest）所言：「秩序、清晰及觀點」（他的土星在天頂處女座）。我們需要研究數百張星盤去磨練自己的工具，而在嘗試從星盤中汲取任何意義之前，需要有組織地準備星盤分析、運用可靠的方法去扮演偵探，這方法當然必須先受過測試與考驗，但更重要的是，它需要具有被修正的空間！因為每一張新的星盤與自傳故事都會教導我們一些新事物，讓我們對於占星學的實踐有更豐富的認知。你會有自己的人生經歷、也會從各種人身上汲取經驗，但請先從一種方法開始。**解盤是一個我們與客戶共同探索發現的過程，從星盤慢慢鋪展開來的敘事，去編織一個持續上演的故事。我們的工作是解讀星盤，而不是重寫星盤！**記得似乎是查理斯・卡特（Charles Carter）曾經寫過：「占星學讓天地之間的對話能夠被聽見」。

宮位制

在本書中，我選擇以等宮制（Equal system）顯示星盤，因為多年來我發現此系統在預測及詮釋時比較優勢，而且這它能增加兩個額外工具：黃道在地平線上的最高點（nonagesimal）與最低點（nadir），兩者分別與上升點形成九十度，前者為等宮制的第十宮宮首，後者則為第四宮宮首。在等宮制中，十二宮裡每一宮宮首皆與上升點形成相位，而透過與此相關的星座也會形成自然／相稱的相位（例如，當上升點落入金牛座，它分別與第十宮宮首與第四宮宮首的水瓶座和獅子座——也就是自然會與金牛座四分相的星座形成四分相）。在我的觀察中，「行星落於某個宮位」最明顯值得注意的詮釋是：如果某顆行星非常接近等宮制中的宮首，無論它落在宮首前後兩個宮位中的哪一宮，行星在那一宮的特質會最顯而易見，會帶著與此位置有關的強烈訊息，並同時會與上升點形成適當相位。

然而，無論你使用哪一種宮位制，你都能夠運用本書所有的技巧及概念——請選擇最適合你的一套方法！其中沒有所謂「正確」與「唯一」的方式。在課堂中，我要求學生在選擇自己覺得最安適的宮位制之前，先使用各種宮位制檢視大量星盤，同時不要為了讓行星表面上落入「較好」的宮位而做出選擇。

在本書中，我一直盡量避免強調宮位分析；反之，我們會專注於四個軸點、行星／星座的動力、以及行星之間透過相位進行的對話，不管你選擇哪一種宮位制，星盤的重要主題都一樣會以各種方式重覆出現。如果你想知道更多關於宮位的內容，請參閱 57 頁。

深入思考

星盤並非既定事實，也不是不可逆轉的特質及事件，上天召喚我們去書寫自己的故事，成為自己人生的創作者。從出生的那一刻起，星盤也許真的「命定」了在某些固定、可預測的時刻可能會經歷某些行運、推運及正向推運。然而，此

段旅程及其諸多選擇並非無法改變，即使我們要前往某處，也有許多選擇路線，可以說，星盤揭示了許多選擇，讓我們去跋涉、跨越特殊的地形以及可能的目的地。丹恩‧魯伊爾（Dane Rudhyar）將星盤視為「一套指引」，使我們能夠最淋漓盡致的發揮自己的基本能量。每張星盤都有同樣的工具（星座，行星及宮位）——這暗示了人性的構成對我們來說皆不陌生——然而，我們有不同的選擇、領域及引導。占星師理查‧史華頓（Richard Swatton）在《從象徵符號到實質》（From Symbol to Substance, Flare, 2012）一書中討論了不同層次的呼應，提醒我們可以在多種層次面向上去解讀符號，例如：物體、原則、感受、情緒、態度、位置、行動、專業及人物。

　　以下是我對於占星學少數的「信念」之一：我們生來皆有一系列的行星落入特定的星座及宮位，並且相互形成相位，展現出我們的驅動力及人生劇本——一系列可能的事件、處境及遭遇。然後，我們會透過各種人及境遇去迎接生命，它們會引發這些驅動力及劇本，並以各種方式鼓勵我們變得更為接近天生注定樣子。換句話說，自出生開始，我們就在各種人事之中遇到自己的星盤主題（也就是我們的「合約」），這是為了讓我們「練習」與自己的星盤建立關係或把將它「活出來」（請參見 35 頁開始每個星座的最後段落）。因此，星盤中有強烈天秤座主題的人會在生命早期遇到衝突（例如：兄弟與父親不合，或是父母決定離婚並要求這個天秤座二選一），這會鼓勵他透過化解紛爭、捲起衣袖成為仲裁者、體驗正義的重要性、或從似乎不可能的選擇中做出正確決定，去運用自己的星盤並實踐人生的目的。我們不應該再忍受天秤座「只想要過平靜生活」的呻吟，如果沒有爭吵及決裂的話，他將不會參與其人生目的的重要部分！說句題外話，接受自己的人生挑戰及意義（正如星盤的反映）是人生旅程的重要部分，就如同正面、積極地運用星盤主題一樣重要，諾爾泰（Noel Tyl）的說法是：「行星就是一種需要被滿足、實現的需求。」我們被那些能夠表達本命盤主題的故事吸引，它們會在生命中的特定時刻登場（依照行運或正向推運），當我們有意識地察覺到自己的星盤主題，我們就能夠終結那些再也沒用卻不斷重覆的模式（也

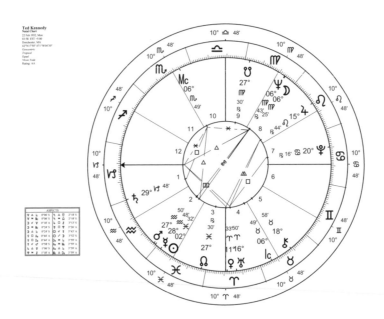

圖說：泰德甘迺迪星盤。

就是說我們撕碎了無益的劇本），並開始去體驗或選擇運用這些星象的不同方式。

　　我們經常會被那些與我們有類似人生境遇的人吸引，這些人可能參與並協助我們去追求星盤中積極正面的面向，並／或撕碎負面的劇本。我們可以快速的看一下泰德‧甘迺迪（Ted Kennedy）的星盤，我在本書第 195 頁記述他的星盤有強烈海王星主題（太陽雙魚座對分相處女座的月亮／海王星合相）；毫無意外地，他第一任妻子瓊恩‧甘迺迪（Joan Kennedy）的太陽／海王星／金星合相於上升處女座，處女座的太陽／上升對分相雙魚座 6 度的土星在下降點，並與泰德的這組處女座／雙魚座軸線組合（在處女座 6 度及雙魚座 2 度）相當緊密，也呼應他星盤中次要的土星主題（上升摩羯座、土星摩羯座在第一宮）。

　　海王星對瓊恩的人生故事具有關鍵性影響：她的父母均有酗酒習慣（其中之一是廣告公司主管），她則成為模特兒及音樂家，於 1958 年 11 月 29 日嫁給泰德‧甘迺迪（在她木星回歸的那一天、行運太陽也來到二人太陽中點射手座 6

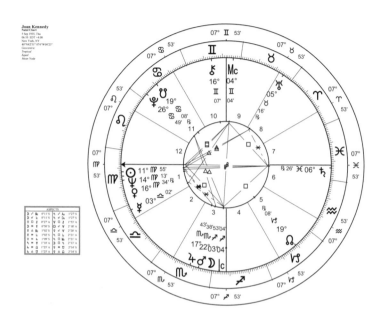

圖說：瓊恩甘迺迪星盤。

度）。這的確與海王星有關，夫婦二人都努力戒酒，承受災厄降臨在孩子身上的痛苦；當泰德在選舉行程中飛機失事而背部受創，瓊恩繼續奮勇向前（土星／下降點在雙魚座）並完成了所有的競選活動及義務，這是在她土星回歸時，行運土星停滯於雙魚座 5 度在她的下降點，並對分相在處女座 6 度的行運天王星。泰德在查帕奎迪克島（Chappaquiddick）的溺水事件（詳見 195 頁）中倖免於難後也帶來醜聞及瓊恩的第三次流產。遺憾的是，二人離婚後，瓊恩仍然要繼續對抗她的慢性酒精中毒、承受酒精相關的傷害、並一直因酒駕被捕，她後來被法庭判處監護令。

背景及其他因素

關於我們能夠從星盤「看到」什麼，尚有許多爭論。然而，星盤本身只是代表「某個時刻」——它可以是任何人事的星盤（我們的星盤並不屬於我們，而是

我們屬於它、屬於那一時刻），占星師必須先有背景資料才可以恰當地解讀星盤；即便如此，星盤仍然蘊含無數的象徵詮釋，它們可以透過各種方式展現。

許多外在因素，例如：教育、文化及社會因素均會影響個人表現其星盤所繼承的潛能，記住這一點也許會對我們有所幫助，（這些外在因素——在某程度上及個人體驗的相對方式——可以從星盤或出生及一生的世俗／世代循環中被解讀）。無論個人如何看待（或是否相信）前世來生，我們也許可以說：「由於」我們的星盤，每個人都「選擇」了一套人生經驗——「我的星盤顯示了我如何看待人生，而我的人生觀影響了我的遭遇」——但這些選擇同時也受外在條件影響。

我們可以進一步說，例如：一個天王星落在重要位置的人可能會「發現」自己處在一個她認為是充滿不公不義的環境（符合其天王星配置）中、並需要將之粉碎或喚醒（天王星的功能）；在許多層面上，她正在尋找一個地方，讓她可以利用強烈渴望去發聲、並成為某種改革運動及改變的催化劑，這與天王星行運的經歷一樣：在天王星行運之下，一定會令人感到窒息或受制於環境！

讓我們再次以天王星為例：同性戀經常被認為與天王星有關，部分原因在於此行星與差異、不正常及「局外人」有關；作為一種簡單的呼應，這樣的聯想頗有依據——但這只限於將同性之愛視為不同、異常並將同性戀視為常理之外的文化或社會。在同性戀男女的個人星盤中，我會認為只有當這個人發現自己打破周遭人們的期望、觀念及「常態」時，才會凸顯出天王星的強烈（例如：一個有月亮／天王星相位的女性，因為拒絕婚姻、家族及家庭傳統，並與她的女性戀人共組家庭而攪亂其居住的小鎮）。

然而，外在因素往往主導並塑造我們的機會，試想，對於一個出生於饑荒之中的人，如果他擁有一張暗示強烈革命性格（或人生）的天王星人星盤，但是飢餓及生存往往比「仗義直言」及站出來對抗不公不義更為重要，那會如何？此人也許不會經歷太多我們認為是天王星人的經驗，但在機會及長壽之下，這張星盤終會透過其主人，以某種形式找到表達的機會、並反映出這顆主導行星的特質。

現在，讓我們正式展開這本書的內容。

準確的數據

在進一步討論之前，我希望先與大家分享一些資訊：當我們學習占星學的關鍵概念以及發表觀察報告和研究時，使用正確資訊及獲得完整資料來源的重要性。

在七十年代幾位占星師發起一項運動，為占星界出版了大量的出生資料集，這些集結列出了其中的資料來源（例如：「資料來自於出生證明」）。在此之前，占星師極少會質疑列印出來的出生資料的可靠性，因此缺乏經過認證的公眾人物的出生資料，當時的結集往往只是猜測、修正過或來歷不明的任意編集。

時至今日，許多書及文章仍然使用缺乏出處的出生資料，或並未提及所使用的資料是經過推測或修改的，讀者不知道這些資訊是否正確，因此可能會天真地相信它，並且重覆使用這些不正確的星盤；更糟糕的是，某些人理解的星盤只是因為它「正好符合」了「像這樣的人其星盤應該像什麼」的假設。

今日，我們有數以萬計準確的出生資料集，占星師可以進行數據計算分析尋找相關性、從巧合中找出重覆主題，研究人員在電腦的幫助下，希望以數量去檢視占星學，可以立即挑出數百張有著共同關鍵性格特徵或事件的星盤，從而檢測占星學理論。如此一來，我們就有可能去駁斥及「清理」許多占星「食譜」中的斷言。

幸運的是，我們占星界中有一些頑固堅定的收集家，他們持續收集、尋找來源、評等並出版資料，但這一切是從一位占星師的任務開始的⋯⋯

現代的資料收集

我很榮幸曾經與洛伊絲‧羅丹（Lois Rodden）共事十年，並參與她最後一本書（《女性檔案》（*Profiles of Women*）的修訂版）以及其定期報紙《數據新聞》（*Data News*）。她終其一生致力於提升專業水平，在她自己（校正）的星盤中，土星（提桶把手）位於天頂射手座，而她的工作的確成為專業化及承擔責任的典範。

洛伊絲質疑的並非是使用校正或推測得來的星盤（雖然根據不準確的星盤去發表理論仍然會是一個問題），她認為真正必須重視的，是占星文章及報告中缺乏資料來源的參考資料。

在其第一本資料集《女性檔案》（AFA, 1979）中，她寫道：

> 我懇求各地的占星師們，請在每張星盤上紀錄資料來源……對於傑出的研究來說，正確資料與熟練闡述一樣重要，……在我們的行業中，推測與校正都是有用的技巧，如果熟練地運用的話，它們可能會帶來卓越的占星學專業成果。然而，發表經過校正的星盤卻未附加說明則是疏忽魯莽、虛假之舉，這也侮辱了占星界的智慧。

洛伊絲一直都是一名收集家，其收藏始於標注「家庭」、「政治家」、「影星」等等的索引卡及檔案。在出版其第一本資料集《女性檔案》之後，她成為各收藏家的主要資源，他們提出自己的貢獻並與她交換資料，占星師也從她那裡取得資訊。在理解資料很容易改變及被修改之後（即使出生證明也有可能出現錯誤），她的報紙《數據新聞》成為發表新發現的管道，帶來最新資訊，並與廿四個不同國家的占星師保持聯繫。在這種堅持及社交手腕之下，她建立了卓越的資料搜集標準，並鼓勵作者與出版社採取這種報告及資訊守則的專業水準。

羅丹評級機制

洛伊絲所提倡標注出處的運動使許多雜誌（例如：《山嶽占星師》（*The Mountain Astrologer*））在選文時只接受使用精確資料並提供出處的文章。她除了彙集許多收集家的作品至檔案庫，並在 1980 年創立、發展了一套評級資料真確性的簡單機制，她的分類制成為今日執業占星師在資料收集方面最重要、恆久不衰的貢獻。以下提供的各種評級能夠立刻被認可並且廣泛使用，用來顯示資料精確度的「速記」，以及作者對於資料守則的意識、並願意配合由洛伊絲所建立的專業標準。

AA　來自出生證明、醫院、教堂或政府出生紀錄的資料；戶政事務所；族譜、嬰兒手冊或其他家庭紀錄。雖然出生時間可能被簡略，或偶爾可能會產生誤差，但這是準確資料最佳證明。

A　來自當事人、其家人、朋友或同事，同時包括報紙的出生公告，以及這些來源所提供差距六十分鐘之內的出生時間（例如下午三點半至四點之間）。

B　來自於傳記、自傳及個人網頁的資料，缺乏其他佐證。

C　需注意、未經過驗證的資料：缺乏出處；不明確的、經過校正／推測的資料；來自「個人」模糊的資料來源；約略的出生時間（例如：「清晨」、「午飯時間左右」）。

DD　模糊的資料：兩個或更多無事實根據來源的時間、地點或日期；無法證實的資料並且與另一資料來源相互矛盾。

目前，一個國際占星社團的占星師們已經累積了數以千計的資料可供利用，多年來，他們建立了各種獨創性的方式去追蹤及覆核出生資料的準確性，並透過寫信給名人、戶政事務所、費力的在訪談片段中搜尋、避開那些簡歷上的年齡、並檢查各種難以辨認的出生紀錄，而找到一些稀有的資料。大衛・費舍爾（David Fisher）花了十二年去結集、更新英國占星協會（British Astrological

Association）資料庫的卡片索引（約 5742 項）；而嚴謹的研究人員湯姆・威爾森（Tom Wilson）及泰爾瑪・威爾森（Thelma Wilson）、佛朗西斯・麥克沃伊（Frances McEvoy）、史提芬・普日貝沃夫斯基（Stephen Przybylowski）、格拉齊亞・波當妮（Grazia Bordoni）、已故的埃德溫・斯泰因布雷歇爾（Edwin Steinbrecher）及賽・絲科菲爾德（Sy Scholfield）為全世界的占星師找到了一些非常難得到的出生資料。波當妮收集了一系列經過證實的出生及世俗事件資料，並出版超過二十冊的出版品；斯泰因布雷歇爾寫信到美國及歐洲的出生登記處收集數以千計具有新聞價值的新資料（包括名人及戰爭罪犯），並發表在「尋路者」（Pathfinder）占星程式之中；當今最活躍的收集家賽・絲科菲爾德將收集得來的資料發表到不同網站（見 www.sychofield.com），並為「太陽火」（Solar Fire）創立了全新的資料庫；達娜・荷利迪（Dana Holliday）透過聯絡匿名服刑人累積了數以百計的連環殺人犯及犯罪資料；而媒體 / 名人占星師連恩・帕爾默（Lynne Palmer）、弗雷德里克・戴維斯（Fredrick Davies）及雪莉・阿克曼（Shelly Ackerman）則公佈他們的檔案、分享一些稀有的資料；多莉絲・翠絲・多恩（Doris Chase Doane）及尼可拉斯・甘比恩（Nicholas Campion）收集了鉅量的世俗事件資料；同時在愛丁堡，卡羅琳・杰拉德（Caroline Gerard）及保羅・偉特（Paul Wright）在蘇格蘭提供了可以直接索取、包含時間的出生紀錄，這建立了相當具紀念性的工作。為了占星資料庫（Astoro-Databank）及其「資料收集者手冊」（Data Collector's Handbook）的推出，我致電美國各州的戶政事務所，確定出生證明的年度，羅丹稱我們這種人為「資料狂」，而我們這些資料狂多年來一直享受這種無酬的占星苦差。

最重要的是，在過去六十年來的資料收集、儲存及分享中，學生及執業占星師能夠得到準確、經過證實的資料。在這些資料幫助下，我們可以建立自己的占星字庫，測試自己的理論，並避免讓自己掉入一種平庸模式——就是照背其他占星師的研究、或者毫不質疑或更新而繼續加深上一代人們所留下的刻板印象。這種資料收集同時賦予老師及作者一個機會，從能夠加以說明、經過證實的資料

來源去發表他們的觀察及發現——這也是全世界許多收集家的畢生志願及目標。2003 年，在羅丹過世前的聯合占星學會議（United Astrology Conference）中，她對占星資料庫程式的合作夥伴馬克‧麥克唐納（Mark McDonough）這樣說：「做爲占星界的一員，我們這群人是幸福的，因爲羅丹畢生的熱情爲我們鋪好基石，讓我們爲占星學重新建立其絕對應得的尊重。」

　　做爲占星界的一員，我們可以決定是否好好利用此項禮物，並在此基礎上著手建設。

註：在此必須感謝過去多年來慷慨貢獻的美國收集家：T. Pat Davis、Victoria Shaw、Eugene Moore、Tashi Grady、Janice Mackay、Robert Paige及Linda Clark，還有其他國家的同事包括Andre Barbault（法國）、Jany Bessiere（比利時）、Marcello Borges（巴西）、Luc De Marre（比利時）、Didier Geslain（法國）、Michael Mandl（比利時）、Peter Niehenke（德國）、Ivan Nilsson（瑞典）、Patrice Petitalot（法國）、Hans-Hinrich Taeger（德國）與Geirtje Versavel（比利時）。

第一章

工具介紹

　　雖然本書並非想要介紹如何分析星盤中每一個基礎部分（或「元素」），但以下內容的確是這部分的簡介；坊間有很多介紹占星學這方面知識的卓越書籍，在此我只做重點說明。

黃道帶（Zodiac）及行星

　　星座是人類經驗及表達的原型、能量的型態、也是形容行星如何透過它們而行動的形容詞；行星是能量、表演者／演員、名詞。

四個軸點及十二宮位

　　軸點顯示了我們面對周遭世界的特定傾向；宮位則顯示了行星演出其「劇本」的領域。

守護關係及支配星

　　守護關係使行星與某一個宮位產生連結；支配星則顯示了行星之間如何透過各自的星座位置相互建立連結。

逆行星

　　看似後退的行星，揭示了我們在生命早期被觸動的部分，之後被擱置，最終再度被賦予「第二次機會」。

相位

　　結合（形成相位）的行星敘述著故事情節，而特定的相位更說明了特別的動力——關於行星之間能量流動及關係的型態。

分析行星的排列順序

辨識合相行星的先後順序，顯示這些行星／能量行動的先後順序以及彼此之間如何互相反應。

黃道帶及行星

星座的四種元素

認識黃道十二星座的可靠方法之一，是從考量每個星座所歸類的元素（element）及模式（mode）開始。每一個黃道星座都有其獨特的「元素／模式」的組合，我們在之後的章節會探討如何在個人出生盤中衡量這些部分（詳見141頁），並且看看為什麼這是最根本的心理平衡。現在，讓我們先看看這四種元素及三種模式，它們提供了卓越的起跑點，讓我們可以邁向「星盤核心」的終點。

火元素：牡羊座，獅子座，射手座

土元素：金牛座，處女座，摩羯座

風元素：雙子座，天秤座，水瓶座

水元素：巨蟹座，天蠍座，雙魚座

火元素及風元素被視為男性或陽性能量，賦予一種外向、外顯、意識及主動的色彩；土元素及水元素則是女性或陰性能量，象徵內向、內顯、潛意識的及被動的特質。

星盤中最突顯的元素提供了第一個重要線索去認識我們特別的能量類型——那些推動我們、驅使我們的能量。

當我們以火元素為主導時：

- 受到挑戰、競爭、刺激及冒險的觸發。
- 尋求個人的榮耀、偉大（神性光輝）及一些個性認同，大多逃避對金錢及階級的追求。

- 需要去相信正面結果，也需要保留許多燦爛未來的可能性，其中有些無疑是不切實際也不實用的。
- 傾向主動引起注意，成爲焦點並高人一等，甚至比其他人更容易得到獎勵。
- 血液中流動著想要燃起他人熱情及樂觀的渴望。
- 因爲野火燎原、需要抑制，因此會強迫性的追求或執著於某件事。
- 有強大的直覺，並需要強而有力地將它表達出來。。
- 童心未泯、愛玩、精神抖擻
- 可能向下沉淪成爲騙徒、（自我）推銷、原形畢露的福音傳教士或追逐私利的催眠者，或我們也可能向上提升成爲夢想家、啓發他人的老師或非凡的領袖。

當我們以土元素為主導時：

- 動機來自於自身利益與具體成果，並渴望讓世界變得比過去更加美好。
- 容易被例行公事、安全感及穩定收入吸引 —— 注重安全性並留在熟悉的人事物身邊。
- 喜歡透過身體活動釋放情緒，追求感官沉溺。
- 可能天生執著於物質層面，不願意超越。
- 努力腳踏實地，意識到限制所在，也會從良好的工作表現中感到愉悅。
- 更可能是緩慢、沉穩、深思熟慮、建設性的。
- 證明自己是可信賴的供應者、可靠的「基石」及具生產力、目標明確的「現實主義者」。
- 卓越的工匠或建造者（從一個家到整個帝國）、能夠支持他人的同事、運用身體工作（運動、身體勞動）的感官主義者，並且熱愛田園鄉村。

當我們以風元素為主導時：

- 透過交流、對話及討論前進。

- 尋求互動、多樣化及旅遊。

- 想要更多學習、更多閱讀、更多詢問、更多溝通。

- 對理論、概念、抽象事物、公式及模式感興趣，並努力分析、演繹及論證。

- 為了獲得觀點而收集資訊，只有當我們能夠考量、公平、理智的觀察及判斷時，才會得到滿足。

- 文明、容忍並且持續對人們感興趣。

- 透過文字表達想法——理智化並談論情緒，而不是直接牽涉其中。

- 容易活在腦子裡，而忽略了身體的需求。

- 避免情感上的親密感及限制感，因為生活的所有層面都需要空間。

- 是溝通者、推銷員、說服者及主張靠智慧而活的人。

當我們以水元素為主導時：

- 傾向於情感連結。

- 專注人文價值——渴望幫助、照顧他人，並希望能夠為人類處境服務。

- 理解那些無法訴諸於言語、參與那些難以解釋清楚的事物。

- 富同情心及同理心，有靈性直覺，可以感知最細微的事物。

- 在人類所有情感層面、不可思議的密切關係中獲得滿足。

- 擁抱情感及本能性的直覺，並且轉換成當下的判斷。

- 尋求和諧與流動，而我們應該避免競爭的環境。

- 可能過度敏感、易怒、容易反應，可能操縱情感並沉溺於自我感受中。

- 把他人拉進自己的情緒危機之中，同時容易過度依附、依賴他人甚至產生共生關係。

- 具有深刻的戲劇性情緒並且可能吸引那些不負責任的「精神殭屍」將我們吸乾；因此偶爾需要抽身並且排毒。

- 在毫不抵抗中往往存在著力量的倖存者。

- 照護者、顧問、治療師、運用直覺的人。

在《星座之間的愛恨情仇》（*Love and War Between the Signs*, Three Rivers, 1996）一書中，占星師艾美‧奇恩（Amy Keehn）形容土元素及風元素星座為

逃避情緒、專注於實際事物的「思考者」；在掌相學中，此類型的人都有方型手掌，代表以務實、有秩序的方式看待人生。奇恩將火元素及水元素的星座標籤為「感受者」，他們為情感互動而活（無論是三個火象星座的熱誠，還是水象星座的同理心），在掌相學中，火元素及水元素類型的人具有長方型手掌，這暗示了直覺式的行事方式。

元素的缺乏

每當我們發現某種元素主導著星盤，通常這也代表了缺乏另一種元素，找出缺乏元素的步驟就如同找出星盤（以及此人的心理）所強調的主題一樣重要（或者更為關鍵）。當星盤缺乏某種特定元素時，此元素會在個人身上承擔更大的意義，它們往往會在「自身之外」尋找此種元素：或許在相關行業工作，或者與星盤中強調此元素的人結婚。

這種缺乏可能會以無意識或不諳世故的狀態運作（例如：缺乏土元素的人／事可能會尋求一些讓自己看起來富裕的浮誇方式）；或者有過度補償的需要（例如：星盤中只有很少、甚至沒有風元素的人也許會參加很多課程、購買大量書籍並且儘可能參加每一種考試，讓自己看起來主動的「追求知識」）。又例如：當某人只有很少甚至沒有水元素時，他們也許會藉由討論情緒想要合理說明其情感，但可能無法體驗真正的情緒，他們的伴侶也許會從他們身上尋求情感認同，但只能從沒有水元素的人身上得到空白、抽離的反應；但是，當你播放能夠感動他們的某首歌或某部電影時，他們會從頭痛哭到尾！當人們有任何元素缺乏時便會產生一種動機，並以不夠成熟的方式去「接觸」那個元素，但矛盾的是：可能會以非常明顯的方式表現。

他們可能對元素的缺乏或沒有某種特質感覺非常敏感，或者他們很怕被認為自己沒有這些特質。我記得曾經有一位學生，當她被告知自己的星盤缺乏水元素時變得相當情緒化，拚命想讓我理解她有多麼敏感——即使我講的只是「缺乏水元素行星的人也許會擔心別人不認為他們是敏感的人」！更多與元素相關的內

容，請看蘇‧湯普金（Sue Tompkins）的《當代占星研究》（The Contemporary Astrologer's Handbook, Flare, 2007）一書。

星座的三種表現模式

開創：牡羊座，巨蟹座，天秤座，摩羯座

固定：金牛座，獅子座，天蠍座，水瓶座

變動：雙子座，處女座，射手座，雙魚座

　　模式是我們的慣用手法、個人風格、看法態度及與他人協商的方式，它影響我們如何適應現狀、處理衝突。當你閱讀一些占星書在描述模式時，可能會讓我們相信它們是由其模式分組中的第一個星座所象徵（分別是牡羊座、金牛座及雙子座），但是這些描述可能並不適用於其他星座。開創星座並不一定都是正面、直接的——只有第一個星座牡羊座擁有單純往前衝的力量；所有固定星座似乎皆與最不變的星座——踏實的金牛座一樣（固定、土元素）；至於變動星座則被描繪如蝴蝶般的雙子座（變動、風元素）一樣到處飛舞。但我認為這種描述源自於「元素／模式」的組合，而不只是單純考量模式本身；然而，但每一組模式中的星座之間仍然有一些共同風格。

當我們以開創星座為主導時：

- 尋求挑戰、活動及敏捷度。
- 創造改變、真正去實現。
- 創始、鼓動、領導、踏出第一步並挺身而出；我們冒險出頭，準備與人生的主要衝突協商。
- 擁有定向、動機、脈動的能量。
- 關注「重大事項」。
- 可能是莽撞、被誤導；也可能是製造衝突的人。

當我們以固定星座為主導時：

- 以字面上的意義去建立、維持以及「擁有」；我們累積權力或地位。
- 具持久、忠誠、腳踏實地、原則、以及全神貫注的能量庫存。
- 固執及可被預測的，同時可能非常堅持己見及執著於自我感受；當有人質疑我們時，我們會堅定立場並且回答：「這就是我，喜歡不喜歡都悉聽尊便。」。
- 應該小心停滯不前，因為我們拒絕任何自我範圍或時間表之外的改變。

當我們以變動星座為主導時：

- 彈性、多變、適應力強及易變。
- 永無止息地工作中。
- 大量地發問及學習；我們容易受到吸引去參與、集會及參考各種資源；我們堅持重新制定規則及重覆事情。
- 以獨創的整套技巧去解決問題為榮。
- 有時候會覺得能量消散了，因為有太多可能性或壓力而感到癱瘓。
- 受到與逃避有關的議題困擾──迴避衝突、責任、承諾或責備──並往往選擇道歉去迴避紛爭。

模式的缺乏

　　模式缺乏比元素缺乏更容易理解──一般來說，比較不需要過度補償，這種缺乏只是天生存在於當事人的風格中。例如：沒有行星在開創星座的人往往缺乏行動力，如果這個人傾向迴避衝突，他的能量可能是被卡住／不變（固定）或太渙散／分散（變動）。

星座及行星

　　以下簡短介紹每個星座的本質，以及十顆「現代行星」（從太陽到冥王星）的一些原則，此篇目的在於介紹關鍵概念，而不是提供完整的概論。

　　每個黃道星座的簡介包括：此星座在人類發展中的階段、與生俱來的權利、極端負面的狀況、以及當它主導星盤時我們可以預期的情節。

　　在冰冷、黑暗、象徵冬眠的雙魚座之後，我們來到牡羊座，它標示了黃道帶中一年的起點，同時它也打開並喚醒新的一天。牡羊座的到來帶來了無窮的能量、放蕩不羈的熱情及初生嬰兒般的無邪，充滿希望及期待；它衝動、自發而簡單，擁有活躍、冒險的靈魂。

　　牡羊座天生需要發展一種自決的個性，並且要衝得比別人快，牡羊座必須學習勇氣，勇於開拓新領域，為了某種理由或受害者而戰鬥，並毫不愧疚地以自己為優先；牡羊座藉由專注在自身，它提醒我們在嘗試幫助別人之前，我們要先顧及自己的快樂是相當重要的。牡羊座必須學習行動、獨立領導——做為先驅者或戰士——而不是渴望或依靠追隨者們的保證、安慰。

　　然而，當牡羊座人放棄其天賦之才後，他們會安於不成熟的懶散中，期待他人的維護。當他們留在別人的陰影或一直擔任支援他人的角色，牡羊座的人也會因此拒絕開拓自己的路；當他們害怕獨自上路或出現健康問題，會變成一隻懶惰小羊或極力討好及滿足他人、充滿歉意的人。

以牡羊座為主導的星盤

　　牡羊座擁有一種本能，可驅使他們為環境帶來影響力，他們想要戰鬥、征服、被視為勝利者，完美主義是其主題——它指的不是處女座的辛勤、精確或巧手，而是成為第一的目標，並拒絕接受任何低於其能力所及的成果。牡羊座會在人生中遇到一些情況，讓他們忽略了要去堅持主張其個性及意志，或在其過程中

遭遇挑戰；他會遇到衝突、暴力、不公平或孤獨，迫使他去面對被否定的恐懼、明白自己的需求，然後站起來並且公開表明態度。但他必須學會人生是講求平衡的：勝利只是短短的一瞬間，很難只為它而活；而工作狂根本比不上與他人分享各種冒險的生活。

在急躁的牡羊座之後，金牛座本能地知道慢一點、實際一點的節奏能夠帶來更高的生產力——並確保在終點線之前未被淘汰。金牛座在此階段的人類發展中，注意到自己的身體以及對於食物與物資的基本日常需求，他渴求一種幸福的懶散狀態；金牛座是天生的收集家，他們努力累積，並珍視其生命中簡單而熟悉的所有物。

金牛座天生要成為「石頭」，成為別人可以經常依靠、實用的頑石，他們的工作是要去建立、保存及維持、示範何謂忠誠，並且為了「長遠」而活；由於金牛座有原則的性格，他們必須學習如何應用這種固執的決心，並堅守他們所相信的事。金牛座感官敏銳，也是天生的鑑賞家，他們享受並陶醉於生活的愉悅之中；它所建立的基礎是為了歷經時間的洗鍊，並累積有物質價值的事物去抵擋風雨。

在最糟糕的情況下，他們貪婪的執著於不屬於自己的東西，並且狂熱執迷於性愛或感情狀態，尤其對於那些他們無法控制的人。他們深知自己的天賦力量，也知道別人對於他們的依賴，因此會勒索所愛的人而獲得好處。他們暴食、貪婪，是自我耽溺的活生生例子，也是感官的奴隸；金牛座可以於沉溺於怠惰中，或留在不再適合甚或有害的環境之中。

以金牛座為主導的星盤

往往明顯地依賴物質世界、那些具體、被試驗過的事物、凝聚能夠信任的朋友或經常強調資產投資；不願意嘗試新事物或在固定、安穩的路上猶豫。金牛座會遇到督促他們的人，或是嘗試將自己的意願加諸在金牛座身上的人，這些人會

為金牛座的世界帶來意外的混亂及轉變；此外，金牛座的人也會經歷所愛的人企圖佔有自己珍視的東西，這些遭遇會鼓勵他們堅持、定義自己的界線、並持續忠於自己以及渴望得到的事物。

　　在堅忍不拔、寡言毅力的金牛座之後，雙子座渴望走出去，參與他人並與之交流；雙子座在此發展階段將學會眼前各種吸引他們興趣的主題中、能夠擴展知識的辭彙，他們渴望被認為是有智慧的人，並且努力讓自己持續保持年輕。

　　雙子座天生就懂得點出模式所在、連結人們與概念，他們渴望溝通、理解及清楚表達；他們身為擁有快速思考、具說服力的銷售人員及仲介，學會如何善於爭辯、交易及達成協議；他們懷疑、發問、建立連結並提出不同觀點。他們也愛收集，「借用」不同意見，拼湊各種不同哲學觀點去建立他自己兼容並蓄的思維模式；他們很容易感覺無聊及分心，渴望忙碌的生活，希望不需負責或免於每天一成不變的例行公事。

　　在最不好的情況下，雙子座會變成勸誘他人入道的人，一個發現「真相」的原教旨主義者，他們沒有成為客觀的資訊收集者，卻是陶醉於迷信而非事實；或是成為一個無所不知卻態度傲慢、道德高尚的人——將神、教育或正義之路做為私利所用，他們嘗試逃避衝突或責任，故弄玄虛——但明顯的是，這只是讓事情更雪上加霜。

以雙子座為主導的星盤

　　可以預期一個充滿變動的人生、媲美百科全書的知識及語言天份，也普遍擁有參與各種短期工作及隨便許下承諾的歷史；雙子座從不甘於安定，他們會找尋能夠引起他們興趣的人，也喜歡保持開放性的的選擇。雙子座會遇到一些溝通不良的人，這些人就像是說著極為不同的語言一樣（也有可能真的使用不同語言），這往往會混淆訊息或誤解雙子座的動機，這會讓他們更加想要對話，讓自

己被理解。每當面對選擇時，他們天生的二元性就會明顯的顯露出來，而當他們在難以抉擇時，則會在內心體驗這種二元性。

巨蟹座在不輕易許下諾言的雙子座之後卻是樂於建立歸屬感，並與其根源建立連結；相較於到處漫遊的雙子座，巨蟹座感性地與過去緊緊綁在一起，他們本能上想要退隱至熟悉安全的地方。巨蟹座在人類發展中的此階段，意識到我們皆與所愛的人以家庭、血脈及情感方式緊緊相連著，他們理解到歷史塑造我們的情感本質，以及我們之後所建立的家庭。

巨蟹座是浪漫、留戀、詩意的星座，他們天生就是要幫助他人與他們過去的承傳及寶藏重新產生連結——理想的話，不要成為過去的奴隸。他們是頑強而忠誠的保護者及助產士，帶領他人經歷人生的情感衝突以及轉變儀式；巨蟹座在精神上富有同情心，他們為人世的悲慘而哭泣，並渴望、夢想及試圖去重新捕捉那彩虹般及被遺忘旋律的美好往日。

在最不好的情況下，巨蟹座會利用情緒及情感勒索而讓事情保持現狀——或讓事情變得更加符合他們心中所想，卻也可能會因為無情的野心而變得更為僵持不下；他們不相信血濃於水這回事，而重新改造或切斷過去，努力想得到名譽及地位。他們可能會被毒化：怨恨別人的成就，為自己早期的掙扎、過去的犧牲、或發現被「體制」排除在外而感到辛酸。

以巨蟹座為主導的星盤

對人生抱持敏銳的態度，總能夠靠第六感預知大眾情緒，也善於揣測周圍人的情緒，他們往往強烈需要理解自己與母親之間的親子關係。巨蟹座也許會遭遇到情感上的冷落或疏離——或是在成年之後，可能需切斷依賴家庭的臍帶，並釋放長期傳承、被埋藏的情緒；最終，巨蟹座會發現他們可以選擇志同道合的朋友，去建立他所選擇的家庭——並且不需付出如此高的代價。

THE ESSENCE OF
LEO

在巨蟹座經歷與祖先的連結以及想要重新創造熟悉環境的欲望之後，獅子座以「自我認同」的獨立個體出現；在黃道帶的此階段中，獅子座是一個尋找自我力量的青少年，離開家庭的影響，並被迫藉由自我表達的個人陳述去宣告這個事實。

獅子座帶著「啓發性的利己之心」，天生要深入瞭解自我個性的力量，從家庭或難以承受的父權影響中走出來。他的個人之旅是要知道自我的創作視野，並探討其中神聖、黃金般的內在小孩（其挑戰在於他需要在成為父母、並希望自己的孩子為他實現這些主題之前自己先落實）。獅子座充滿「愛心」、溫暖、勇氣及父母式的忠告，當他們能夠啓發他人去瞭解自己的偉大時，那是他們最發光發熱的時刻；他們有威嚴而且戲劇性，很喜歡他人認同其偉大成就。在最不好的情況之下，獅子座會變成觀眾，給予別人自己所渴望的贊許及認同；在其自戀的靈魂之下，他會在沒有肯定他人的貢獻之下使用他人的作品，吝嗇讓他們曝光，並偷偷擔憂自己會因此得不到足夠的讚賞。在害怕不被尊重或不被邀請進入精英圈中，驕傲的獅子座可能會加入知識份子的派系，盲從科學、理論或思想主義——任何已經被「證實」並不會被嘲笑的東西——而不是跟隨自己的內在去追求藝術及熱情。

以獅子座為主導的星盤

當獅子座在星盤中相當強勢時，個人通常會展開一段個人之旅，去理解自己為何而生、以及在外在世界中所扮演的重要角色。他往往會面對霸凌、需要推翻的獨裁者，或如果父親是他的英雄的話，在得到權威地位之前，需要相當努力才能追得上父親的成就，獅子座的親子關係往往是複雜的。在工作上，經常會得到公眾的關注或炒作——因為人們會被其個人魅力及尊貴吸引——但是，獅子座會懷疑自己是不是夠好，也會恐懼自己被「看出底細」。

在獅子座戲劇化的尋找自我認同之後，我們遇到低調、勤勞的處女座；處女座遠比其挑剔、吹毛求疵的刻板形象複雜，他們對於自己真正的本質保持沉默，並低估自己所扮演的重要角色。在此循環的階段中，處女座是即將成為學徒的年輕人，磨練自己的技巧使之更驅於完美，並成為細小但完整的齒輪、讓機器能夠繼續有效的運作。

處女座是天生的工匠、專家及嚴謹的挑選者，做為天生的收割者，他們從糠中挑出麥子，他們的興趣在於直入事物的核心，並為更大的整體提供服務；他們喜歡發現任何有用及重要細節的過程，進行分析並建立有系統的秩序，讓世界變得更好。做為最愛控制及最與眾不同的星座，處女座在獅子座的慶典盛況之後，恢復事物的順序，確保它們能夠以具有經濟效益的方式運作——而不引起騷動，他們精準及恢復的天賦是無可取代的。

在不事生產時，處女座會沉溺在混亂、疑惑及揮霍中，逃離他們的世俗責任，選擇宿命的世界觀，不分青紅皂白、無目的地漫遊；他們會成為殉道者，並且譴責那些覺得自己是受害者的人。處女座做為一個思想狹隘、缺乏邏輯的暴君，他們會以不著痕跡的破壞及冷酷批評去主宰他人的人生所應該做的事。

以處女座為主導的星盤

精明、智慧及分辨能力都是處女座明顯的特色，其生活方式努力而節儉，並且渴望獨處。處女座的面前會出現很多混亂及雜亂等待他們去拆解並恢復秩序；當他們被工作佔據、生活像倉鼠奔輪一般或缺乏認同時，可能會出現異常的健康問題或過敏症。他們所面對的挑戰在於透過歷練而非質疑發現，同時需要透過和自己的感官愉悅建立連結來整合身心靈，而不是不尊重自己的身體，或把它當成是運動鍛鍊及健康計劃的神殿。

在處女座的處理配置及永無止盡的完美追求之後，天秤座帶著建立秩序的神祕技巧而來，讓事情看起來不費吹灰之力；緊跟在處女座這位隱居的工匠之後，天秤座這位富有魅力的人著手與「他人」會面、協商、比較及建立關係。

天秤座是天生的策略家、調停者及隨和的和平使者，他們學會為各種情況帶來平衡的客觀性，並且對正義及如何恢復和諧深感興趣。天秤座永遠是搭橋的人，他們沒有如人們所認為的那般投入情感，而是以外交手腕、公平及文明的方式去平息紛爭：理性的下決定，不為情緒所困。他們就像是「有禮貌的牡羊座」，以說服人的魅力讓自我需求被滿足及獲得同意——不是「如果你快樂，我也快樂」，而比較像是「我期待你同意我的提議」。

在最不好情況下，天秤座會失去冷靜並製造衝突——只是為了解決問題。當他們感到焦慮不安時會隔離人群，只為了維持自己的高人一等而利用人；因此，天秤座變成了一個偏見、沒耐性、愛破壞或愛分化的麻煩製造者，他們樂於粗魯無理，生來就愛挑釁；狡猾、愛操控、懶惰又虛榮，他們為了他人的讚賞以及自我品味受到認同而活。

以天秤座為主導的星盤

在人生早期，天秤座會面對必須做出嚴重後果的決定、或是需要去協調不和協的狀況，無論這種分裂是在家庭之內還是之外，天秤座的人終究學會糾正不正義，並協助他人解決衝突。人際關係雖然非常重要，但處理權力上的不平衡（特別是伴侶關係）是天秤座人生的關鍵主題，他們擅長處理他人的私生活卻難以做出或接受自己的最終決定；最後，他的自我價值還是能夠使他選擇一個值得、並能夠在人生的旅途中遇見的人。

當激烈、非黑即白的天蠍座走進紛爭並摩拳擦掌時，天秤座表面的文明氣氛也會隨之粉碎，這裡是伴侶關係變得親密，並遭遇危險、情緒化、易變及脆弱的領域；「相輔相成的我們」變成了「你是我的一部分，我絕對不會放你走」。

天蠍座天生要成為鍊金術師、強大的療癒者以及堅定挖掘人生奧祕的偵探。他們生性極端，並且也意識到死亡不過是生命循環的一個階段，他們生來就是為了探索更深層的存在意義、大自然的辯證法、禁忌與禁止；他們必須找到親密及信任，而天蠍座最強大之處在於能夠剝去自己的皮膚、重生並變得更為堅強。做為天生的偵探及解謎者，他們探究他人的動機、磨練自己的第六感去預知視野之內任何的情緒轉變；而他們的挑戰是為了替較為黑暗的那一面注入光亮，並將它提升到意識較高的層面。

然而，天蠍座看不到的最大神祕處正是他們自己，他們逃避自我分析、拒絕從病理角度去質疑自我潛藏的動機；反之，他們留在舒適圈裡──免於冒險及想像──並專注於身體及性愛、獲得物質並累積財富。他們害怕自己的依賴性以及潛伏在表面之下的衝動，因此吸血鬼一般的天蠍座會輕視他人的弱點，並使用細膩的恐嚇去控制他人。

以天蠍座為主導的星盤

天蠍座會引起他人極端的反應，因為他們往往很早就接觸到人生骯髒的那一面，使他們失去純真，並且「非常清楚」人們所玩的權力遊戲。在其人生中，通常會有戲劇性的蛻變過程──重要人物的死亡或個人看法或生活方式的重生，天蠍座會成為一個學會自我管理、面對危機時展現極度勇氣的人。控制欲及危機意識主導了他們的人生；諷刺的是到達某一定的程度時，它們最終會控制了天蠍座自己。

從天蠍座私人、多疑的深層心理中離開,我們來到了戶外廣闊的開放空間,遇見社交的射手座、以及其哲學性的寬廣;在此階段中,個人對自我本質的執著及衝動演化成為追求人生意義及存在目的。

射手座天生胸懷大志、尋找意義、詢問人生的大問題並探求事實背後的各種可能性;他們天生渴求各種知識,樂於接受所有的哲學思想,而天生懂得以禮待人的個性也讓他能夠卸下種族或階級之間的藩籬。他們是傳播福音的人,運用自己的視野、樂觀、熱情及想要活出豐富人生的渴望去引起別人的興趣;其人生的祕密在於享受旅程,而不是專注於目的;他們期待著生命會儘量帶來他們的願望,以此迎接上天掉下來的禮物。

在最不好的情況下,射手座會沉溺於八卦或表面的事物當中,變得草率或過於講究邏輯,只講求證據而失去其中的重要性;他們會失去自己難得的忠誠,而變成一個傲慢的道德偽善者,或是愛搬出名人以提高自己;也可能會變成許下太多承諾、油腔滑調的騙子,並靠小聰明及名聲去佔盡便宜。

以射手座為主導的星盤

他們明顯具備感染力強的生活樂趣,也有無盡欲望想要在他處探索、遇見他人並學習人生,往往他們會有移民國外的重大變動或沉浸在異國文化的特質;有時候會出現一段明顯的抑鬱時期──這種憂鬱並非來自於悲觀,而是因為人生並不如自己期望、人們也沒有像他一樣的全心奉獻而感到難過失望。一般來說,他們人生早期曾經歷不正義的狀況,射手座的人曾站起來發聲但卻不被相信──這促使他終身渴望去訴說屬於「他自己的」的真相、撕破假面具、指出虛偽之處或粉碎腐敗墮落。

在經歷永續學習及探索的射手座所經歷的冒險之後，我們遇見摩羯座，他們是教授、也是「使命到達」的大師，使他們能夠設定目標然後達到具體成果。在此階段的人生發展中，摩羯座關心的是知識的累積以及得到的經驗，並且建立卓越的名聲；在這段能夠掌控周遭環境的路上，他們的挑戰在於需要在嚴謹的階級制度之下中工作、堅守原則、並且維持一個不會遭到責難的道德標準。

　　摩羯座憑藉著聰明而認真的靈魂，註定為了得到外在的地位、讚賞及威望而去走過最初的難關、忍受漫長的學徒歲月、並否定個人需求；他們是自律、長遠目標及個人成就的不朽化身。射手座是伸出手去拆除藩籬但是過度伸延自己，而世俗的摩羯座的責任則是在低迷時刻肩負責任，並讓事情回到正軌，讓事情能夠根據時間表好好完成。

　　當摩羯座被潛伏、壓抑的狂熱情緒驅使，或是當其信念變成「為了正當目的可以不擇手段」時，他們會失去對於過去努力的掌握。當他無法在「體制」之內工作、並依戀老舊制度或結構、失去了目標、恐懼成功、或退縮自憐時，他們就會失敗。

以摩羯座為主導的星盤

　　在人生早期，看似有許多的逆境——一個有障礙、獨裁的人物，因某種缺失延誤其成長，或者那些常常為他人打開卻在他面前關上的機會之門；這不單能夠鞭策他成就偉大事業，同時也為他注入耐心及信念，讓他相信應用、堅定及勤奮終會帶來勝利。雖然經常出現早期的反叛，但他們之後會成為社會備受尊重的人物，或成為一個機構中較年長的女性政治家；諷刺的是摩羯座往往會成為曾經反抗過的那類人。

我們離開講究繁文縟節、忙於各種委員會的摩羯座之後，來到強調獨立及相反的水瓶座，他們撕破規則手冊，努力去顛覆僵化的階級制度、刻板印象、傳統以及前人留下的價值觀——只為了建立一個每個人都是獨特而平等的社會。

水瓶座天生為正義及責任的社會議題提供清晰、獨到的見解（真正、純粹的自由、平等、博愛精神）。水瓶座身為局外人會先嘗試討好每個人（為了被接納並成為其中的一份子），然後慢慢理解自我獨特的世界觀中的價值；這趟旅程會帶領他們邁向獨立，這是一種不可妥協的立場，也是對自我處境的肯定。他們是他人的催化劑，並且除非按照自己的方式，否則他們會抗拒個人的轉變。在最不好的情況下，水瓶座會從自我中心、專制獨裁的角度去運作，認為「某些人會比其他人更為平等」。他會為某團體而戰，但暗地裡覺得自己高人一等，並且鄙視這種「平凡」；然而，他們渴望受到仰慕、被認為與眾不同，因此也會偏心，有差別待遇。他們認為自己走在時代尖端，並且擁有過人智慧，這些特徵使他們不願意向他人學習；他們知道「所有」與人類本質有關的事情，但不知道如何與他人建立親密關係；他們喜歡團隊情誼及人道的概念，但無法忍受獨立存在的個體。

以水瓶座為主導的星盤

早期人生事件會使他確認無法融入的內在感受，就是此種傾向「踏上人煙罕至之路」的風格，使他們成為家庭及熟人之中的異類。這種早期缺乏他人溫暖情感的經歷，使水瓶座為了安身立命而苦苦掙扎，或是讓他人撕去他未被馴服、較不文明的一面。就像獅子座一樣，他們的父親經常在實際或情感上缺席，使他們缺乏模範學習領導才能，這鼓勵他們去尋求他人填補這個空缺；或者，如果理想的話，他們會思考自我並訂定自己的準則。

在水瓶座對於社會的理想主義、同盟及疏離之後，雙魚座讓我們察覺到對愛、一體及完整性的需要，因此總結黃道帶的循環。雙魚座的眼界超越人類的手足情誼——他們不知道界線為何物，並認為「所有」的生命和創造物都是相互連結、依靠並且需要救贖。

雙魚座就像善良的撒瑪利亞人（Samaritan）一樣，天生要提供奉獻、同情、利他及憐憫——沒有其他星座的偏見、自我投入或議題。他們是藝術家、作曲家及預言家，傳遞了宇宙的喜樂及人類處境的苦痛；他們運用更高層的自我指導人類之舞，讓人能夠一瞥涅槃之境。雙魚座投身奉獻於他人的情感需求中，同時理解其易變的本質：明白一切都有其因果，但最終這些都是不重要的。

在雙魚座尚未踏上靈性之旅時，會具有批判性及破壞性，攻擊別人的信仰，並且鄙視他人嘗試了解人生奧祕的企圖心。雙魚座這種食人魚的自我犧牲本質此時會變成自我毀滅，在引發罪惡感的殉道力量之下，會試圖引誘身邊的人，並將他們一起拉下水。當他覺得自己的價值被低估時，他會對衛生感到焦慮、沉迷於各種儀式或無意義地「為瑣事煩惱」；他們製造混亂，退回自己雜亂的舒適圈中可悲地自憐，並責怪別人讓他們變成這樣。

以雙魚座為主導的星盤

當星盤強調雙魚座時，往往會出現一種宿命或過於包容的哲學觀，他們的人生也混雜著超然的「狂喜」及絕望、依賴性的「低潮」。一般來說，如果他們走的是一條世俗之路，雙魚座最終還是會放棄年輕時所努力爭取的名聲、克服上癮及過敏、並踏上靈性之路；他們的人生中往往會出現斯文加利式（Svengali）用催眠術使人唯命是從的人物類型，直到雙魚座塑造強烈的自我認同，並且理解自己在包容及寬恕方面的天賦——以及其生存能力。

- 自我的核心認同、本質、個性及內在哲學觀／信念。
- 自我發現之旅／道路、重要事物、主要的人生敘述及目的──天生要成爲的人。
- 父親的形象、父子經驗以及往後人生中與權威人物之間的經驗。
- 追隨太陽之路並參與它的訊息能夠帶來認同；我們應該避免沉溺於太陽的對面星座的最糟狀況。

強調太陽主題的星盤：充滿創意、自我表現的人生及個性；一種個人、自我專注的探索，體現太陽星座並發現自我；「自身利益啓發」之下的虛榮、自私、自我感覺良好；變得受歡迎、展現在眾人眼前、閃耀於鎂光燈下；經歷失敗的人生或因早年的承諾而虛擲生命──因此需要勇氣，以個人的控制能力去掌握命運。

- 我們的情緒特性，習慣性的「本能」反應、直覺、情感、脾氣及行爲；如何表達感覺；在「緊閉的門之後」眞正的自己；各種右腦功能。
- 我們依附的事物；需要什麼才會感到安全、安心、踏實及有歸屬感；飲食習慣；花錢購買必需品的態度。
- 我們敏感、脆弱、不成熟的那一面；感到不安全及受威脅時的反應；由感覺所衍生的情緒。
- 母親的形象、母子經驗、以及往後人生中與照顧、滋養的人之間的經驗；我們如何關心／照料他人去換取舒適感及幫助。
- 過去及家的記憶；現在的居家環境。

強調月亮主題的星盤：直覺、反應、韌性、情緒及直覺性的本質；流暢的表現力；對於生命的節奏、循環及必需品的覺知；懂得掌握流行脈動、大眾口味及意見；易受環境影響；爲了尋找家及家庭而易變、旅行的人生，這些經驗與我們的靈魂及情感重心產生共鳴。

- 想要溝通、命名、連結、連繫、協商及分析的衝動；各種左腦的功能。
- 理智及吸收的能力；思考過程、意見及學術興趣；我們如何學習、組織意見及自我表達；邏輯思維及理性的發聲；我們如何說話，刺激我們「腦細胞」的事物。
- 對手足的認知及經驗。

強調水星主題的星盤：講故事的人、信使、中立的中間人、仲介及面面俱到的交易者；好奇心、求知欲及分析力強；著迷於年輕；傾向觀察及面談式的窺探隱私而非親身體驗；有創意、靈活的騙子；畢生都在發問及分享意見；人生充滿多樣性，把玩各式的技倆，透過表面的興趣（雙子座）或努力發展工藝及專長（處女座）去分辨篩選。

- 想要建立人際關係、交易、合作及尋找共同立場的衝動。
- 如何讓自己變得富有吸引力；「窗口的花壇」 —— 如何點綴自己去吸引別人，變得受歡迎及令人嚮往。
- 我們的自我價值及價值觀 —— 我們想要別人回應這些特質的願望；比較的衝動；女性如何看待自己 —— 她的首要參考重點。
- 個人風格及品味；我們的快樂原則；我們如何取悅、娛樂自己；我們在何處／如何花錢追求娛樂及享受。

強調金星主題的星盤：和藹可親、有趣、有魅力、懶惰及虛榮；需要被喜歡、認可；在伴侶關係中追求平等交換的生活；協商、說服、外交及建立橋樑的專家；在出現衝突之處重建和諧，享受生活的精緻事物及感官面向。

- 想要「拿走」渴望事物的衝動；能量、行動、驅動力及精神類型。
- 我們如何與人競爭、追捕及戰鬥；如何處理衝突及表達憤怒。
- 如何激起我們的慾望；我們原始、性愛的本質 —— 追求、征服及突破；如何表現熱情，我們的本能渴望；男性如何看待自己 —— 他的首要參

考重點。

- 為自己的信念挺身而出的能力，並肯定自己；生存、競爭、勝利、攻擊及以自己為先的本能；表現勇氣的方式。

強調火星主題的星盤：動態、強大、精力充沛、自我激勵及好爭辯；好鬥、愛競爭的或野心勃勃、傲慢自負的人，尋求能夠得到勝利的比賽；一生都在善惡分明的戰鬥之中，並在其中發現自己各方面的潛能；面對衝突的人生，這些衝突會激發我們獨立及企業家精神，並挑戰我們以精力及膽量去迎向人生。

- 想要尋找意義、探索、學習及擴張眼界的衝動；投入信仰及個人信念的地方以及我們的天命觀。
- 我們對未來及整體人生模式／規劃的信念。

- 我們的信心所在；得到上天滿滿地祝福，讓我們能夠教導並自由分享自己的天賦；我們的洞察力及智慧；讓我們感覺堅強、能夠「逍遙法外」或佔便宜的地方；必須追求誠信的地方，並循著「耿直道路」走，避免自己的倫理道德受到質疑。

- 生命中提供機會、成長及運氣的領域——我們能夠輕鬆得到某些東西、期待很多的地方；我們貪婪、浪費、自大、「太多」並招人笑柄的地方。

強調木星主題的星盤：哲學家或永遠的學生／老師；偽善及高傲自大——有「天后」性格；花枝招展的宣傳員；博愛主義者、具有魅力的傳道者、宗師或騙子，製造明星的人或用催眠術使人唯命是從的人；想要得到認同、名氣、權威、影響力及讚譽的欲望；走運的、幸運降臨、好名聲（有可能遭到挑戰）以及集天時、地利、人和的人生；快樂、抱有希望、愛探索及未來傾向的性格本質；探索、學習及教學的人生；正面思考力量的化身。

- 在心理上它是「每一顆」行星的對分相。
- 我們感到受約束並且意識到限制及界線的地方及方式。
- 我們感到懷疑、恐懼、內疚感及缺乏自信、感到自身的不足、笨拙、害怕失敗的地方及方式，這些如何讓我們覺得脆弱；內在的反對聲

音告訴我們的話。

- 我們面對現實的地方及方式；體驗延誤沮喪之處，以及讓我們感覺「我們的付出沒有得到回饋、但我們為所有的回饋付出」的地方。
- 終生背負的生命最大課題及任務；恐懼隨著歲月累積成最大力量的地方及方式，我們最終得到的成果，一分耕耘一分收穫的事物；我們慢慢變成權威的領域。
- 我們良心及道德羅盤；我們謹守規則的地方；我們一直遵守紀律或必須培養紀律的地方及其方式。

強調土星主題的星盤：漫長的學徒生涯，最終讓我們掌握環境及狀況；自制、有良知、壓抑或責任強的人——「成人」及比實際年齡聰明的人；必須克服的一種缺陷及沉重負擔、適應它或把它變成長處；斯巴達式的工作、犧牲或贖罪；憤世嫉俗、吝嗇、掃興的人；道德高尚的公民、堅定的依靠及計時員。

- 我們想要與眾不同、激進或極端的地方及方式；在此處我們必須發聲、打破模式、粉碎現存那些循規蹈矩的想法、撕破規則手冊或推翻現狀。
- 我們尋求改變的地方；影響人生的突然顛覆、擾亂、分開、崩潰或突破。
- 我們對完美的想像；我們的「唯一真相」這一特殊理智概念——那些與情緒無關的想法；我們能夠「跳出框框思考」的地方及其方式。
- 我們感覺自己與別人不同、單獨或從同儕團體中脫穎而出的領域；我們被驅逐或被列入黑名單的地方；我們的經歷異於同儕的地方及方式；我們離經叛道、任性的地方。

強調天王星主題的星盤：以激進、不帶情感的姿態，慢慢成為一個不一樣的鼓手；強烈的政治或社會意識形態控制了所有人；震驚或喚醒他人的催化劑，以及得到洞察力或靈光乍現的人；局外人的人生——「生不逢時」；處處受限或窒息的人生，迫使我們逃走並解放自己；獨創、古怪、異常焦慮的自由意志，追尋

「人煙罕至之路」；飽受突變、突破及意外切斷影響的人生。

- 我們渴望體驗極樂世界或狂喜的感覺，如何尋求接觸／連結神聖並且體驗所有感官；尋求那些讓我們投射完美及神性形象的人事；想要逃避世俗或人生艱困的方式及原因；如何和宇宙產生某種精神上的連結，或昇華到更高層次的創意表達中；想要救贖自己的地方。

- 我們人生及性格中那些模糊、易受影響、過於敏感、沒有結構或界線的領域；與現實失去連結的地方；希望被拯救或拯救他人之處。

- 我們感到困惑、幻想破滅或自我欺騙的方式及地方；在此，我們最終覺醒並發現某些情境不如想像中美好或已經消失；界線已經模糊的生命領域，或我們追求卻不可得之處。

- 我們在何處遇見並且如何處理失序；我們可以任其充滿混亂的地方；我們容易受到別人影響、操控、八卦、製造謠言及臆測之處；我們必須學會放手的領域。

強調海王星主題的星盤：一個兼容並蓄或模糊的夢幻人生；詩人、藝術家、變色龍／變形者、音樂家、音樂愛好者、形象設計師、有遠見的人、夢想家或大師；畢生追求啓蒙或逃避之路；長年的受害者、上癮者，殉道者或者因運氣不好而被遺棄、失去生命的功能、賺錢維生或生活自理的人；與現實脫離的人生，與無意識領域連結、與生命節奏同步、具有更強烈的情緒或第六感。

- 性格中被遮掩、埋藏的面向；被我們掃到地毯下那些強大、造成嚴重破壞的經驗；個人、家庭及祖先的禁忌；衣櫃中的祕密及殘骸；讓我們強烈想要控制的源頭，以及避免讓暗自控制我們的恐懼被揭發。

- 我們經歷危難的地方，以及我們如何處理陰影、偏執及心魔；我們被剝光、被馴服的地方及原因。

- 我們曾經（或害怕）被侵犯、無力抵抗、成為受害者、迫害或虐待的領域

及方式；心理破壞或控制的地方；我們失去控制力之處；我們必須淨化自己、清理過去的地方及方式。

- 我們重新從人生中拿回個人力量的地方及方式；被埋藏的寶藏，以及埋藏能源及能量之庫；那些支配我們的領域，直到我們將它們「曬乾」、釋放並奪回控制權；我們在團體及政治運動中的位置；我們能夠運用力量影響他人的領域及方式。

強調冥王星主題的星盤：極端的人生、激烈的經歷及生死存亡相關的議題；充滿影響及／或無力感的人生，而受到他人恩惠之處，或是某種禁忌或無法掌握的處境、讓我們的人生蒙上陰影；影響其世代的強人；充滿極端毀滅、淨化、改造及個人轉化的人生；重新開創及演化的人生——從灰燼中升起。

四個軸點與十二宮位

星盤的四個軸點——上升點（ASC）、天頂（MC）、下降點（DSC）及天底（IC）——是本命盤中最個人的位置，因為它們與出生時間及地點有密切關聯。然而，行星每一天不會在黃道帶上移動太大距離（只有月亮會走得很快——每天移動 11 度到 15 度的距離），但每一個星座（事實上，應該說每個星座的每一度）都會在 24 小時之內從地平線上升（越過上升點）、攀升到最高點（天頂）、落到到地平線（越過下降點）並來到最低點（天底）。換句話說，太陽每天會在黃道帶上移動大約一度，因此在那天出生的人，他們太陽的位置都會相距在一度之內；但是在那天不同時間出生的人，他們上升點（以及其他軸點）會落在黃道帶 360 度中的其中一度。

落在四個軸點的行星是星盤中最強而有力的位置，它們就像是非常個人層面的指南針，揭示我們與環境互動的取向；它們同時也是「接收器」，顯示出我們從周遭環境中得到的事物，以及如何與周遭世界產生互動；它們是我們與世界之間的雙向窗口，代表了我們個人、人際關係、家庭還有社交的鏡片（我、你、我

們、他們）。

　　四個軸點就像是標籤或徽章，上升點是身分認同的徽章——我們面對及迎向他人時的個性；天頂是我們身上所戴的社會或專業的徽章，標示「醫生」或「諮商師」之類——它是我們及他人如何簡短地總結自己履歷的方式；下降點是我們的伴侶徽章——我們尋找什麼樣的人，以及我們將自己投射到他人身上之處；天底是我們家族的盾徽——它是集體歷史，並總結過去所發生的事。

　　軸點不是行星，它們是天文學上的參考點——它們是行星在天上的模式、投射於地球，以兩個軸角所形成的一個大十字來呈現（無論你使用哪一種宮位制，都要從全部或某些參考點上索取線索；宮位描述了某個星座的行星所運作的地方）；四個軸點是我們個人的參考點——我們對於自己內在、個人領域及專業、社會角色的觀點（及看法），也是我們的影響力、觀感及投射。

　　雖然所有行星都會在一天當中的不同時間經過各個軸點（依照它們的黃道位置）；然而，四個軸點卻是與太陽路徑相關。事實上，就像我們在星盤中以太陽為首領一般，我們一天的時間也是由此天體去計算的；在所有星盤中，太陽的位置讓我們馬上知道此人是在一天當中的什麼時候出生。

- 上升點是太陽在東方升起之處（日出）——這是我們不能錯過的壯麗揭幕，意象上這個點是新一天的開始，我們的「降生」、出現、並「誕生到某個身體中」，它象徵了自我的出現。
- 天頂是行星及太陽（英雄）在最高點的地方，那是最為顯耀的位置，眾目睽睽、高高在上的照耀我們；成為人們仰望的楷模；自我的「形象化」。
- 下降點是太陽下降並與地平線合而為一、在地平線消失的地方；自我的融合。
- 天底是太陽到達其最低點的位置，當它經過這裡時，為新的一天埋下種子；自我的「內在化」。

當太陽（或任何其他行星）落在其中三個軸點時，留下了最深刻印象——這

三個位置包括當太陽升起被看見的上升點、攀越高峰的天頂、及落下時的下降點；在四個階段中，只有天底是我們看不見，但其本身卻是重要的，天底所留下的形象是不明顯或不容易被注意，但它標誌著我們（或留在我們身上）深刻的內在印象。

在本書 114 到 115 頁，我們會尋找四個軸點之間的連結，例如：是不是所有軸點星座都在固定星座？它們可能是風元素與火元素的組合？軸線有著對分相的關係，兩個軸點會落在同一組對分、兩極星座上的同一度數，它們的本質是要讓我們更加注意、意識到這兩個位置、面向如何密不可分又互相糾纏，而這些在個人身上所強調的特質可能如何影響他人。我們無法在欠缺他人（下降點）參與之下去定義自己（上升點）；並且除非我們知道自己來自何處（天底），否則我們也無法知道自己正邁向何方（天頂）。

上升／下降軸線

想像上升／下降軸線是蹺蹺板，當中挑戰在於「我」與「你」之間的平衡——與他人協商、妥協以至平衡，如果軸線其中一邊比重太高，整個蹺蹺板就會失去平衡。這軸線是我們的視野、身邊的人事及周遭環境。

此軸線的方向是左與右、東與西，是自然出現在我們周遭的事物，那些吸引我們注意的東西；這是與「相遇」有關的軸線——我們吸引、進入我們人生中的事物。它揭示了我們如何邀請別人進入我們的世界、我們對於他人的影響力、以及他們對於我們的影響；在這裡，我們被迫去理解「誰正在對誰做什麼事」！我們的性格及對自己的看法（上升點）——我們的生存——他人的挑戰（下降點）。

上升點

- 我們與人獨處時的性格。
- 我們進行互動的工具；個人介面；「外皮」；為了接觸他人、與他人互動而戴上的面具或刻板印象；生活方式。

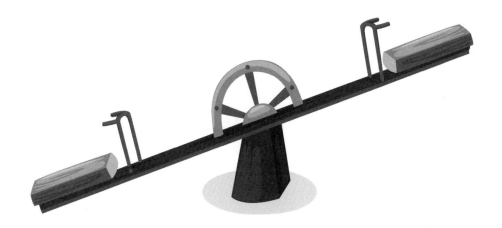

- 我們的外表，還有當我們踏出家門時，預期周遭的環境及人們會如何「出現」；給別人及接收到的第一印象。
- 我們如何開始一件事；如何接受現實；為了生存／互動所預期的路線、日程、個人立場及座右銘。
- 早期關於個人行為的資訊；童年經驗；出生經驗。

下降點

- 我們在他人身上所尋找的事物；我們的「另一半」；那些威脅我們生存的人事物。
- 那些參與我們自我探索之旅的人；我們希望能夠幫助我們定義／精煉自我的人。
- 我們吸引、投射及公開招來的事物。
- 我們從他人身上得到的事物；他們對我們的反應及理解。

天頂／天底軸線

把天頂／天底軸線想像為一根直柱或一棵樹，我們能夠長高、伸展、往上爬以及翱翔；但我們必須意識到下面的事物——根部及基礎。這軸線的挑戰在於成長及成就的自我建構（豎立自己的名字／聲譽）的同時不要將過去（家族「姓

氏」）完全隱藏起來，要在兩者之間取得平衡。

　　此軸線的方向是上與下：我們需要伸展出去才能看見的事物、仰望的天空（中天）——從自身出發邁向未來；這裡也是當我們思考自我根基是否穩健時，往下、往內看——回顧過去時所看見的事物。我們繼承或早期被灌輸（天底）的事物、被召喚出來並展現於世（天頂）。這軸線揭示了我們從父母型人物身上所接收到的訊息，這些與我們個人、根深蒂固的原則（天底）有關；它們同時也是影響我們的俗世地位（天頂）的工作／社會的哲理；它顯示我們的父母（有意或無意間）所強調的重要事物——還有他們的期望及根深柢固的動機，它說出我們從父母身上得到的早期訊號——關於成就、志向、社會角色及「外面的廣大世界」。

天頂

- 我們如何發揮潛能，並在社會中「成為自己」（自我實現）；我們的聲譽、社會人格及社會簡歷。

- 長大後想要成為什麼樣的人；希望別人記得我們什麼。

- 我們可以表現自己的天職（太陽）及履行承諾的社會或公眾領域；得到社會認同的最佳路徑；為了成功所需要的品行；我們對成功的定義以及我們所崇拜、想要效法的人。

天底

- 我們的基礎、根源；誕生的地方。

- 內在訊號及驅動力；潛意識想要得到外在成就的動機。

- 我們發展根源（天底）及開枝散葉（天頂）的土壤；我們的種子、源頭、承傳。

- 我們私底下的模樣；我們的地窖。

- 我們在冒險時會忽略的領域；那些隱藏起來的恐懼、可能會無意識地引導我們的方向（天頂）。

合軸的行星會同時影響軸線的兩端，但它會在其合相的那一軸角最能發揮其存在感；它可以成為支持或變成重擔、或兩者同時呈現。

我將會在我的著作：《天頂：成功的焦點》（*The Midheaven: Spotlight on Success*）一書中深入探討四個軸點。

十二宮位簡介

我傾向將宮位視為世俗的「生命領域」，而不是過於強調它們的心理分析層面，因為那比較像是星座的延伸。雖然每個宮位與其相對應的星座（例如：第一宮與第一個星座牡羊座）有著共同主題，但宮位顯示著「地方」——也就是以特定方式（視其星座位置）展現行星能量及重要主題的生命領域。

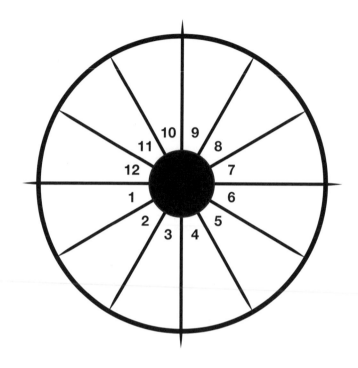

　　每一宮都描述著某種環境，我同時也將四個軸點與角宮起點分開（例如：在大部分宮位制中，第一宮起點等於上升點）——軸點在我們個人羅盤中是相當具影響力的點，它們顯示了我們在世上的心理傾向。

　　多年來，我嘗試過不同的宮位制，但最終還是選擇等宮制，因為它能帶來較清晰、更好的預測結果。很多占星師都不喜歡使用這種宮位制，因為覺得它太簡單、不滿意它只有仰賴上升度數並將它視為星盤起點及關鍵所在（矛盾的是，這些占星師當中有一些現在卻支持使用傾向全星座宮位制，其中第一宮始於上升星座的 0 度，卻無視上升點的實際度數）。我建議大家在學習及研究星盤時，能夠保持開放的心去面對各種宮位制度——某些占星師選擇某宮位制的原因單純只是因為某宮位制能讓他們的行星落入他們自以為「較好」的位置！事實上，星盤中的關鍵模式是無從逃避的，無論你選擇的是哪一種宮位制，星盤中重要的主題都會至少以三種不同方式呈現；例如，我們可以努力將太陽移到第十一宮或第一

宮，讓它避開「絕望」的第十二宮，但太陽可能仍然守護第十二宮或與十二宮守護星產生合相，你可以跑但你逃不掉——避開行星位置或重新建立星盤去「讓它看起來比較好」只會更加突顯那位置所傳達的意義的重要性！

如果宮位制的選擇決定了個人的星盤觀點及其構造的話，使用等宮制（其中每一宮都與極重要的第一宮起點形成準確的正相位）將會讓之後的每一宮直接與第一宮的個人鏡片（我的外表、我的方式、我的期待）中所看出去的觀點、態度及「真實」產生連結。當我們將第一宮或上升宮首視為星盤起點時，第二宮會變成「我的金錢」、第三宮是「我的手足」或「我的學習」，如此類推——它們都會與上升點及其星座有關。而當使用等宮制（或全星座宮位制）時，本來做為星盤的錨的天頂及天底——不再分別是第十宮及第四宮的起點——而是會「浮動」並可能會落入其他宮位。

宮位揭示了我們在特定的生命領域中的「經驗」，但這些經驗也可能由我們在那些領域中所「遇見」的人去呈現（例如：土星在第十宮可能是在工作中對於權威人物所產生的恐懼，但我們同時也可能會在工作中經常遇到各種土星型老闆的化身）。

第一宮

人生中貼身、個人的領域：我們的外貌、氣色及外觀；我們的穿著；體型。

第二宮

我們的金錢、收入、財富、資產及所有物；價值觀及重視的事物；資源、流動現金及賺錢能力；與身體之間的關係；支持我們的事物、食物，以及獲得舒適的體驗。

第三宮

人生早期與朋友、鄰居及手足的經驗及接觸；短途旅程及移動；學習、教室、短暫的溝通、書籍及傳遞的訊息。

第四宮

我們的家庭環境、避難所、當需要隱私及休養生息時退隱的地方；土地、不

動產、所有物及其他固定的財富；我們的祖先、根源及祖宗。

第五宮

娛樂、玩樂、戲院、創意、愛情故事、性愛；與小孩的相處；投機買賣；我們的觀眾及「追隨者」。

第六宮

日常例行公事、儀式及制度；飲食、運動及健康養生之道；影響我們健康的因素；職場、職涯及同事；勞力、不平等的人際關係、服務別人及奴役；寵物及小動物。

第七宮

我們的人際關係、婚姻或彼此承諾的伴侶關係；公開的敵人、對手及那些與我們有衝突的人；公平合理的關係，「非我」的投射。

第八宮

接觸他人的金錢及財產；共享的資源；信用及財力；危機、祕密、遺贈、遺傳及遺囑；重生及更新；深入挖掘祕密、禁忌及超自然／隱藏事物的經驗。

第九宮

長途旅行的經驗；高等教育及道德倫理；旅行、外國及外國文化；宗教、我們的信仰及我們對於神的想像；出版、行銷、廣告及宣傳。

第十宮

我們的事業（長期工作目標）；權威人物以及我們與老闆之間的經驗；我們的社會地位、階級及公眾形象；社會、公眾生活；獲得讚譽、卓越及榮耀的程度。

第十一宮

我們的團隊、結盟工會、特定群體、社會運動、手足情誼及友誼、同志——一群志同道合的特定群眾與我們一起為了共同目標而努力；我們的社區及社交圈；社會事件；我們理想化的抱負；顧問、經紀人及諮商師（它們屬於這裡而不是第九宮）

第十二宮

我們隱居、撤退、被孤立及低潮的經驗；祕密進行的事情、恐懼、隱藏的弱點、無意識的模式及自我毀滅（違背自己最大利益的行動）；與神祕領域的相遇（任何在十二宮的行星都是剛剛從地平線升起──它們被看見、顯露頭角並走進光明，這些行星剛剛「出生」，它們的能量對於我們來說也許是無意識的，並會以原始的方式表達；第十二宮內的行星最能夠被他人察覺，但當它們落在這個具影響力卻尚未成熟的位置時，我們可能沒有察覺到其生氣勃勃的力量）。

守護星及支配星（Rulers and Dispositors）

以下簡介星盤中的行星及宮位如何產生連結或彼此對話，依照其重要性排列：

1. 宮內行星──這是最有影響力、也是最明顯的表現方式。

2. 行星與其他宮位的行星產生相位（例如：第二宮的火星四分相第五宮的木星，把行星與宮位連結在一起）。

3. 守護「宮首星座」的行星（或是在非等宮制的截奪星座中，這是指完全落在某一宮之內的星座、其守護行星）。

4. 位於宮首的行星（從這「門口」的位置同時可以進入兩個宮位）。

5. 位於其自然宮位的行星（例如：木星落入第九宮或第十二宮，火星落入第一宮或第八宮）。

某些宮位有可能是「空」的（我們只使用十顆「行星」──太陽至冥王星──因此星盤中往往至少會有幾個沒有任何行星的宮位）；但沒有一個宮位是靜態的，因為（正如上述所言）宮位藉著守護關係經常會產生某種連繫。每一個宮位的宮首星座都會對那一宮的事務產生影響力；但守護「宮首星座」的行星會提供更多的資訊──守護星的位置及相位往往會揭露與此宮首星座有關的特質背後的真正動機及表現。守護關係將某一宮位（及某顆行星）的事務與另一宮位連

結起來，在《當代占星研究》（*The Contemporary Astrologer's Handbook*）一書中，蘇‧湯普金（Sue Tompkins）認為宮首星座「概括性地說明此宮位，而其守護星的位置往往提供了更加實質的資訊並指出故事發展的方向」。例如：如果第二宮宮首星座是巨蟹座，這透露相當多關於金錢、收入及資產的態度，也包括我們賺錢的潛能；但是第二宮守護星（此案例是月亮）的星座及其宮位位置（以及相位）則顯示出這種潛能可能會如何發揮（特別是在此人的個性、環境及生命中），它會告訴你可以在「哪裡」賺錢——也就是最能夠刺激第二宮活動（例如賺取收入）的環境及情境。某位第二宮守護星落在處女座第四宮的學生，當她理解描述她謀生方式的連結時還蠻氣餒的：清潔（處女座）家居（第四宮）（行星落在世俗的處女座有時候會讓我們覺得心全涼了，直到我們理解那天生手工藝術的天賦）。

當我們研究守護關係時，一定要考量：

宮首星座

例如：第二宮宮首在巨蟹座——以精明、審慎態度對待金錢，並以一種本能性的方式去投資或累積資金；重要的是要存錢或擁有足夠金錢，才能夠讓人在家中感到安全舒適。

守護宮首星座的行星

例如：月亮——一種易變、上下浮動的能量與我們的基本需要及保護本能產生連結；薪水／經濟狀況可能會起起伏伏；我們的花費依照心情而定；與金錢與安全、家及過去有關。

守護星的位置

例如：月亮（守護第二宮）落入第七宮射手座：藉由關懷、促進或協助（月亮）他人（第七宮）而賺錢（第二宮），例如：外國人或從事教育、廣告或法律（射手座）；藉由與公眾合作（月亮）去擴張（射手座）我們賺錢的方式（第二宮）；學習將財務需求（第二宮／月亮）與夢想及偉大計畫（射手座）分開；還有……冒險或在重要關係中得到幸運的發財機會；慷慨或生活費高的伴侶；很期

待別人照顧自己；金錢來自伴侶關係，例如：找到一個射手座型伴侶，他讓我們保持正向及安全──或是有人會將我們／他們自己的錢都輸光！

透過行星與宮位之間的連結，我們可以收集到很多實質的資訊，例如：如果七宮守護星落在第九宮，我們的伴侶可能來自海外；或可能與教育、法律或其他第九宮的活動有關。第七宮的宮首星座能夠說明我們吸引而來的特質；然而，第七宮的守護星卻「變成」了「另一個人」（第七宮），並往往非常能夠描述我們吸引哪一類人過來，以及我們會跟哪些人走在一起。

使用等宮制或全星座宮位制（天頂／天底軸線是變動的）其中一個好處在於：當我們觀察所有相同上升點的星盤時，會看見其中許多實用的一致性。例如：所有上升點在獅子座的人，由金星守護的星座會落在第十宮宮首（金牛座）及第三宮宮首（天秤座），他們的事業或評價（第十宮）經常與第三宮的活動緊密連結，例如：教育及為他人提供資訊；他們會希望自己的事業能夠帶來安全感及穩定收入（第十宮宮首金牛座），並且會想要在日常生活中利用外交、浪漫或具魅力的方式去表達自己（第三宮宮首天秤座）；他們會重視（金星）自己的事業及專業發展（第十宮），並知道自己對於資訊、課程及書籍的需求（第三宮）以鞏固這些人生領域；他們的工作（第十宮）可能牽涉了大量的短途旅遊（第三宮）等等。金星在本命盤中的位置描述了這些宮位在哪裡能夠以最佳的方式呈現，也描述了在他們追求的過程中相關的努力奮鬥及能量。一如既往，行星是最重要的原動力，也就是能量；而星座是這些能量所表達的風格、態度及「色彩」。

當我們考量對於宮位的影響時，我會建議觀察傳統守護星，因此，當宮首星座是天蠍座時，觀察火星而不是冥王星；同樣的，如果是水瓶座去分析土星的位置；雙魚座則觀察木星。在守護關係的本質上，外行星（天王星、海王星及冥王星）並沒有「守護」這些宮位；然而它們的所在位置卻顯示了某一個特別宮位及其宮首星座如何與影響我們生命以及反映時代思潮（時代精神）的更大議題緊緊相繫。

正如同檢視星盤的其他部分一樣，我們要尋找守護關係的重覆／強調主題；某個星象可能也得到星盤其他地方的支持及強調，可能第四宮守護星是月亮（其本身已經重覆主題）或第四宮守護星落入第四宮。某些上升牡羊座的人會發現，很多行星透過宮位及星座位置都產生「重覆暗示」（也許不是所有行星，特別是如果上升點在牡羊座的最初幾度）；例如：金星在「天蠍座第八宮」（天蠍座的自然宮位），這是因爲牡羊座是自然黃道帶的起點；如果上升點在牡羊座比較後面的度數（就像下面的例子一樣），行星可能便不會如此落入星座的自然宮位中而產生重覆暗示，除非行星的度數在上升點之後。

支配星及互融（Dispositors and Mutual Reception）

支配星的概念是例如：如果太陽及水星都落在金牛座，那麼這兩顆行星被認爲是受到金牛座的守護星——金星所支配；另一種說法是，任何落入金牛座的行星都帶有金星的性格特質，因此這些行星最終會受到金星及金星的本命盤位置掌管。如果金星在牡羊座，那麼火星就是金星的支配星，然後我們會檢視火星的星座位置，看看哪一顆行星是火星的支配星，以此類推。占星師（特別是受到水星守護的占星師）深愛這樣的追蹤及連鎖關係，如此找出星盤的「最終守護星」（final dispositor）；以我個人來說，我不認爲這些內容十分有用。看看芭芭拉・史翠珊（Barbra Streisand）（詳見第105頁）的星盤：金牛座的四顆行星確定了金星在她星盤中扮演了重要角色，而金星在第十二宮雙魚座，也就是雙魚座的自然宮位，她的金星與雙魚座產生強大的連結，但如果我繼續透過觀察雙魚座的守護星木星或海王星繼續追蹤下去，我不認爲能夠找到太多直接相關的資訊。

然而，如果水星在金牛座／金星在雙子座，就產生「互融」：金星在水星的星座，而水星也在金星的星座，有些占星師認爲互融具有影響力，尤其那些卜卦占星師。在本命盤占星學中，它可能埋下了行星之間的連繫，但在我的經驗裡，互融的影響力並沒有形成相位的行星那麼強烈。

星盤（上升）守護星

　　星盤守護星，意指上升星座的守護星，例如：如果上升點在牡羊座，火星就是星盤守護星；火星可能落於十二星座中的任何一個星座，實際上，即使我們不考量其他面向，在此仍然蘊含著十二種類型的上升牡羊座；而每一種類型都會顯示出特定之路及領域，反映出個人會在哪裡表達其個性、並加深其自我形象（上升）。占星師史提芬・福雷斯特（Steven Forrest）形容星盤守護星是「上升點的代表，它被送到星盤中的另一個地方，但仍然爲了相同目的服務」；他補充說：「（星盤守護星）在個人建立人我分別及自我認同方面扮演著關鍵角色。」

　　星盤守護星是這齣戲的主要演員，在諮商盤（用開始解讀星盤的時間所建立的星盤）中，上升點描述著客戶的周遭環境；星盤守護星則是客戶本身，顯示他們現在的位置以及要前往的地方。上升守護星是隱藏的指導、是幕後動機，解釋了我們的人生態度以及接觸世界時的互動及面對方式。

　　上升點代表了我們的個人風格，上升牡羊座需要刺激，它出去征服、想要被視爲勝利者、創新的人或先鋒，那是它接觸世界的方式；它期待競爭及衝突，並認爲「如果你想要完成某件事，就要自己動手」。如果星盤守護星火星落在第六宮處女座，牡羊座的直率就會被導入健康、例行公事、工作或服務的領域（第六宮），並帶出了一種準確、具分辨力的態度以及注重細節（處女座）。在《占星十二宮位研究》（*The Twelve Houses*, Flare, 2007）一書中，霍華・薩斯波塔司（Howard Sasportas）將上升守護星所在的宮位描述爲「直接影響成長及自我發現（上升點）這些重要經歷所在的生命領域」。當火星在處女座，牡羊座的競爭力、對抗本質及開創精神會被引導，成爲行業中最佳的工匠、先驅性的護士或公會代表；我們可以預期某些人會傾注他們的能量於健康議題或努力爭取改善職場環境，或是會獨立工作讓（內在及外在的）機器運作順暢及良好（星盤守護星通常會與其他行星形成相位，有時候會再度強調原有的主題，有些時候會將其他主題帶入分析中）。

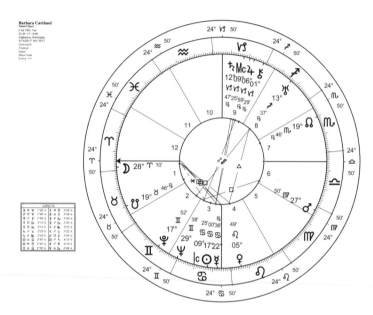

圖說：芭芭拉‧卡特蘭星盤。

　　在上述例子中，我們有這個星象組合：上升牡羊座、星盤守護星在第六宮處女座，這是作家芭芭拉‧卡特蘭（Barbara Cartland）的星盤，以著作歷史愛情小說而聞名（她的太陽／水星合相在第三宮巨蟹座）。卡特蘭是一位社會人物中的常青樹，也是一位多彩多姿、勢利、勇敢直言的媒體人物（土星／木星封冠於摩羯座的天頂）；她人生的早期經歷（上升點及月亮）包括她那事業心強的母親在倫敦開了裙子店勉強糊口（注意牡羊座的影響，以及火星處女座的努力特質）。1923 年，卡特蘭出版了第一本小說，被視為是傷風敗俗，但隨著社會的轉變，卡特蘭筆下那些天真無邪的女主角也慢慢從君子好逑的女性變成貞潔女性——她筆下那一段純真、理想化的愛情開始被視為過時乏味。即使如此，她的產量仍然十分可觀，她一共寫了 723 本著作（一年 23 本），即使到了九十多歲仍然保持讓人稱羨的職業倫理（火星處女座），當她在 2000 年離世時，留下了160 篇未完成的手稿。卡特蘭是正面思想力量的化身，並因她推廣維生素、反對

學校取消禱告、以及其健康、精力充沛而異乎尋常的生活態度（處女座）而聞
名。

　　在具有影響力的宗教運動家及高調的福音佈道家葛培理（Billy Graham）的
星盤中（他的月亮／火星合相於射手座），我們看到上升點在牡羊座，守護星火
星在第九宮射手座——這是一個正義的位置，暗示了延伸至公眾、尋求自由、爭
取個人基本權利以及信念的主題；同樣的上升點及星盤守護星的組合出現在民運
歌手瓊·拜亞（Joan Baez）星盤之中，她一直都是追求社會改革、正義及和平
的社會運動人士。

逆行行星（Retrograde Planets）

　　行星逆行是占星學中的有趣現象——不只因爲它們明顯地往後移動，更是在
於占星師如何去理解及詮釋這種從地球上觀察時所產生的視覺幻象。在逆行循環
（最有名的是水星逆行）、卜卦（horary）及擇日占星學（electional astrology）
中相當多關於逆行重要性的著作；但是對於它在本命盤中如何運作的討論卻相對
較少，如果我們思考占星學這門藝術——從每日循環到太陽、月亮及地球之間的
永恆之舞——這些我們從自身視野所觀察到的天際現象，這是相當令人訝異的。

　　不過，讓我們先討論重要的內容：當行星看似往後移動時，星體讓我們有
「第二次機會」去重新探訪老地方，追尋舊足跡（就如同行星的逆行一樣），並
讓事情重回正軌。觀察水星逆行循環（每三至四個月一次，也就是在十二個月
內會發生三至四次，每次歷時三星期）讓我們學會生命中的水星領域（以及與
我們的水星配置有關的主題）所發生的延誤、出軌及繞路而行——這往往是爲
了讓我們重新思考自己的選擇。我們學習去重視及實踐英文中以 re- 爲字首的動
詞：研究（research）、重新思考（rethink）、重新確認（reconfirm）、重新組
織（reorganize）及回顧（review）；這是我們去注意那些疏忽及更正錯誤的時
機，如果可能的話，也要與例行公事及工作輸送帶保持健康的距離。但是，理想

的話，我們應該要暫時不要做出與未來或新行動有關的實質決定——除非我們想要在之後重新修改或協商這些決定；並不是說逆行期間所有溝通都會「出錯」，而比較是：在此期間會揭示進一步資料，帶來新的曙光。

例如：在 2009 年 5 月水星逆行期間，英國傳媒披露了國會議長公然濫用其申報的津貼及開支，當時（參見下圖）水星剛剛進入雙子座，停留在 1 度（水星及雙子座都喜歡「蒙混過去」）；但是當水星逆行回到金牛座（「被迫說明」金錢議題）並四分相水瓶座的木星 / 海王星合相（大的醜聞 / 欺騙），這則新聞導致了政界一連串的辭職、解僱及立即退休。

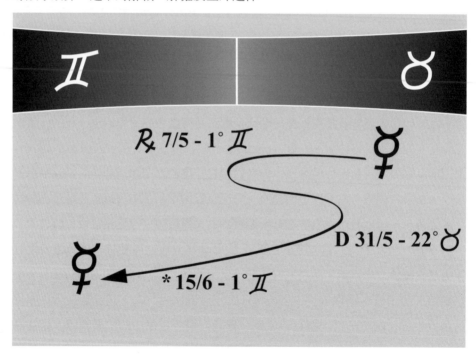

以下簡介如何處理最惡名昭彰並定期帶來視線幻覺的水星逆行：

- 休息 / 反思 / 充電，享受這段心理低潮 / 暫停、離開都市生活、從職業輸送帶中抽身並與之保持健康的距離及空間、暫時休歇且聞花香。
- 修改看法、重新調整先後順序、檢查並重新確認並閱讀附屬細則（但記得

稍後要在虛線上簽名！）——決定那些一直拖延之事。

- 檢查、重新安排、重新探討、重新組織材料，逆行意指「第二次機會」。
- 研究、調查、收集資料、重新評估、重新思考近期的決定、也許要回到過去曾經使用的方式、避免做長期的決定、回顧／編輯／改善工作、發現錯誤。
- 清理、進行維護／修理工作、趕完檔案／電郵／文章、並與朋友重新連繫或修復友誼。
- 如果你掉入重複的狀況，後退一步並客觀地觀察問題（水星的功能），解決它或順勢而為——「一切都會過去的」。

在水星恢復順行之後，直到水星再次經過它開始逆行的黃道度數之前，事情都不太會有進展，而這通常會在行星恢復順行之後的兩到三星期之後（詳見上圖中的 *）。

關於本命盤中逆行行星的著作（很多都是從卜卦占星學及擇日占星學中衍生或誤解而來），為占星學生會帶來有害的影響。例如：那些天生水星逆行的人有時候會被標籤為學習緩慢、甚至是「智力發展遲緩」的人——這星象被視為是某種閱讀障礙的占星學象徵。我那些本命盤中水星逆行的學生，當他們從不同角度去處理問題、評估以及用看得見或側面的方式去重新處理資料時，往往是他們學習最好的時候；有趣的是，當他們這樣做時，反而教導我以不同的方式去適應及教導他們（水星）。

占星師羅伯・漢（Robert Hand）[1] 認為逆行並不會破壞行星的影響力，反而會讓它「比其他時間更加適合某些狀況，我發現那些在水星逆行期間成立的公司及企業，如果它們「主動參與」與逆行過程相關的工作時，通常都能夠蓬勃發展。這讓我想起有名的社交網站「與友重逢」（Friends Reunited）的星盤（見圖），水星（與社交有關的第十一宮的守護星）在雙魚座逆行：這網站的目的是

1　羅伯・漢（Robert Hand）, *Horoscope Symbols*, Whitford Press, 1981, p.42。

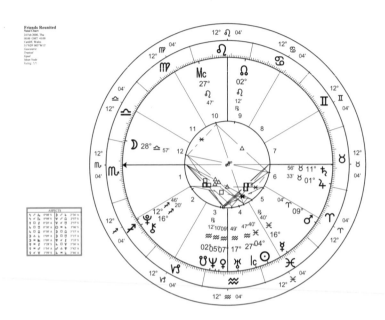

圖說：「與友重逢」的星盤。

要與失散（雙魚座）的朋友（第十一宮）重新產生聯繫（水星逆行），互相交換資訊，並且正如這網站所宣稱的：「不要與你的過去失聯。」

當我們研究愈多星盤，我們便愈能知道例如「向後」這些字眼不會爲客戶帶來幫助，也不會讓他們公平地對待自己如此的星象，而在歷史文獻中，還會跳出「欺騙」及「不誠實」這些詞。其他則將本命盤中逆行的位置視爲無法完全實現諾言的領域，或是人生較晚期才得以展現的個人潛能。琳達·里德（Linda Reid）敘述逆行行星是「潛伏或慢慢準備、好在未來某個時間點解放出來」[2]。

已故的史提夫·賈伯斯（Steve Jobs）的星盤提醒我們逆行、（幾乎）無相位的水星可以完成的事；水星是他的星盤守護星，並與「凶星」土星形成非常寬鬆的四分相，賈伯斯運用「自己、迂迴」的方式，盡情發揮他自己的水星（及其

2　琳達·里德（Linda, Reid）：*Astrology Step By Step*, Canopus, 2001, p.113。

他行星）。

在我的經驗中，本命盤的逆行行星可以在人生早期就全面發揮（外行星比較不是如此）——在個人已經成熟或自覺到需要處理這些議題之前，這也許是太早了——只是當我們要迎頭趕上其他方面的同時，這些早期承諾往往會被「凍結」；其後，我們會得到「第二次機會」去探索並且從此行星的潛能中得到好處，只是這次是站在更安全、更踏實的基礎上。行星會暫停、孕育（甚至抑制），直到我們準備好去呈現它，並以最適合我們的方式去處理它；事實上，行星通常會比預期更慢一點全面發揮，也許是在我們理解自己的真正目的之後（太陽）[3]。在天文學上，當我們從地球觀察，逆行的確是根據行星與太陽之間關係而發生，其中一位大量著作本命逆行星的現代占星師是備受推崇的艾琳・莎利文（Erin Sullivan）[4]。

本命盤中的金星逆行暗示某些金星原則的早期經驗（例如：很早就結婚），但是會在人生較晚期以更具架構、成熟的方式重回這個主題（例如：第二次戀愛）。土星循環中有百分之 36.5 的時間都在逆行，但如果土星逆行並且凸顯於星盤中，它會暗示我們在人生早期便身負重擔或承擔起父母的責任，必須等到之後才能意識到個人的抱負。占星師諾爾泰（Noel Tyl）寫道，這可能暗示了因為童年缺乏權威人物——或是非常獨裁專橫的人物出現——而因此承傳了自卑感，並且「因為這些讓人非常難受的教訓，以至於在發展過程中設下了一個「暫停」[5]。

當逆行星位於關鍵位置，例如：某個軸點、單一元素或圖形相位的「把手」

3　這些想法來自於我與萊絲・羅丹（Lois Rodden）的討論，後來她將這些內容寫到《如何透過占星學找到金錢》（*Money: How to Find It with Astrology*, Data News Press, 1994）一書中。

4　如欲完整探討行星逆行，請參閱艾琳・莎利文（Erin Sullivan）充滿洞見的著作 *Retrograde Planets: Traversing the Inner Landscape*, Arkana, 1992。

5　諾爾泰（Noel Tyl），*Synthesis & Conquering in Astrology: The Professional Manual*, Llewellyn, 1994, p.39。

時會更形更重要，這正好符合雪莉‧譚寶（Shirley Temple）的星盤案例（詳見 227 頁），其中逆行土星在星盤中位於提桶把手的位置。

我經常遇到星盤中逆行星多達四顆或更多的客戶，根據尼爾‧米歇爾森（Neil Michelsen）的《行星現象表格》（*Tables of Planetary Phenomena*（ACS, 1993）），大約百分之 14% 生於二十世紀的人擁有四顆逆行行星，5% 的人有五顆，1% 有六顆。我的客戶經常說他們許多人生的時間都好像是處於「停滯」狀態，或是為了先安頓好「現實人生」將初衷或才華放置一邊，然而這些星象所承傳而來的保證正好是第二次機會，讓人在人生後期去探索並建立早期的理想。

如果能夠知道此種第二次機會發生的時間會很方便（例如；在特定行運或推運停滯之下），但是似乎沒有一種可預測的觸發或年齡能夠顯示。

很多擁有四顆或更多逆行星的名人，成功的早、甚至有擁有不同凡響的成就，只是他們在發展更加穩定的事業基礎、確定的軌道之前，往往會面對一段長期的「停滯」（這樣的例子出乎意料之外的多，包括：戴安娜王妃、凱倫‧卡本特（Karen Carpenter）及詹姆斯‧狄恩（James Dean），都在很年輕時逝世──在能夠受益於第二次機會、比較穩定的時期，其人生就中斷了，但請不要由此引申認為星盤中有很多逆行星就暗示早死！）。

想一想回歸女王西碧兒‧雪佛（Cybill Shepherd）的故事（見下頁星盤），她起初是模特兒，廿一歲時，一夜之間成為好萊塢炙手可熱的明星；廿八歲時，回到孟菲斯（Memphis）的老家結婚生子並退出電影圈。三十多歲時，她重新復出並在電視圈發展得非常成功：首先是演出劇集「雙面嬌娃」（Moonlighting），之後擔任自己的喜劇節目《西碧兒》（Cybill）的明星執行製作人。雪佛有六顆逆行星（金星、火星、土星、天王星、海王星、冥王星、並且月亮無相位），在暫時休息之後，她的歌唱生涯也迎來了第二次、更加穩定的機會，她曾經灌錄數張專輯，但在飽受評論的無情批評之後就收麥不唱；後來，她以狀態更好、更自信的爵士歌手路線回歸，重拾了她的歌唱事業。

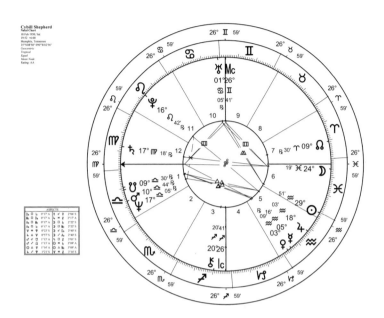

圖說：西碧兒·雪佛星盤。

相位

相位是兩顆行星或虛點之間十分重要的角度關係（也就是星盤中兩個位置之間相距的特定度數），它們連結兩顆行星或虛點，並形成「一種對話」——一種互動、能量流動。無論它們實際上形成哪一種相位（例如：四分相）這兩顆行星之間的對話是我們最重要的考量。對於星盤分析來說，行星能量的組合極為重要，我推薦蘇·湯普金所寫的一本關於行星組合極佳的著作《占星相位研究》（*Aspects in Astrology*）；萊恩霍德·埃貝廷（Reinhold Ebertin）的《恆星影響的組合》（*The Combination of Stellar Influences*）則是一本相當有用的關鍵字書。

幾項考量

這裡要記得一種等級之分：在相位中較外側的行星會影響較內側的行星，例如：在水星／土星相位中，是水星感受到土星一連串的影響，並帶來一套有紀律或嚴肅（土星）的想法、聲音或表達方式（水星）；但是也的確會以相反的方式運作，雖則比較不常見：對於所有土星的事物，包括：科學、因果定律、有組織的宗教等等事物上，都會出現知識上的興趣及討論（水星）。

在本命盤占星學中，我暫時尚未發現入相位（兩顆行星尚未形成準確的正相位）及出相位（移動較快的行星已經從正相位離開，但仍然在角距容許度之內）之間有太多分別。

也許有些占星師選擇不使用分離相位（dissociate／out of sign aspects），但它們同樣有用；只是其中的象徵及詮釋也許會更加複雜，因為這裡所牽涉的相位，例如：金牛座最後幾度的行星與另一顆在雙子座最初幾度的行星之間的合相──這並不符合星座之間自然的黃道關係。

相位中所涉及的星座是重要考量之一：當我們分析星座之間的同異處時，往往能夠得到不少收穫，它們同時也會為此相位提供重要線索；除非它們剛好是分離相位，不然，一般來說對分相會牽及一組星座軸線（牡羊座／天秤座、金牛座／天蠍座，以此類推），這些星座之間有著強烈的連結，但各自有不同的輕重緩急。四分相會連結同一模式但不同元素的星座（例如：開創模式的巨蟹座，它是水元素星座，重視情感連結，但當它四分相同樣屬於開創模式的天秤座──是抽離、理性的風元素星座，以及另一個開創模式的牡羊座──則是狂熱的火元素星座）時，此星座便難以理解其他星座的動機（元素），並且會因為彼此相似的策略（模式）而互相硬碰硬：開創模式的星座想要將事情帶到新層次，但是當想要確定誰才是老闆時，會產生衝突；固定星座想要持續、維持並保持穩定的節奏，但意見分歧時會造成頑固的僵局；當變動星座天生想要溝通、教導及散播訊息時，這些星座會因為各自想要「推卸責任」而發生衝突──他們想要逃避責任及

義務。

當我們分析星盤時，也應該考量行星與軸點的相位，但這並不是行星之間彼此的「能量」交換，它們反而述說了很多我們如何在周遭環境中達到目標並留下印記、所採取的態度傾向以及其中的人際互動。與軸點形成相位的行星顯示我們在個人及社會環境中呈現那顆行星的方式。

角距容許度

角距容許度意指度數上的距離，其中相位可以容許與準確相位相距幾度的偏差卻仍然被視為具影響力。一般而言，合相、對分相、四分相及三分相容許八度、六分相容許四度的距離。實際上，我不會觀察角距大於兩度或三度的三分相或六分相，但至於合相，我會容許寬至十度。行星之間的緊密相位（也就是非常小的角距容許度）往往會在人生模式及故事中帶來強烈感受，但與行星相關的人生事件、主題及性格特徵的例子，幾乎是與寬鬆相位一樣多。我們對於所有的寬鬆相位，需聆聽該相位以什麼方式（如有的話）在客戶身上呈現，例如：九度角距的合相看似很寬鬆，但當我們使用太陽弧正向推的時，此相位會在九歲時形成正相位，在如此小的年紀，客戶會經歷這些行星主題的融合；因此，此相位可能代表客戶人生中某個決定性的時間點，同時也代表之後會重覆出現的主題。我會比較寬鬆處理行星與軸點合相的角距容許度，因為正如米歇爾‧高格林（Michel Gauquelin）的星盤討論（第 96 頁），這些行星經過軸點的過程都是逐步而重要的。

相位（主要相位以粗體顯示）

0°	**合相**（Conjunction）
30°	半六分相（Semi-sextile）
45°	半四分相（Semi-square）
60°	**六分相**（Sextile）
72°	五分相（Quintile）

90°	**四分相**（Square）
120°	**三分相**（Trine）
135°	八分之三相（Sesquiquadrate/Sesquisquare）
150°	十二分之五相（Quincunx/Inconjunct）
165°	廿四分之十一相（Quindecile）
180°	**對分相**（Opposition）

　　合相被稱之為「中立」相位，但事實上它是兩顆行星之間不平等的合作；「柔和」相位（六分相及三分相）創造長久不變的行為模式及「舒適的」環境困住我們；而「強硬」相位（四分相、對分相、半四分相及八分之三相）則象徵了爆發摩擦的階段——它們需要覺察或活動，並提供張力的釋放。

主要相位

合相（0°）

　　合相是星盤中激烈、強大而集中的一點，行星／能量在此結合力量，並且不可分割地連結著，永遠不會獨自行動；與合相行星有關的領域可能會缺乏客觀性（除非它們與另一顆行星形成對分相）。合相通常是我們相當熟悉的性格部分，它們在人生早期中形成——是我們習慣與之共處的領域（這就是我），也是我們明顯被他人看見的性格面向。

　　小建議：當詮釋合相時，記得考量行星在黃道上的先後順序。

　　當外行星彼此形成合相，它會為社會預告新時代的來臨，但除非此合相與個人行星或軸點形成相位，否則它們並沒有敘述太多個人的故事。海王星／冥王星在雙子座一起（共發生了三次準確的合相：1891 年 8 月以及 11 月在雙子座 8 度；然後 1892 年在雙子座 7 度）走向十九世紀末，預告著迅速、資訊推動的二十世紀。至於天王星／冥王星在處女座的合相（在 1965 年 6 月形成正相位）展開了科技及性愛革命；矽晶片帶來的工業革命及避孕藥丸（處女座）——事

實上，這樣的發展幾乎影響了我們目前生活運作的每一個體系（關於進一步的資料請參閱溫蒂・斯泰西（Wendy Stacey）的著作《天王星／冥王星四分相》（*Uranus Squares Pluto, Mayo* Press, 2012））。在《占星心靈地圖》（*Astro Mind Maps*, Flare, 2010）一書中，金・法莉（Kim Farley）記述外行星的星座表示：「那是我們出生的年代背景……那個年代的主要頭條新聞……（並反映）在我們之中所埋下的種子，只有當我們開始影響這廣大世界時才會百花齊放」。

對分相（180°）

合相象徵行星循環的開始，對分相則象徵行星循環的高峰、高潮、取得成果的時間點。想像一下滿月——也就是太陽／月亮的對分相——當月亮走到離太陽最遠的地方，並從太陽接收「最多」的光，因此與對分行星有關的事物都會「完全公開」，並透過我們與他人的互動完整體現。

我們透過人際關係去學習對分相——星盤中對分相所揭示的是：當我們與他人進行某種互動時所需要探索的議題、需求及性格面向；我們不得不在人際關係中將它表現出來，並感覺自己必須去平衡星盤中的這個蹺蹺板及行星的對決。對分相經常是自我性格的部分，卻容易怪罪他人或投射到他人身上（通常是兩顆對分相行星中較「困難」的那一顆）；但是，這正是對分相的角色所在，讓人完全意識到我們難以自我整合的領域。對分相描述著人際關係的模式，揭示我們接受治療的問題領域；對立的衝突經常帶來改變，因此在所有星盤中，對分相都是充滿動力的軸線，這種行星的對峙是我們人生中的關鍵焦點，並且經常需要去注意、平衡及解決。

小建議：詮釋非分離的對分相時，思考軸線兩端星座的同異點。

四分相（90°）

四分相做為一個「煩躁」的相位，與循環中的危機、不成則敗的階段有關——其中所出現的困難，需要我們為了情況的發展而行動。然而，它不是一個讓人絕望的相位，研究顯示我們最大的成就（在生命中可以帶來影響並以具體方式呈現事物的領域）可以藉由四分相的行星去定義，這是因為我們重覆地面對四

分相行星的挑戰或障礙，直到我們可以精通熟練並最完整地發揮它們。四分相的特質強迫我們去證明自己可以掌控此相位並帶來其中承諾的財富[6]；然而，如果我們無法將這些持續狀況視爲成長教訓，那麼，四分相有時也可能感覺像是我們星盤中最弱的環節——也就是我們那些辛酸流淚的故事或永遠弄巧成拙的行爲。這是四分相位，因此沒有痛苦就沒有獲得，讓我們想起：「沒有膽識就沒有榮耀」這句話，我們需要勇氣在這些領域中專注、實踐、奮鬥及行動——人家用檸檬丟我們，我們就拿來做檸檬茶！

小建議：將四分相保持在「上好機油」的狀態，接受人生路上持續不斷降臨的挑戰，並找到方法讓我們在生命中靈活的使用這些行星。

三分相（120°）

三分相是一個「輕鬆」的相位，它代表兩顆行星之間能量的自然流動——去「活出來」而不是去「做出來」。星盤中的三分相顯示了我們能夠以很好、迅速、輕鬆做的事情類型；我們擁有、享受、但極少實踐的才華；藉由三分相，我們通常會接受現狀及它本來的樣子，除非它與四分相或對分相產生連結，否則這是最沒有抵抗力或最停滯不前的領域。三分相與運氣及機會有關，三分相的行星象徵的是：不需要太努力就可以很順利的人生領域（例如：天時、地利、人和），障礙也會被排除；這些領域有著無限成長的潛能，但我們需要付出一點努力去磨練這些天賦。

六分相（60°）

六分相是另一個「輕鬆」的相位，它帶來的直接機會比三分相少，並需要花

6　四分相：演員詹姆斯・厄爾・瓊斯（James Earl Jones）流利地寫下多年的口吃以及童年時自己刻意的沉默（他六歲至十四歲期間幾乎沒有說過話）；詹姆斯的水星（落在上升點的摩羯座）四分相（牡羊座的）天王星——這組行星組合與口吃及心思敏捷有關。以下段落取自其自傳《聲音與沉默》（*Voices and Silences*（Prentice Hall, 1993）），恰當地傳達了這組四分相的能量：「口吃的人終究會更加需要表達自己……想要說話的欲望會慢慢累積，直到它成爲你的能量、生命力的一部分。」相當契合四分相需要的精熟度。成年之後，他那引人共鳴的男中音聲線成爲其演藝成就的關鍵，而他最讓人記得的部分，正是爲CNN以及「星際大戰系列」（Star wars）達斯・維達（Darth Vader）一角的配音工作。

更多努力才能展現其承諾。占星師洛伊絲・羅丹視六分相是機會的橋樑——但往往是我們拒絕之後又後悔的機會；機會之門可能定期開啓，但每次只維持很短的時間。三分相及六分相有時看起來過於簡單或未被好好重視，以致我們錯失了將它們變成更強大力量的機會。

「次要」相位

在本書的星盤中，我只使用了五種主要相位；次要相位的角距容許度一般是兩度，在我的經驗中，它們有「某種特定功能」，可以在故事情節中準確地看到它們的演出，並在不同時間點中重覆（比較像是我們人生中的次要情節）。

以下是三個最重要的次要相位相關的關鍵字及概念。

半四分相（45°）

猶豫不決或分歧、令人焦躁的領域，或是需要我們邊做邊學或從錯誤或嘗試中學習的狀況。

八分之三相（135°）

預期之外、分裂的狀況造成破壞與改革；巨大的突破讓我們「繞路而行」偏離路線；在冒險家及走入蠻荒、披荊斬棘那些人的星盤中往往相當突出。

十二分之五相（150°）

它是不完整、失常的處境（讓人感到不舒服或不輕鬆）需要調整及適應；它也可能是生命中被忽略或隱藏而急切地需要處理的情況。

小建議：詮釋十二分之五相時，記得要考量與之牽涉的星座——共同點及差異性，因為它們有著不同的元素及模式。

一般而言，十二分之五相星座在動機（元素）、方法及風格（模式）上彼此間有著強烈對比；但進一步觀察，它們往往有共同的行星：金星的兩個星座（金牛座及天秤座）彼此間形成十二分之五相，火星的兩個星座（牡羊座及天蠍座）也是。更有趣的是，即使它們環繞相似的主題，但它們的態度及風格往往有很大的差別，例如：尋找事實、好奇、八卦、散播資訊的雙子座與神秘的天蠍座及

小心謹慎的摩羯座形成十二分之五相——這兩個星座都渴望尊重及隱私，並天生理解政治動態及暗流。射手座是永遠的學生及旅行家，他們活著就是為了體驗旅程，它與金牛座及巨蟹座形成十二分之五相——這兩個星座都與家、灶台、花園及個人對自己的所得（或分配）是否滿意有關。巨蟹座是依附過去的愛家人，它們與射手座及水瓶座形成十二分之五相，它們是最未來導向、向外延展至世界的兩個星座。獅子座想要最佳的品質，與它形成十二分之五相的摩羯座亦然，但獅子座是閃閃發亮的，摩羯座則是優雅低調的。占星師蘇‧湯普金提出，伴侶之間互相的相位合盤（interaspect synastry）中往往會有十二分之五相的行星；在合盤中，最為重要的太陽、月亮及上升往往互相形成十二分之五相的關係，無論是否是準確的正相位度數，我們顯然會覺得著迷於自己沒有的特質！藉由十二分之五相，它們擁有共同主題，但是卻是用強烈對比的手法及態度，這創造了無可抵抗的引誘及「拉力」，讓我們去建立伴侶關係。

分析行星的排列順序

當我們學習詮釋行星的合相時，行星的排列順序是可以運用的有效工具之一：觀察群星在黃道十二星座及度數上的先後順序。在我聆聽客戶們的故事、事件發展以及如何在其生命中重覆之後，開始考量這一點。其中一位客戶的土星（金牛座 27 度）合相天王星（金牛座 29 度）於第七宮，她懷孕了，並嫁給了一個非常可靠、以建築為業（由土星金牛座代表）的男人，但她多年來在這段婚姻中都覺得自己受限制，並且一直希望離開，或是無可挽救地憾動這段關係（天王星），事實上，她也是也是觸動地雷的人、引起可能讓丈夫收拾東西離開的爭執。另一位客戶在其第七宮也有這組合相，但是她的天王星在土星的前幾度，她遇見了某個人，突然陷入熱戀，然後發現曾經的熱戀變得受限及過於熟悉（土星可能是一種安定或重擔的體驗）。兩個女人都體驗了第七宮的土星／天王星的主題，但各自以不同的行星順序。

　　「行星組合」往往是關鍵因素，無論相位或排列順序，各種土星／天王星相位永遠擁有相同的基本特質：「改變遇上抵抗」、「激烈的想法被接受」以及「愈老愈叛逆」是其中三個可能性；但是，兩顆行星在黃道帶上的順序更說明了此模式的出現及鋪展方式，這可以應用到其他相位的組合中，但在合相中它會更加活靈活現。

　　例如：根據關鍵字及行星原則，火星／天王星相位其中的表達方式包括：

- 原創性、先驅行動；新秩序。
- 鼓動／接收到戲劇性的警示。。
- 突然、不定時發生、間歇性、震憾的或打破界線的活動
- 勇於為人權及自由而戰鬥 —— 推翻既有的秩序（往往只會受到檢驗或排斥）。
- 引發暴怒及蔑視慣例。
- 戲劇性的意外或突襲。
- 性愛革命、刺激或危險；被視是陽性的改變。

　　以下列出的人運用許多上述的方式表達；然而，不意外的是，在其行動或性慾（火星）導致震驚的結果、反叛或狀況改變（天王星）的人，在星盤的火星／天王星合相中，火星往往位在黃道帶上較為前面的位置。這些人包括：扭曲性別的喬治男孩（Boy George），還有馬喬・葛特納（Marjoe Gortner），他是天才兒童（火星）及傳道者，在被人發現金錢勒索之前，他使人們參與社會改革、脫離教會（天王星）並追求他的電影明星夢；警察暴力的受害者羅德尼・金（Rodney King）及難以預測、自毀傾向的演員小勞勃・道尼（Robert Downey Jr.）的火星／天王星合相與其後的冥王星產生合相；至於舞者間諜瑪塔・哈妮（Mata Hari）及克絲汀・奇娜（Christine Keeler）（她倆在六十年代與政治人物的性醜聞拉垮了整個英國政府）的火星／天王星相位附近則有其他行星。

　　當星盤中天王星在火星之前，這些人備受爭議的立場會打破現存的秩序，然

後喚起火星原則或近似火星的影響（例如：衝突、性愛、展開某個「任務」）：例如恐同性戀者及行動主義份子的安妮塔・布萊恩特（Anita Bryant）；科幻作家及宗教創始人 L・羅恩・賀伯特（L Ron Hubbard）；以《掌門》（*Ringmaster*）一片為人所熟悉的談話節目主持人傑里・斯普林格（Jerry Springard）；歌手吉姆・莫里森（Jim Morrison）以及作家尼爾・唐納・沃許（Neale Donald Walsch），其自動書寫風格《與神對話》（*Conversations with God*）成就其作為信使的召喚（雙子座／第十宮）。

另一位火星在天王星之後的名人是性愛治療師露絲・韋斯特海默醫生（Dr Ruth Westheimer）（見圖）。

在「性解放」的 1980 年代（火星／天王星相位及雙子座的影響）使她成為非常受歡迎的性教育家及先驅，其戲劇性的人生就像星盤中牡羊座的火星／天王星合相一樣令人震驚，同時也描述許多關於其射手座的土星／月亮合相的順序（這暗示了許多限制或意識形態，使她多次遷居至其他國家）。她出生時被

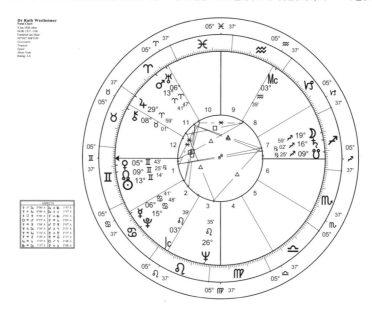

圖說：露絲・韋斯特海默星盤。

取名為卡路娜・露絲・西格爾（Karola Ruth Siegel），在 1939 年 1 月 5 日為逃避納粹黨而被送至瑞士，這也是她最後一次見到自己的家人，他們之後死於德國的猶太人集中營。她的童年及青少年時期都在孤兒院及苦勞中度過，後來，當她在巴勒斯坦生活並受訓成為老師期間，突然爆發（天王星）游擊隊衝突（火星）使她加入猶太人的地下部隊，她說自己在那裡接受訓練，成為「無情的狙擊手」（火星）及信使（太陽合相上升點在雙子座）──直到她的雙腿差點被炸彈炸斷，造成嚴重傷害。她的第一次婚姻以失敗收場，之後當她在巴黎大學的文理學院（Sorbonne）修讀心理學時，露絲收到西德政府的賠償，使她在 1956 年暫停學業並前往美國，她在那裡得到獎學金，後來遷居、畢業、並開始訓練教育家們去傳授性教育，她的風格直率並且能夠以坦白、平常及熱誠的態度討論露骨的性愛話題，在 1980 年 5 月為她帶來之後無數電台節目的開端《以性愛來說》（Sexually Speaking）。

三顆星或以上的合相

當三顆或更多行星合相在一起時（即使第一顆與最後一顆行星之間已經超出角距容許度），我們會視其為運作中的一種生命模式，是發展過程中的一種骨牌效應。

比爾・克林頓（Bill Clinton）的星盤有火星、海王星及金星在天秤座的合相，這暗示了個人魅力、貪求無厭及接二連三的外遇；不過，先觀察行星的順序，火星的煽動了此模式，緊隨的是海王星（醜聞）並以金星（可愛的因素、示好、不被認真對待、鐵氟龍症候群（Teflon Syndrome）──不沾黏）做為結束。

作家薩爾曼・魯西迪（Salman Rushdie）本來是廣告撰稿人，為廣告公司創作過一些讓人印象深刻的俏皮話（雙子座），其出生時的天王星／月亮／太陽在雙子座合相。他出生在孟買的中上階層並享有特權，是一個有老守衛陪伴的印度人，帶著殖民地上層社會的英國腔，這使他成長時期一直覺得自己是局外人（太

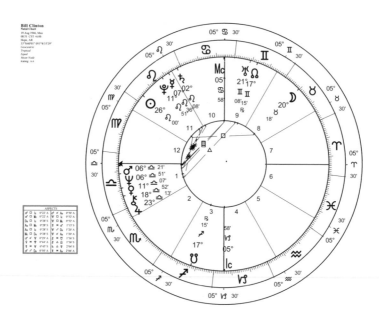

圖說：比爾‧克林頓星盤。

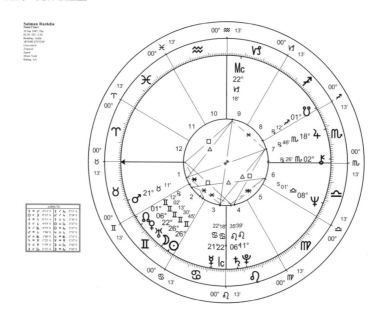

圖說：薩爾曼‧魯西迪星盤。

陽／月亮／天王星在雙子合相），但比起他的第四本小說所引起的反應，這些根本不算什麼。《魔鬼的詩篇》（*The Satanic Verses*）在 1988 年 9 月 28 日出版，當天上的土星與天王星在射手座 27 度合相之前的三星期——與他本命盤中的太陽／月亮形成對分相，這本書在回教世界掀起了軒然大波，被視為極為褻瀆神明（射手座的行運天王星對分相雙子座的行星）；然後，在 1989 年 2 月 14 日，那本引起眾怒的著作突然（天王星）使他遭到伊朗回教領袖大阿亞圖拉‧何梅尼（Ayatollah Khomeini）的裁決，並被判處死刑（魯西迪的本命木星位在第七宮天蠍座並對分相第一宮的火星），他躲起來並受到警方的保護（月亮與隔絕、退隱、及安全有關），只有出現在不同的文學活動中以嘉賓身分出席這些社交場合（太陽在雙子座）！當冥王星在 2007 年 6 月來到射手座 27 度時，他受封為爵，並引起了進一步的抗議及威脅。

　　身兼小說家及前國會議員傑弗里‧阿徹（Jeffrey Archer）的星盤中，我們可以注意到這是一個碗型星盤，水星／海王星在「碗邊」行成一個對分相，無論是

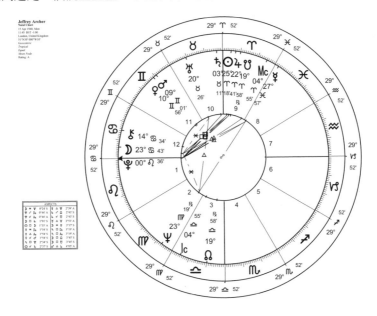

圖說：傑弗里‧阿徹星盤。

事業上還是個人層面上，阿徹都是一個相當會講故事的人，他的小說有肥皂劇那種起承轉合、趣味、懸疑及騙局，同時他的私人生活及政治聲譽——充滿謊言、可怕的掩飾及偽證——符合了那被污染的水星／海王星相位所象徵的濁水。

很多星盤都有涉及四個軸點的合相（往往是世俗成就的重要標示或對於個人環境的強烈影響），阿徹的星盤（上升點）守護星月亮合相冥王星，並且跨坐在上升點上：其小說超過一億冊銷量的成績讓他成為史上最廣為人知的作家。天頂守護星火星在雙子座合相金星：他最受歡迎的小說是《凱恩與亞伯》（Kane and Abel），這是一個關於兩個同時出生的牡羊座男性的故事（雙子座），他倆互相角力，並在努力建立王國的過程中結為世仇。但在星盤頂點上木星／太陽合相於牡羊座，緊跟著太陽與土星的寬鬆（及游離）合相落在金牛座最初幾度，如果以此順序解讀，這揭露了阿徹那富有進取心的哲學觀（木星牡羊座）、想要成為第一的野心（太陽牡羊座）以及想要累積財富解決貧窮的恐懼（土星金牛座）（此順序發生在象限中的第十宮）。

試想這組木星／太陽／土星順序在其生命中的模式：在「一定會成功」的原則之下，年輕的阿徹是學校的跑步選手，充滿理想（木星牡羊座），廿九歲時他衝進了下議會（1969 年 12 月 4 日，其土星回歸時），計畫成為首相，並開始為自己打造一個進取的年輕政治家形象（太陽牡羊座）。五年之後，1974 年 8 月23 日，他在狡猾的財務騙局中被騙而辭職（本命土星金牛座）；當行運冥王星經過天底，同時行運天王星對分相太陽時，阿徹開始縮小規模並寫小說還債，他的第一本書成為銷售冠軍（木星牡羊座），並為他帶來新的名氣（太陽）及穩定的經濟來源（土星金牛座），《一分不多、一分不少》（Not a Penny More, Not a Penny Less）（當行運木星經過他本命土星時，在 1976 年 4 月出版）此書取自於他努力拿回失去的金錢並且免於破產的經歷。

在他辭職、經過一個木星回歸之後，阿徹再度攀上高峰，成為一名成功、國際小說家（木星）及廣受歡迎的媒體人物，保守黨的柴契爾夫人賦予他職位（太陽）；然而，雖然他位居高位並看似是柴契爾夫人身旁不可撼動的金童，但是他

又遭指控玩弄女性及召妓（1986 年 10 月底，接著在牡羊座 24 度的月蝕接近其太陽／木星合相），這次輪到土星：他再次辭去自己的政職，但因為誹謗而被告，後來在 1987 年 7 月的訴訟中贏得鉅額賠償金（行運木星合相本命太陽）。

　　這場勝訴重建了他的（部分）聲譽，而此木星／太陽／土星又再次展開循環；十二年之後，木星與太陽再一次被觸動：阿徹此時的地位已經高高在上，並且成為第一位現代倫敦市長的熱門人選，但是於 1999 年 11 月 21 日（當行運木星合相他的太陽），有證據證明他當時要求朋友提供假的不在場證據、並作偽證，讓他在 1987 年的誹謗案中勝訴，阿徹被保守黨開除，於 2001 年 7 月因作偽證而被定罪，並被判處兩年徒刑（土星）。

　　在這三次事件中，阿徹想要出人頭地的欲望、被視為白手起家並且成功的故事（木星牡羊座）快速地（注意緊密的容許度）為他建立名聲及身分（太陽）；但由於土星金牛座落在在這組合相順序的最後（雖然相隔得有點遠，相差八度），重要的是他需要在被迫付清帳單之前先處理好自己的財務（熱情的牡羊座企業家必須踏入物質及腳踏實地的金牛座中）。

　　太陽與木星落在牡羊座，讓阿徹不顧後果、明目張膽又看似無懈可擊，他把握機會盡情獲利、走捷徑、過度揮霍自己的名氣、投機都是以不同方式玩弄太陽／木星相位的「騙局」；但當土星參與其中，可能會被現實反咬一口，忠誠度會受到考驗，如「撲克牌搭的房子」一般的名聲會散落解體（這些行星與上升的月亮及冥王星所形成的四分相同樣暗示了財務崩盤及東山再起、背叛的議題、以及那些過去、驅之不散的祕密）。

　　阿徹的非官方傳記作者麥可‧克里克（Michael Crick）這樣寫道：「（他的）人生是冒險、虛張聲勢及赤裸裸的野心交織而成的嘉年華，就像他妻子瑪莉所言，這些都因為阿徹『畫大餅的天賦』而扭曲」[7]。克里克一直被形容為阿徹的死敵，正是克里克堅毅的調查帶來阿徹最終的恥辱、審判及刑期。克里克生於

7　所有引言來自 *Jeffrey Archer: Stranger than Fiction* 一書，作者麥可‧克里克及哈米殊‧哈米頓（Hamish Hamilton），1995 出版。

1958 年 5 月 21 日，木星在天秤座 22 度，準確地對分相阿徹的木星，而他在金牛座 5 度的水星則合相阿徹的土星。

　　然而，在太陽／木星相位（及天頂牡羊座）之下，阿徹被英國大眾視為一個有魅力的淘氣鬼，一個適應力強、有點幼稚的機會主義者；雖然被拉下來了，但畢竟仍未被淘汰，阿徹善用他在牢獄中的時間（土星）出版了一系列關於監獄生活的著作（於是，木星又再度展開那組合順序）。太陽／木星在牡羊座的合相同樣出現於約瑟夫‧坎貝爾（Joseph Campbell）及馬婭‧安傑盧（Maya Angelou）的星盤之中（詳見第 247 頁）。而這合相也可以在阿徹許多著作中被「看見」：《誰是首相》（*First Among Equals*）、《末代沙皇聖像之謎》（*A Matter of Honour*）、《光榮之路》（*Paths of Glory*），以下對於阿徹的中肯描述也反映出這個主題：

　　阿徹最偉大的特點：適應力強、能夠東山再起的毅力、以及拒絕被打敗的決心。

第二章

解盤之前的考量

在這一簡短的章節，我將會檢視在我們「進入」星盤、開始解盤之前需要留意之處，我會特別考慮星盤中各個部分的占星符號之間的差異——了解星座與行星的不同，而兩者也與宮位非常不一樣，這是非常重要的認知。

例如：當你清楚知道太陽在所有出生盤當中的意涵（並擁有足夠的關鍵字去描述此行星），這有助於讓你將星盤拆成容易處理的部分；一旦學會了占星符號（星座、行星、宮位及相位），下一步要記住的是，行星、星座及宮位各自擁有明顯且截然不同的意涵，占星學中的每一塊拼圖都是獨一無二的。

占星書偶爾會在詮釋中出現一些「食譜」標題，將星座及宮位放在一起（例如：「太陽金牛座或太陽在第二宮」），彷彿兩者彼此之間可以互相替換似的；太陽在第二宮可能與太陽金牛座有相似的主題（價值、價值觀及金錢），但宮位是生命的領域，星座則是行星表達自我的方式。

在這一章，我也會闡述「是什麼讓行星具有影響力」的一些想法，我認為大部分占星師都有自己一套「衡量」星盤資訊的方式，但我會列出我自己的想法：關於一顆具有影響力行星的構成因素。我也想澄清一點，那就是行星能量是否有效運作（根據其核心本質）、與它在星盤中是否具影響力及動力是兩回事。

識別差異

首先，認清楚行星在不同組合中的差別，例如：太陽 / 天王星相位與月亮 /

天王星相位就非常不同，無論天王星接觸到的是太陽還是月亮（藉由合相、四分相或對分相）都代表它在星盤中扮演著重要角色；但我們的工作是去探討當它與太陽及月亮形成相位時，辨別出怎樣、為什麼以及何處不同；下一步是要考量特定的占星相位（例如：合相、四分相及對分相），以及它們可能將什麼帶入對話中。

在太陽／天王星相位之下，個人天生就會覺得自己正走在一條不一樣的道路上──或是生命「意圖」讓你踏上這條路，這標示了催化者、外人、激進份子；我們的人生旅程與重要的哲學觀（太陽）都是關於喚醒他人並說出「我們的」真理，但這通常會是一段命運曲折的旅程，或者前方有不可預知的岔路。

當這兩顆行星合相時，這個主題會成為我們生命故事的基礎，我們可能很難客觀地認知這種改變的力量或潛伏在我們內在想要干擾的衝動；如果是四分相，會有一種想要帶來改變的張力──那些障礙似乎啟動了我們本質中革命性的面向；如果是對分相，我們的目的（太陽）是要成為別人的催化劑，同時在這段人際關係中，我們也會被深刻地改變；如果是緊密三分相，我們找出方法去自然地表達人我之間的差異性，而不會急迫地想要挑釁或干擾什麼（相位所涉及的星座更說明我們對於因襲傳統及打破常規這些議題的態度：土象星座、獅子座及天秤座是安於傳統的，而固定星座想要依照自己的方式及時間表去改變）。

如果是月亮／天王星相位，那麼這種改變可能是在家庭或職場中以戲劇性或不穩定的方式呈現，也許在日常生活中需要刺激及情緒獨立，再加上本能想要憾動那些一成不變的情況。早期的震驚或情緒崩潰也許會導致沉默寡言及自力更生的性格，可能是因為太敏感而想要拒絕，也可能像是一個安全閥門。當我們承受太多壓力時幫助我們脫離或切割，天王星對完美的需要會被引導至飲食習慣、身體及情緒需要上。

最後一點：如果你想要了解生命的某一個特定領域（例如：孩子、工作、金錢），在尋求相關的宮位及守護星之前，先從相關領域的行星開始。

行星的效力與影響力

行星的「條件」（是否能夠有效地實現所賦予的工作）與它在星盤中的「重量」（它與眾不同的地方、值得注意並因此在星盤中扮演重要角色）有著相當重要的差別。

與其運用「行星強弱」，不如讓我們開始分辨「效力」跟「具影響力」之間的差別：

效力：

成功製造一種渴望、想要達成／預期的結果；製造深刻、鮮明印象或強烈反應；完成正確的事；有生產力。

影響力：

有相當的重要性；擁有、行使力量；在占星學的辭彙意義上這代表「對個人的個性及命運起作用的星星之中散發出來」；一種「源源不絕而來」的事物。

當然，一顆行星可能同時在「強弱」及「效力」、「影響力」的分類中被視為「強大」及「有力」，但我認為從效力及影響力的角度去觀察會比較有用。（當行星及星座互相一致時）它可以有效地完成想要做的事情；同時／或者當它落在星盤中「值得注意」的位置時（行星在那個位置上佔有優勢並接收到特殊認同或是與其他行星距離很遠）可能具有影響力。

具影響力的行星

具有影響力的行星意指位於星盤的關鍵位置（例如：四個軸點）、突出的位置（例如：提桶圖形的把手）、以及／或者與星盤中其他部分有著大量對話（例如：與其他位置有很多相位，或是它獨處一方與任何行星都沒有對話，也就是無相位）的行星，第95頁會有完整的列表。

具影響力的行星是一股引導力，是星盤中的領袖，而它也是如此呈現在生命中，此行星在個人的生命故事、軌跡及經歷中都扮演了主導角色；然而，這種影

響力的實際特質可以從該行星的星座位置及其相位中觀察到。

有效力的行星：特質與同類

　　所謂有效力的行星，意指當行星回到與之相似的重要原則及主題的星座（火星落入牡羊座及天蠍座、金星落入金牛座及天秤座）時，它會在個人的人生、性格及事件中清晰而肯定地呈現這些「占星學教科書」上的行星主題。它的「條件」沒有受到阻止、閉塞或妨礙——也沒有糾結著懷疑或困惑，「行星依照它在包裝上所註明的」，它真的做到了，行星及星座相合並使用相似的語言——它們有同類之處——因此行星才能夠更輕鬆、簡單地完成自己的工作；當行星落入與之相關的宮位時也會有這種狀況（例如：當土星落入第十宮）。

　　當行星落入較少共同（或看似完全不同）特質的星座時，它們會以不同的方式執行工作——但是不用怕，因為它們有「不同的工作」要做！它們的工作同樣重要。在此，行星有其特別的運作方式及不同的待辦事項，例如：水星（雙子座及處女座的守護星）也許沒有水象星座的深沉，因為水星的天生功能是融合風象雙子座的理性及見解、以及土元素處女座的秩序與分析；不過，最好的是，水象星座的水星可以在一個最初較為陌生的領域中、去連結自身流暢的表達能力，例如：它可能需要學習表達（水星）憐憫（水元素）、建立情感（水元素）連結（水星）、使用靈魂（水元素）的語言（水星）。

　　在本命盤占星學中，我傾向避免使用傳統字眼，例如：「擢升」（exaltation）、「弱勢」（detriment）或「落陷」（fall），雖然後者經常被用來歸類行星不熟悉及不相符的特定星座，但這可能會導致人們無法認知這種「陌生」位置當中所蘊藏的潛能及天賦。例如：火星傳統上落在金牛座及天秤座為弱勢，這兩個星座由心理上與火星對立的行星——金星所守護；然而，當火星落入金星守護的天秤座時，我們發現火星成為這場遊戲中有效能的參賽者，而它也會將自己的能量（火星）注入協商、討論及公平議題（天秤座）上；這並非火星的平常喜好，但比起好鬥、自私及咄咄逼人這些火星特質（當然這些原則也有它們

的重要性），無疑是重要的另類選擇。

將協商的藝術及先見、優雅及能量導至和平是必須的（試想想曼德拉、達賴喇嘛以及為和平抗爭的約翰‧藍儂，他們的火星都在天秤座）。當火星落入由金星守護的天秤座時，會花心力去尋找前進的方式並超越衝突，它們喜歡（金星）爭吵（火星在風象星座），雖然天秤座比較喜歡稱之為「討論」；在非常火星型的衝突中，我們需要的是天秤座的策略及冷靜頭腦（不受火星牡羊座的魯莽性急或天蠍座的喜怒無常及情緒依附所影響）。火星天秤座的活躍領導才能是有名的，邱吉爾與柴契爾夫人的火星都在天秤座（並與木星形成相位），邱吉爾（水星／冥王星對分相）明白「修辭的力量並非完全來自贈與、也非完全地來自獲得，而是需要培養的」，他創造過兩個詞彙，保留至今，相當反映火星天秤的特質：「和平原動力」（the sinews of peace）及「特別關係」（the special relationship）。

這種及其他此類的行星位置並非失效、沒影響力或虛弱，只是火星踏出了自己的舒適圈——做的並非是傳統上具有影響力的工作——而它也被迫以陌生的聲音去表達自己的重要功能及欲望。

行星效力與影響力的各種組合

當行星同時具有效力及影響力時，它會強力地展示其天賦訊息；一顆具影響力但缺乏效力的行星仍然會主導星盤，但它帶來的訊息會不同於吊書袋那般直接的詮釋；有效力但缺乏影響力的行星會清楚地表達自己，但不會在個人的生命中扮演主導角色；最後，既不具效力也不具影響力的行星也許會淡出背景中、或以某種方式尋求補償（例如：與那些體現此行星的人建立關係）。

當我們需要個案的驗證，可以思考理查‧尼克森（Richard Nixon）的星盤（第 116 頁）中極具影響力（但缺乏效力）的水星，以及約翰‧德洛倫（John DeLorean）（第 209 頁）星盤中非常具影響力（但缺乏效力）的木星；然後觀察保羅‧紐曼（Paul Newman）（第 201 頁）星盤中非常具效力但沒有影響力的

火星，在此，火星在牡羊座但偏離了軸點，與其他行星也沒有太多相位，他熱愛賽車，這是一種簡單直接的方式去表達他的競爭精神（火星牡羊座），但這種精神被抑制在其生命單獨的一角中。最後，讓我們從吉姆‧瓊斯（Jim Jones）的生平中觀察他星盤中的土星（第 213 頁），落在相當具有效力的位置（土星落入自己的星座摩羯座），並且非常具影響力（土星為星盤守護星，同時是包含六顆行星的開創 T 三角的其中之一）。

然而……

當我們看過愈多星盤，我們愈會理解人們如何以「失利」的星象去成就不凡，而那些「良好」星象的人又如何選擇衰弱無力、停滯不前或者倒在路邊；依照個人不同的選擇及外在因素，最「得利」、「純粹」或最「無力」、「失利」的星象可以製造出各種不同的結果。吉星（金星及木星）可能是「太多好事」或「殺人後逍遙法外」（問問你周圍的騙子）；凶星（火星及土星）則可能帶來成功所必需的支持。

占星學的歷史中有很多值得仰慕的部分：來自大師們的技巧、工具及小建議，依然令人受益至今；但是我們也需要避免太故步自封地遵循那些「經不起時間考驗」、或建立在一系列狹隘假設的技巧。（在某次研討會中，我曾經聽過某位新手占星師說，他反對某位客戶追尋她所懷抱的夢想，因為在她的星盤中並未顯示出她會在那領域中有傲人成就。見鬼！為什麼你不乾脆鼓勵客戶去追求享樂就好呢？）

所有相位、行星及星座都有一系列不同的表達方式及可能性（而我對於從星盤中指出有問題的領域這件事沒有任何疑慮）；但是，將這些簡化為簡單公式（柔和相位＝好，強硬相位＝壞）不只會錯失重點，也無法為客戶帶來什麼。我們也不應該試圖將無數的可能性（有時甚至是不切實際的可能性）丟給客戶，或像玩幸運輪一樣去看待各種危難，並把所有事情視為「成長的一課」（雖然是這樣說，但當我們去追求意義時，就會影響我們如何理解、反應及處理這些不

幸）。

在《正向思維的占星學》（*Astrology for the Light Side of the Brain*）一書中，金‧羅傑斯‧加拉格爾（Kim Rogers-Gallagher）引用大衛‧龐德（David Pond）的話，龐德認爲他「所見過的那些擁有『壞』相位的人都可以完成偉大工作」。成功人士的星盤（我經常使用這個名詞）案例涵蓋每一種佈局，成功與滿足感是結合了精力、天賦、實踐及時間點（機會）——當然也有外在因素；人類的靈魂做出決定，而這些超越了占星學的分類及假設。

有影響力的行星

所謂有影響力的行星是：

1. 參與了很多星盤活動的行星：

- 與其他行星形成很多相位（特別是很多合相、四分相或對分相）。
- 星群的支配星或星盤守護星，特別是根據第 1、2 或 3 點以其他方式帶來影響力時（請參閱：芭芭拉‧史翠珊（Barbra Streisand）的金星及理查‧尼克森的水星）。
- 在主要圖形相位中的焦點（端點）行星（請參閱：碧姬‧芭杜（Brigitte Bardot）的冥王星，以及第 159 頁當中更多的資訊）。

2. 位在重要領域上的行星：

- 合相星盤的四個軸點之一（特別是上升點或天頂）的行星，角距容許度可以至十度。
- 位於高格林區域（Gauquelin Plus Zone）* 的行星。
- 位於星座 0 度或 29 度的行星 *。

3. 遠離其他行星的行星

- 提桶圖形的把手（請參閱：亞歷山大 · 格拉漢姆 · 貝爾（Alexander Graham Bell）的月亮，及第 107 頁）。
- 在半球中的單一行星（或一組合相行星）（請參閱：芭芭拉 · 史翠珊的金星；艾美 · 懷恩豪斯（Amy Winehouse）的月亮與海王星）。
- 無相位行星＊（沒有與其他行星形成合相、對分相、四分相、三分相或六分相）。
- 停滯行星（S）。
- 逆行的個人行星（水星、金星或火星）（參閱第 67 頁）。
- 以上某些內容不會再在本書中提及，以下是一些資料：

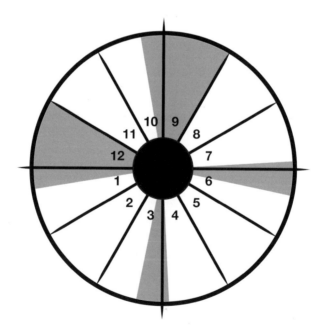

　　由法國統計學家米歇爾及佛蘭西絲 · 高格林夫婦（Michel and Francoise Gauquelin）所進行的研究，展示了行星在每日循環中落於關鍵位置的重要性，

他們使用粗略的普拉西度宮位制（Placidus system），顯示出軸點的某些關鍵——然而，令許多占星師錯愕的是，他們認爲降宮（第三、六、九及十二宮，請參閱圖示）才是定義性格的領域，而不是大家所預期、旁邊的角宮：第一宮、第四宮、第七宮及第十宮。位於高格林區域（或稱 G 區）的行星，在個人最基本、最有天賦及強迫驅力方面具有強大的承載力。他們的研究發現只有五顆天體（月亮、金星、火星、木星及土星）在統計上是重要的（也許太陽及水星在天空上的位置過於緊密，以致模糊了各自明顯的模式）；但是到了晚年，佛蘭西絲發現與天王星有關的重要結果，雖然他們大部分的研究是探討傑出專業人士與相關行星之間的連結（例如：頂尖科學家的土星落於 G 區的比例高於預期），但是他們留給占星師最重要的禮物是關於關鍵字的研究，提供一套用來形容行星類型的廣泛分類系統（例如：土星的類型是「嚴肅」、「保留」、「精準」、「有條理」、「有尊嚴」及「小心翼翼」）。

位於星座 0 度的行星會明顯展示與那星座有關的原始特質；而當行星位於星座的最後一度（29 度），該星座的極端面向會形成該行星的背景；無相位行星據說會獨自運作，並採取「全開或全關」的極端態度。

在第六章的工作表中，我列出了社會行星或外行星彼此間形成的相位（土星／冥王星、天王星／海王星等等），這些相位暗示了特定的世代挑戰，這些挑戰是此世代人需要竭盡一生去克服的。此外，我也列出了某顆行星或軸點非常接近外行星被發現的地方、往往是星盤中強而有力的位置，行星或軸點似乎承載了此外行星的精粹，例如：占星師麥克・哈丁（Mike Harding）在 2004 年一場演講中提及，第一次世界大戰中最猛烈的一次爆炸發生於月亮及土星落於巨蟹座 18 度時，後來當廣島原子彈爆發時，也是同樣的時間點，冥王星被發現在巨蟹座 17 度 46 分，天王星在雙子座 24 度，海王星則在水瓶座 25 度。

第三章
重要的評估

　　我們已經討論了星盤中的主要部分（星座、行星、宮位及相位），我們必須知道每一部分的意涵及重要性，並發展出豐富的占星關鍵字彙，但我們應該從哪裡開始呢？當我們第一次解盤時，很容易感到力不從心，因此，我發現如果有指引來引導我們進入首先考量的領域，那會非常有用。這一章提供詳盡的「入門」方法，當你思考其中的要點，你將能夠順利直達所有星盤的核心。

　　以下是本章即將討論的內容：

1. 行星分佈

　　學習看出星盤中的行星組合或沒有行星的地方，顯示星盤所強調或缺乏的主題。

2. 四個軸點之星座組合

　　辨別四個軸點星座所形成的組合（以及其中的相似之處），顯示出我們的個性傾向，透過關注共同守護星，我們可以藉此斷定星盤中某些行星扮演了關鍵角色。

3. 太陽、月亮、上升三重奏

　　尋找這「三巨頭」之間的連繫，對於自我的內在欲望、日常情感需求及人我互動，提供珍貴的洞見。

4. 元素及模式平衡

迅速計算元素及模式，揭示各種驅力、隱藏動機及個人風格。

5. 主要相位

學習強調關鍵相位，檢視其中主要的個性驅力、生命主題及挑戰。

6. 主要圖形相位

組合那些道出生命故事及劇本的圖形。

7. 看出星盤的暗示

找出重複出現的模式，挑出星盤中的關鍵主題。

1. 行星分佈

解析星盤、檢視主要配置、相位及守護關係的星象之前，觀察星盤的整體是相當有用的做法——看看哪些主題會先跳出來，並得到星盤的概略印象——不要讓太多枝節分散我們的注意力。

注意行星在黃道帶上的大致分佈，我們可以確定其中所強調的半球、象限、星座或宮位，同時我們也會得到第一道線索，去找出星盤缺乏什麼，因為只要有強調的地方，星盤某處自然也相對地有所缺乏。

當我們觀察行星所在位置彼此之間的關係，可以注意到行星被集中於某一個領域，或某顆行星的位置遠離其他行星（例如：半球的單一行星或只是離其他行星很遠）。在某些情況之下，行星可能會分佈得很分散，看似是隨意散落在星盤上，或是它們可能形成比較不明顯的一群；當行星分佈得愈分散，個人便愈少專注於某一特定生命領域或性格，這同時也代表這種特別的行星分佈將不會成為星

盤分析中的主要因素。

當星盤出現強調的主題，它同時也代表行星能量會集中在那裡，正如我們在上一章〈解盤之前的考量〉中討論的，任何突出的事物都是星盤的重要領域，同時也是我們評估星盤的基礎。

星盤的形態

有幾種方法可以看出星盤強調的地方（例如：星座、宮位或半球），但其中一種最為人熟知的方法是檢視行星在星盤上所建立的序列模式（或幾何圖形）。馬克・埃德蒙・瓊斯（Marc Edmund Jones）在其著作《星盤分析導引》（*The Guide to Horoscope Interpretation*，初版於 1941 年發行）中，提出了七種星盤基本形態的分類：散落型、碗型、提桶型、火車頭型、蹺蹺板型、集團型及擴展型；後來，占星師羅伯・卡爾・詹斯基（Robert Carl Jansky）將其中幾種重新命名，並加入第八種扇型。

瑪麗安・馬奇（Marion March）與瓊安・麥克埃維斯（Joan McEvers）在《學習占星學的唯一方法（第二冊）》（*The Only Way to Learn Astrology, vol. II* ACS, 1981）一書中，認為基本模式「似乎會將整張星盤或整個人拉往特定方向」，但他們同時補充說明，某些星盤不一定符合此八種模式的任何一種，「這正是讓模式的解讀變得有價值——也就是並不是每張星盤都有一個整體動機，只有那些具有整體動機的星盤才應該以某種模式去解析」。

我不認為瓊安的七種分類說明了任何的性格類型，但我發現其中三種模式（集團型、碗型及提桶型），在指出個人的重要行動及焦點領域上扮演了某種角色，我認為，其他類型在這方面沒有太多說明。

集團型星盤形態是所有行星都集中在星盤三分之一的地方（也就是 120° 之內）；而碗型是所有行星佔據了星盤的一半（180° 之內），兩者（特別是集團型）都可能指出一種執著與專注，並且可能是專業人士的星盤（再次觀察第 85 頁阿徹的碗型星盤，你會發現其中所有行星都被「承載」在同一半圓之內，「碗

邊」是水星與海王星的對分相，這使它們在此星盤中扮演了重要角色）。

提桶型（絕大部分行星位於同一半圓之內，只有一顆行星或一組合相位於對面）強調此孤立的單一行星的重要性（詳見第 107 頁）。

放大畫面

讓我們觀察以下星盤並找出其強調之處。

作家狄巴克·喬布拉（Deepak Chopra）（見圖）的所有行星都在 180 度之內，它們落在雙子座至射手座、第四宮至第九宮之間，七顆行星的聚集（包括所有個人行星）都落在第七宮、第八宮與第九宮，強調天秤座（兩顆行星）與天蠍座（三顆行星）；這兩個星座的主題由太陽及月亮（再加上另外兩顆行星）再次強調，因為它們落在第七宮／第八宮，這兩個宮位自然也分別與天秤座／天蠍座有關。雖然星座及宮位的意義無法互相取代，不過，如果我們觀察一些狀況：特定宮位中凸顯某個星座的一群行星，或是包含一個星座和宮位之間毫無關聯的組

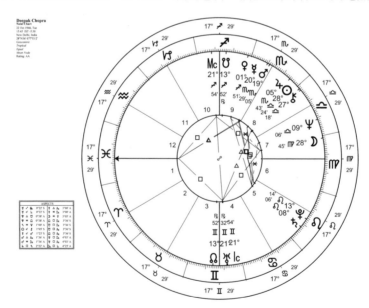

圖說：狄巴克·喬布拉星盤。

合，是相當有用的（例如：一系列落在第九宮、天蠍座的行星會暗示：深入的探索——也就是天蠍座的主題；以及第九宮的事務，例如：教育及旅行）。

　　在更進一步討論之前，我想要先評論一下在許多書中都有提到的兩種分析技巧，但我並沒有在解盤中視爲特別重要：那就是象限與半球以及領頭行星。

象限與半球

　　星盤經常被切分爲不同象限，它們從某個軸點開始（第一象限從上升點開始，第二象限從天底開始，逆時鐘方向以此類推）；每一象限裡有三個宮位，以它們自上升點昇起的先後順序排列。以象限爲基礎的宮位制最適合觀察象限，特別是普拉西度制，其中四個軸點分別標示每一個角宮的起點；探討象限的占星師往往會將它們（及宮位）與人生發展的關鍵階段做連結，雖然我認爲以星座去觀察這些階段比宮位適合，不過將這些宮位視爲生命階段也是一個有趣的想法。在《占星十二宮位研究》一書中，霍華·薩司波塔斯簡明地描述象限：

- 第一象限（從上升點到天底：第一宮、第二宮及第三宮）是「個人開始慢慢成形，成爲一個獨特的個體」——自我發展。
- 第二象限（從天底到下降點：第四宮、第五宮及第六宮）「具有差異性的自我進行與成長有關的進一步表達及修鍊」——自我表述。
- 第三象限（從下降點到天頂：第七宮、第八宮及第九宮）是「個人透過與他人的人際關係而擴展覺知」的階段——自我擴展。
- 第四象限（從天頂到上升點：第十宮、第十一宮及第十二宮）專注在「擴展或超越自我界線，不只包括人我，而是更多的其他人」——自我超越。

　　同時還有四個半球，每個半球的起點都由軸點標示，半球包括了上半球（第七宮至第十二宮）、下半球（第一宮至第六宮）；東半球（第十宮至第十二宮以及第一宮至第三宮）與西半球（第四宮至第九宮）。某些占星師相信強調西半球（在四分儀宮位制（quadrant systems）中從第四宮到第九宮）的星盤描述了個

人比較願意接納、以他人爲取向的特質，他們必須把他人的需要納入考量（這是無庸置疑的，因爲西半球的中心是人我關係的軸點——也就是下降點，即使沒有行星落在這軸點或第七宮也一樣）。而強調東半球的星盤（第十宮至第十二宮及第一宮至第三宮，上升點是此半球象徵性的的中點），據說這暗示了行動取向、一個自發性強的人（同樣的，無論有沒有行星落在強調個人的上升點附近也一樣）。強調上半球（第七宮至第十二宮，以天頂爲其中心）的星盤描述個人會比較專注於外在事件；而當許多行星集中於下半球（第一宮至第六宮，以天底爲其中心）時，暗示這是一個重視隱私、主觀的人。然而，除非有一整列行星集中於相稱的軸點附近，否則我不認爲這些評估在整張星盤分析及性格描述中佔有太大份量。

在喬布拉的星盤中，大部分行星都落於第三象限及西半球（天王星離星盤的東半球只有幾分之差），雖然最初我會這樣觀察，找出強調領域所在，但我不認爲單一象限或半球的強調會成爲個人生命主題或性格驅力的重要影響因素——它們並沒有說出太多個人的事，這種強調只說明重要行動會在「哪裡」發生，然而眞正提供細節的是行星、星座、宮位及相位。

這裡有兩個勉強的例外——而且兩者都是與「缺乏」而不是「群聚」的行星有關。首先，當只有一顆行星位在上升／下降軸線（地平線）的上下（請參閱下一頁的「晨星」內容），這說明很多被看見的事物（在地平線上被看見的行星）或被隱藏的事物（地平線之下的行星）；第二，當某顆行星（或合相行星）與其他行星距離至少六十度（六分相），即使它們在同一象限或半球，此行星或合相都會成爲「把手」，象徵個人生命繁忙、驅力以及動能，被孤立的行星會變得突出，它的位置具有意義，並且使與它相關的行星、星座及宮位也相形重要。

領頭行星

領頭行星是另一個某些占星師會列入考量但我覺得影響力不大的因素，當星盤中有一個相當寬闊的空間（行星之間相距至少一個三分相，也就是120

度），領頭行星是在這一連串的行星中第一顆升起的行星。找出「領頭」行星的過程有時候會讓學生們感到混亂，但其實很簡單：它是一連串行星中黃道度數中排列最前面的行星，也往往被視為星盤的司機或引擎。

在喬布拉的星盤中，第一顆升起的行星是天王星（在黃道帶先後順序上，雙子座的天王星在獅子座的土星及其他行星之前），而在第 85 頁傑弗里・阿徹的星盤中，你會發現黃道帶上第一顆行星是雙魚座的水星（雙魚座在牡羊座之前），之後是木星，然後太陽。

更加值得注意的是合相行星的先後順序，詳見第 80 頁。

晨星

現在讓我們看看下一張的星盤，我們再次看到十顆行星皆落在一個半圓之中（事實上，比半圓多了十度），碗型星盤再次暗示了專業人士那份執著的專注力；但另一個值得注意的地方是這星盤中所有行星（除了金星以外）都落在地平

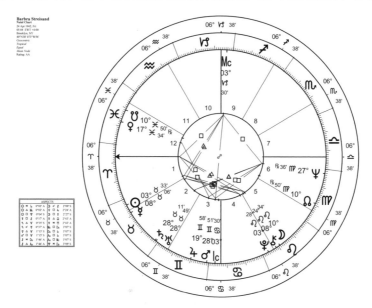

圖說：芭芭拉・史翠珊星盤。

線以下（第一宮至第六宮），金星也只在太陽前面一點，剛剛從地平線升起並進入第十二宮（金星在這位置被稱爲晨星）。這讓金星成爲整張星盤唯一能被看見的行星（也就是在地平線以上並且在當下能夠被觀察者看見的行星）；它也是一顆「領頭」行星（黃道帶上排列最前面的行星），同時也是金牛座那四顆行星的支配星（也就是說，金星自然地「守護」或支配所有落在金牛座及天秤座的行星）。

這星盤讓我們深入地看到上升點及進入第十二宮的行星如何充分說明「帶來影響」（上升點）及以「被看見」（在地平線之上）的特質；與其說第十二宮是「隱藏」的領域，我們不如將它視爲「那些剛剛走進光明」、揭開性格中無經驗、未發展或不諳世故的那一面。

看看雙魚座的金星——加上與之極爲不同的上升牡羊座——我們可以看到特別明顯（剛剛從地平線升起）同時又向前挺進（上升星座的能量）的性格部分；這種矛盾組合描述了身兼歌手、作曲家、女演員及前衛導演芭芭拉·史翠珊（Barbra Streisand）的本質。

她重視自己的隱私、一意孤行、要求多、容易緊張、自我意識強烈、以大膽操控及我行我素而臭名遠播，史翠珊意識到圍繞她的種種傳聞：「我被冠以許多不同的名號，例如：完美主義者、難搞又愛控制，但我認爲身爲藝術家，必須要執著、必須要尋求細節才會成功。」她形容自己「簡單、複雜、慷慨、自私、沒有吸引力、漂亮、懶惰及鍥而不捨」。

金星雙魚座是溫和、聲音悅耳、富同情心及願意奉獻的；而上升牡羊座則是放肆、急迫、衝突、自戀的。這兩個星座都是自私、敏感、並且對於弱者及其身邊種種富有同情心（他們太瞭解被忽視或被爲難的恐懼）；同時，那些該死的獨立性及無禮行爲（牡羊座）以及「別離開我、我需要你」與脆弱（雙魚座）的交雜帶來各種不安全感。兩者加起來象徵了生命氣息進入個人的夢想中，並將之付諸成形；加上那些讓個人的渴望可以「發生」的驅動力。這種雙魚座／牡羊座的創造性組合同時也是另一位完美主義者瑪蒂娜·娜拉提洛娃（Martina

Navratilova）星盤中出現的特色（她的星盤討論在本書的第 390 頁）。

　　史翠珊的個人特色（牡羊座）總是使她的創作（雙魚座）輪廓分明，我們從她的聲音中聽到這種影響，那是一種強大、全力出擊、毫不修飾的牡羊座攻擊力（上升牡羊座個性中淋漓盡致的力量）；以及雙魚座抒情、細膩情感及女性特質。這位女歌手展示了雙魚座跨越並超脫所有風格的能力，在水元素與火元素的混合中，我們不但在她身上看見喜劇電影中那個古怪逗趣的笑匠（牡羊座），以及能夠讓聽眾神魂顛倒、充滿魅力的情歌歌手（雙魚座）。

　　金星雙魚喚起灰姑娘的形象，那種想要逃離生活中的平凡、穿上玻璃鞋並與王子相愛的期盼；但由於牡羊座的加入，這位灰姑娘是一位急躁的天后，當男僕花了很久的時間還不能滿足她的需要時，她很快就會失去耐性，她會告訴他怎樣做好工作，然後在離開馬車時，用那脆弱的玻璃鞋踏在男僕手上。

提桶把手

　　在提桶型的星盤中，我們看到的是碗型星盤中有一個「把手」，把手（一顆行星或一組合相）會落在星盤的另一邊；理想的話，它會在碗型行星「中點」的對面，至少這支把手應該與「碗邊」相距六十度。

　　雖然提桶型被認為是第二常見的星盤類型，但當第一眼看到星盤時，它的把手是非常值得注意的位置。「把手」的行星是重要演員，它的星座及宮位是我們獲得星盤本質的主要關鍵，同時也是星盤主人的焦點及固執所在。

　　下一頁的星盤是一個提桶型星盤的例子，它是美國億萬富豪商人羅斯‧佩羅（H. Ross Perot）的星盤。在此星盤中，我們看到非常多的行星落在巨蟹座之餘，上升星座也在巨蟹座；但在下降點附近，我們找到摩羯座的土星，它是星盤的把手。星盤其餘的部分，排序在第一顆到最後一顆的行星（也就是從天王星到海王星）全部都落在這個漏斗之中。

　　提桶型的把手在生命中佔據舉足輕重的位置，此行星（加上其星座及宮位）說明許多我們普遍存在的目的，我們「緊握」這把手，並感覺必須表現出潛伏其

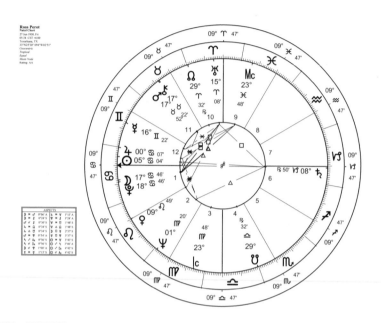

圖說：羅斯‧佩羅星盤。

核心的驅力及動機；而不管願不願意，此行星都會成為星盤中（位於星盤另一邊的）其他能量及潛能的出口。

　　有時候，我們可能會太專注或執著於把手的意涵，根據我們的覺知以及表現這顆極重要行星的機會，而可能成為我們的「藉口」、執著或錨；它可能會引導我們邁向非凡的成就、或可能成為里程碑、或阻止我們想要實現其餘星盤潛能的努力。如果此行星與碗內行星形成對分相時，當然關係議題會成為此把手專注的焦點；那麼我們大部分的人生都會專注在體驗及解決此行星所涉及的議題。

　　當提桶型除了把手之外的其餘行星形成更緊密的集團行星（120度之內）時，此一形態則被稱之為「扇型」，這個名詞是由羅伯‧卡爾‧詹斯基所提出，他相信提桶型星盤的人會太專一於把手，而不利於其餘星盤上的行星；而扇型的把手／單一行星會創造動力，並把此集團行星引導至更高的成就。

　　下一個星盤是另一個提桶型星盤的例子。

　　在此星盤中，把手位於三宮宮首的土星射手座，碗型部分是從月亮雙魚座開始，並由海王星獅子座做為結束。這是科麗塔·史考特·金（Coretta Scott King）的星盤，她背負著沉重的期望（土星）及信念（射手座）去領頭爭取種族平等，那是她丈夫馬丁·路德·金（Martin Luther King Jr.）於 1968 年 4 月 4 日遇刺之後的事。

星盤類型的一些小建議：

- 只看行星，不看軸點；我暫時還未嘗試使用凱龍星、半人馬星或其他星體。
- 不要硬性將星盤歸入某一類別：例如，如果星盤中的碗型稍微多出 180 度，那就允許它吧！瓊斯自己對於星盤類型的標準並沒有那麼講究，他比較依賴星盤整體看起來的模樣；但是，詹斯基在將星盤歸入真正類型之前會先觀察行星相位（例如，碗型星盤在其「碗邊」需要有一組對分相）。

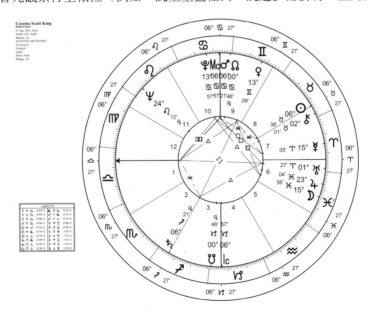

圖說：科麗塔·史考特·金星盤

● 星盤不一定會符合某種清楚的類型，有時候它可能符合兩種類型；對於星盤類型，當其型態不明顯時，沒有關係！許多星盤並沒有明顯可見的星群，「更重要的是要看出突顯的行星，而不是將所有星盤進行分類」，如果在行星分佈上沒有太多顯而易見之處，可以進行下一步的「入門」直達星盤的核心。

星盤焦點

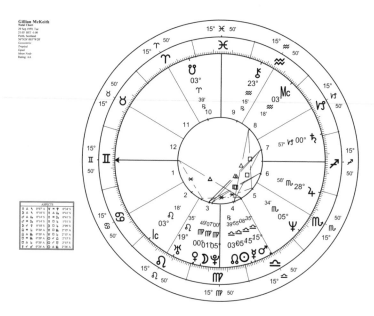

圖說：吉蓮‧麥克凱斯星盤。

在此，我們看到一個很好的星盤例子：

其中由三顆行星組成合相（處女座的金星、月亮及冥王星）馬上抓住我們的注意力，這些永遠都是焦點所在，而我們會在第 159 頁的〈主要圖形相位〉中深入討論。這是《改變你一生的飲食計劃》（*You Are What You Eat*）一書的整體療法營養師（處女座）、作者以及跋扈的電視主持人吉蓮‧麥克凱斯（Gillian

McKeith）的星盤，她執著於讓人們從以糖爲主（金星）的日常飲食（月亮）中排毒（冥王星）。

　　在下一個的星盤中，我們看到一個有趣的模式：除了一顆行星之外，其餘行星全落在兩組星群中：分別是第十二宮／第一宮的雙子座／巨蟹座；以及第七宮／第八宮的摩羯座／水瓶座。如果沒有海王星，這將是一個蹺蹺板型星盤（根據馬克·埃德蒙·瓊斯的分類）──此類型可以被稱爲精密的宇宙平衡之舉！位於月亮／水星對分相中點附近的海王星讓此獨特的星盤成爲了「僞提桶」星盤，以海王星爲其把手；使海王星變得更爲重要之處是它與木星及冥王星形成風象大三角，並且是 T 型三角圖形相位的端點，我們很快就會探討大三角、特別是 T 型三角圖形相位，並討論端點如何成爲焦點及某種解決方式。

　　外行星（天王星、海王星及冥王星）經常描繪出更寬廣的世代畫面，而當它們與個人行星綁在一起時，會被引入我們個人情節中；它們也將當時相關的集體能量逐一注入我們的人生故事及經驗中。

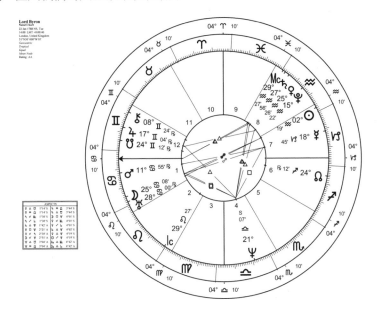

圖說：拜倫勳爵星盤。

　　當我們專注在星盤中此重要、有很多相位的「把手」時，我們推測此人某程度上與海王星天秤座的世代、渴望一種理想（海王星）關係（天秤座）的期盼綁在一起。由於海王星與其個人行星產生互動，他也許會有機會去體現或回應海王星的主題，例如：浪漫主義或同情心；他也可能會身陷醜聞、得到名聲（海王星與名望、聲名狼藉及狂熱有關）或代罪羔羊有關；又或他可能已經運用海王星，透過靈感或超脫方式在藝術、繪畫或詩歌領域進行創作並表達自我。

　　這是當代萬人迷拜倫勳爵（Lord Byron）的星盤（見上圖），最偉大的浪漫主義詩人之一，也以駭人而充滿醜聞的性生活而惡名遠播；他是時代指標，並贏得了現今很多人趨之若鶩的名聲，其妻子稱之為「拜倫狂熱」（Byromania）。

　　他自命為浪漫主義時代的靈魂，這一點在其眾多著作中的「拜倫式英雄」特徵上最能被看見（包括他的史詩詩作《唐璜》（Don Juan））：那是一個具有理想性卻又有缺陷的角色，他擁有神祕的過去，並對於社會、地位不屑一顧；在經歷愛情的挫敗之後，踏上了自我毀滅之路。

　　拜倫的月亮／天王星相位明顯的表現在他那眾所周知的名聲（瘋狂、敗壞、與之結識會帶來危險）、反傳統的生活方式、以及關於同性戀及殘暴不仁的醜聞及指控，最終導致他自我放逐（就在推運太陽進入雙魚座的那一年），這樣的放逐是他對於英國社會質疑他的道德觀所做出的回應（金星／土星在他天頂）。

　　之後，在〈說出你的星盤〉這一章，我們會觀察人們所說的話如何揭露星盤的主要部分；讓我們思考拜倫以下的這些話，看看它們如何反映出強烈的海王星，以及其煽動性、有悖常理的月亮／天王星合相：

　　「我的頭腦好到只憑想像自己可能會遭到天譴所帶來的愉悅，便相信了基督教。」

　　「感官是生命偉大的藝術，它讓我們去感受自己的存在，即使那可能是痛苦的。」

　　「生命最好之處只有沉醉。」

　　「意見本來是為了被改變──或是如何才能得到真相？」

「缺席——愛的普遍癒法。」

以下兩個案例是用以闡述為什麼行星分佈在解盤中是重要的第一步。

在艾美‧懷恩豪斯（Amy Winehouse）的星盤中（見圖），所有行星幾乎是在同一個三分相之內（120 度），因此勉強符合集團型星盤的條件，範圍從獅子座至摩羯座、第三宮至第七宮；領頭行星是獅子座的火星，最後的行星則是月亮，落在摩羯座零度，是摩羯座的強力位置。這星盤有什麼獨特之處呢？你是否注意到它包含五組合相？以每兩顆行星為一組，這不是我印象中曾見過的星盤，但它無疑暗示著強大、激烈的行星配對，但卻無法獨立運作；當星盤出現非常多的合相，這暗示了星盤主人缺乏客觀性及自己的觀點。

星盤的另一個特點是月亮／海王星合相是位於地平線之上的唯一配對，它是我們能夠看見的地方：她與其前夫那如同肥皂劇劇情般的共生關係，以及讓二人相互糾纏的各種上癮症（第七宮）；當我撰寫這部分時，新聞剛傳來艾美於 27 歲離世的消息，這個新聞讓人難過，但也並非難以以預測。

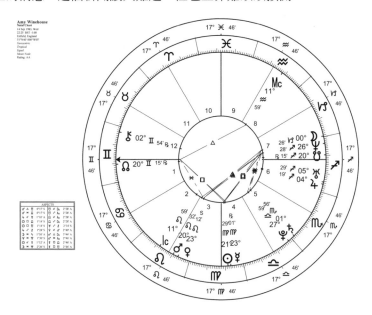

圖說：艾美‧懷恩豪斯星盤。

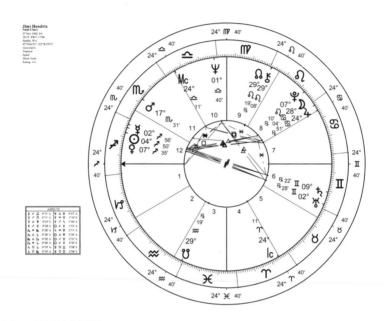

圖說：吉米・亨德里克斯星盤。

　　最後一個看得見行星的例子，是瑪格麗特公主（Princess Margaret）的星盤（請參見第 127 頁），土星和金星是唯二位於地平線之上的行星：大眾在她身上看到的正是責任及愛情之間的掙扎。

　　上圖是吉米・亨德里克斯（Jimi Hendrix）的碗型星盤──「碗邊」是水星／太陽／金星（根據此先後順序）對分相天王星／土星的強大相位，雙子座的天王星是領頭行星，火星則落在自己的星座而確立其重要地位（暗示清晰表達其目的），並且幾乎是無相位，行星「佔據」最多之處是第十二宮與第八宮，射手座則是主導星座。

2. 四個軸點的星座組合

　　第二項評估是要觀察四個軸點的星座組合：它們屬於某一特定模式嗎？四個

軸點是不同元素嗎？其中一組軸點星座擁有共同守護行星嗎？當我們考量自己與周遭及更寬廣環境之間的關係時，此一評估變得相當重要；它可能同時帶來關鍵主題，並可能會在稍後解盤中清楚浮現。

　　軸點揭露了我們與周圍世界之間的特定傾向及互動方式，我們的立場是否看起來如石頭一樣或堅持，甚至聞風不動或堅若磐石（軸點落在固定星座）？它是否專注在開展事物並投入生命的衝突（開創）？或是我們會追求自由及多樣性，不過於緊握現有環境，反而能更加輕鬆地的去適應新環境（變動）？

　　一旦找出軸點星座之間的關聯，那它們的守護星呢？它們有沒有以任何方式互相連結？也許它們的守護星彼此之間形成相位，使之成為星盤中最重要的相位。此外，找出守護一個軸點以上的行星，例如：當上升點在處女座而天頂在雙子座時，水星自然擁有雙重重要性（木星也一樣，因為在此它同時守護下降點及天底）；值得注意的是，當此時水星與木星形成主要相位時，暗示四個軸點之間建立起對話或溝通的橋樑。

　　最後，我們的羅盤（四個軸點）與內行星的元素及模式（特別是太陽與月亮）如何相處呢？如果我們的羅盤方向或定位是固定星座，對於太陽／月亮是變動星座的人來說可能是一件沮喪的事；或是如果好好加以運用，固定軸點也許會讓我們穩定（並讓他人覺得我們安全可靠），並提供必須的支撐及安定性（固定星座）使我們出發，在個人追求中享受自由及多樣性（變動行星的能量）。

　　理查‧尼克森（Richard Nixon）星盤（見下頁圖）的四個軸點為變動星座，由水星與木星守護，並在第四宮摩羯座的開端合相，此合相相當重要，它也與火星射手座產生合相，並對分相第十宮的雙子座冥王星。

　　然而，尼克森的聲譽無法擺脫與水星／冥王星相位的關係：控制慾強、愛搞陰謀、多疑、眼光狹隘、被稱之為「狡猾狄克」（Tricky Dicky）的他迷戀於權力及各種情報；這位曾經接受多年心理治療的「第二名」最終達成願望成為總統（土星支配了六顆行星），而他那些背地裡的骯髒手段與水門事件的祕密被挖掘出來，使他蒙受差辱，最後被迫辭職並且使他的偏執更形嚴重——「羞恥！羞

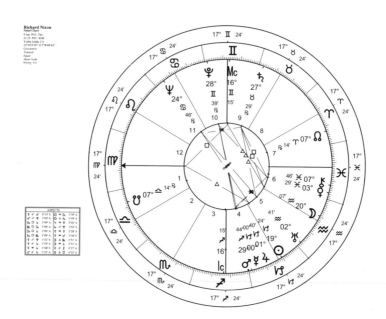

圖說：理查‧尼克森星盤。

恥！是他們設計我的！」。

　　但是，占星師理查‧史華頓（Richard Swatton）（研究尼克森的星盤及心理多年）告訴我一些尼克森的行為特質，概括說明了他極重要的水星／木星摩羯座合相：年幼的尼克森成長於基督教新教之一的貴格會（Quaker）的家庭，小時候曾經多次贏得辯論比賽而揚名；十四歲時，曾經撰寫神學文章討論神的存在，書本及想像力賦予他自由，讓他遠離可怕的家庭生活；他夢想成為重要人物──也就是一個「偉大的人」──也許這是為了補償其父親不曾實現的夢想，而尼克森自己的理想華而不實，符合他浮誇（木星）[8]的人生目標。

　　以下的引言證實了此一相位，以及它與火星及冥王星之間的關係：

　　「他的決定很勇敢……往往需要孤獨的排除所有專家的意見。」

8　關於尼克森的星盤分析，請參閱理查‧史華頓 *From Symbol to Substance* 一書（Flare, 2012）。

各種人格交戰在同一個人身上，都想要脫穎而出，其中一種人格是想理主義、爲人設想及慷慨的；另一種則是懷恨、狹隘及情緒化的。

尼克森考慮周到、具分析力的那一面最能在危機之中得到驗證；而在平靜時，他似乎會釋放出其本性中較爲黑暗激情的那一面……平靜似乎會使他失衡，彷彿他只有在緊張的狀態中才能維持平衡。

交易大師

唐納・川普（Donald Trump）的星盤中（見圖）四個軸點組合爲固定星座，其中掌管社交人格的兩個軸點（上升與天頂）分別是獅子座與金牛座。獅子座／金牛座的組合可已從他充滿自信的人格以及他身爲美國少數商界（金牛座）名人（獅子座）之一看出來；同時，也可以從他那富麗堂皇、金碧輝煌、招搖鋪張的奢華生活中呈現，並且明顯的表現於川普這個有名無實的首腦及其房地產王國背後的能量之中（火星在上升獅子座）。

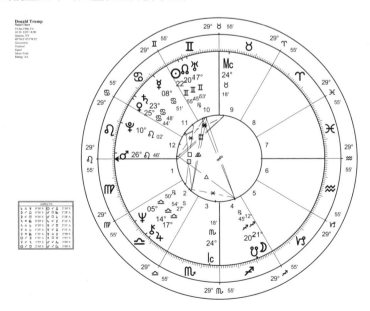

圖說：唐納・川普星盤。

　　上升獅子座的人「看似」不會受自我質疑之苦，在成長階段，唐納相當以自己的外表爲傲，並被稱之爲「偉大的我」（The Great I Am），他在學校從不尊重權威，直到他展開爲期五年的軍校生活。獅子座／金牛座的組合體現了「肯定性」——其他人會跟隨並相信川普（獅子座／火元素），並將他視爲可靠的投資對象（金牛座／土元素），他的名聲（獅子座）帶來了價值（金牛座）。

　　四個軸點的守護星分別是：

- 太陽（上升點守護星）
- 土星及天王星（下降點守護星）
- 金星（天頂守護星）
- 火星及冥王星（天底守護星）

　　如果任何以上行星在星盤中彼此形成相位時，它們會馬上產生連結，並將一個軸點的議題與另一軸點的議題結合在一起。這此星盤中太陽／天王星合相（也就是說上升點守護星與下降點守護星形成合相，使它成爲人際關係中特別重要的合相及象徵）。第二個連結是天頂守護星與下降點的傳統守護星形成合相（金星／土星合相於第十一宮巨蟹座），當天頂守護星與下降點守護形成相位時，夥伴關係對個人聲譽、成就及發展產生非常重要的影響。不單是川普的人際關係（下降點）一直是焦點新聞（天頂），他每一任妻子（下降點）也在他的成就及公共形象（天頂）中起了不少作用，她們也與其財務資產有關，每次離婚都花了他相當多的錢（金星／土星相位）；川普以吃力不討好的方式學習（土星），而他的第二任妻子與他簽了婚前協議（金星／土星相位）。川普的其他人際關係也相當重要——他的那些財政支持者——同時也在這裡呈現、他對房地產的興趣及專業知識（這承傳自他父親——天頂／天底軸線反映出父母的訊息），以及他曾經幾乎宣佈破產的局面。

　　川普的房地產持有及建物（光是紐約就有 21 幢）皆以他的名字命名（上升獅子座往往意指此人就是產品、自己事業的明星），它們在美國永恆地（固定）

存在；然而，這個男人本質上是變動的，而且本性上不特別傾向物質主義：他出生於變動星座的滿月，太陽在雙子座對分相月亮在射手座。

　　川普的父親是一名白手起家的房地產開發商，曾經給予川普簡單但適合變動的建議：「你要盡量知道所有你正在做的事情」。川普的成長階段中在建築工地所看到的父親是一個頑強的協商者及生意人，老川普從 1945 至 1946 年間的嬰兒潮以及隨之以來的房屋需求中受益（唐納的天頂守護星是金星、合相巨蟹座的土星），他從父親身上學會了實用技能（天頂金牛座）以及對維持控制力的基本需求（天底天蠍座）。成功的祕密及驅動因素的關鍵往往會在天底找到，對於企業大亨川普來說，他一直能夠建立累積（金牛座），原因在於他持續「控制」其私有帝國，使他能夠隱密自己的財務狀況，並讓他免於應付持份者的各種要求（天底天蠍座）。

　　正如川普自己所言：「協商是一門藝術，而我非常擅長於此」。他是公關高手、天生的銷售員、也是一個樂於投機取巧的「騙子」，他享受以他那具說服力的魅力去販賣（雙子座）其華而不實的願景（射手座），他簡潔地自我形容為「誠實的誇張法」。

　　在獲得第五街的樓高權之後，川普建造了奢華、樓高達 68 層的建築（川普大廈於 1983 年開幕），之後他涉足博奕事業（月亮射手座），購入川普城堡（獅子座）並於 1985 年開幕。當天王星與他變動星座的太陽及月亮形成相位時，為他帶來刺激性的魅力，也為他已經極不穩定的模式增添了不可預測性，那些年他的財產波動極大，但他最終證明自己都能夠東山再起。

　　他姓氏的字源暗示兩種意義，一個屬於雙子座，另一個屬於獅子座／射手座：捏造、欺瞞或欺騙（就像英文 trumped up 之意）；另一意義是勝利（triumph），去超越或打敗這張凌駕於其他之上的牌（就像英文 to trump an ace 之意）。

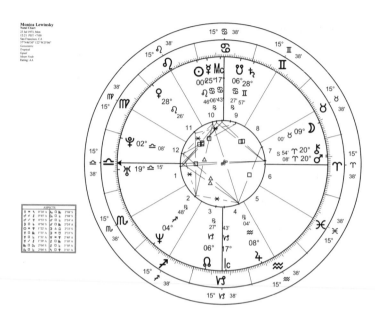

圖說：蒙妮卡‧呂茵斯基星盤。

屬於你的內在

在聲名狼藉的實習生蒙妮卡‧呂茵斯基（Monica Lewinsky）（見圖）的星盤中，除了四個軸點都在開創星座之外，再加上一個開創星座的 T 型三角圖形相位，這暗示她的「定位」是一種衝突與對抗，需要在環境中確立自己；她十四歲時父母在激烈爭吵中離婚，是其開創星座軸點的早期徵兆。

四個軸點的守護星是：

- 金星（上升守護星）

- 火星（下降守護星）

- 月亮（天頂守護星）

- 土星（下降守護星）

　　它們彼此之間有任何聯結嗎？金星與土星有緊密的六分相，而這四顆守護星中的其中兩顆落在與金星有關的宮位——第七宮，但是這些觀察都無法揭示星盤的主旨。然而，這裡有一個強調主題：下降點守護星（火星）合相下降點，同時在自己的星座（牡羊座），這暗示了這個軸點是我們需要注意的。下降點的火星牡羊座顯示此人會在熱烈的人際關係中傾注相當多的能量，或是他會投入衝突（從激烈衝動的性追求到全面的戰爭）；同時，火星在此也是個人教練、激勵者或人生教練的良好位置，這也可以暗示她拋棄（下降點）自己的戰鬥精神（火星），或讓他人為她去表現這些主題（藉由掌控或攻擊她）。

　　在上升天秤座以及太陽獅子座之下，想要討好他人的渴望使她兩次與已婚男性發生關係：第一次在大學時，另一次則在白宮（注意：她的「名氣」來自於與一位有名、具魅力的獅子座領袖——太陽在獅子座零度第十宮的關係）。

　　主導其星盤的是一個 T 型三角圖形相位，也落在開創星座並合相三個軸點（我們稍後會深入探討 T 型三角圖形相位），她的 T 型三角圖形相位非常能夠描繪她與當時總統克林頓之間沸沸揚揚的事跡：天王星在天秤座上升點，並且對分相牡羊座的火星，暗示了這段憾動克林頓第二任期的爆炸性關係；兩顆行星都與天頂的水星巨蟹座形成四分相——這段「不適當」的關係持續超過一年成為美國人當時的「話題」（莫妮卡星盤中極為重要的水星與美國七月四日建國星盤的水星只有一度之差）。這個 T 型三角圖形相位所描述的新聞（水星）說明其性關係（火星）中的震憾性真相（天王星），以及她與貪圖美色的總統之間的融合（二人有同樣的太陽／月亮／上升的組合）；長期以來，她成為了美國家喻戶曉的笑話（水星在天頂巨蟹座）。

　　開創星座的中間度數將這則醜聞中的主要人物的星盤牽連在一起，克林頓的金星在天秤座 11 度、合相 18 度的凱龍星；琳達・崔普（Linda Tripp）偷錄呂茵斯基這段外遇的對話（水星）並將它交給肯尼斯・斯達（Kenneth Starr），其海王星則在天秤座 16 度四分相摩羯座 19 度的金星；帶領這場獵巫行動的斯達的凱龍星則在天秤座 16 度、木星在天秤座 19 度，上升點在摩羯座 13 度。當呂

茵斯基於 1998 年 1 月 16 日受 FBI 恐嚇時，也就是當這則醜聞爆發全球之後五天，行運土星來到牡羊座 14 度，快速接近她的下降點。

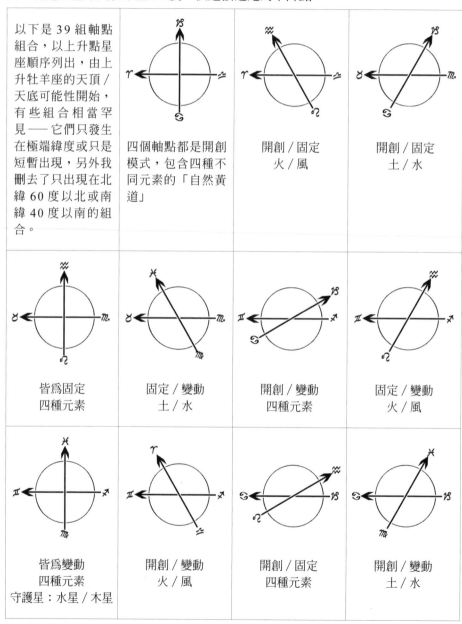

以下是 39 組軸點組合，以上升點星座順序列出，由上升牡羊座的天頂／天底可能性開始，有些組合相當罕見——它們只發生在極端緯度或只是短暫出現，另外我刪去了只出現在北緯 60 度以北或南緯 40 度以南的組合。	四個軸點都是開創模式，包含四種不同元素的「自然黃道」	開創／固定 火／風	開創／固定 土／水
皆為固定 四種元素	固定／變動 土／水	開創／變動 四種元素	固定／變動 火／風
皆為變動 四種元素 守護星：水星／木星	開創／變動 火／風	開創／固定 四種元素	開創／變動 土／水

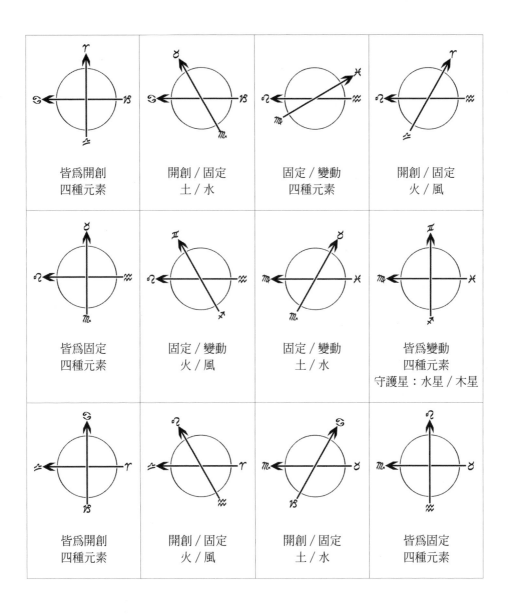

皆爲開創
四種元素

開創／固定
土／水

固定／變動
四種元素

開創／固定
火／風

皆爲固定
四種元素

固定／變動
火／風

固定／變動
土／水

皆爲變動
四種元素
守護星：水星／木星

皆爲開創
四種元素

開創／固定
火／風

開創／固定
土／水

皆爲固定
四種元素

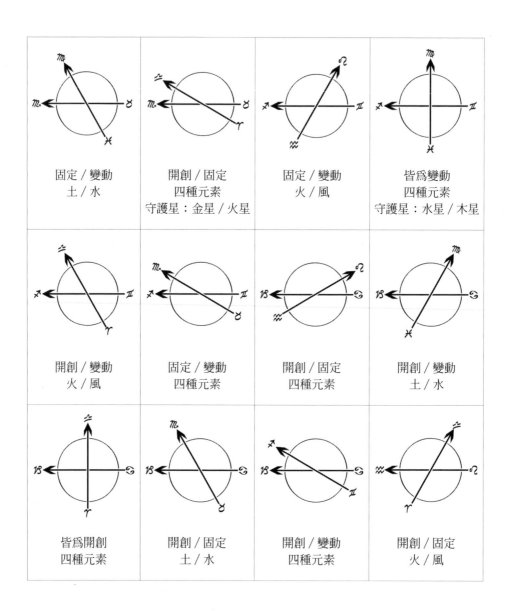

固定／變動
土／水

開創／固定
四種元素
守護星：金星／火星

固定／變動
火／風

皆爲變動
四種元素
守護星：水星／木星

開創／變動
火／風

固定／變動
四種元素

開創／固定
四種元素

開創／變動
土／水

皆爲開創
四種元素

開創／固定
土／水

開創／變動
四種元素

開創／固定
火／風

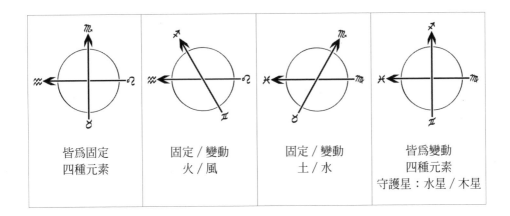

| 皆爲固定
四種元素 | 固定／變動
火／風 | 固定／變動
土／水 | 皆爲變動
四種元素
守護星：水星／木星 |

3. 太陽、月亮、上升三重奏

能力是指你能夠做什麼

動機決定了你所做的事

態度決定了你的成就高度

藉由簡單描述太陽、月亮及上升的星座，我們就能夠得到貼切、豐富且深入的「解盤」，這種分析可以是一種快速判斷，或是除了太陽星座以外的占星學入門。然而，太陽、月亮及上升絕對不僅於此，星盤中的這三位巨頭描述了：

- 太陽──我們內在的自我認同、人生目標、本質；我們最終的內在任務：我們天生的追求、體現及呈現。
- 月亮──我們的需求、習慣性行爲、脾氣、天生反應、直覺反應；我們對於人際關係的基本需求、驅力及期望（包括個人層面及專業層面）。
- 上升──我們的日常性格，用以進行社交及與人打交道；我們的生活方式及期望。

此外，當我爲客戶介紹星盤時，往往會納入天頂；事實上我會先從天頂開

始，因為它道出許多別人見到我們（上升）、了解我們的脾氣與情緒需求（月亮）或「我們的本質」（太陽）之前對我們的印象。

　　將這三大巨頭獨立出來的主要目的，是要準確指出它們各自的意涵，以及它們如何組合並且互相合作。例如我有一位男性客戶太陽在摩羯座、月亮在天蠍座、上升在射手座（見圖）：

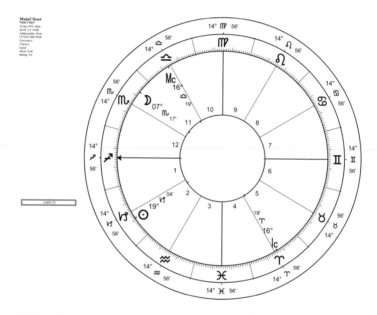

圖說：某男性客戶星盤。

　　我們剛開始可能覺得他無憂無慮、容易接近、友善，這是他的公眾面貌：嘗試以熱誠去面對世界（上升射手座），此一面向同時也很渴望自己不讓任何人失望；但其背後，我們可以說他的內在生活激烈且低調，他需要信任、深刻及親密才能夠建立情感上的安全感，同時也可預見或自我產生的情緒危機和背叛（月亮天蠍座），他尋找一個能夠看穿他的陽光面、瞭解其情緒背後的複雜與深度的人。最後，當我們觀察其本質（太陽），他的任務是要成為外界眼中的「某個人」，要贏得地位、權威及尊重，當他在某個組織或機構中工作時會去建立或成

就某些事（太陽摩羯座）。

如果此三個巨頭其中兩個或以上有共通的行星連結，例如：上升點在射手座而月亮／木星產生合相，有時候它們會有些難以分辨，不容易看見它們如何各自在生命或個性中展現；但是當這種這情況產生時，我們便知道此星盤產生了暗示，它會讓行星的訊息更強，我們會在稍後探討這一點。

下一步是要尋找三大巨頭之間的連結，它們都在變動星座嗎？有很多火元素嗎？例如：當月亮在雙子座，上升點在處女座時，那是暗示水星的開始；同時，無論此人是在家裡與職場（月亮）、他的外表或在人我互動（上升點）上都是以水星爲基調。月亮與上升點都是人際關係的重要指標：月亮顯示深刻的需求，關於我們如何滋養他人、希望如何受到照顧、如何才能夠讓我們有安全感；而（做爲軸線一部分的）上升點道出許多那些透過互動、期待以及吸引力來到我們生命中的人們。在瑪格麗特公主（Princess Margaret）的星盤中（見圖）我們看到一張幾乎是「自然星盤」：上升點落在牡羊座前面度數意味著大部分行星落入自己

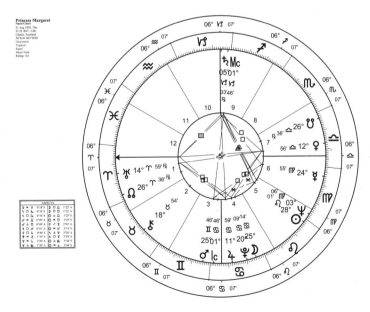

圖說：瑪格麗特公主星盤。

127

的星座，同時也落入與之相稱的自然宮位中（例如：月亮巨蟹座在第四宮——也就是巨蟹座的宮位）。

行為、個性及性格

太陽是星盤的中心——我們努力方向的重心；但要了解一個人的性格及行為特徵，我們必須觀察他的上升及月亮星座（以及任何與之合相的行星，其次是觀察其對分相或四分相）。當我們考量人們如何在生命中「遇見」、行動、反應及互動時，這兩個星座都比太陽重要。

月亮

例如：「性格」、「個性」及「行為」的字彙經常被交替使用；在占星學上，我們可以將「行為」定義為一連串建立情結模式的本能反應——那就像是一張由各種習慣性反應互相交織而成的網，特別是為了讓自己處於安全及受到照顧的目的。行為是我們如何為人處事（融合自我）去創造一連串的反應，這最能夠清楚的從月亮中看出（例如：月亮處女座會學習變得有禮及幫助別人，好讓自己能夠、及感到被需要）。另一個能夠描述占星學中月亮的字，是「脾氣」，這個字經常被認為與四元素有關（構成我們性情的四種體液）；然而，月亮是情緒領域中各種元素的混合，它是我們的情緒本質。

太陽

我們常常聽到「個性發展」一詞，這可能是一種特徵、反應及行為模式的累積，它成為一個人生命中的主要方向、焦點及信念。個性滲透在我們的人生及行動中，在某程度上，它象徵著我們的人生旅程，朝向我們為何而生的真正意義——也就是太陽訊息原本的概念。太陽訊息不是某種形容詞或特徵，而是一種本質——星盤中的太陽體現了某種訊息與原型，藉由表現太陽原則，我們參與生命並開始發揮自己真正的潛能。也許，擁抱自己的個性能讓我們建立健全的自我形象、踏上正直而完整之路；就如同抓住捉摸不定的太陽概念一般，我們的個性同樣也很難在別人身上確認，我們需要時間去發現它，也需要時間讓它自我呈

現。

　　我們的個性是長久聚集一系列基本而完整的哲學觀；在占星學上，太陽位置顯示了一個人重要的人生目的及天職，例如：成為一名「改革者」、「激進份子」、「翻譯者」，而不是一組性格特徵。太陽描述了我們在此人生劇場中如何想像自己的角色——以及如何追尋它——還有我們賦予人生意義的方式（例如：「人生是一場探索之旅」）。某些人格特徵，例如：頑固、韌性或傲慢等等，它們都是由上升星座或上升附近的行星所描述；我們面對生命的方式可以從模式中得知；而我們的行動驅動力以及生命中的模式則是從星盤中的合相、四分相及對分相看出。

上升點

　　性格（藉由上升點的情結顯露——最重要的是上升星座以及與之形成的主要行星相位）是一種易變的方式，我們透過它向別人表達我們的需要（月亮），並清楚表達或建立我們可以認同的個性（太陽）。這裡存在著一股能量——一種態度、脾氣、參與及互動——它與早期（月亮）行為的累積或一種（太陽）個性的形成不同，通常是在遇見一個人時（上升點），便很容易注意、也很快可以辨識及解讀的性格，它往往以個人座右銘的方式出現（例如：上升牡羊座會說：「如果你想完成，你必須自己動手」、上升天蠍座則可能會說：「付出才會有回報」）。而性格特徵可能與我們的真實個性沒有太大關聯，但它的確是我們展示於人的特質（在許多方面來說，它是我們的外表），也是我們用來經歷人生的工具。在占星學上，上升點經常被視為承載我們到達太陽目的或人生目標的交通工具，它往往也做為一種途徑，用它在人際關係中滿足我們需求（月亮）。（高格林（Gauquelins）認為落於「高格林區域」的行星是個性的標記，但它們似乎是一種強烈的表達動機，想要引人注意的性格特徵）。

太陽、月亮、上升的綜合分析

　　一旦我們已經掌握好這三巨頭的各自意涵，我們就可以開始去感受它們結合

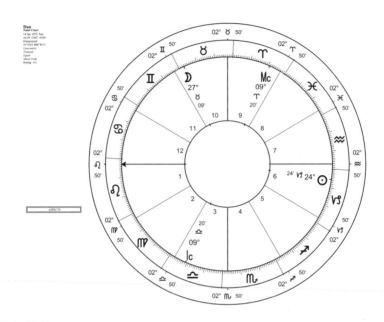

圖說：某客戶星盤。

時所帶來的意義，觀察其中兩個星座然後再檢視全部三個星座，思考它們的共通
點及差異性，是相當有用的方式。例如：在某位客戶的星盤中（見圖），太陽在
摩羯座、月亮在金牛座、上升點在獅子座。

　　獅子座與摩羯座也許沒有太多共通點，在元素及模式上也沒有立即的關聯
（雖然它們的守護星——太陽及土星在象徵上是對立的），但是這兩者都重視地
位及權威，它們都希望維持某種現狀（通常是希望位居領導），獅子座不希望其
統治的王國發生任何革命，摩羯座則可能想推翻專制、奪回控制權、並回復敗壞
之前的社會秩序。

　　這兩個星座也同時與品質及高價值有關，獅子座／摩羯座星盤組合的人可能
會喜歡設計師品牌，或是可以在別人面前彰顯社會地位、階級及「品味」的產品
（兩者的品味各異，獅子座傾向浮誇、耀眼閃亮的東西；而摩羯座則欣賞傳統古
典的造型，以及經歷歲月長久洗禮的事物）。兩者都會表現傲慢（以現代的意義

來說），並最終承受後果：獅子座有青少年傲慢自大的那一面；摩羯座則可能在建立王國時忘記保持謙遜，或是在接受萬人簇擁時忘記了初衷。

那麼，如果我們加上金牛座呢？它與獅子座（兩者都是固定星座，這是關心依附及原則的模式）及摩羯座（兩者都是土象星座，重視穩定、利己及務實世界的元素）都有共通點，這三個星座都重視傳統、堅定不移，同時是某種事物的保存者。

當我們思考三巨頭與哪些星座有關之後，我們可以說此星盤的主人實際上（太陽）是一個天生為更大整體、階級制度或體制（摩羯座）做出貢獻的人，雖然他可能少年得志，他還是會經歷一段漫長、有計劃及某程度上孤獨的學徒生涯之後，才能夠以「有意義的方式」去實現這個欲望（摩羯座及太陽落在第六宮暗示了這一點）。他的內在努力爭取（太陽）想要獲得尊重、權威及成就，以及想要因此得到肯定；但是因果定律提醒他們要懂得走捷徑且難以維持嚴謹的道德準則，這兩者會妨礙摩羯座想要成為專家及出人頭地的旅程（請參閱第 208 頁約翰・德洛倫（John DeLorean）的星盤）。

由於月亮在金牛座，此人的情緒特質不喜歡改變，它尋求穩定及安全，工作時相當冷靜，並渴望安靜的人生，希望在家裡過著舒適美好的生活。此星盤主人覺得當下相當舒服自在，他靜待時機，可能並不急於抓住機會——因此當機會出現時，會落後其他步伐較快的同伴，但他會忠於身邊支持他、堅定不移的「固定班底」。

當上升點落在獅子座，如果他受到鼓勵去施展魅力時，可能會看起來更具信心、高人一等、自信及有尊嚴——那是一張隱藏所有害怕嘲笑或拒絕的完美面具。他在此再次的重視及展現忠誠，也自有方式去引起注意、提供意見、展示創意，甚至看起來有某種天賦或熱忱。

總之，太陽／月亮／上升三位一體提供了快速捷徑讓我們了解一個人的主要特徵，包括他們的個性、行為及性格，有時候其中會有共同特點，它們彼此之間永遠會有一些聯繫。在本書的這階段中，重要的是要知道這三巨頭各自的普遍意

涵，深入了解它們的意義，並確認其中的關聯，跟著這些線索去探討它們彼此之間以及與星盤其他部分如何產生互動。

土星及火星：既是生意也是個人

　　法蘭西斯・福特・柯波拉（Francis Ford Coppola）的星盤（見圖）是一張星盤中重複陳述的有趣案例，由於太陽在牡羊座、月亮在天蠍座，這張星盤有著火星暗示的要素，我們會在本書稍後部分探討「暗示」；但在本質上，它是在星座、行星及宮位之間的重複陳述。在柯波拉的星盤中，這種暗示透過火星於第一宮合相上升點、火星四分相太陽牡羊座、以及火星守護天頂的天蠍座而加強，到處都是火星！

　　跟隨太陽／月亮／上升三位一體的線索，我們同時會看到星盤中另一個暗示：土星。上升點在摩羯座（太陽／月亮的支配星──火星也在摩羯座），星盤守護星是土星──落在牡羊座並且因為與太陽的合相而處於關鍵位置。

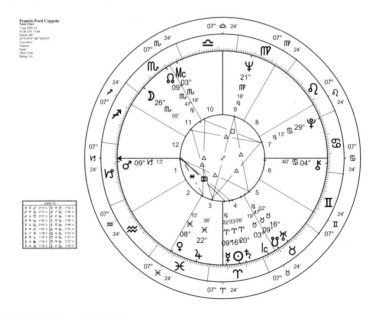

圖說：法蘭西斯・福特・柯波拉星盤。

　　因此，火星與土星的暗示以各種方式被寫入其星盤及人生之中，柯波拉歷經病弱、臥床、小兒麻痺症的童年，在缺乏他人的信任及支持之下，排除萬難成為電影大師；從滿懷夢想的年少輕狂（火星）成為備受認同的權威（土星），為一代導演們打開一扇大門。雖然他從未與人稱兄道弟（火星往往強調個人），但年輕時的柯波拉是一個懷抱熱忱、不屈不撓的賭徒，想要挑戰（火星）好萊塢的體制（土星）。

　　他最出名的電影系列是「教父三部曲」，這系列被大多數影評人奉為大師之作（土星），我們最能夠透過他的月亮及天頂星座——也就是由火星所守護的天蠍座，清晰地看到這三部曲，同時也與星盤中火星／土星的主題有關。這些電影檢視了一個幫派的「生意人」所面對的忠誠、背叛及充滿暴力的現實，而尊敬、恐懼、無情、榮耀、墮落、忠誠、犯罪、階級、復仇及利益交換等議題都是黑手黨的日常。但是，土星最終戰勝了火星：「這是生意，不是個人的事情。」電影第一集於 1972 年 3 月中旬首演廣受喜愛，當時行運木星接近柯波拉的上升點、行運天王星對分相其太陽牡羊座、行運海王星合相其太陽弧正向推運（Solar Arc）的天頂。

注意力之母

　　如果你覺得柯波拉的創作令人毛骨悚然，那麼可以看一下賈桂琳・史特龍（Jacqueline Stallone）的星盤，她是（席維斯・史特龍（Sylvester Stallone））令人害怕的母親。

　　在她的星盤中（見下圖），太陽／月亮／上升點三位一體彼此產生強烈連結，賈桂琳出生於新月的隔天，太陽、月亮都在射手座，上升點則在天秤座，星盤守護星——金星在天蠍座（並合相水星），在此，我們的焦點落在三個連續星座（七顆行星再加上上升點都落在此三個星座之中）。此外，上升點的天秤座中還有一組火星／木星的合相（分別是天蠍座與射手座的守護星），多數行星落在天蠍座及射手座，而這些星座的守護行星都在上升點天秤座附近，因此，火星／

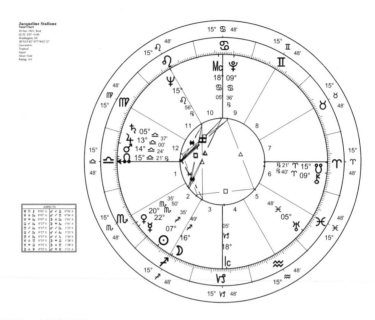

圖說：賈桂琳‧史特龍星盤。

天蠍座與木星／射手座的力量可以透過星盤的這部分投射出去。

'星盤中的這些重複陳述形成某種個性，這些根本就是天生註定的！成功人士（那些真正落實他們認為天生註定要去做的事）往往會主動參與星盤中的關鍵主題，並且會找出方法去實現它們，而這通常會透過太陽／月亮／上升這三位一體彼此之間的強烈連繫顯現（如果要在其領域或社會中受到認可，往往也必須與天頂有關）。

我們可以在賈桂琳‧史特龍的人生中清楚看到火星／木星的主題，她是一個強悍、吵雜、炫耀的生意人及占星師，由於這個合相位於上升點天秤座，她並不太具有天秤座顯著的外交門面——她的人生要應付的事情實在太多。她以自我宣傳及利用名人自抬身價而聞名，並能夠貪婪地奪取大眾焦點，無人能及，她對兒子感情生活所做的評論會成為頭條新聞，而她的直言不諱也讓她在八十年代名氣最高點時成為談話節目的寵兒；她將圓融與謹慎留給別人，這是上升天秤座較缺

乏動力的情結。

她從早年就已經跟隨火星／木星的主題，年少時出走並加入馬戲團，後來她經營女子舉重運動中心，並宣傳自己帶領的模特兒出身的摔角選手，她的許多為人處事以都稀奇古怪又狂野方式擴張，木星「清楚一切」誇張奇觀，無怪乎許多木星人都被形容是歡樂的人、已經準備好成為笑柄。作為一個女性生意人，如果不加一些荒謬、具有傳奇色彩的木星噱頭，很難會被認真看待（請參閱第 357 頁泰咪‧菲爾‧貝克（Tammy Faye Bakker）的個案）。

題外話：關於一個人的桂冠

我過去曾經質疑為什麼許多射手座（無論是太陽或是上升點）人的臉上總是掛著輕蔑冷笑的表情，賈桂琳‧史特龍也有這種嘲諷的氣質，我認為這顯示射手座極為高人一等的面向——它是一個會嘲弄鄙視他人的高貴星座，他們享受居高臨下、俯視我們這些芸芸眾生的感覺。

然後，還有她對頭巾的鍾愛，為什麼射手座會特別喜歡頭巾呢（不止是 70 年代或 80 年代初，當海王星——這顆象徵時尚流行指標的星經過射手座時）？這是當其他人在觀賞電影時，占星師腦海裡會思考的事情！無論如何，頭巾不是應該屬於守護頭部的牡羊座嗎？

賈桂琳‧史特龍與碧姬‧芭杜（Brigitte Bardot）（上升點在射手座）及吉米‧亨德里克斯（Jimi Hendrix）一樣，（太陽／月亮都落在射手座）也以戴頭巾聞名——吉米佩實際上戴是花色頭巾（太陽／上升點落在射手座）；此外還有珍妮‧弗里克（Janie Fricke）（太陽在射手座、木星在上升點射手座），她曾經說過：當時已經退流行，我只好將頭巾丟到衣櫃裡，真是難過的日子！

為什麼是射手座呢？希臘人與羅馬人都頭戴桂冠（為了榮耀宙斯／朱比特之子）做為成就、階級、地位及教育的象徵（警惕我們不要自滿於現狀）。這些桂冠被編織成馬蹄狀（射手座），凱撒宣稱桂冠是「最高領袖的象徵」，後來，在奧林匹克運動會中，勝利者也會被冠上桂冠，我認為射手座與奧林匹克運動

會——國際盛事、運動員競技、競賽精神及奧林匹克的火炬手有關。

名人律師

在辯護律師羅伯‧西比羅（Robert Shapiro）的集團型星盤中（見圖），焦點落在水星守護的兩個星座，太陽／上升點落在處女座，月亮則在雙子座；事實上，星盤的十二個重點（十顆行星與兩個軸點）中的八個都落在雙子座或處女座，兩者都是變動星座，重視資訊收集；然而，有趣的是，在西比羅的星盤中，它們的守護星水星落在天秤座。雙子座擅長與收集而來的資訊保持距離（風元素），但處女座會發現自己很容易沉浸於研究之中，他們的研究結果最終會深植（土元素）於其哲學觀中，不但影響其運作方式、更形成他們的日常及話題。處女座也是一個善於計劃及策略的星座，但它們也會因政策而無力招架；「策略」這個字與「軍事部署」有關，而西比羅星盤中的火星處女座使他成為了一個傑出的策略家——一個按計劃（處女座）行動（火星）的人——水星天秤座也有這種

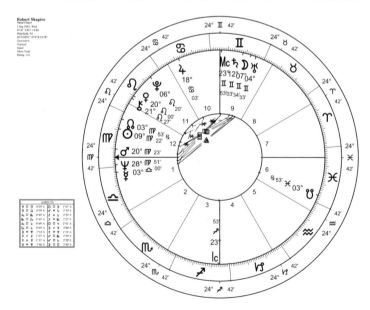

圖說：羅伯‧西比羅星盤。

意涵，它往往能夠預期對方的手法及「感受」。

西比羅以他在法律界一絲不苟的作風、並且與他的名人客戶建立緊密關係而聞名，其中最有名的是讓辛普森（O. J. Simpson）獲得無罪釋放的「夢幻團隊」。辛普森的月亮在雙魚座四分相天王星雙子座，兩者分別合相西比羅的下降點／天頂，辛普森的火星合相西比羅的月亮雙子座（一個律師保護一個戴手套的雙重殺人嫌疑犯？）；另外，相當適合一個勝利組合的是：辛普森的太陽合相西比羅的木星。有趣的是，西比羅與他另一名被定罪的客戶克里斯丁‧布蘭度（Christian Brando）的比對盤中，有一些困難的對分相：布蘭度的土星對分相西比羅的天頂，另外一組月亮／火星合相也對分相西比羅的太陽處女座。

追蹤線索

為了保持某種程度的客觀，我通常不會用自己的星盤去「證明」任何事；但是，正如我在導論中所言，這本書是我個人的星盤整合方法，因此，也許我真的

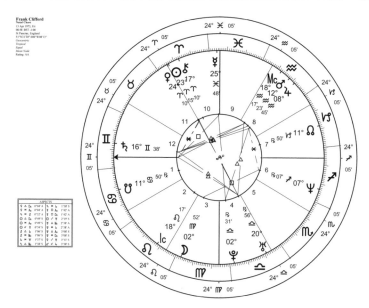

圖說：法蘭克‧柯利佛星盤。

需要展示我的星盤如何反映出我對這個主題的看法。

以下的觀察讓我花了一段時間才注意得到——事實上它簡單得讓我忽略了許多年！我的太陽在牡羊座、月亮在處女座、上升點則在雙子座，火星守護牡羊座（因此也支配我的太陽）而水星（處女座／雙子座的自然守護星）則支配或守護了三巨頭之二（月亮／上升點）。

事實上，我的三巨頭蘊含著水星／火星的主題，那是一個好的出發點去理解我的天職、我的內心（太陽）、我的需要與脾氣（月亮）、以及我對人生的看法與日常個性（上升點）；此外，水星／火星形成半四分相（暗示了對資訊的敏感或急迫）。但如果我們再深入一點，我們會看見更多的連結顯示了貫穿我星盤中水星／火星主題的類型。

星盤中與火星有關的行星都蘊含著水瓶座或天王星主題：

- 我的太陽在牡羊座並對分相天王星。
- 金星也在牡羊座，也對分相天王星。
- 在大部分宮位制中，太陽／金星都在第十一宮（都與水瓶座／天王星產生連結）。
- 火星本身在水瓶座，並與天王星及土星形成寬鬆的三分相（兩者都與水瓶座有關）。

一個帶著水瓶座或天王星氛圍的火星暗示什麼？它可能描述了一個非常快速、開／關式的能量，或為解放某個團體（天王星／水瓶座）而戰（火星），並促使人們（火星）醒覺（天王星），獨立（天王星／水瓶座）行動（火星）。在親密層面上，它暗示了這個人渴望空間及比較多的個人自由。

我們也可以看到，月亮及上升點也有它們各自的行星暗示：

- 月亮處女座有一個主要相位：四分相海王星（它在第六宮，這強調了月亮處女的訊息——所以，請不要詢問我的日常工作模式，也不要問我為什麼拒絕規律、例行朝九晚五的工作）。

● 我的上升守護星（星盤守護星）是水星，它落在雙魚座，水星也與它所守護的上升點形成緊密的四分相。

一個穿上雙魚座／海王星外衣的水星，也許暗示了直覺或覺知、講故事的人或愛說謊的人、豐富的想像力、或富同情心、過度敏感或流暢的溝通方式。

總之，星盤中三巨頭的線索顯示火星／水星在我的星盤中是重要的，深入探究則證實了火星具有水瓶座／天王星的氛圍，而水星則擁有雙魚座或海王星的感覺。

極致興奮

珍妮絲・賈普琳（Janis Joplin）的木星與火星皆為無相位，天頂落在具有吉卜賽、嬉皮意味的射手座，在其歌曲中包括：「盡力而為」（Get It While You Can）與「波比・麥基與我」（Me and Bobby McGee）皆概括其哲學觀（我情願擁有十年的極致興奮，也不願活到 70 歲、坐在一張該死的椅子上看電視）。

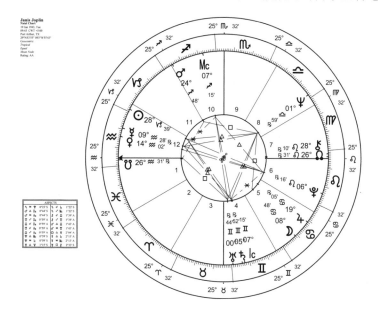

圖說：珍妮絲・賈普琳星盤。

這兩首歌收錄於 1971 年 2 月 1 日發行的專輯《珍珠》（Pearl），當木星合相海王星於射手座那天，而幾個月之後，她因濫藥而離世（木星／海王星主題）。

但如果我們深入去檢視賈普琳的星盤（見上圖），特別是她的太陽／月亮／上升三巨頭，我們可以看見兩個互相衝突的主題。她出生時，太陽在摩羯座、月亮在巨蟹座、上升則在水瓶座，巨蟹座與摩羯座可以互相「理解」，它們屬於同一組對分軸線，關心如何維護熟悉的事物與現狀（無論是工作或家庭），但是疏離的水瓶座是這三位一體中真正格格不入的──它被冷落了。水瓶座不太瞭解巨蟹座所渴求的依附感及情緒上的安全網，也無法承受具有身分地位意識的摩羯座所戴著的政治手銬的束縛。

賈普琳另一方面非常需要關懷、侷促不安，而且渴望能夠融入（她的內在本質──巨蟹座及摩羯座），然而，她的外表與害羞個性使她在高中時成為局外人，因此她選擇叛逆、從群體中站脫穎而出（她的人格面具──從水瓶座與射手座的軸點來看）；當然，她後來成為了愛慕自由、不受束縛、享樂主義的嬉皮世代的象徵。

她太陽與上升的守護星──土星／天王星──落在天底，為其本質與人生的內在衝突帶來了額外的重負，當如此衝突的合相在星盤中成為個人特色時（透過與軸點或個人行星形成相位），它可能會粉碎現存架構、拆毀障礙、爭取自由或偏離預期（從天王星到土星）──或是可能會懼怕真正的自由，或為了打破框框而付出代價，並反抗社會規範（從土星到天王星）。

賈普琳活出了這些矛盾，她是一個專業管理時間的工作狂（土星），但她也沉淪於藥物濫用（天王星與藥物的刺激和快樂有關──「快速的反應刺激」），而月亮巨蟹座四分相海王星可能會建立了日常生活中的某種依賴──她最愛的飲料正好稱為「南方愉悅」）。她是最先打進只有男性的搖滾樂殿堂的女性之一，而她也是無拘無束地在台上唱出其充滿靈魂、藍調樂的心聲的中產階級白人女性，她迷倒聽眾，卻也與他們保持明顯的距離，總結了這種性格上的天壤之別，她說：「在台上我與兩萬五千人一起做愛，然後一個人回家」。

最終獲勝的是土星（尤其當它跟在天王星之後），天王星穩定下來不再前衛，或是土星將它切碎了，或假以時日，它從叛逆變成了古怪反常；但如果有效運用，這一組行星可以幫助我們在還看得見自己的限制、死亡及消耗之下，為社會帶來改變。

4. 元素及模式平衡

在這簡短的部分，我們將看看如何建立一個表格，迅速地評估星盤的元素及模式平衡。我曾經抗拒這種「入門」，覺得這樣做對我來說實在太「老派」；但我重新發現了它，現在認為這是解盤的必要步驟——並且是在正式解析星盤之前。

我們有許多方式去評估元素與模式的「比重」，某些經驗豐富的老師，例如：倫敦占星學院（LSA）的金・法利（Kim Farley）老師，他會給予分數：太陽／月亮最高分，個人行星分數會少一點，外行星分數則更低。當運用這種系統時，就會找到星盤的「象徵」與「反象徵」，例如：如果變動模式與火元素得分最高，那麼變動的火元素星座——射手座就是此星盤的「象徵」；如果固定模式與土元素得分最低，那麼固定的土元素星座——金牛座就是此星盤的「反象徵」。

（金發現「反象徵」星座通常會在「象徵」星座的旁邊或互相形成十二分之五相位），雖然我的月亮在處女座，很喜歡建立表格及先後順序，但我不會使用打分數的方式，我選擇將行星（從太陽到土星加上升點與天頂，一共九個配置）排入簡單的表格內，從中找出強調與缺乏的部分，這樣我便可以觀察每個元素或模式，並從表格的行列之間，迅速地找出那些「缺乏」與單一行星。

本質上，當我們評估元素與模式時，需要無視於「平衡」，記住：

- 只使用九個參考重點，預期每種元素會有 2-3 個星象，每種模式則會各有

3 個星象。

- 只考量星盤中過度強調的（4 個星象以上） 或缺乏（只有 0 或 1 星象）。

- 如果某個元素或模式擁有三巨頭（太陽、月亮及上升）其中的 2-3 個，需加強它的重要性。

元素及模式是互相依靠的——強調或缺乏的一方會影響其另一方，有時候模式與元素會適度平衡，有時候則會有某種不平衡，或是——特別是元素，可能會出現兩種主導元素，及兩種比較缺乏的元素。

最後一點要注意的是：土星經常使人感覺是某種「缺乏」，它在計分機制或評估中是負分的，如果只有它一顆行星在某個元素或模式，那個元素或模式可能會讓人感覺被低估，或是它可能需要更多努力。就像其他的缺乏狀況，土星的元素或模式位置會帶來更大的重要性，因為我們往往會花很多年去過度補償並努力去滿足土星那遲來的承諾。

在三位演員案例的第一位麥可・尼爾（Michael Nile）的星盤中（見下圖），四元素中的三元素各有三個星象，我會將火元素排在第一位，因為它包含太陽及月亮，星盤中沒有土元素；以變動為主導模式，並缺乏固定模式。當星盤中缺乏土元素及固定模式時，就會缺乏「落實」及定錨，挑戰可能在於如何理財，並發展停留的力量。

	開創	固定	變動
火元素	☉、♂		☽
土元素			
風元素		MC	♃、ASC
水元素			☿、♀、♄

在達斯汀・霍夫曼（Dustin Hoffman）的星盤中（見下頁），以土元素為主

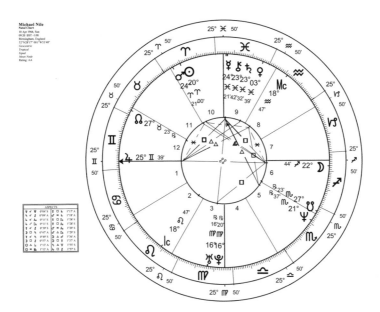

圖說：麥可‧尼爾星盤。

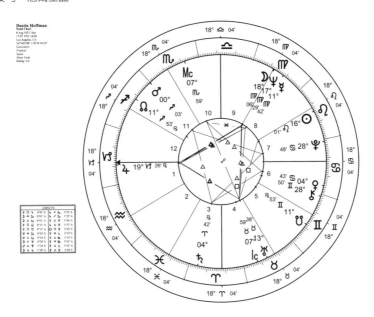

圖說：達斯汀‧霍夫曼星盤。

導，然後是火元素與水元素，最後是沒有任何星象的風元素；模式適當平衡，固定星座稍為弱勢。

	開創	固定	變動
火元素	♄	☉	♂
土元素	♃、ASC		☽、☿
風元素			
水元素	♀	MC	

在布魯克・雪德絲（Brooke Shields）的星盤中（見圖），我們看到以風元素為主導，然後是土元素，星盤缺乏水元素，完全沒有任何火元素；以模式來看，變動模式主導著九個星象之八個，缺乏固定模式，完全沒有任何開創模式。（注意主要支配星——水星落在土元素，是固定模式的單一行星，同時與其他行星皆無相位。）

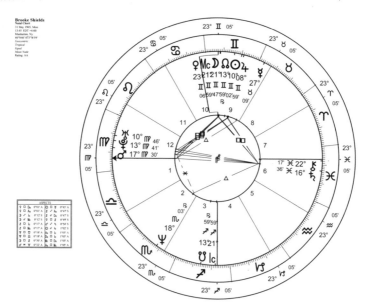

圖說：布魯克・雪德絲星盤。

	開創	固定	變動
火元素			
土元素		☿	♂、ASC
風元素			☉、☽、♀、♃、MC
水元素			♄

5. 主要相位

　　相位顯示了行星之間的對話及能量流動，最重要、最活躍的交流發生於合相（中性相位）、四分相及對分相（兩種強硬相位）。我們普遍使用 8 度的角距容許度，在此階段，我建議大家先忽略其他相位（除了三度以內的三分相），因為我們需要優先考量這三個相位，它們清晰地呈現塑造我們的性格特徵的因素，更因此造就我們的人際關係模式、生命事件及經歷。此外，我不考量外行星彼此之間的相位，雖然當它們與軸點或個人行星產生接觸時，同樣會被個人化並帶來一定的重要性。以下扼要說明此三個主要被強調、考量及分析的相位：

- 合相：它是星盤及生命中主觀、強大而集中的領域。
- 對分相：需要解決及平衡的領域；人際關係的模式、主題及投射；定錨或重擔。
- 四分相：需要行動、努力、奮鬥、伸展的領域；生命或個性產生的挑戰；具體出現的事件及情況、使人得到成就及回報，或是「塑造性格」的「失敗」經驗。

牡羊座的敏銳

　　這張是玩世不恭、獨立、令人崇拜的電影製片家羅斯・梅耶（Russ Meyer）的星盤，星盤上只標示出四分相與對分相（星盤中並不會標示出合相），這些相位說明他的哪些事呢？

　　梅耶憑著低成本、性剝削的電影（sexploitation films）而聞名，他打從十四歲便已經是業餘製片家，在 1950 年代中期在《花花公子》（*Playboy*）雜誌為艷麗的模特兒拍照之前，曾擔任美軍戰地攝影師；當他在 1959 年初次拍攝喜劇電影《不朽的塔斯先生》（*The Immortal Mr Teas*）時，被稱為「裸露之王」（the King of the Nudies）。後來，梅耶轉向寫作、導演、剪輯及發行（注意其上升雙子座）一系列諷刺性、超現實、古怪搞笑的電影，由一群像亞馬遜人般強大好戰、渴望出名的女演員們演出（金星牡羊座對分相木星、火星則合相射手座的下降點）。他的電影披露了人們對於暴力的迷戀（牡羊座）以及對巨大、反

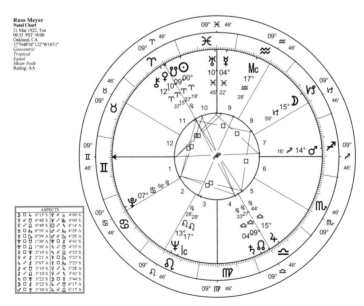

圖說：羅斯・梅耶──困難相位。

重力的豪乳毫不羞怯的堅持追求（月亮／木星四分相），例如：在那些「令人膜拜的經典」中，包括「快點吧，小貓咪！殺！殺！」（Faster, Pussycat! Kill! Kill!）與「潑婦！」（Vixen!）中，這些作品證明了，在太陽牡羊座的男人身上，很少事情是低調或細緻的（特別是牡羊座一度）。

梅耶被某些人稱爲非刻意的女性主義製片家（他的女主角們皆十分強大、天生孔武有力），由於他的太陽在牡羊座並對分相土星天秤座，透過嘲弄刻板的道德規範、諷刺保守價值以及（在金星牡羊座與作爲 T 型三角圖形相位端點的冥王星巨蟹座充份幫助之下）以性愛去嘲諷美國社會而聞名。

羅斯・梅耶的自傳名爲《一個乾淨的乳房》（*A Clean Breast*），他以急智出名，曾經面對一名女性控訴他：「一無是處、只是一個乳房男」，他回答說：「你只答對了一半。」

完美幻象：「這是好事」

在億萬富翁瑪莎・史都華（Martha Stewart）的星盤中（只畫出一個相位），只有八個主要相位：

- 太陽／冥王星合相
- 太陽／上升點四分相
- 太陽／天頂合相
- 月亮／海王星四分相
- 金星／木星四分相
- （火星／天頂三分相）
- 土星／天王星合相
- 冥王星／上升點四分相

這些相位大部分都相當寬鬆，但唯一特別的是月亮／海王星四分相——非常緊密，相差不到一度；月亮在此星盤中也相當重要，因爲它是史都華此提桶星盤

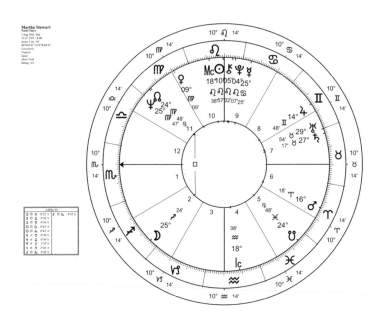

圖說：瑪莎‧史都華——月亮四分相海王星。

的把手，它落於第二宮的射手座。

　　對於這位從不停歇、強迫性、知名的控制欲強大、超乎成就、對於娛樂性（獅子座）具有天生熱切力量（天蠍座）的人來說，雖然獅子座／天蠍座以及太陽／冥王星的組合相當關鍵；但是，月亮／海王星四分相描述她胸懷大志的完美主義者及多年來投射出來的「完美主婦」形象（可惜的是，當這段婚姻經歷一個土星回歸之後，她的丈夫選擇離開而變成幻影）；它同時也顯示其餐飲事業（將食物變成一種藝術），這使她從「完美家居」哲學觀衍生出一種「生活方式」的生意鴻圖（月亮射手座四分相海王星）。

　　史都華的專業技術帶回了失落的家政藝術（完美而準確呈現月亮／海王星相位），她販售一種美化的優雅生活方式，並使所有人都可觸及；這為她帶來了財富，因為她能夠滲透（海王星）市場的各種層面，觸及到每一個美國家庭，讓人夢想一種理想的生活方式，這是她那些死忠的追隨者們能夠重新創造的（月亮／

海王星相位）。

　　她從多媒體（書籍、電視節目以及瑪莎・史都華生活多媒體公司的家庭用品）獲得豐厚資產及龐大收入，這也是由月亮的支配星——木星所暗示，木星落在第八宮雙子座（是太陽／天頂的中點並與它們形成寬鬆的六分相）。獅子座的太陽／冥王星相位暗示她掌控其事業，就像許多獅子座的生意人一樣，以自己的名字與形象建立品牌。

　　可以說，就像本書提到的許多太陽／冥王星相位女性一樣。我想起三個巨蟹座人，包括：南希・雷根（Nancy Reagan）、伊美黛・馬可仕（Imelda Marcos）與李歐娜・赫姆斯蕾（Leona Helmsey），史都華被推上了擁有權力與影響力的女富豪之位（有趣的是，在這四名女性中，她是唯一沒有嫁給擁有權力的男人而靠一己之力揚名致富）。

　　第二宮的月亮四分相第十一宮海王星的另一個表現，在瑪莎・史都華現象中以一個短暫小失誤得到證實：2002 年初曾經爆發一宗醜聞（當時行運海王星正對分相她的太陽），她當時參與一宗可疑的股票交易（於股價暴跌之前出售股票），史都華被控詐欺及妨礙司法公正，被判五個月刑期（2004 年 10 月至 2005 年 3 月）；有趣的是，史都華的股票經紀助理、並在訴訟中指證她的關鍵證人是道格拉斯・法尼爾（Douglas Faneuil），他的本命盤水星位於處女座 26 度（落在瑪莎的海王星），月亮則在金牛座 14 度（靠近她的下降點）。

男鋼琴家

　　接下來是藝人利伯拉契（Liberace）的星盤（見圖），以下是其合相、四分相與對分相的列表：

- 太陽／火星合相
- 太陽／土星四分相
- 太陽／天王星四分相

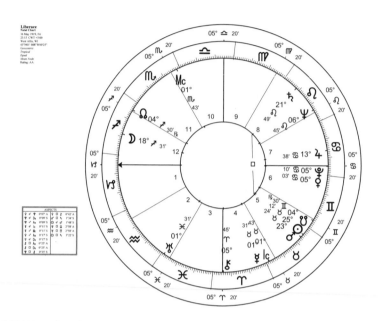

圖說：利伯拉契：太陽／火星四分相土星。

- 水星／海王星四分相
- 水星／天底合相
- 金星／冥王星合相
- 金星／下降點合相
- 火星／土星四分相
- 木星／下降點＊合相
- （天王星／天頂三分相）
- 海王星／天頂四分相
- 冥王星／下降點合相

　　＊如果合相四個軸點，我會容許比較寬的角距，你也許會想要將木星納入金星／冥王星的合相中。

火星／土星四分相在此特別重要，因為火星守護天頂，土星則守護上升點；金星／月亮合相也很重要，因為它相當靠近下降點，金星支配太陽，冥王星則是天頂的共同守護。在我而言，這兩組相位都是利伯拉契（Liberace）星盤的主要動能，同時也是其生命故事及個性的關鍵。

他的父親是一個嚴格的師傅（太陽／土星獅子座四分相），他讓四歲的利伯拉契（Liberace）接觸鋼琴（當此相位在太陽弧正向推運中形成緊密相位時），當時這位小男孩拒絕參與任何運動，專注於廚藝與鋼琴，並因此遭到同學們的訕笑，而他很快就對時尚產生興趣（水星金牛座四分相海王星獅子座）。

可以說，在太陽／火星四分相土星之下，利伯拉契（Liberace）在周圍砌起一道防衛牆，避免別人嘲笑他的溫和（以及之後報紙所形容的「水果味」的忸怩，結果被利伯拉契成功控訴）。他拒絕追求陽剛，並藉由塑造一個珠光寶氣、皮草加身的演藝人格（獅子座）去過度補償（土星）；這種創造性使他得到浮誇招搖的名聲以及數以百萬計的女性粉絲，並帶來錢財及富裕奢華的生活（從金牛座到獅子座的四分相）。多年以來，利伯拉契（Liberace）都是世上酬勞最高的藝人（金星／冥王星相位），他以不顧批評、「一邊哭泣一邊往銀行去」而聞名（金星／冥王星合相就是落在巨蟹座）；他相當重視隱私，同性戀傾向是他至死都嚴加駁斥並提出控訴的議題。

「我詛咒你」

優秀歌手妮娜・西蒙（Nina Simone）的星盤（見圖）中有以下主要相位，包括許多合相及對分相：

- 太陽／海王星對分相
- 太陽／天頂四分相
- （月亮／木星三分相）
- 月亮／天王星四分相

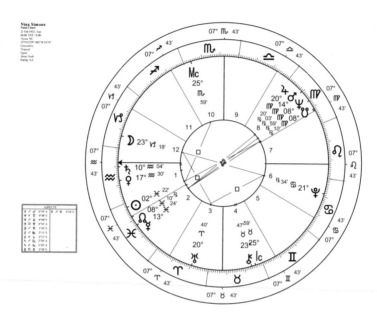

圖說：妮娜‧西蒙——強硬相位。

- 月亮／冥王星對分相
- 水星／火星對分相
- 水星／木星對分相
- 水星／海王星對分相
- 金星／土星合相
- 金星／上升點合相
- 火星／木星合相
- 火星／海王星合相
- 土星／上升點合相

此外，還有一組緊密的外行星天王星／冥王星四分相，這組四分相被個人化的原因是它們與月亮形成了 T 型三角圖形相位，而這兩顆行星同時也分別是上

升點與天頂的現代守護星，這使妮娜・西蒙不但在個人層面上受到這組相位影響，也使這組行星在未來當行運與之產生相位時也會爲她帶來影響。

雖然要考量的相位相當多，但不變的是星盤中出現的某種模式，我們在本書中很快就會學到如何找出星盤中的暗示，但在以上相位列表中，水星／海王星主題是此星盤中突顯的主題。

除了水星與海王星彼此互融（水星在海王星守護的星座、海王星則在水星守護的星座）之外，水星也與它所守護的處女座行星形成三組對分相，海王星同時與雙魚座的太陽及水星形成對分相，而雙魚座是海王星守護的星座。同時，星盤中也有土星類型的暗示，因爲月亮在摩羯座，土星在上升點並落在其守護的水瓶座。

隱形男

以下星盤的主要相位包括：

- 太陽／火星合相
- （太陽／木星三分相）
- 太陽／上升點合相
- 月亮／水星四分相
- 月亮／海王星四分相
- 月亮／天頂合相
- 水星／海王星合相
- 水星／天頂四分相
- 金星／木星四分相
- 金星／冥王星四分相
- 火星／天王星對分相
- 火星／上升點合相

● 木星／冥王星對分相

　　我認為第十二宮的水星／海王星合相是此星盤的關鍵相位，因為水星與海王星守護了四個軸點之三（水星同時也是太陽星座的守護星／支配星），它們同時也與極重要的月亮形成四分相。這對於自我坦承是變色龍的彼得・塞勒斯（Peter Sellers）來說是一個相當恰當的相位，他一直努力想要在銀幕之外建立一個具體的自我形象，並等待某個電影或電視角色讓他重回人生，他曾經說：「如果你叫我去演自己的話，我會不知道該怎麼辦……在那面具後面曾經有一個我，但是我把他切除了。」

　　有趣的是，在水星／海王星四分相月亮之下，人們相信他在母親死後仍然透過儀式及通靈與她保持聯繫了一段長時間；他的完美主義、喜怒無常及容易暴怒的脾氣（特別是在伴侶關係之中）透過第一宮的太陽／火星合相呈現，也許這也暗示了他 8 次心臟病發作的經歷。

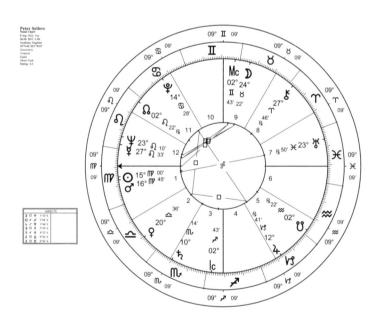

圖說：彼得・塞勒斯──強硬相位。

在 1962 年 10 月《花花公子》雜誌的訪問中，水星人塞勒斯這樣形容自己準備角色的過程：

「我先從聲音開始，我會找出那個角色的聲音會是如何，透過他說話的方式，我會找到關於他的其他事情，我猜這種方式是來自於我曾經長期在電台工作；在聲音之後，我會看到那男人的外貌……接下來，我會確定他的走路方式，這相當重要。然後，突然之間，奇怪的事情發生了，那個人會附身在我身上，你扮演的人會開始存在，我讓自己完全沉浸在每一個扮演的角色之中，因為那角色已經開始活在我身體裡面，我突然彷彿明白那男人擁有怎樣的人生，以及在特定情況下他會如何反應。」

沒有你……我怎麼活下去

黛安・華倫（Diane Warren）的提桶星盤有以下主要相位：

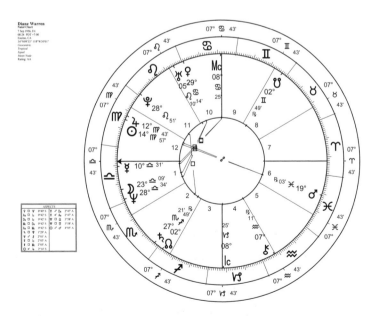

圖說：黛安・華倫——強硬相位。

155

- 太陽／火星對分相

- 太陽／木星合相

- 月亮／金星四分相

- 月亮／海王星合相

- 水星／上升點合相

- 水星／天頂四分相

- （金星／土星三分相）

- 金星／天王星合相

- 金星／海王星四分相

- 火星／木星對分相

- 土星／冥王星四分相

我們同樣不需急著解盤，便已經能看出三個明顯特徵：

1. 太陽在處女座，水星合相上升點。

2. 月亮／海王星合相，太陽／木星在第十二宮合相並且對分相火星雙魚座（星盤的把手）。

3. 突出的「金星－天秤座」：金星與外行星形成了兩個主要相位、守護上升點，三顆行星在天秤座。

這三項特徵道出什麼呢？華倫是一位傑出作曲家，寫出了很多現代流行經典，包括：「我怎麼活下去」（How Do I Live）及「別傷我的心」（Unbreak My Heart）。雖然她曾獲得很多獎項，但由於她那與世隔絕的月亮／海王星合相的影響，她非常保護自己的私生活，她寧可讓歌手們代之站在聚光燈下。她的歌曲超過 100 首登上美國流行榜──橫跨各種曲風：流行、鄉謠、現代成人抒情及節奏藍調──其歌曲版權每年高於二千萬美元（她俏皮地的說「只有運氣比較好那一年才有這數字」）。

華倫說，她在寫歌的過程中「利用此種訊息的普遍性」，並創造了「跨類

型」的流行情歌，這正是主導其星盤的海王星的功能：合相她的月亮（天頂守護星）並四分星盤守護星金星，這也暗示了為什麼她有許多熱門歌曲是為了電影而作。

唱片製作人大衛・福斯特（David Foster）這樣形容華倫（她的太陽處女座對分火星）：「她毫無疑問是我遇過最勤勞的作曲家……她就那樣一直坐在那裡，日復一日，她真的就像是一座島嶼；但某程度上她打入群眾之中，非常特別的是她可以憑一己之力去完成這件事，彷彿她完全不用依靠任何人。」華倫形容自己位於日落大道的工作室為「洞穴」：「它非常髒，也許正因如此我才能夠抵抗任何疾病，我在髒亂的環境中成長茁壯（處女座）。」太陽／木星合相讓她藉由與「大咖」的往來而受益，例如：那些流行天后們都急於拿到華倫的最新作品，而這組合相與火星雙魚座的對分相則指出了那條具生產力與創作力、帶來一首又一首當代、戲劇性情歌的生產運輸帶。然而，這個自認是怪咖（處女座）和「受傷的浪漫主義者」（天秤座／雙魚座）與一隻貓和一隻鸚鵡同住，她向英國《衛報》（*The Guardian UK*）承認自己從未談過戀愛：「我很有想像力，看！我知道心碎的感覺是如何……我只是太怪異而沒有走進伴侶關係而已」。

個人的力量

過去二十年來，自力救濟達人安東尼・羅賓斯（Anthony Robbins）（見圖）將其「神經語言學」（Neuro-Linguistic Programming）的自我品牌帶入公眾意識而建立了廣大影響力，他的星盤關鍵在於天頂守護星——月亮牡羊落在第七宮（一個在火上行走、「巔峰表現」的教練，致力於幫助其觀眾以史無前例的速度達到改變）；以及強烈的海王星暗示，包括那些策略性地落在雙魚座的行星：太陽雙魚座對分相冥王處女座（他的著作包括：《喚醒內在的巨人》（*Awaken the Giant Within*）、《釋放內在的能量》（*Unleash the Power Within*）及《無盡之力》（*Unlimited Power*））、加上有趣的水星雙魚座同時透過四分相與它在第三宮的支配星——木星射手座（正面、啟發性思考的力量）產

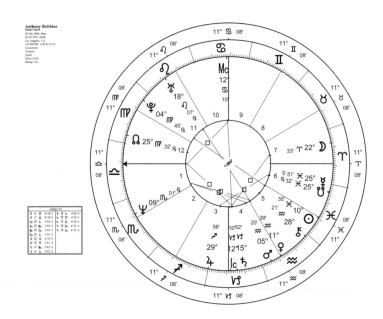

圖說：安東尼・羅賓斯──強硬相位。

生接觸，並與海王星形成 135 度相位。

他的產品及講座專注於牡羊座的自主性──行動並做出決定。而他也往往表達自己的牡羊座／海王星主題：

「一個實際的決定取決於你是否做出新的行動，如果沒有行動的話，代表你尚未真正決定。

在生命中，你需要的不是靈感就是絕望。

運用決定的力量能讓你頃刻之間跨越任何改變的藉口以及你生命的每一部分。」

他本身就是一個巨人（身高六呎七吋），羅賓斯有一個太陽／海王星／天頂的大三角圖形相位落在土象宮位的宮首，這道出他那高獲利的事業，透過電視廣告、廣播節目及激發人心的講座滲透到美國人的意識中，並爲他帶來自我品牌的名氣。

他的星盤主要相位包括：

- （太陽／海王星三分相）
- 太陽／冥王星對分相
- （太陽／天頂三分相）
- 月亮／土星四分相
- 水星／木星四分相
- 金星／火星合相
- 金星／天王星對分相
- 金星／海王星四分相
- （金星／上升點三分相）
- 火星／海王星四分相
- 土星／上升點四分
- 土星／天底合相

6. 主要圖形相位

　　圖形相位是人生故事，也是關鍵的性格動能，它們在星盤中之所以如此重要，某程度上是因為其中至少概括三顆行星，並透過守護關係結合數個宮位——以顯著而多種方式感受到它們的影響力；此外，其中涉及的相位（特別是三個主要相位：合相、四分相與對分相）創造了一個非常強而有力的模式，像是一個「相互連結的系統」那般運作，並通常成為星盤的主導。

　　我們將在此簡單探討三個圖形相位包括：T型三角、大十字及大三角圖形相位；除此之外，還有星群（四個或以上的行星合相，暗示星盤中的集中核心）、上帝手指（彼此形成六分相的兩顆行星同時與第三顆行星形成150度相位，不少占星師將此圖形相位視為神祕或醫療的意涵）、風箏（一個大三角與一組對分相所組成，而這組對分相同時與大三角的另外兩顆行星形成六分相，暗示了具有

動力的才能）、與大六角（六顆行星平均散佈於星盤上，與前一顆行星各相距約六十度，暗示了機會與才華）。此外，占星師布魯諾與路易絲・胡柏（Bruno and Louise Huber）也提出了其他有趣的圖形相位。

在分析圖形相位時，行星是首要考量，接著是其中的相位（例如：四分相或三分相）所顯示行星之間的「對話」，例如：大三角擁有三個和諧、流動的三分相；而大十字則包含兩組彼此形成四分相（90度）的對分相，彼此產生嚴重分歧。

分離的圖形相位（例如：T三角的兩角行星屬同一模式，而第三角行星卻屬另一模式）也十分重要，但它受到強調的程度也許不如一個行星皆落於預期位置的正規圖形相位（例如：三顆行星皆為風象星座的大三角）。

最輕鬆掌握整體圖形相位意涵的方式，是將T型三角或其他圖形相位的每一角拆開來解讀，因此，我們應該先個別行星開始；此外，在描述相位模式時，需要記住幾個要點：

尋找行星、星座、元素、模式或宮位之間的共同點，例如：這可能是一個固定星座的T三角——與此圖形相位有關的議題將是比較嚴格、固執、有毅力、束手無策的議題；或它可能是一個變動星座T三角，比較關於資訊處理及傳播，並且以一種具彈性、（過度）適應的方式去面對不同情境或議題；或當某顆行星守護圖形相位三角中的兩角星座時，而為此圖形相位創造出明顯主題，例如：水星對分相木星雙子座，兩者同時四分相火星處女座，而為此T三角創造一個水星主題，這些「雙重暗示」（重複陳述）往往成為星盤暗示的基調。

尋找一個「釋放」相位——也就是在此圖形相位以外的相位（例如：與大三角其中一角行星形成的四分相或對分相，或是與T三角端點形成的三分相），這顯示出一個具建設性的「出口」——呼吸空間——它有助於推動我們去探索此圖形相位的積極面向，使我們的視野不至於過度狹隘或沉溺於相位「組合」本身。

T 型三角圖形相位

當兩顆（或以上）行星形成對分相，兩者又同時與第三顆行星形成四分相時，就會形成 T 型三角圖形相位，這三隻「腳」彼此之間需要在可接受的角距（通常是 8 度）之內。

在《當代占星研究》一書中，蘇‧湯普金寫道：「這個帶有巨大能量的圖型可能掌握了整張星盤以及此人的生命，T 三角通常描述了生命最迫切的問題；當我們處理它時，就能夠施展自己的本領，並往往能夠為世界帶來卓越貢獻，因此，雖然 T 三角顯示了障礙以及需要學習的課題，它同時也為個人成長帶來巨大潛能。」

T 三角就像壓力鍋，底層蘊含著需要釋放的巨大壓力——壓力來自於自我那些彼此不相一致的部分。T 三角通常是活力與煩躁的來源，它們需要解決、行動及釋放；有時候也可能出現不知所措或癱瘓的狀況。因為我們察覺到生命中這些事情的重要性，並害怕它們所帶來的影響，我們會在此找到個性及生命故事中最突出、最難忘的部分；而如果我們不理解（或過度強調）此相位的巨大潛能以及其中所帶來的轉化，這些弄巧成拙及令人沮喪的「磚頭」也會慢慢堆積起來。

某些占星師會將注意力放到（端點正對面）那隻消失的腳或空間；但我會選擇專注在星盤中受此圖形相位影響的地方，特別是 T 三角（表現於星盤及個人）最具動力及強迫性的端點本身——也就是與對分相兩端同時形成四分相的行星，這是一個釋放點。理解 T 三角的端點（焦點）——其行星、星座、宮位與其他相關相位——是關鍵所在；事實上，它能夠「解決」對分相底層衝突的驅力。

在本書的某些例子中，會出現兩個焦點行星同時與某組對分相形成四分相，雖然它們不一定是合相，但在與其他星盤的比對盤中，端點的確切度數相當重要，而它們對於行運、推運及正向推運也非常敏感（請參閱本書第 217 瑪格麗特‧柴契爾（Margaret Thatcher）的星盤）。

　　我也會將軸點納入 T 三角的考量中，但是只能是其中一角是軸點，而非兩角或以上。當軸點成爲端點時，它會成爲一個活躍的釋放點促使該組對分相運作，但它與一般 T 三角的端點行星所具有的能量並不相同。

陷入情緒的深淵

　　第一個例子是導演羅曼・波蘭斯基（Roman Polanski）（見圖），他的 T 三角暗示透過危機、衝突及挑戰（開創星座）而達成有效成就。第一宮的火星天秤座對分相第七宮的天王星牡羊座道出獨立的執著、爭議、及對空間的需求，相對於爲自由、權益、公義的奮鬥；另外兩個更進一步的呈現是突然的暴力行爲以及具爭議性（天王星）的性愛（火星）。

　　這組對分與天頂的月亮／冥王星巨蟹座合相形成四分相，此端點／焦點需要我們藉由獲得認同（天頂）解決，並且在外在世界（天頂）中透過探索埋藏的情感、創傷或執迷去創造一種強大、激烈的情緒撞擊或回應（月亮／冥王星在巨蟹

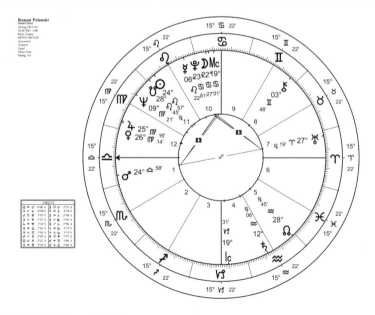

圖說：羅曼・波蘭斯基──四分相。

座）；它同時也暗示一些與母親或妻子有關的強烈、看似無法溝通（冥王星）的經驗。在《占星相位研究》一書中，蘇・湯普金認爲這個相位與「原始感受」、「深陷於情感與伴侶關係」極爲相關。

做爲一個電影人，他展現了電影情節與其人生事件之間怪誕的相互影響，而身爲占星師的我們，可以生動的從他的 T 三角中看出來。他的電影經常包含黑暗、暴力、情色衝突，而他的人生也充滿恐怖、謀殺與性醜聞；他沉迷於恐怖電影、鋒利邊緣以及刀片（火星），最初的幾部電影皆包括幽閉恐懼症的佈局（月亮／冥王星四分相天王星），被稱之爲「公寓三部曲」（apartment trilogy）。《水中之刃》（*Knife in the Water*）是關於三角戀愛關係；《冷血驚魂》（*Repulsion*）主題環繞著一個被迫謀殺並陷入瘋狂的女人；至於在《失嬰記》（*Rosemary's Baby*）中，一名女性被背叛及操控而懷孕並產下魔鬼的子嗣（月亮／冥王星巨蟹座）。波蘭斯基接著在《森林復活記》（*The Tragedy of Macbeth*）中再度重複月亮／冥王星主題（麥克白夫人絕對是體現月亮／冥王星主題最古老文本之一）；而在《唐人街》（*Chinatown*）中，一名私家偵探陷入欺詐、謀殺、亂倫及貪污的錯綜複雜之中，這些都與城市供水系統有關。

月亮／冥王星巨蟹座與火星／天王星對分相兩者似乎是其私生活中最戲劇化的主題，他的母親命喪於奧斯威辛集中營，年幼的波蘭斯基逃到波蘭展開新生活；多年之後，他的妻子莎朗・蒂（Sharon Tate）懷胎八個月，但被曼森（Manson）的追隨者們殘暴殺害，其中一人刺了她十六刀（她的上升點在巨蟹座 21 度，木星在巨蟹座 18 度附近，緊密連繫著波蘭斯基 T 三角的端點）。而在 1977 年 3 月 10 日（當行運冥王星靠近他的上升點），他性侵一名十三歲女孩（薩曼莎・蓋梅爾（Samantha Geimer），生於 1963 年 3 月 31 日）的事件，讓他被指控六項罪名包括：用藥迷暈及強暴未成年少女；之後在認罪協商的過程中，波蘭斯基於 1978 年 2 月 1 日逃往歐洲（宣判前一天），並成爲逃亡者，直到在美國當局要求下，於 2009 年 9 月 26 日於瑞士被拘捕；他後來在 2010 年 7 月 12 日在瑞士被釋放並宣佈自由，那是日蝕發生於巨蟹座 19 度的隔天，那個

日蝕準確地合相他的天頂。

發明的召喚

你怎麼看這張星盤呢？（見圖）我被上升點附近那些群集的行星吸引（七顆行星出現在 60 之內度並且大部分在雙魚座），同時也留意到星盤把手：第七宮的月亮處女座，這暗示了月亮的重要性，它負責引導第十二宮與第一宮的行星「能量」。雙魚座的群星與處女座的把手強調了處女座／雙魚座軸線的服務他人、致力奉獻與關懷精神，特別是月亮／水星緊密的對分相（以及它們與天頂射手座的四分相）似乎是此星盤中的重要演員，在這張星盤中，我會專注於此 T 型三角圖形相位。

這是亞歷山大‧格拉漢姆‧貝爾（Alexander Graham Bell）的星盤，他因發明電話而塑造人們的未來（T 三角端點是天頂射手座），這是讓人們互相連繫（月亮在第七宮落於水星所守護的處女座）的實際方式，他的發明及視野賦予大

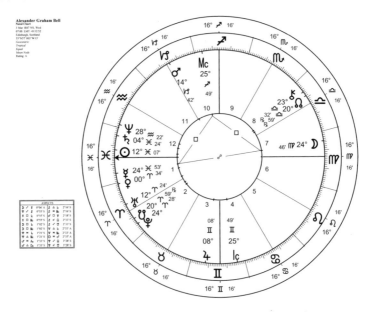

圖說：亞歷山大‧格拉漢姆‧貝爾星盤。

眾聲音（水星雙魚座）。

　　身為教育家的貝爾為後來的 X 光、人工呼吸器與空氣動力學鋪路，但他最大的熱情在於讓有聽障的人們及學童能夠融入主流教育及參與社會（天頂射手座、其守護星木星在雙子座），他認為手語只會將聾啞人士更邊緣與孤立化。貝爾在諧波與聲音傳導方面的先驅性工作，正是這組變動 T 三角及其行星的真切表達，水星／木星星座（變動星座）的其中一個作用是要找出連結與聯繫的方法，帶來人與人之間的瞭解，貝爾的其中一名學生海倫・凱勒（Helen Keller）後來提到，貝爾畢生致力於穿透「讓人們分開、分化的不人道沉默」。

　　教育、教導以及與人接觸的興趣皆由天頂射手座暗示，此外也包括了他的家庭背景（天頂射手座／天底雙子座）。貝爾由專橫的父親照顧長大——他以熱衷口頭語言聞名，他研究「看得見的語言」讓聾人能夠說話，並致力於解決口吃問題——而他喜歡音樂的母親雖然幾乎全聾，但她仍然彈鋼琴並在家裡教導自己年幼的兒子。小時候的貝爾不但好奇心強、聰明而固執，同時也是一個獨行俠，以安靜的雙魚座獨處方式讓自己脫離霸道的父親，尋求安寧。

　　年輕時的貝爾總是著迷於溝通的藝術與及語言的建構，他天生就是一個擅長解決問題的人，在九歲時就已經發明自己的第一部機器。在 1870 年夏天（當行運土星經過他天頂時），他的兄弟過世，在父母的壓力之下，貝爾屈服並在 1870 年 7 月 21 日與他們啟航前往加拿大展開新生活，他在那裡成為耳障兒童的家教老師（他的畢生職志）；而貝爾最初研究的「諧波電報」最終引領他在 1874 年 7 月 2 日發明了電話（當時行運木星正在他處女座 24 度的月亮），電話最先是在 1875 年 6 月 2 日被使用，而首次播送是在 1876 年 3 月 10 日，大約在貝爾的土星回歸時。

　　雖然有此揚名的發明，但貝爾還是認為自己主要是一個聾啞老師，處女座／雙魚座必須從混亂／隨機性（雙魚座）中建立秩序或準確性（處女座）；或是用手工藝（處女座）中創造藝術（雙魚座）。貝爾對於兒童教育的熱情背後隱藏了一種認知，他認為年輕人擁有一個簡單而井然有序的心智（也許是來自於月亮處

女座與水星雙魚座的回應），他們便可以接受教育、得到幫助去克服身障。有趣的是，也許這反映了處女座／雙魚座軸線（一個需要孤獨才能夠具有生產力），貝爾拒絕用電話去協助研究，認為它是他從事科學研究時不必要的打擾。

我們可以說，第七宮的月亮處女座成為星盤的重要把手，使貝爾因為他身邊的人所遇到的真實需求及日常困難（第七宮的月亮處女座）而受到啟發去發明一個器具（水星雙魚座）。貝爾變得對於母親（月亮）逐漸喪失的聽力非常敏感，這讓他對諧波更產生興趣；在他 12 歲時，母親開始全聾（那一年太陽弧正向推運的太陽合相他位於雙魚座 24 度的水星並對分相月亮，突顯了這一組極重要的對分相），這件事毫無疑問對於他想要發明、並且教育人們聲音相關知識上扮演了重要角色。再次與第七宮星象有關的是：貝爾後來愛上並娶了一名叫美寶（Mabel）的女性，她自五歲開始就因猩紅熱而失聰，也是第一批學習讀唇語及說話的兒童之一，貝爾為了讓她能夠再次聽見所做出的努力同樣被認為是啟發了他的發明。

在海選於銀幕上扮演貝爾一角的演員時，好萊塢片商選了唐・阿米奇（Don Ameche）擔綱，其出生盤的天頂位於處女座 25 度（在貝爾的月亮位置上）、太陽在雙子座 10 度（靠近貝爾的木星），電影《亞歷山大・格拉漢姆・貝爾的故事》（*The Story of Alexander Graham Bell*）讓一世代的人以「阿米奇」一字做為「電話」的俚語：「有你的阿米奇」。

貝爾的 T 三角圖形相位（端點在天頂射手座）的進一步表達方式，可以從許多人駁斥他的專利設計中看出來，這成了美國史上最悠久的專利案件，貝爾被傳召多次去證明及為自己的名譽辯護（射手座往往受人推崇，但當天頂守護落星入多才多藝但傾向於拾人牙慧的雙子座時，也許會存在道德及原創性的問題）。

大三角圖形相位

就像三分相一樣，大三角——它是一個迴路，由三顆或以上行星各自的三分相所組成——這可能是各種祝福的結合。一方面，它可以代表人生中幸運、不需

太費力就會出現「天時、地利」機會的領域；或是天生具有備受推崇及讚揚的能力，讓各種門爲我們打開。惠妮‧休斯頓（Whitney Houston）星盤中的大三角（詳見第 224 頁）是其中一個例子，她的才華受到周遭的女性親戚們的滋養，這些親戚們都是有名的流行樂、靈魂樂或福音歌手（「月亮／木星」三分相「太陽／金星」三分相天頂射手座），涉及天頂的三分相（或大三角）往往顯示了人生早期在特定領域的榮譽；然而，那些「眞正對我們有某種意義」、辛苦得來的成功，則往往由星盤中的 T 三角與其他挑戰性相位描述。

　　基於其幾何形象及意涵，大三角同時也被稱爲一個維持生命某些現狀的「封閉系統」。在《占星學的整合及諮商》（*Synthesis and Counseling in Astrology*（Llewellyn, 1994））一書中，諾爾泰（Noel Tyl）將此模式視爲防衛機制以及「自給自足的完美」，在其中我們退隱至一個自我滿足的封閉迴路之中：在風象大三角中，我們退至自己的同伴或思想之中，防衛那些我們不欣賞的事情，而水象大三角則鼓勵關係中的情感獨立；諾爾泰視土象大三角爲實質的自給自足——不需要別人的幫忙，成爲一個獨立的萬事通；火象大三角則是具推動力的自我滿足，讓自己不被忽視：「你說的我都知道」。

　　正如之前所述，與大三角其中一顆行星形成的強硬相位可以成爲「出口」——一個可以掙脫重複、停滯模式的出口之策，就像在惠妮‧休斯頓的星盤中（土星對分相、海王星四分相太陽／金星），這些「出口」同時也可能是生命的重要挑戰，它會妨礙或威脅奪走我們天賦的贈與。

大十字圖形相位

　　大十字是一個罕見的組合，其中兩組對分相每一端點再互相形成四分相，這可能會讓人覺得它像是一個「沉重而難以負荷的十字架」，四個方向的對立帶來了經常的鬥爭以及一個不斷克服障礙的過程。就像 T 三角一樣，它會帶來一些相當顯著的主題，但這是一個來自宇宙的重要挑戰及困難任務；同樣的，在描述此圖形相位時，我們要尋找例如：星座、守護關係與模式的共同連結。

　　大十字的可怕例子之一，是兒童選美皇后瓊貝奈特・藍茜（JonBenet Ramsey）的星盤（見圖），六歲的她於 1996 年聖誕節在家中被殘暴殺害，這星盤例子並不是想要嚇唬你，讓你覺得大十字等同於兇殘的謀殺，它反而是一個檢視人生的機會，讓我們觀察每一組對分相如何牽涉其中。

　　首先，天底的太陽獅子座對分相天頂的月亮水瓶座，瓊貝奈特的人生充滿一連串的選美比賽（火星也牽涉其中），在同輩（水瓶座）中脫穎而出，成為加冕的皇后（太陽獅子座）；然而，這裡牽涉的是一群早熟的兒童——頭戴后冠（獅子座）的小芭比娃娃。這些兒童選美參賽者往往會被大肆宣傳（滿月），這些過分熱心、充滿野心的父母（太陽／月亮－天頂／天底）都希望自己的孩子與眾不同，能夠立於鎂光燈之下；並認為這個奇特場面有助於建立孩子的自尊及自信（太陽獅子座對分相月亮水瓶座）。瓊貝奈特這宗高曝光率（滿月）的謀殺案件，為這些比賽蒙上了一層陰影，並帶來了這些迷你公主選美盛會背後道德操守與作業的深入調查。

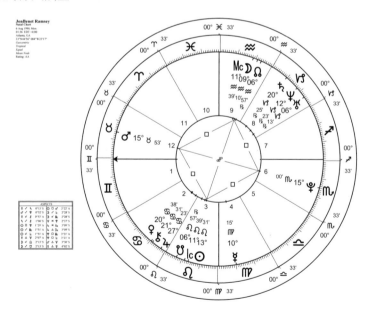

圖說：瓊貝奈特・藍茜——大十字圖形相位。

此大十字的另一部分，是火星金牛座緊密對分相冥王星天蠍座，並與太陽／月亮對分相形成四分相。首先，兒童選美比賽一直都批評爲只不過是推廣「兒童情色」，過程將選手們性愛化爲具吸引力的妖婦及欲望的投射對象，這由火星金牛座及冥王星天蠍座描述；第二，火星／冥王星組合的某些展現方式可能是殘暴、暴力或恫嚇之下的犧牲以及性虐待。瓊貝奈特的死因是被勒死（金牛座守護喉嚨）及幾處鈍擊的嚴重創傷（火星）所導致的頭骨破裂，醫學報告不排除她曾受性侵犯的可能性。

同樣有趣的是，她的父母（太陽及月亮）當時均被視爲嫌疑犯，多年來備受公眾審查檢驗，直到 2008 年 7 月警方才宣佈他們無罪──可悲的是，這已經是瓊貝奈特的母親因癌症離世兩年後的事，案件至今仍然是一宗懸案。

這是瓊貝奈特父親約翰·貝奈特·藍茜（John Bennett Ramsey）的星盤，在女兒逝死之前，他一直活在美國夢之中，他是一家電腦服務公司的總裁，名利雙收，被圓石市商會（Boulder Chamber of Commerce）選爲「年度企業

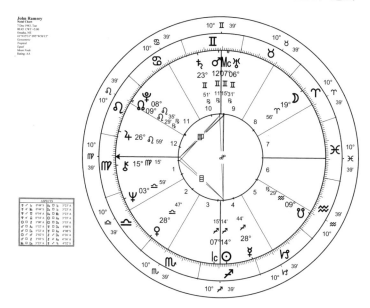

圖說：約翰·貝奈特·藍茜星盤。

家」——火星與天王星在天頂雙子座兩側，此合相以及它與太陽的對分相都可以被視爲是女兒遇害——這宗毀其人生及名聲的事件，導致後來財富的突然逆轉；此對分相的焦點落於上升處女座的凱龍星，暗示了隨之而來的犧牲及悲傷。星盤守護星水星落在射手座、對分相土星且四分相海王星：警方的錯誤阻礙了調查進度，而控訴及國家媒體的獵巫過程，當中包括未經證實的「爆料」、年復一年的謊言及電視公審均讓藍茜一家成爲受害者，後來，藍茜控告了數個機構毀謗。

音樂及暴民

這個「索爾之槌」（Thor's Hammer）的端點是天頂的海王星，它與射手座的太陽／水星以及雙魚座的木星都形成135度相位，太陽／水星與木星形成四分相構成此圖形相位，這裡重複強調了木星、海王星以及它們落入的星座。

這是傳奇搖擺樂男歌手法蘭克・辛納屈（Frank Sinatra）的星盤，這裡強調的木星與海王星（加上第二宮、第五宮極第十宮）符合他身爲一個劃時代藝人的

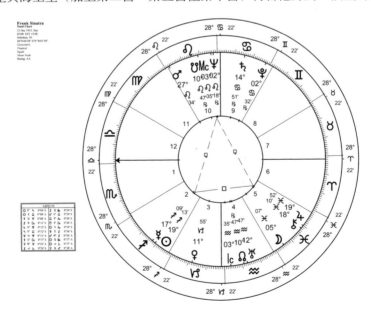

圖說：法蘭克・辛納屈——索爾之槌。

卓越成就；他的電影生涯、過多的名氣及財富、以及不甚光彩的名聲，歸因於他被指稱與犯罪組織有關。這裡明顯強調射手座與木星的暗示，不僅顯示出他如何被大眾推至偶像地位，同時也暗示了他的抑鬱症，以及需要不計代價尋找刺激以逃避孤獨的渴求。

7. 看出星盤的暗示

最後的考量是，我們需要從已經累積的資料中退一步，並考量星盤當中的關鍵暗示，它是共同主題、連結與重複，而我們在之前已經部分探討過，據說如果星盤中某個主題夠強的話，它最少至少被描述或表達三次，例如：某張星盤的上升點可能在摩羯座、太陽合相土星、同時對分相第十宮的月亮（土星／摩羯座／第十宮特徵），一張星盤可能有幾種暗示，但往往只有一個首要議題。

這些暗示可以被形容為「重複撞擊」，例如：月亮／水星在雙魚座合相並對

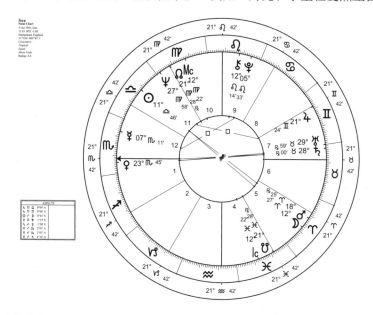

圖說：某女性客戶。

分相第十二宮的海王星（注意雙魚座／海王星／第十二宮主題）；你也許會看到金星的暗示，但那是「金星－金牛座－第二宮」或是「金星－天秤座－第七宮」？或者兩個金星守護的星座都成了暗示的一部分（例如：上升天秤座、太陽合相第七宮金牛座的金星）。

記得要特別留意三巨頭：太陽、月亮與上升點，上升牡羊座、月亮天蠍帶來火星主題，但要觀察此一主題是否被火星的位置及力量再次加強（或是其他落於牡羊座或天蠍座的行星），也許火星正落在自己的星座或宮位並且具有很多強力相位，或是它沒有太多相位並且落在一個與火星原則迥異的星座。

我們有一個簡單、有系統的方式去找出暗示，先從太陽著手，然後看有沒有其他行星（或者上升點與天頂）落在獅子座及第五宮、或者與太陽形成相位；然後，觀察月亮／巨蟹座／第四宮，以此類推，以冥王星做結。這有點累人，但一旦你嘗試幾次之後，你不需按部就班便很快能夠看到主題。

讓我們用下一頁的星盤試試看。我們要在這裡尋找「強調」的主題，讓我們使用在此章所探討過的六個要點：

- 落在某一宮的群星（至少 2 顆個人行星或包括外行星在內的 3 至 4 顆行星）或某星座（至少 2 顆、特別是個人行星、天頂或上升點）。
- 優先考量太陽、月亮與上升點。
- 落在重要位置（例如：合軸）、擁有很多相位或甚至是無相位的行星。

我在位置被強調的行星、星座與宮位旁邊加了 * 號，同時我也會考量下列合相、強硬相位、以及與軸點形成的相位：

- 太陽／月亮對分相
- 太陽／火星對分相
- 月亮／火星合相
- 水星／冥王星四分相
- 金星／土星對分相

落在重要位置或 擁有許多相位的行星	許多或關鍵行星 落入的星座	許多或關鍵行星 落入的宮位
太陽 * 對分相月亮、火星	獅子座 冥王星	第五宮 * 月亮、火星
月亮 * 合相火星、對分相太陽	巨蟹座	第四宮
水星 四分相冥王星	雙子座 木星 處女座 海王星、天頂	第三宮 第六宮
金星 * 合相上升點 對分相土星 / 天王星	金牛座 土星、天王星 天秤座 太陽	第二宮 第七宮 * 木星、土星、天王星
火星 * 合相月亮、對分相太陽	牡羊座 * 月亮、火星 天蠍座 * 水星、金星、上升點	第一宮 金星 第八宮
木星 四分相海王星	射手座 雙魚座	第九宮 冥王星 第十二宮 水星
土星 * 合相天王星、下降點 對分相金星	摩羯座 水瓶座	第十宮 第十一宮 太陽、海王星
天王星 * 合相土星 / 下降點 對分相金星	水瓶座	第十一宮 太陽、海王星
海王星 四分相木星	雙魚座	第十二宮 水星
冥王星 四分相水星	天蠍座 * 水星、金星、上升點	第八宮

- 金星／天王星對分相
- 金星／上升點合相
- 木星／海王星四分相
- 土星／下降點合相
- 天王星／下降點合相

因此，當觀察上表與＊號時，我們會發現：

- 第五宮與第七宮有很多強力行星。
- 金星位於重要的位置／形成強大的相位。
- 下降點的土星／天王星合相並且與金星的對分相非常強勁。
- 太陽與月亮有兩個重要相位，但與金星、土星或天王星不同的是：它們都不在軸點上。
- 火星擁有強大相位，並且落入自己的星座：牡羊座。
- 牡羊座與天蠍座被強調。

當我們尋找行星、星座與宮位之間的關聯時，發現金星與第七宮相當強勁；火星與它的兩個守護星座牡羊座、天蠍座也一樣明顯（但並非是它們的相對宮位第一宮與第八宮）；冥王星與水星形成四分相（此相位很重要，因為冥王星共同守護上升點、水星則守護天頂），但在行動上（星盤的主要動力）它不如火星（合相月亮並對分相太陽）；因此，我會認為這星盤有兩個主要的暗示：

落在重要位置或擁有許多相位的行星	許多或關鍵行星落入的星座	許多或關鍵行星落入的宮位
金星 火星	天秤座 牡羊座、天蠍座	第七宮

此星盤本質上是金星與火星的組合，它屬於「金星－第七宮」的暗示（與建立人際關係還有一對一的互動有關）而非「金星－第二宮」（與金錢和價值有

關）；而火星同時是牡羊座（為了某種原因而奮鬥的能量及推動力）與天蠍座（心理探索）的主題。此星盤的主人是一位治療師，她同時協助營運一座社區中心（太陽天秤座落在十一宮），籌辦年度煙火會並且帶領各種鄰里活動（月亮／火星牡羊座在第五宮）。

　　以下是一些需要進一步考量：

- 在此之後，我們可以確定某些已經出現的暗示，太陽天秤座會進一步加強「金星－第七宮」的暗示，滿月（太陽對分相月亮）也同樣有「天秤座－第七宮」的感覺；簡單的太陽天秤座對分相月亮牡羊座已經加強了金星、火星的主題，金星上升與月亮／火星合相帶來同樣效果。

- 稍後，你可以開始尋找宮位守護星的連繫或重複（例如：第十宮守護星落入第十宮）──這是生命領域相互連結之處，即使我現在會猶豫是否應該使用外行星做為宮位守護星，但我真的認為它有助於連結宮位，讓我們更能夠體會星盤的重要主題，而將它們列於表格之內。

- 當星盤出現幾種暗示時，可以將它視為「像」是互相形成相位的行星組合（例如：太陽／土星相位），在星盤中這兩顆行星也許沒有形成對話或相位，但出生盤中的主題與要旨是「此這兩顆行星的本質」，當這兩顆行星剛好形成相位時，也更加強了此主題。

- 當列出行星組合時，通常會先從最靠近太陽的行星開始（例如：金星／土星相位，而非土星／金星相位）；然而，在以下及之後的案例中，我會按照各自的重要性去排列行星暗示組合。

　　透過找出行星的暗示，你會看出生命故事或個性中的關鍵部分，然後你就可以評估該行星的狀況，從而指出主題、生命議題及需求。正如我在〈導論〉中所言，這不是要簡化星盤內容或避開其複雜性，而是這些技巧能夠幫助你直接切入星盤及個人的核心所在──他們的驅力、這個人的引擎、還有他們的重要人生經歷。在〈五種星盤主題〉這一章中，我們會再進一步檢視其他例子。

找出暗示：深入探討的案例

這是露易絲・伍德沃德（Louise Woodward）的星盤，這位英國少女在美國麻薩諸塞州以照顧孩子為條件換取寄宿期間，非自願性的誤殺了其照顧的孩子。

離水之魚

伍德沃德的星盤中有三顆個人行星落在雙魚座、月亮處女座、上升點射手座，三巨頭都落在變動星座。當雙魚座與射手座強勁時，我們的注意力應該放在它們共同的行星，但是木星在此並沒有落在有力的位置：它在第七宮的雙子座，離下降點有些距離而形成寬鬆相位；雖然它是星盤守護星，並且是雙魚座群星的支配星，但它並沒有與此星盤中的主要動力「產生對話」（這的確說明了許多關於她無法運用這顆如此重要的行星以及在他人的言語、控訴或判決上得到憐憫——木星在雙子座第七宮）。如果我們觀察雙魚座群星的另一顆支配星——海

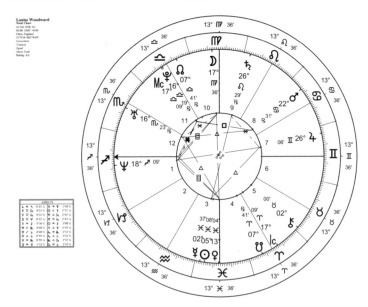

圖說：露易絲・伍德沃德星盤。

王星，會發現它落在一個比較主導的位置，它合相射手座的上升點，並且是**變動**T型三角圖形相位的端點，此圖形相位包括了太陽、月亮、水星與金星，這星盤有非常強大的「海王星－雙魚座」以及變動模式的訊息。

　　每個人看到她於聆訊時安靜地坐在法庭的樣子，都會認為這位外表看起來非常雙魚座的十九歲少女應該是十分害怕、混亂與孤單，在媒體的渲染及其混亂（海王星）困境之下垂頭喪氣；她發現自己正身處一個可怕的環境，第九宮的土星與上升射手的海王星描述了此一處境：在監獄中她為了自身的自由以及她聲稱莫須有的罪名，與國外司法系統交戰。當陪審團宣佈認為她的二級謀殺罪名成立時（那是 1997 年 10 月 30 日美國麻州劍橋市當地 21 點 39 分，當時行運海王星正在此裁決盤的下降點）；法官卻將罪名減為非自願誤殺，陳述：「被告當時的行為環境充滿混亂、陌生、沮喪、不成熟及一些憤怒；但在法律層面上，沒有犯罪惡意去支持二級謀殺的控罪……道德上，我確定如果維持二級謀殺控罪，那將會是正義上的誤判。」

　　星盤中大部分的活動都與那組變動 T 三角有關；然而，除此之外，這還有其餘幾組突出的關鍵相位：

- 冥王星與天秤座天頂合相並四分相第八宮的火星巨蟹座。「冥王星／天頂」有時可能藉由「無可轉圜」的事件呈現，並沾污了一個人的聲譽；與第八宮火星巨蟹座的四分相暗示了她被認為是「殺人保姆」。有趣的是，火星（伍德沃德第五宮「孩子」的守護星，以及第十二宮的守護星）合相馬修・伊彭（Matthew Eappen）的上升點，而他正是伍德沃德被控傷害殺死的孩子（伍德沃德的火星與伊彭的上升點落在占星師丹尼斯・埃爾威爾（Dennis Elwell）所提到的的具有虐待傾向的軸線，詳見第 292 頁），起訴書中陳述伊彭的死因是劇烈搖晃及頭部（火星）撞擊堅硬表面造成。
- 太陽／水星與第九宮的土星獅子座形成寬鬆的對分相，這可能藉由她在外國生活時所經歷的沉重法律體系及監禁事件「被看見」。

伍德沃德後來修讀法律課程，但後來放棄，轉而追求「海王星／雙魚座」的事業，成為社交舞及拉丁舞老師。

華麗的情婦

在凱瑟琳・杜羅斯的星盤中，我們可以看見海王星的雙重暗示，她後來成為福特汽車主席亨利・福特二世（Henry Ford II）的遺孀：凱西・福特（Kathy Ford）。在她的星盤中（見圖），月亮與金星在雙魚座合相，兩者同時也與海王星形成對分相；此外，還有三組關鍵相位在星盤中相當突出並以各自的方式證明其重要性及重複陳述：

- 太陽水瓶座與水瓶座的現代守護星天王星形成四分相（生命中與男性之間的突變、分手或情緒崩潰。
- 第七宮的冥王星四分相天頂天蠍座（強烈轉變的伴侶）。

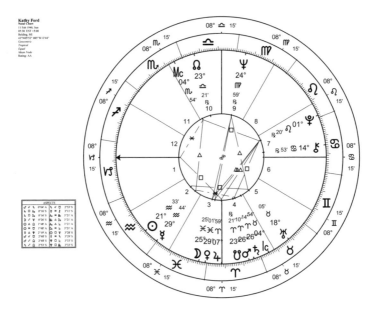

圖說：凱西・福特星盤。

- 天頂守護星火星落在自己的星座牡羊座，並合相上升守護星土星（有承擔、辛勤工作、努力不懈的火星型男人）。

這幾組相位是此星盤動力的核心，並透過她的生命故事被看見（在佩妮‧桑頓（Penny Thornton）的著作《與星星談戀愛》（*Romancing the Stars*）（又名《太陽與情人》（*Suns and Lovers*））中有描述）。凱西十四歲時初遇丈夫，十七歲時已經生下了兩個孩子，兩年後（1958 年 12 月 12 日），丈夫在車禍中過世，凱西因此情緒崩潰（天王星），她踏足模特兒事業，並被引導踏入華麗、富有、充滿名望的世界（海王星）。

三十歲那年，她遇上富有權勢的工業家亨利‧福特二世，成為他的「地下夫人」（冥王星）長達五年之久，直到媒體在 1975 年 2 月戳破他倆的外遇事件（海王星）。在火星牡羊座合相土星（加上凱西對於伴侶關係中需要的才華及魅力──太陽／天王星與月亮／金星／海王星）之下，他並非一名普通的機工，而是建立了一個帝國，並引導她進入上流社會的生活！二人最終在 1980 年 10 月結婚，當福特於 1987 年 9 月逝世的時候，凱西差點精神崩潰，並需要在失去伴侶的悲傷之下，與福特第一段婚姻的子女對簿公堂。凱西後來成為了一名專業攝影師。

絕對的權力腐化

雖然對於義大利前總理西爾維奧‧貝魯斯柯尼（Silvio Berlusconi）的出生時間存在一些爭議，但只要是出生當天的星盤中，星盤中緊密的 T 三角（見圖）仍然會維持不變。貝魯斯柯尼的星盤就像法蘭克‧辛納屈（Frank Sinatra）的星盤一樣，其圖形象位也是木星、海王星及其守護星座的重複陳述：月亮雙魚座（合相土星，並可能守護天頂）對分相第十二宮的海王星，兩顆星同時與第三宮的木星形成四分相。貝魯斯柯尼在貪污方面可謂媒體紅人，醜聞屬於海王星，星盤中強調的木星（它是 T 三角的端點行星）暗示了重大的醜聞及新聞曝光，

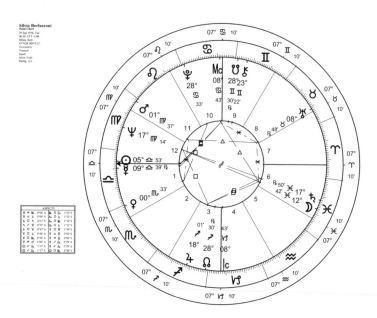

圖說：西爾維奧‧貝魯斯柯尼星盤。

以及那些關於他運用自己位高權重（木星）、透過貪污及賄賂佔盡利益的指控。

　　同時，星盤中也有強烈的天秤座暗示（特別是如果上升點落在天秤座），支配星金星落在天蠍座 0 度的強大位置，並與冥王星形成四分相。與其他國家領袖不同的是，貝魯斯柯尼是一個負有權勢的企業家（冥王星）、房地產巨頭及媒體大亨（市值 80 億），他擁有電視台及出版社（木星）——他「無所不在」（海王星）；他是一個天生的銷售員，以前也曾經是樂手，他以虛榮及強大的自我（太陽在天秤座上升點）聞名，也要求自己身邊隨從及員工展現高度的忠誠。

真正的天王星靈魂

　　我們可以在作家吉曼‧基爾（Germaine Greer）（見圖）的星盤中，找到另一個主導的行星主題案例，對很多人來說，基爾以 1970 年 12 月出版的《女太監》（*The Female Eunuch*）（月亮／天王星）一書體現了第二波女性主義的到

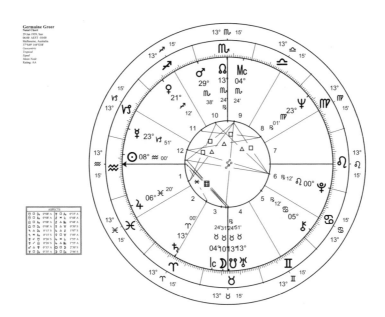

圖說：吉曼‧基爾星盤。

來（當時冥王星正在冥王星處女座 29 度，10 個月之後它會入境天秤座）。

性格傲慢而機智的基爾，其星盤中有一個重複有趣的水瓶座／天王星主題：她的太陽及上升點都在水瓶座，並且四分相與月亮合相的天王星；簡單來說，天王星在此觸及星盤中的三個重要位置——對於一個雙重水瓶座來說，這一點相當重要，基爾當然是一個天王星型的水瓶座，而不是土星型的水瓶座。

在《女太監》中，基爾挑戰女性去拒絕與身體有關的負面形象，並讓她們從居家角色的限制中得到解放（月亮／天王星主題），水瓶座是一個攻擊父權（獅子座）的星座。基爾這樣書寫女性：「她必須重新獲取自己的意志及目標，還有使用這些特質的能量，要達到這點的話，某些不合情理的建議或要求也許是必須的。」

當基爾的天王星如此強大，《女太監》當時無疑是一本顛覆、革命性的出版品，意料之內的是，冥王星與天蠍座在這星盤中也是暗示之一：火星在天蠍座

29 度；冥王星三分相火星並四分相天頂天蠍座，同時與太陽及水星形成寬鬆的對分相（它落在太陽／水星的中點），一整個世代的女性一直在等待一個為她們的不滿發聲的人；然而，時至今日，當談話節目進行回顧時，基爾這部作品看似為女性主義發聲的同時，似乎有一針對此作品的失望之聲（金星在 11 宮四分相海王星），這使她有些像是被孤立的改革者（天王星）。但她無疑有一種聰明才智，能夠將常識與智慧結合在一起。

最後一個星盤案例，是第一屆世界地球日的星盤（見圖），這是一個啟發意識（滿月）及欣賞地球自然環境的年度盛事（金牛座、地球）。第一年有超過二千萬人參與，創辦人蓋洛德·尼爾森（Gaylord Nelson）崇尚分散、草根階層的努力付出——透過不同校區所組織的宣導會，每個社區各自促成自己的行動去關注當地的議題。

星盤中有五顆行星落在土象星座，「可持續的」金牛座在此主導，同時有三組對分相（意識）強調了金牛座／天蠍座軸線（身體與情緒的力量、重生及療

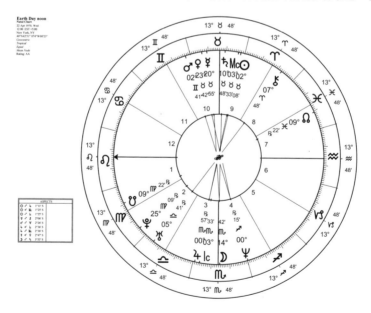

圖說：世界地球日——對分相。

癒）：太陽金牛座（落在天頂）對分相木星天蠍座（落在天底）、月亮天蠍座則同時對分相金牛座的土星及水星。另外兩組對分相也相當突出：火星雙子座對分相射手座零度的海王星（主動爲了一些日常事件去建立連結，攜手合作）；另外天王星天秤座對分相凱龍星牡羊座（喚醒個人的團體意識，從而療癒集體的傷口）。當 1995 年地球日廿五周年紀念時，尼爾森談論到此星盤的主題：

> 「我們手上正握有機會，讓我們能夠逐漸而完整打破人類破壞環境的歷史，並帶來一個新開始……我相信這一代人將會抱有遠見及意志，開始打造一個持續永存的社會。」[9]

9　http://www.nelsonearthday.net/nelson/index.htm

第四章

五種星盤主題

在上一章中，我們討論了初步分析星盤時需要考量的關鍵領域，包括：

● 行星分佈。

● 四個軸點之間的關聯。

● 三巨頭：太陽、月亮及上升點，以及它們彼此之間的連結與線索。

● 元素及模式的平衡。

● 主要相位。

● 圖形相位。

● 重要的星盤主題及暗示。

我最喜歡的寫作工作之一是為英國占星協會的《占星日誌》（*The Astrological Journal*）寫文章，編輯是我的牡羊座好朋友約翰‧格林（John Green），當約翰在 2008 年接手時，他邀請我撰寫定期專欄，因為我不想就單一星盤或單一特徵侃侃而談，因此我提議在每一期就特定領域發表一些想法及觀察，當時我將專欄命名為「星盤快照」。

接下來這一章，我們會進一步討論名人們的簡歷「快照」：他們的初步分析，我不是企圖在此階段提供深入剖析，而是想要至少展示出以下五種可能的星盤主題（或特色）之一，以及這些星盤主題其中一種（或多種）如何在他們的人生中展現，我希望你會覺得這些快照是有趣的。

星盤快照

本章探討的星盤都會至少包含以下五種星盤主題之一：

1. 主導元素或缺乏某元素或模式（例如：沒有行星在土元素，或很多行星在變動星座）：派蒂・赫茲特（Patty Hearst）。

2. 強調某個星座或宮位：麗莎・明尼莉（Liza Minnelli）與洛娜・拉夫特（Lorna Luft）、米娜及安妮塔・布萊恩特（Mina and Anita Bryant）。

3. a. 某種行星暗示（重複，例如：上升摩羯座、加上土星對分相第十宮的月亮；或是行星主題，例如：上升處女座、太陽／水星於第六宮合相，加上月亮雙子座）。

   b. 一組行星暗示（互補的主題或互相對立並表現出對立動力的主題）：伊莉莎白・泰勒（Elizabeth Taylor）、泰德・甘迺迪（Ted Kennedy）、琳達・古德曼（Linda Goodman）、莎拉・弗格森（Sarah Ferguson）、保羅・紐曼（Paul Newman）、強尼・卡爾森（Johnny Carson）、安妮・佩里（Anne Perry）、茱麗葉・休姆（Juliet Hulme）、賈斯汀・比伯（Justin Bieber）、約翰・德洛倫（John DeLorean）、艾佛・克尼沃（Evel Knievel）。

4. 結合星盤的星座、行星及宮位的重要圖形相位：吉姆・瓊斯（Jim Jones）、碧姬・芭杜（Brigitte Bardot）、瑪格麗特・柴契爾（Margaret Thatcher）、女皇伊莉莎白二世（Queen Elizabeth II）。

5. 主導星盤行動的某組重要相位或特徵：惠妮・休斯頓（Whitney Houston）、雪莉・譚寶・布拉克（Shirley Temple Black）。

主導或缺乏的元素及模式：派蒂‧赫茲特

圖說：派蒂‧赫茲特星盤。

　　在此星盤中，九顆行星中有七顆落在變動星座，兩顆四個軸點的傳統守護星皆落於變動星座，並且彼此間形成緊密的四分相且互容。派蒂‧赫茲特的整張星盤都由變動模式主導，並包含「木星／雙魚座」及（較不重要的）水星暗示，風元素與水元素相當強，這也許暗示了受到想法及意識形態的驅動，並且以情緒做為反應。

　　派蒂‧赫茲特是一家報社的繼承人（木星雙子座在第十宮），於 1974 年 2 月 4 日十九歲時被共生解放軍（Symbionese Liberation Army）擄走，這是一個企圖幫助囚犯——他們稱之為「政治囚犯」越獄的激進組織。當時，共生解放軍因這次綁架及聲名狼藉得到媒體的高度關注，但他們並未視自己為反主流的叛亂份子，而是愛國者及像羅賓漢般的革命人士。這些都市中的激進份子展開了兩年

的暴力犯罪，讓自己的政治意識到處橫行。當他們選擇擄走赫茲特時，在赫茲的星盤中，我們看到了尋找宗師的暗示（雙魚座／第七宮），以及被拯救的需求；但事實上，她被引誘、控制，然後身體及心理上都被利用、侵犯及譴責（雙魚座）。派蒂在錄音中痛斥自己的父母，兩個月之後參與一宗由共生解放軍組織精心策劃的銀行搶案，無論她是聽從指示、被洗腦還是由富家女變成持槍行兇的逃犯，其星盤中的變動模式（特別是雙魚座第七宮）暗示了讓人留下深刻印象及易受影響、如變色龍般的人格能夠摧毀並重建事物。當被拘捕到案時，派蒂聲稱她是創傷及性侵犯的受害人，並且失去了自己的自由意志（太陽雙魚座四分相火星）；她的審訊產生一個相當重要的道德問題：犧牲者（雙魚座）需要爲被迫的行動負責（變動模式帶來的挑戰）嗎？而她拒絕指證共生解放軍一事，也讓大眾關注斯德哥爾摩症候群（對綁架者的同情／忠誠──雙魚座／第七宮）的議題。

停滯的水星與木星四分相是星盤中最緊密、最重要的相位，而「雙子座／雙魚座」以數種不同方式展現：社會認爲赫茲特是一個空洞的漂亮富家女（雙子座與雙魚座最初幾度，都與物化女性及小報聳動話題有關），之後將她視爲是一個出名的受害者。她被誘拐一事成爲了被過度報導的熱門新聞，此媒體狂熱可算是新聞界最糟的報導氾濫的例子（水星雙子座第七宮四分相木星雙子第十宮）；即使她的名字也強調了此種面向：派翠西亞（Patricia）（意指「貴族」──木星）及她在共生解放軍的名字妲妮亞（Tania）（源自於殉國聖人達西安娜（Tatiana）──雙魚座──她同時也是學生的守護神──水星／雙子座）。共生（Symbionese）一字源自英文 symbiosis，是一種互惠互利（木星雙子座）或互相融合／依賴（水星／雙魚座／第七宮）的人際關係；甚至，連被聘請爲她辯護的律師（水星／木星）也活出了這組四分相。在審訊過程中，緊張且似乎是喝醉（雙魚座）的律師，不小心打翻了一杯水淋濕自己的褲子，看起來像是尿褲子一樣──那剛好是他準備開始結案陳述的時候！

派蒂後來嫁給了自己的保鑣（雙魚座及下降點所強調的主題）；後來，於2001年1月20日，美國總統克林頓特赦了她所有罪名（行運木星當時來到雙子

座 1 度，剛剛經過她的天頂並四分相她的太陽雙魚座。

強調的星座或宮位：麗莎·明尼莉與洛娜·拉夫特

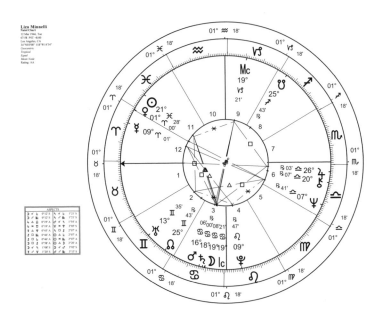

圖說：麗莎·明尼莉星盤。

麗莎·明尼莉與洛娜·拉夫特是傳奇藝人茱蒂·嘉蘭（Judy Garland）的女兒，二人的星盤都有月亮／火星合相強調第三宮（及天底）與第九宮（及天頂），兩組合相都有強烈的土星氛圍。

當麗莎十一歲時，基本上她已經幾乎負責照顧家裡上下，並且需要照顧母親，在麗莎的星盤中（見圖），月亮／土星／火星都在巨蟹座第三宮並合相巨蟹座 19 度的天底（這是母親的金星與同母異父的妹妹天王星的位置）。麗莎說：「母親給我驅力，父親給我夢想。」這相當符合她的太陽／月亮位置。

在拉夫特的星盤中（見下圖），月亮摩羯座合相火星水瓶座，並且落在天頂摩羯座，三者的支配星都是土星（合相海王星）。

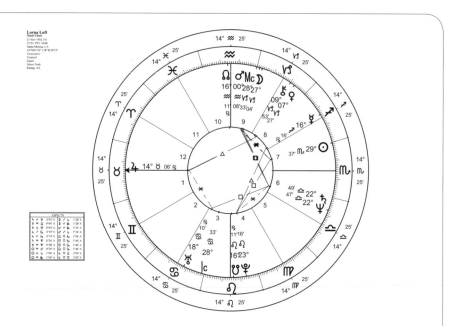

圖說：洛娜‧拉夫特星盤。

　　兩個女兒都跟隨母親巡迴演出，而這位母親是出名的競爭強大且永不停歇的工作狂（月亮／火星），兩姐妹遺傳了她的工作倫理及永不言敗的哲學觀，慢慢在充滿戲劇及暴力的環境中成長適應，而且二人都追隨她踏入演藝圈，也（曾經一段時間）染上毒癮。

　　環繞她們天頂或天底的行星顯示了相似的父母影響，但在拉夫特的例子中，她需要努力去得到認同（火星／天頂），逃離傳奇母親的光環（土星／海王星四分相天頂），並活在與成功的姊姊（水星射手座）的比較之中。這些星盤提醒我們一件事，最成功的人士不一定有行星在第十宮或合相天頂，這與某些占星書教導我們的有點不同，動機、驅力及成就也可能源自於天底的情結。

強調的星座或宮位：米娜及安妮塔‧布萊恩特

　　那些同日或同時出生的本命盤往往會引起我的興趣，特別是當他們並不是雙

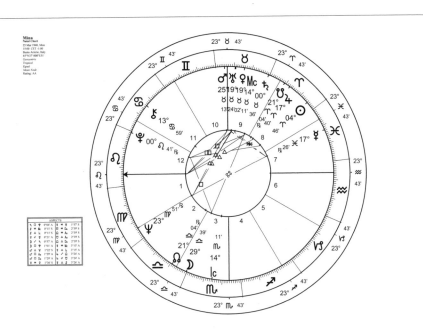

圖說：米娜星盤。

胞胎時，這總是會讓我想起，占星盤會顯示許多「能量模式」，就其機緣、教育、社會及許多其他外在因素而在（相近的時間點）以不同方式開花結果。

這兩個出生時間接近的人彼此相差七小時出生，但因為時區的影響，他們的軸點相當接近。注意其中強調堅定、感官性的金牛座、天頂重要的金星／天王星合相、以及落在雙魚座並對分相海王星的水星。雖然他們的月亮落在不同星座，但二人的月亮都仍然與土星及冥王星形成強大的 T 型三角圖形相位。

這是神祕的義大利女歌手米娜的星盤，以其涉獵各種領域的事業（跨越五十年）、時尚風格、縱慾、同志族群支持者及不斷改造其形象而聞名。

1963 年 4 月，她未婚生子震驚義大利（金星／天王星），這宗醜聞讓米娜被電視台封殺達一年之久（行運海王星合相天底）；1978 年 8 月，她選擇離開鎂光燈，從此之後自己在瑞士的隱居處製作專輯。

下圖是安妮塔・布萊恩特的星盤，她是一名歌手及前選美皇后，後來成為了

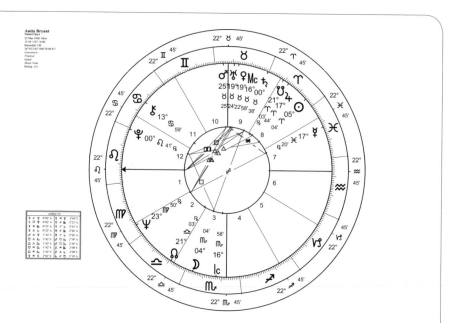

圖說：安妮塔‧布萊恩特星盤。

重生基督徒，並從 1977 年 1 月開始成為一位直言的反同志權益運動者（金星／天王星），並認為立法「可以讓這些人『正常化』，並鼓吹這種生活方式」。她因為深怕孩子們會被同性戀者吸收，因此成立了一個名為「救救孩子」（Save Our Children）的組織，雖然她貶低同志族群，但她也堅持（金牛座）不應該杯葛、抹黑、寄恐嚇郵件或威脅同志，她最終於 1997 年宣佈破產。布萊恩特被告知無法生育，因此於 1963 年 9 月領養了一名孩子，然而她後來卻生下了三名子女。

一系列主題：伊莉莎白‧泰勒

在閃亮耀眼、超凡的傳奇女星伊莉莎白‧泰勒星盤中，我們可能會不意外地發現「海王星／木星」暗示。泰勒有三顆行星在雙魚座並對分它們的支配星海王星，她的一生是好萊塢明星風光以及痛苦（來自到處流傳、降臨在他身上的悲

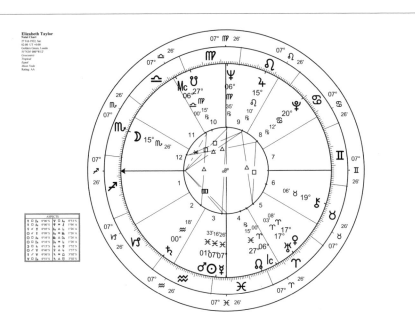

圖說：伊莉莎白‧泰勒星盤。

劇、毒癮及疾病）的縮影。在那些被海王星或雙魚座洗禮的星盤中，我們往往會
看到這些星盤的主人為了尋找終極意義及互相連結而逆流而上，或是失足跌入脫
離現實或毒癮的深淵中。然而，雙魚座是黃道的倖存者，木星也是這裡的關鍵
（她的座右銘是：「越多越好」）；木星做為星盤守護，支配了雙魚座的群星，
並在 9 宮與月亮形成四分相。

　　「海王星／木星」是偉大夢想及幻想的銷售者，但它同時也會帶來以下形
象：過量、上癮、暴飲暴食、富裕及奢華——這些字都可以用來描述伊莉莎白‧
泰勒的公眾形象、她的八段婚姻、與體重搏鬥及濫藥的過程、她的巨大鑽石、以
及《埃及艷后》（Cleopatra）的百萬片酬。雖然她缺乏土元素，但星盤中還是
有如定錨般的星象：月亮在神祕的「固定」星座天蠍座；然而，這個緊張、情緒
波動的月亮四分相木星並落於第十二宮天蠍座。

　　小時候，擁有月亮天蠍座的世故雙眼及超齡美貌的泰勒在電影神話之中長

大，她在 1939 年 4 月下旬前往洛杉磯（行運天王星對分相月亮）；在 1943 年初，她以電影《靈犬萊西》（*Lassie Come Home*）一片，事業得到重大突破；而在 1944 年 12 月電影《玉女神駒》（*National Velvet*）的上映則讓她成爲明星（行運海王星合相其天頂）。伊莉莎白在米高梅電影公司（Metro-Goldwyn-Mayer，MGM）長大，她後來說：「一切都如夢一般」，她當時每一個「自然」的童眞都被棚拍的攝影師捕捉下來，而在銀幕上，她則扮演了自己現實生活中沒機會活過的人生。

伊莉莎白後來變得神經過敏、憂鬱且經常生病，任性焦躁的她唯一逃避的方式是騎馬（射手座），這爲她帶來一些放縱及自由，讓她遠離電影公司及野心過大的母親的控制。後來，這種海王星式的逃避變成用約會以及和各種男人結婚，包括：酒鬼、賭徒、歌手及花花公子（金星／天王星在牡羊座似乎享受這種困境與抗爭）表現。1958 年 3 月 22 日，在她丈夫麥可・陶德（Michael Todd）戲劇性地死亡後不久（行運冥王星對分相火星），她改嫁藝人艾迪・費雪（Eddie Fisher），這隨之而來的醜聞，掀起了狗仔隊與大眾長期對她的變動人生產生各種幻想。1961 年 9 月（當行運冥王星對分相太陽／水星），她遇上理察・波頓（Richard Burton），媒體被二人的化學作用以及他們持續上演並讓人留下負面印象的「對抗波頓」戲碼而入迷。二人於 1964 年 3 月結婚，當時行運天王星正在處女座 7 度。

從泰勒對於人道「救援」工作的宣導、吸引神祕的「不幸事件」的力量，甚至包括她的香水也可以看見「海王星／木星」特質，這也透過她對於苦難的領悟，以及將自己的苦難及倖存轉化爲藝術呈現。

一系列主題：泰德・甘迺迪

雖然泰德・甘迺迪出生剛好比伊莉莎白・泰勒早五天，二人擁有很多一樣的相位，但是相較之下其星盤比較少變動模式，而且有一些關鍵差別：他的月亮在處女座，上升天頂則分別在摩羯座與天蠍座，這是一個「較沉重」、艱辛、具有

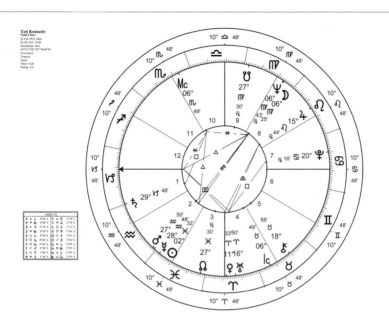

圖說：泰德‧甘迺迪星盤。

政治色彩的組合；水星與火星落在較有社會意識的水瓶座，使它們與天王星及土星連結，土星在摩羯座第一宮，同時也是星盤守護星。雖然他的星盤有重要的「海王星／雙魚座」暗示（這是一個滿月星盤，太陽雙魚座對分相月亮及海王星），但是土星的影響暗示這是一張比較腳踏實地的星盤，並與架構、現實及所有的「建構」有關（甘迺迪同時也是一名虔誠的天主教徒）。

　　甘迺迪於1962年11月進入參議院，那是他哥哥約翰‧甘迺迪遇刺前一年的事。當他二哥羅伯特被謀殺後，泰德得到支持、追隨兄長們的步伐、目標指向白宮；但是，在1969年7月19日，也就是約翰‧甘迺迪「讓人類踏上月球」的夢想成真的前三天，泰德捲入了一宗富爭議的事件中——也就是坐在他駕駛的車上的乘客死亡，當時，大家都認為他的總統之夢破滅了。

　　探討這宗發生於查帕奎迪克（Chappaquiddick）的事件，我們看見一個強烈的「海王星／雙魚座」主題。那一夜，甘迺迪所開的車意外墜橋，他設法逃脫，

但車上乘客瑪莉・祖・科佩奇妮（Mary Jo Kopechne）卻溺斃；甘迺迪當時逃離案發現場（雙魚座），但沒有馬上報案。一星期後，他承認在傷亡事件發生後離開現場的罪名，並接受了兩個月的緩刑。他否認自己被下毒或與死者有任何個人層面的關係，當時行運土星相當接近他的天底、行運海王星與火星有寬鬆的四分相、行運水星則合相他第七宮的冥王星；在太陽弧正向推運盤中，推運冥王星對分相本命火星、推運金星合相第五宮的凱龍星、土星則剛剛經過本命盤的月亮／海王星的對分相。

甘迺迪對抗酒癮，而他的第一任妻子是一名音樂家及前電視廣告模特兒，也是一名慢性酒精中毒患者（月亮／海王星）。甘迺迪是約瑟夫・甘迺迪（Joseph Kennedy）政治王朝中最後一名「倖存」（雙魚座）的兒子，他的父親野心勃勃，對金錢及權力無止盡地追求，而他是唯一不需要付出最後代價而倖存的兒女，而在泰德的「救贖之旅」（海王星）中，已經能夠以公開的方式去完成大部分的個人命運。

他之後幾年越來越傾向土星特質，甘迺迪的事業穩定下來，成為一名具影響力而且受人尊敬的參議員，並能夠同時與兩邊政黨合作（時代雜誌形容他是一個「站在路口交易的天才」）。他身為參議員，畢生致力去爭取全民健保（月亮／海王星處女座），他稱之為「我來到世上的原因」；紐約時代雜誌（2009年9月3日出刊）有一篇書評概括了他逝世後出版的自傳《真實的羅盤》（The True Compass）的主題，其中內容描述了他星盤中的海王星及土星：「當一個人能夠為了某種追求或彌補失敗而堅持、節制、忍耐，他會因此而得到成就，並帶來救贖的可能性。」

互相衝突的主題：琳達・古德曼

牡羊座的太陽與金星對分相上升／下降軸線另一邊的天秤座月亮（滿月），琳達・古德曼的星盤是由這組牡羊座／天秤座軸線主導。對分相的星座就像是一個硬幣的兩面，它們有共同的特質，但也有很多需要互相學習的地方，牡羊座／

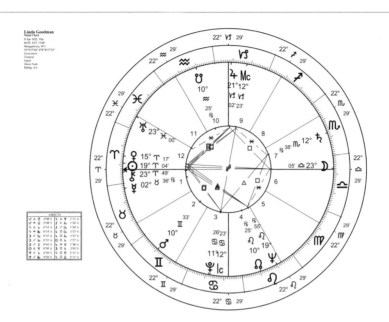

圖說：琳達・古德曼星盤。

天秤座軸線關心的是：衝突與合作、自我優先還是考慮他人、宣戰還是做愛、粗暴還是圓融、粗糙還是細緻。理想的話，此軸線能夠打消我們的期待——也就是另一個人可以帶來我們沒有的「那一半」而讓我們完整；同時讓我們明白，只有從人際關係中，我們才能夠發現「完整的自我」。

　　在《愛情星座》（Love Signs）一書中，古德曼說：「每個人都有一種保留自己這一世太陽星座的積極完善的精神義務，同時也需要尊重別人這方面的權利」，這概括了牡羊座／天秤座軸線想要取得平衡的重要主題。

　　被譽為「占星女神」的古德曼讓數以百萬人充分意識（滿月）到太陽星座的力量（以「自我」為中心）以及人際關係占星學。她第一本書《琳達・古德曼的太陽星座》（Linda Goodman's Sun Signs）至今仍然是史上最高銷量、也最具影響力的星座書；她為大眾重新定義占星學中的太陽星座（其卓越成就及影響力指出逆行加上無相位的水星不一定會妨礙個人）。她的才華讓她能夠以非常個人

而奇妙的方式去寫書，而使讀者覺得她真的理解、接受並鼓勵他們內心最深處的自我、夢想及欲望。這是太陽與上升點皆落在牡羊座並且三分相海王星所帶來的奇妙之處，也相當符合她對奇蹟、幻想、時間的虛幻本質、以及永生所抱持的信念。

牡羊座／天秤座的特質出現在她第一個廣播節目「琳達的情書」（Love Letters from Linda）中，她在節目中念著士兵和所愛之間的書信。粉絲們享受其千頁詩集《傻子》（Gooberz），書中部分是懇求她的情人的回報，海洋生物學家（海王星）羅伯特‧布魯爾（Robert Brewer）拋棄了她，而她卻依然深愛著他（注意金星四分相冥王星）。

海王星的相位及落在第五宮宮首的位置為其個人神話帶來了強烈的色彩——這包括了她對自己出生日期的模稜兩可，以及女兒莎在於 1973 年 12 月被指控濫藥的含糊報告。琳達花了非常多時間及財產尋找方法去掩飾，並用盡餘生盼望女兒的歸來。雖然她因女兒及情人在「同一年」消失而困擾，可是她的哲學觀卻是「把悲傷化成喜悅」。

這組牡羊座／天秤座對分相與受提升的木星摩羯座形成四分相（在那些擁有廣大群眾的太陽星座占星師的命盤中，木星經常落於天頂），以及緊密的太陽／海王星三分相皆概括在她以下的話中：「人類在此星球上能夠學會的兩件最重要事情是：分辨出微弱的希望與堅若磐石的信念，可以仰賴其中的力量，讓人移山，以及……如何去愛……我期待奇蹟的發生，因為這是唯一真實、確實的能讓奇蹟發生的方法。」

互相衝突的主題：莎拉‧弗格森

「冥王星／天蠍座」及「火星／牡羊座」的暗示主導曾是皇室成員莎拉‧弗格森的星盤：上升天蠍座、冥王星在天頂，火星則合相太陽，月亮（星盤把手）落在衝動的牡羊座；此星盤也包含金星主題，但它是由冥王星及火星主導：兩顆行星落在天秤座，但其一是火星，金星高高站在天頂上，但它同時合相冥王星

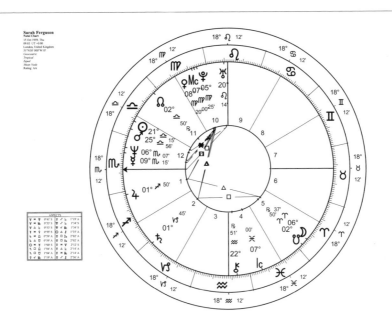

圖說：莎拉‧弗格森星盤。

（她的座右銘是：「逆境過後、幸福總會到來」）。在戲劇性及不甚體面的言行之外，星盤中有一個「海王星／第十二宮」焦點，有四顆行星落在等宮制的第十二宮之中，包括合相海王星的水星（天頂守護星）。

自從與約克公爵安德魯王子訂婚後，她的人生變成一場嘉年華會，大眾喜歡她那有趣而稀奇古怪的神采；可是，不久後，她那過於精力充沛、任性的行為卻開始被視為粗俗，不符合皇家成員該有的行為，那些惡意稱她為「豬排女爵」（The Duchess of Pork）的媒體很快就察覺到這一點，並準備好去刁難她的失言（時至今日仍然持續發生中）（金星／冥王星合相與第一宮的木星射手座產生四分相）以及衣著不符合場合的時刻——她的女兒似乎也延續了這風格。

1992 年 8 月 1 日，英國小報終於得到十年來首宗皇室獨家新聞，「每日鏡報」（The Daily Mirror）登出了一張莎拉渡假的照片，當時的她尚未離婚，照片中她的美國男朋友正在吸吮她的腳趾頭。在太陽弧正向推運盤中，海王星（低

俗的八卦小報素材）正四分相她天頂極重要的金星；這報導動搖了她的地位，一夕之間她成為了皇室家庭的不受歡迎人物（一位資深皇室職員這樣說：「弗格森已經成為皇室的眾矢之的」，這反映出當時的氣氛）；月亮（在本命盤中位於衝動的牡羊座、愛嬉鬧的第五宮）已經正向推運至天蠍座水星對分相的位置（水星在本命盤中合相海王星）。

如果她的嫂子戴安娜王妃冒險躲避狗仔隊的行為，似乎是哭求大眾的注視，也像是懲罰她丈夫的操縱手法；那麼莎拉這新聞則似乎暗示她在缺乏謹慎及在判斷上公然的錯誤（木星）。也許她的各種衝動都只是為了填滿她的貪婪（木星在射手座第一宮）？無論是聽從靈媒的靈擺還是一個後來出賣其故事的占星師的意見，最後尷尬地成為「被皇室踢出來的人」；或是她在 2010 年 4 月偷偷付錢給狗仔隊想要得到前夫的資料（太陽弧正向推運水星來到射手座最後一度），莎拉所做的決定都無法為自己的聲譽或地位帶來幫助。

第十宮的金星／冥王星顯示了她的婚姻及地位在大眾眼前的崩壞，她失去體面及各種誤判（她成為了大眾眼中「動機不純的皇室人」）讓人不忍直視，特別是當她極盡心力想要重新建立形象、重整人生秩序、並鼓起相當大的勇氣去償還巨額債務時（木星四分相金星／冥王星）。

在英國，我們似乎相當喜歡把皇室與領袖們視為土星，由於此星盤中的火星、冥王星與金星成為主導時，第二宮的土星扮演了次要角色，但它仍然顯示了她需要為自己所犯的每一個過錯付出沉重的代價。

雙主題：保羅·紐曼

此星盤有哪些突出主題呢？我被三顆橫跨上升點的摩羯座星群吸引，而摩羯座守護星土星落在天頂天蠍座，加深了摩羯座的影響；因此，摩羯座星群的支配星落在天蠍座，而所有摩羯座的行星也與下降點那強大的冥王星形成對分相，兩者帶來了「土星／冥王星」暗示。土星、冥王星及其星座的關鍵字包括尊重、隱私及控制，而擁有此暗示的人往往會被政治或激進主義吸引，或會在生命中尋找

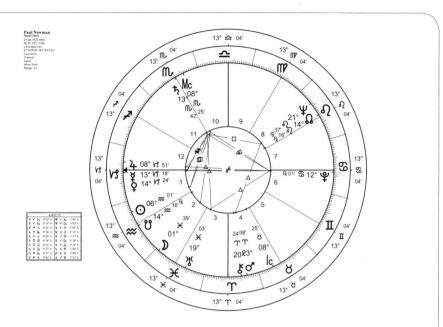

圖說：保羅·紐曼星盤。

方式去表達這種天賦的公民責任。

　　當太陽在水瓶座，有用的做法是先確認這個是土星型還是天王星型的水瓶座，在保羅·紐曼的星盤中，天王星作用不大，但土星是合軸星，加上其星座摩羯座主導了這張星盤及他的人生故事。紐曼以毫不做作聞名：他認真、勤奮、親切有禮、懂得苦中作樂，同時也喜歡真實發生的笑話（摩羯座的樂趣）。他往往被形容成一個出類拔萃的人，是一位獨立、專業演員，自然流露莊重有禮的一面，就像很多強調摩羯座的人一樣，他在三十歲之後進入人生的高峰，而且隨年紀漸漸變得成熟；他修讀方法演技（土星），而他的風格細緻低調，在他的一生事業中，他想要透過專長而非外表達到成就。

　　摩羯座從小就開始對抗權威，只是人生較後期時會以自己的方式去建立一個具影響力的角色，而水瓶座早期的權威經驗不多（父親往往以某種方式缺席），但他們必須從討好他人轉變成安於自身的差異。這兩個星座都有自己保守、不叛

逆的面向，但當它們想要成功時，摩羯座必須在階級體制之內運作，一步一步往上爬；當它選擇反叛時，它也會以道德倫理爲依據。對於水瓶座的詹姆斯·狄恩（James Dean）來說，反叛並不需要原因；但對於土星型水瓶座的保羅·紐曼來說，他擁有某種新型的反英雄特質：他冷酷而憤世嫉俗，然而紐曼也說過他不是反體制的人：「我非常古板，我只是反對愚昧、反對不誠實。」他在螢幕上的角色往往能夠反映出他的感性：那些擁有道德信念的人被迫在法律之外行事或對抗體制。

保羅·紐曼出生於一個中產階級家庭，他的父親與別人一起合開一家名爲「紐曼─史登」（Newman-Stern）的運動用品店（土星／天頂）；當他父親健康漸漸惡化之後，作爲兒子的保羅暫停追求演藝事業的志向，幫忙照顧家裡的事業。後來他慢慢建立自己演戲方面的名聲，並發展自己的技藝，成功伴隨著其土星回歸而來，這代表他可以享受一個吉人天相的人生（他從《回頭是岸》（*Somebody Up There Likes Me*）的拳擊電影中成名──木星在上升點）。

當他滿足於自己的財富之後，他開始追求人道的興趣，包括食品業（從1982 年 9 月開始推出──當行運木星經過他天頂時──他已經捐贈了三億美金予慈善團體），而他的名字與形象，也已經等同於品質跟忠誠（這是木星的挑戰，卻是土星自然的專長）。[10]

雙主題：強尼·卡爾森

美國電視傳奇強尼·卡爾森的星盤擁有強烈的土星／冥王星（以及它們的星座）的暗示，第一宮的土星與上升點及水星形成寬鬆合相，而摩羯座的月亮則落於強勁的 T 型三角圖形相位中，冥王星包含在此 T 三角，而上升點、水星及土星都在天蠍座。保羅·紐曼與卡爾森皆擁有密不可分的土星與冥王星（事實上，二人都遭受喪子之痛），在卡爾森的星盤中，土星落在天蠍座，而天蠍座的守護

10　如欲參閱紐曼生平的占星文章，請參閱 Alex Trenoweth 於 2009 年一月／二月號的《占星期刊》（*The Astrological Journal*）。

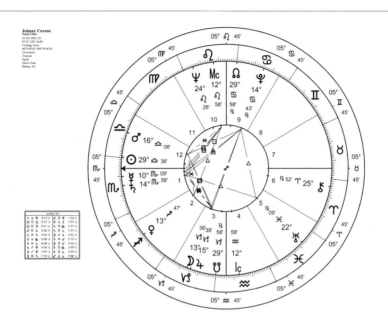

圖說：強尼・卡爾森星盤。

星冥王星（由月亮支配）及火星皆與摩羯座的月亮形成 T 三角。

在卡爾森的案例中，我們看見土星的保守、控制、權威、忠誠及尊嚴，當土星與冥王星緊密連結時，可能會變成以強迫性的態度去看待這些個性；冥王星同時也讓他有能力及欲望去支配權大眾並且影響一個世代（許多名人、特別是喜劇演員將他們的成功歸功於卡爾森）。

土星型的人是可靠的「定錨」及堅定者，作爲電視談話節目主持人，卡爾森的受歡迎程度支撐整個傳播公司的成功；土星與冥王星（以及天蠍座）道出了「保持權力」、維持控制，以及立地不搖、「忍耐」的能力——無論是短暫的潮流還是電視的趨勢。從 1962 年 10 月 1 日至 1992 年 5 月 22 日期間，他的「今夜秀」（Tonight Show）三十年來（土星回歸）一直都是文化指標。

卡爾森明白，人們看電視是爲了娛樂而不是教育，他是一個能夠讓來賓輕鬆自在的「普通」人，也是最偉大的喜劇直男之一，他言簡意賅、表情冷淡而且

擅長嘲諷（水星／土星天蠍座的他說：「永遠不要像那些下流小人一樣的說大話」）。

卡爾森曾經說：「我喜歡掌聲……（電視的）操控……權力的感覺，注意力的焦點。」太陽在上升點加上天頂獅子座，被譽為「深夜之王」的卡爾森與他的單口秀（獅子座）閃耀電視上三十年，但當在鏡頭之外，他卻是一個不易接近、不友善、害羞、無法與人閒聊的人（暗示了土星與冥王星的影響），他認為自己的私生活神聖不容侵犯，並且極盡想要將公眾生活與私生活分開。

雖然太陽與火星天秤座都需要「另一人」（無論是嘉賓還是他的主持搭檔艾德．麥瑪漢（Ed McMahon））與他互動，並一起創造觀眾們喜歡的各種戲法，但是聽說他與他人之間「常常有一道牆存在，使他無法與其他人建立親近關係」；卡爾森知道自己所投射的形象：「應用於我身上的字眼往往是『冷漠』或『重視隱私』……那就是我。」

正如我們對土星、冥王星及它們的守護星座所期待的，忠誠是重要的主題。艾德．麥瑪漢與卡爾森共事 34 年（麥瑪漢的月亮在天蠍座 6 度），卡爾森最喜愛的人——貝蒂．米勒（Bette Midler）是其中一人，她的月亮在天蠍座 9 度、太陽在射手座 9 度）；但在卡爾森的今夜秀中得到難得機會的代理主持人瓊．莉華絲（Joan Rives）籌備自己的深夜脫口秀時，卡爾森卻認為這是背叛，並且不再與她說話。

雙主題：安妮．佩里

在作家安妮．佩里的星盤中，冥王星合相上升點並四分相太陽天蠍座，使冥王星成為星盤中一個非常具影響力的演員；土星是另一顆合軸星，合相天頂並四分相月亮摩羯座——重複暗示強調了土星的重要性。因此，我們可以說此星盤由土星與冥王星的暗示主導，而這兩顆行星都以邪惡、黑暗、沉重聞名，這也許就是為什麼我在道出此聲名狼籍的女性故事之前，要先介紹保羅．紐曼及卡爾森的案例！

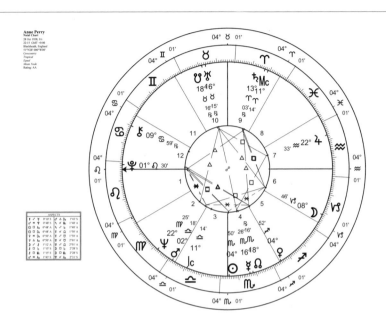

圖說：安妮・佩里星盤。

　　安妮・佩里原名茱麗葉・休姆（Juliet Hulme），是一名物理學家的女兒（土星／天頂），茱麗葉患有肺結核病，自八歲起就被送往不同的溫暖地方養病；她十三歲時與家人重聚，並一起移居紐西蘭。1942 年 5 月（行運木星對分相太陽），被同學稱爲「女爵」（上升獅子座）的茱麗葉與她的同學保琳・派克（Pauline Parker，出生於 1938 年 5 月 26 日）彼此建立了一種迷戀且十分緊密的關係，這兩個離不開對方的年輕人合寫奇幻小說，並希望可以賣給好萊塢。在 1954 年 7 月 3 日，茱麗葉的父母計劃離婚並將她送往南非（部分原因是擔心兩個女孩子之間過份親密的關係），保琳的母親也阻止女兒，不讓她一同前往；於是，兩個女孩計劃殺死保琳的母親。該宗殘忍的襲擊發生於 6 月 22 日，遇害者頭部中了 45 下重擊死亡（注意茱麗葉的月亮／火星／凱龍星的 T 三角）。

　　二人經過審判，於 1954 年 8 月 29 日被判有罪（行運土星合相茱麗葉的太陽），兩個女孩服監五年之後，假釋條件是二人此後不能再有任何接觸。茱麗

葉於 1959 年改名，想要埋葬過去，重新展開新生活，數十年來未被發現眞正身分；她以犯罪小說家安妮·佩里的身分慢慢累積一群追隨者，她第一部小說《卡特街劊子手》（*Cater Street Hangman*）（1979）被《查塔努加時報》（*The Chattanooga Times*）形容爲「安排巧妙的謎題……不但具有風格，而且運用了維多利亞時代的種姓制度」（土星／天頂）。佩里對偵探小說的專注，源自於她想看到要：「面具被撕下，並看到受驚的人們在壓力之下會做出什麼事」（冥王星）。

1994 年 7 月 29 日，佩里接到了一個讓她非常震驚的消息，她的祕密被揭穿並即將被拍成電影《夢幻天堂》（*Heavenly Creatures*），內容講述她的這段關係及謀殺（行運太陽及行運木星當日形成四分相、行運太陽正在她本命盤的上升點、行運木星則在她第四宮宮首的太陽上，兩者形成四分相）。

我介紹佩里的星盤，並非爲了要「證明」土星與冥王星可能是可怕的組合，這例子顯示了這個組合可以告訴我們：一個背負重大惡名及名聲敗壞（土星／天頂）的人如何經歷蛻變，並以新身分重生（冥王星／上升點）。佩里的故事是關於生存、改頭換面及拋開過往的決心，使自己的作品不會因年輕時莽撞、暴力、令人毛骨悚然的行爲（水星天蠍座對分相天王星）而蒙塵，而她的確差一點就成功了。

雙主題：賈斯汀·比伯

對於我這一輩及更長一輩的人來說，他也許只是一個髮型難看的男孩之一，但對於數以百萬的年輕人而言，賈斯汀·比伯在短短兩年多成爲了流行音樂最重要的人物之一，他的音樂錄影帶在 YouTube 上累積點擊率超越十億（截至 2012 年 8 月，他於 2010 年 2 月上傳的音樂錄影帶《寶貝》（*Baby*）在 YouTube 擁有 7 億 6 千 9 百萬點擊率），他的星盤融合冥王星及海王星的暗示。

那些能夠控制自己事業，影響當代的成功人士，他們的星盤經常強調冥王星（特別是與月亮或水星產生合相或強硬相位）；此外，這些成功的公眾人物，他

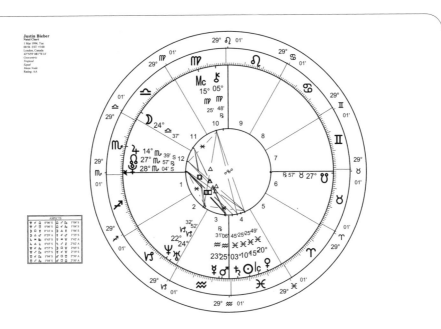

圖說：賈斯汀‧比伯星盤。

們上升點與天頂之間的對話中往往存在各種情結（例如：天頂守護星合相上升點或上升守護星）或出現重複陳述（例如：天頂守護星與天頂形成主要相位）。

賈斯汀上升天蠍座，守護星冥王星緊密合相上升點，兩者皆與第三宮水星（天頂守護星）及火星（上升共同守護星）的水瓶座合相形成四分相，當你留意這一點時，就應該不會想招惹這個年輕人；當一個駭客「打擾一下他的生活」並侵犯他的隱私時，他直接將這個男孩的手機號碼（他聲稱這是他本人的號碼）直接上傳給 4 千 500 萬的 Twitter 粉絲，最終讓那個男孩收到超過 2 萬 6 千則文字訊息。

外行星型的人——那些本命盤中外行星／超個人行星／集體世代行星與內行星形成主要強硬相位（或緊密的三分相）的人——經常與時代潮流同步、受其影響、或從工作或生活中找到抒發管道，以此創造個人標記；這是一種內在想要影響大眾的外在表現。賈斯汀的冥王星與水星／火星產生四分相、海王星／天王星

則四分相他的月亮。

　　賈斯汀是真正網路世代的孩子，他在 2007 年末被發掘（行運天王星對分相天頂），當音樂經紀人斯古達·布朗（Scooter Braun）（節奏藍調歌手亞瑟小子（Usher）的合作人）在 YouTube 上看到這 14 歲少年的自拍錄影帶，這是賈斯汀的母親自 2007 年 1 月開始（接下來行運天王星合相太陽）持續上傳的影片。比伯在 2008 年 10 月與島嶼唱片（Island Records）簽約（行運土星合相天頂——是誰說土星需要花很長時間？——另外行運天王星合相金星），而布朗（生於 1981 年）從此之後一直擔任他經紀人。

　　除了冥王星外，星盤中還有強烈的海王星暗示，正如我之前所說，這有助於讓表演者推銷他們的訊息、滲透曲風及各種年齡層（往往透過口耳相傳），並充斥市場；海王星型名人總是不間斷地被八卦討論！此星盤也明顯地由「水元素／風元素」推動，左撇子的賈斯汀有三顆行星在雙魚座，落在星盤底部，而月亮四分相其海王星：「賈斯汀狂熱」從 2009 年 7 月他第一張單曲唱片及同年秋天推出的專輯開始蔓延（行運海王星最後一次與天頂守護星水星形成合相），在他最新專輯推出的同時，他的名氣也持續攀升。

多種主題：約翰·德洛倫

　　德洛倫的星盤混合了多種暗示：「火星／牡羊座」、「木星／射手座／第九宮」及摩羯座，落在牡羊座上升點的火星是極具力量的開創 T 三角的端點；這組圖形相位包括太陽／木星對分相冥王星，暗示了一個非常有競爭力、控制欲強、掠奪性人格，此人擁有不屈不撓的意志，特別是抱持一種自欺欺人的信念，以為自己所向無敵。

　　特立獨行、愛惹麻煩、先驅、一群「無恥、過分、到處詐騙」的企業強盜（根據其中一名法官所言）、企業家還是騙子？對很多人來說，德洛倫符合以上所有標籤；這是一張是非常具有理想、過度自信的王國建立者的星盤，他擁有遠大的夢想及更大的承諾。牡羊座與摩羯座的四分相顯示出他對於成功的急迫需

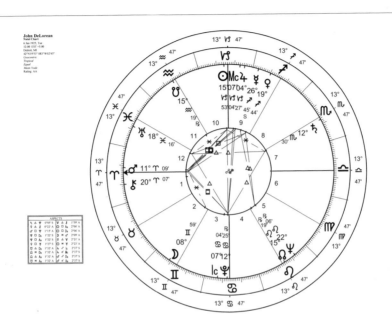

圖說：約翰・德洛倫星盤。

求，想要以「自己」的方式行事，想得到個人榮譽，也描述了他的工作狂本性。
然而，在德洛倫的星盤中，「牡羊座／火星」必須產生摩羯座的經驗及智慧（太
陽、天頂這兩個與事業成就及命運／目標有關的符號都落在摩羯座），這裡的訊
息是「參與遊戲」，在現存的企業結構中帶來影響，從內部開始帶來改變。

　　德洛倫迅速地從帕卡德（Packard）汽車製造公司的工程師往上爬成為通
用汽車（General Motors）的領導階層（他也是該公司成立以來最年輕的副總
裁），擅長尋找新市場的他推出了「肌肉」（muscle）汽車，年輕化的訴求
（牡羊座），針對那些追求速度（火星）、經典及具有風格（摩羯座）的消費
群。他於1973年春天被迫請辭通用汽車的職務，原因是言行不一的誠信問題而
受到質疑；縱然如此，他還是展現了讓人稱羨的木星自信，單人匹馬展開了噴射
機旅遊的名人生活方式，並以其獨立、浮誇計劃、理想化夢想及誇大企業去鼓勵
別人投資，他從英國政府手上得到了9千700萬英鎊，並在北愛爾蘭開設了製

造廠房。

德洛倫在北愛爾蘭這個恐怖份子肆虐的區域、由宗教（木星）、戰亂（火星）、政治及恐怖主義（冥王星）劃分的國家中，以具魅力的領導人物及工業領袖姿態（太陽／木星在摩羯座）展現其巨大野心，非常契合他的 T 型三角圖形相位；在其自傳中，德洛倫寫道：「對於他們來說，我們代表了希望……透過具有未來、意義的工作，他們重新得到建立自我尊嚴的機會。」

假如他聽從摩羯座的太陽及天頂（或是位於強勁位置的土星——讓他意識到因果法則）的指引，而不是追隨「火星／木星」的魯莽自私，也許他可能會能夠建立一個經得起考驗的傳承，而不是成為了他極為鄙視的通用汽車的領導典範。1982 年 2 月，他的夢想被摧毀，貝爾法斯特的工廠因破產被查收；八個月後，他因走私海洛的罪名而被捕，這位社會名流的官司之後成為大眾茶餘飯後熱烈討論的話題（木星／天頂）；但最後一切都變成白費，他的罪名不成立，他成功地辯稱那是一個圈套。

在「木星／天頂」之下，德洛倫成功脫逃，不需為自己的計劃負責，幾乎毫髮無傷，唯一的代價是他的名譽（木星），在多年來躲避債主之後，這位浮誇的生意人、創意無窮的騙子，終於在 1999 年 9 月宣佈破產。

缺乏主題：艾佛・克尼沃

當星盤沒有任何單一主題主導時，此人也許會一直尋找某種生活方式，以提供足夠的視野，讓個人投入大量的可能性以及體驗個性中的各種不同面向，大膽的表演者艾佛・克尼沃是其中一個例子。當星盤沒有突出的暗示時，嘗試第 166 頁的逐步分析方式，以下是其中一些觀察：

- 金星／天秤座／第七宮：太陽合相水星天秤座、金星合相天頂、月亮在第七宮。
- 木星／射手座／第九宮：天頂守護星木星落在第一宮，並與第九宮的太陽（及水星）形成緊密三分相、金星合相天頂射手座。

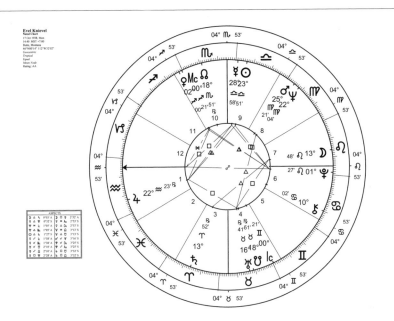

圖說：艾佛‧克尼沃星盤。

● 天王星／水瓶座：上升水瓶座、其守護星——天王星與月亮形成四分相，並且與第一宮的木星水瓶座形成四分相。

以下這些主要相位也很重要：太陽／水星四分相冥王星、火星／海王星合相、冥王星合軸下降點並三分相金星／天頂。因此，讓我們玩一下偵探遊戲，看看它們揭露了此人哪些生命故事及成就。

被譽為「輪子上的地獄」（hell on wheels）的艾佛‧克尼沃是七十年代極限運動表演者，以不可思議、視死如歸的摩托車特技聞名。當我們把運動視為「娛樂」時，金星在星盤中就會比火星重要；金星落在射手座並合相天頂，它是這裡的重要角色，並且支配太陽；它與下降點的冥王星形成的緊密三分相暗示冒險的顫慄——當克尼沃飛躍而吸引觀眾時所感到的興奮及狂喜，每項特技對他來說都意味著娛樂上的勝利（金星／天頂在射手座）或是死在眾人眼前（冥王星獅子座合軸下降點）。第七宮的月亮獅子座喜歡嘩眾取寵，而它與天王星的四分相暗示

本能上的刺激（月亮／天王星）以及需要驚嚇他人（天王星）才能得到注視與掌聲（月亮獅子座）。月亮獅子座與太陽／木星的三分相顯示了一個擅長自我推銷的人——他的白色皮衣、上面的美國國旗的特徵部分來自貓王，另一部分則來自李伯拉斯（Liberace）。

木星在第一宮三分相太陽的克尼沃算實際上是幸運的，他安然地度過過多次令人心驚膽戰的飛躍及各種傷害；在「火星／海王星」之下，他能夠無視且痲痹所受的痛苦，這組合相也暗示了他如工匠般的準備工作（處女座），他對自己及其特技設下很少的限制（創造他是不死身的幻覺）。還有其乾淨俐落、反毒品、迷人的男性形象，成為美國中部許多年輕男孩的典範（他在 7 月 4 號的美國星盤海王星回歸那日誕生）；這富有魅力的偶像同時以商品形象代言為他帶來數以百萬美元的收入（注意第二宮的守護星落在第一宮及第八宮）。

單獨成長、個人主義性格（上升水瓶座）的克尼沃多年來顛沛流離，直到他終於找到自己適當的工作；雖然他是一個有天份的推銷員，但沒有其他職業能夠讓他安定下來，直到他決定結合冒險、膽識（天王星／木星）與娛樂及才華（金星）的工作。

主要圖形相位：吉姆・瓊斯

傳記將吉姆・瓊斯塑造成一個宗教狂熱者：一個偏執的救世主，他向其信眾承諾人間的天堂，卻將他們的生命推入活生生的地獄——最後，在圭亞那（Guyana）的「瓊斯鎮」（Jonestown）中，913 名信眾集體自殺及謀殺。

在極端行為的案例中，我們這些占星師會被迫考量行星較邪惡的一面，在大多數的星盤中較少探討這些面向。瓊斯的星盤中有一個強大的開創 T 型三角圖形相位，其中第一宮土星摩羯座逆行對分相第七宮巨蟹座的木星／冥王星，兩邊同時與第四宮牡羊座的金星／天王星形成四分相（月亮也合相此端點），以下是此 T 三角在其困擾的人生中呈現的方式：

- 由於父親年老、虛弱、生病，使瓊斯變成一個寂寞的小孩（土星）：保母

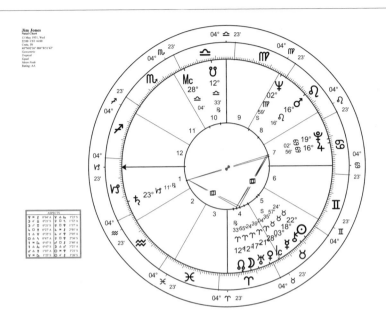

圖說：吉姆・瓊斯星盤。

（月亮／天王星）介紹他去教會，讓他從聖經裡找到慰藉，並開始向同學佈道（木星）。

- 他被社會主義吸引（天王星），並開始否定神的存在，認為社會正義比更高力量的信仰更重要（天王星四分相木星／冥王星），後來，他收養了一些亞洲小孩，組成「彩虹之家」。

- 瓊斯成為一名傳教士，並以讓人無從抗拒的巧言善辯、吸引力及魅力支配信眾（木星／冥王星）；忠於公民權益的他，無視自身安危，在印第安納波利斯（Indianapolis，三 K 黨的大本營）聚集信眾，他吸引了一群忠心的非裔美國人（木星／冥王星在第七宮巨蟹座）。

- 瓊斯建立了政治上的權力及影響力，於 1976 年 12 月被提名為舊金山居住協會的主席（土星對分相巨蟹座的木星／冥王星）。

- 瓊斯對核子浩劫深感恐懼及偏執（天王星／冥王星），他先移居到巴西

213

的安全區域，然後再搬到加州，他在 1974 年與信眾們一起移居到圭亞那（該國的獨立星盤中，金星在牡羊座 23 度，木星在巨蟹座 4 度）；瓊斯在那裡成為先驅，展開了一個農業型的人民公社，為其人民聖殿教（People's Temple）提供一方「樂土」（月亮／天王星在第四宮牡羊座）；他的烏托邦需要嚴酷的工作，在很多人眼中這與奴工無異（土星／冥王星）。

● 被稱之為「父親」瓊斯累積了一定的財力及軍事力量（他的太陽落在固定星座金牛座並四分相火星獅子座，合相瓊斯鎮的軸點），他對其子民施以極權控制（他們被毆打及脅迫），並以「自由之愛」為題強迫男性及女性信眾與自己發生性關係（金星／天王星／冥王星）。

● 及至 1978 年，忠誠測試變得越來越頻繁，瓊斯妄想猜疑美國政府密謀要殺死他。在 1978 年 11 月 18 日（行運冥王星來到天秤座 18 度，與本命盤的天王星四分相木星／冥王星形成相位），瓊斯率領信眾們實行集體自殺的「革命性之舉」（天王星／冥王星）──這場大災難發生在一個天王星／冥王星緊密合相第七宮的國家。他的本命盤中有四顆行星落在 16 度至 19 度，當時數顆外行星來到天秤座、天蠍座及射手座的 17 度至 18 度。

主要圖形相位：碧姬・芭杜

碧姬・芭杜的星盤中，由於天秤座的焦點及射手座的上升點，這位女演員是一個「代表自由的女人，但她本人卻總是得不到自由」，她的太陽寬鬆合相天頂天秤座，形象就仿如阿芙蘿黛蒂（Aphrodite）一般，被打造成傳奇性的銀幕佳人，這全靠如擁有催眠術、可以讓人順從的導演丈夫羅傑・瓦迪姆（Roger Vadim）的一手打造（他的土星在射手座 16 度，操控了芭杜的上升點）。在電影中，她多半演出清純少女（處女座）或迷人而危險的女人（天秤座），有著性感小野貓的稱譽（火星獅子座）。芭杜被狗仔隊們窮追不捨，最終隱居起來，對

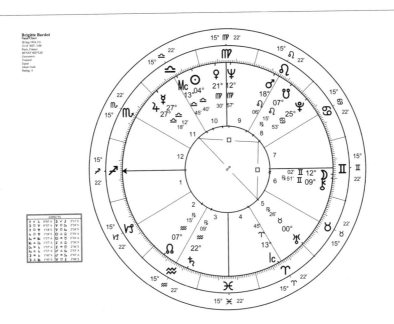

圖說：碧姬‧芭杜星盤。

很多人來說，她成爲了一個滿臉縐紋、充滿怨懟的過氣美女。

　　神讓芭杜擁有一個由水星、木星、天王星與冥王星組成、具煽動性的 T 型三角圖形相位，讓她之前的形象毀於一旦，並受到大眾批判及誤解。第十一宮天秤座的「水星／木星」對於社會的平等抱有各種想法，從哲學、人道主義到宗教，當她看到社會的不公平或不正義時，從不害怕去發聲。芭杜退休後成爲動物權益運動者，爲保護動物基金籌款，她曾經說：「我將自己的美貌與青春給了男人，現在我把自己的智慧與經驗——我身上最美好的部分給予動物。」

　　「水星／木星」對分相絕不妥協的天王星，它可以炸掉所有外交途徑，直言、發聲或只是張開嘴（水星／木星）都可以引起巨大的反對聲浪及爭議（天王星）。在芭杜的例子中，她對於移民政策、反對吃馬肉（水星／木星對分相天王星！）攻擊回教的直言觀點，都使她得踏進法國法院，負上「煽動種族仇恨」的罪名。天王星「干擾土星的和平」，並經常因其「眞相」而受到審查、禁言或驅

逐；木星的出現則保證大眾的關注及對事實的誇大（水星）。由於第三宮的土星水瓶座並對分相火星，芭杜因政治不正確的發言而受到社會的責難；第八宮巨蟹座的冥王星是此圖形相位的端點（目標），它強調了芭杜對於不同種族之間關係的看法，以及她對於自己國家（巨蟹座）中的伊斯蘭人（冥王星）的明顯敵意。在《寂靜中的呼喊》（*A Scream in the Silence*）（2003）一書中，她這樣寫道：

「在過去二十年中，我們已經對於地下、危險、失控的入侵妥協，他們不單只是拒絕適應我們的法律及風俗，更隨著時間的流逝慢慢建立他們自己的法律。」

就像天王星人「驚人」或「震撼性」想法帶來的例子一樣，社會會慢慢找到方法去整合或認同；在 2011 年 4 月 11 日，當天王星最後一次進入牡羊座之後幾星期，法國成為歐洲第一個禁止穆斯林的女性面紗及傳統罩衫的國家：禁止（天王星）面（牡羊座）紗。

在天王星在第五宮的影響之下（月亮也四分相模稜兩可的海王星），芭杜曾經坦承與自己孩子（尼可拉斯－雅克・查爾（Nicolas Jacques Charrier）沒有太強的情感連繫，後來她也遺棄了這個兒子（芭杜的水星／木星對分相天王星、落在她兒子的上升／下降軸線），這組相位也道出她對於流浪狗（四分相冥王星）進行集體結紮（天王星在第五宮）的想法。

主要圖形相位：瑪格麗特・柴契爾

關於瑪格麗特・柴契爾土星落在上升天蠍座的討論文章（「絕不轉彎」的鐵娘子）相當多，第十宮高位的月亮獅子座與邱吉爾的月亮只差一度，並合相她的海王星（這隻專橫的「阿堤拉母雞（Attila the Hen）」不但讓大臣們屈服，甚至矢志於讓英國回到維多利亞時代的「輝煌」盛世）；甚至有些評論是關於她第一宮金星的個人魅力（「她穿著女性特質並崇拜男性特質」），金星配置加上上升天蠍座的總結，也許法蘭索瓦・密特朗（Francois Mitterand）的說法最佳：「她擁有瑪麗蓮夢露的嘴唇，卡利古拉（Caligula）的眼睛。」

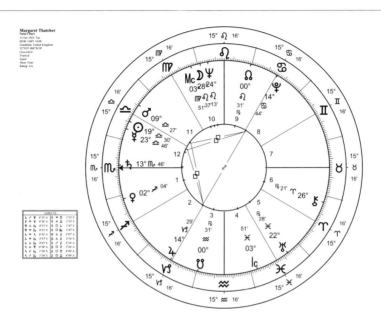

圖說：瑪格麗特・柴契爾星盤。

　　然而，在瑪格麗特・柴契爾的星盤中有一組強大的 T 型三角圖形相位：木星／冥王星緊密對分相，並四分相天秤座的火星及太陽。端點的準確中點位置是牡羊座及天秤座 14 度，這個位置也是太陽與火星的中點。我不認爲太陽與火星是合相（十度太寬了），但這兩顆行星各自在其職涯中表現出強而有力的木星／冥王星相位，因而扮演了重要角色；特別是當行運行星經過火星（9 度）、端點及太陽／火星中點（14 度）、或太陽天秤座（19 度）時。在這組 T 三角之下，她因其偉大（太陽／木星）而受到推崇及讚揚，但同時也遭人惡意毀謗敵視，一般來說只有暴君才會被如此對待（火星／冥王星）。它顯示這個女性擁有巨大的能量、不屈不撓的精神，而且看似所向無敵（一種強大的自我肯定，有些人說那是傲慢），雖然這並非是一張革命性的星盤，但柴契爾的本命盤的確能夠帶來強烈的轉化。

　　在她幾項立場堅定的發言及走強硬路線的政策上，我們都看到木星／冥王星

對分相的特質，從全球化自由市場、私有化及創造雅痞（Yuppie）的消費社會，到她與雷根聯手對抗「邪惡帝國」蘇聯及決心讓有進取心的人不再處處受限，柴契爾在執行使命上被很多人視爲頑強、「最具信心的政治家」。在政治領袖的星盤中，木星說出其任期中可能擴展（或過度擴展）的領域；木星在第二宮摩羯座並對分相冥王星，注意力在於重振經濟、以持有股份及購買公共住宅（以石頭覆層——摩羯座，是當時是一個相當流行的方式）去鼓勵企業家；也曾經出現信貸激增（甚至過度盛行），她摧毀了一個福利國家（原本是根據提供平等機會與平均分配財產的天秤座原則），並將英國許多工業「開放民營」。

這組對分相說出了她面對來自礦工（木星／冥王星相位與礦業及深入挖掘有關）、工會、福克蘭戰爭以及愛爾蘭共和軍的陰謀及暗殺計畫（木星對分相冥王星巨蟹暗示宗教及愛國主義的極端行動）的考驗；同時也切合她那影子內閣的工作：退休金及國家保險、國庫、燃油及能源、運輸及教育。她的白皮書《教育：一個擴展的架構》（*Education: A Framework for Expansion*）於 1972 年 12 月 6 日出版，那是木星回歸於摩羯座的前兩星期，在一個精準的木星循環之後，她的政府開放英國電訊民營，那是英國第一次出售國有企業的重大決策。

這些經過天秤座重要度數的行運（9 度、14 度及 19 度），已經證實對柴契爾政治生涯的關鍵時刻產生非常重大的影響：

- 9 度：行運土星合相本命火星，在達特福德（Dartford）地區第二次連任失敗（1951 年 10 月 25 日）之後。
- 14 度：土星在天秤座 14 度停滯，當時是 1952 年初，她辭去達特福德地區參選人的身分；一個土星循環之後，阿根廷人投降，結束了福克蘭戰爭。
- 9 度：天王星於 1971 年六月中旬來到天秤座 9 度，當她計畫終止爲學校提供免費牛奶的建議遭到反對（她被稱爲「柴契爾盜奶者」（Thatcher milk-snatcher））。

- 14 度：當天王星來到天秤座 14 度並慢慢接近她的太陽，當時發生了幾件後來足以影響柴契爾政治生涯的重要事件：1971 年 10 月，國會投票支持加入歐洲經濟共同體，不久後就發生了礦工罷工事件，被稱為「血腥星期日」。這事件擴大了人們對愛爾蘭共和國的敵視，失業人數也超過一百萬人（在她的「尖酸刻薄的統治」之下，數字後來超越三百萬人，是 1930 年代以來首次出現的數字）。

- 9 度：當冥王星來到天秤座 9 度時，柴契爾與愛德華・希思（Edward Heath）（出生盤的金星在巨蟹座 7 度、太陽在巨蟹座 17 度、土星在巨蟹座 19 度）爭奪保守黨主席，並且贏得席位。1980 年 12 月，雷根（他生時校正的星盤中，天頂在天秤座 12 度）當選美國總統，當時木星／土星合相在天秤座 9 度，預告接下來充滿權力、為富人擴張、「柴契爾主義」的十年。

- 14 度：當海王星在 1990 年來到摩羯座 14 度，柴契爾的領導面臨各種挑戰，包括許多人批評她對歐元的態度與及保守黨的「投票稅」，這些批評導致她於 1991 年 11 月辭職（她的接班人約翰・梅爾（John Mayor）木星在巨蟹座 15 度，可能在其下降點）；致力於新工黨中繼續奉行柴契爾主義的東尼・布萊爾（Tony Blair）金星在牡羊座 15 度並四分相巨蟹座 15 度的天王星（現代保守黨之父班傑明・迪斯雷利（Benjamin Disraeli）的本命土星在天秤座 15 度；大衛・卡麥隆（David Cameron）的太陽則在天秤座 15 度）。

　　她經歷過很多場重大戰役，其中有些是巨大的權力鬥爭（木星／冥王星四分相天秤座的太陽與火星）；但對她而言，任務是要恢復平衡及民主（天秤座），守護「我們生活方式的基本價值及自由」，以及重新建立英國的「偉大」。擊垮工會權力（端點火星在天秤座第十一宮）、邊緣化社會主義以及逆轉英國經濟的衰退都是她的關鍵戰役，她視自己為這場改革運動（火星）的首腦（太陽），但她

許多的政策及決定都爲她留下了褒貶不一的評價。

她出生時刻，太陽與火星都正在福克蘭群島升起；1982 年 6 月 14 日，當英國人贏得福克蘭戰爭（當時土星在天秤座 15 度停滯）（4 月 2 日宣戰當時火星在天秤座 9 度、而土星在天秤座 19 度），那是鞏固她的領導聲譽、鋼鐵意志、力量及統治（太陽／火星）的地方。

「木星／冥王星」也顯示出其丈夫的巨額收入，首先是來自他的防腐劑工廠，之後賣給一家石油公司（石油經常與冥王星有關），以及在種族隔離之下來自南非的國際商業往來及支持。正是他所提供的經濟支持，讓她可以成爲律師，而在她一步步踏上國會的路上，丈夫丹尼斯（本命盤金星在牡羊座 15 度）是她的基石；夫婦二人於 1949 年二月認識，當時行運土星正在她的天頂，行運海王星則在天秤座 14 度，那是她當選保守黨達特福德地區候選人幾星期之後的事；二人於 1951 年 12 月 13 日結婚，那時候行運土星正好來到天秤座 13 度。

火星在天秤座的柴契爾對「爭辯」從不感興趣，但她相當擅長爭論；在最好的狀況之下，火星天秤座珍惜自己對民主、機會平等、自由社會及經濟的理想；它與火星落在自己守護星座時的魯莽不同，在決定的成立與堅持背後，火星在天秤座往往會有一種決心、以邏輯的辯論解決問題、聰明的戰鬥位置、技巧的說服力及強大的論理（風元素）。

是非準則在於每一項決定的基礎中……這些準則解釋了她的不妥協……也解釋了她爲什麼缺乏想像力或是辯論的眞正興趣[11]。

主要圖形相位：英國女皇伊莉莎白二世

英國女皇伊莉莎白二世的土星與天頂都落在天蠍座，道出許多她身爲君主負有重任的「終生職」，這也是主導其星盤的固定 T 三角的一部分，讓我們剖析這組圖形相位，看看其中如何反映出成就女王一生的生命故事：

11　Penny Junor, *Margaret Thatcher: Wife, Mother, Politician*, Sidgwick & Jackson, 1983.

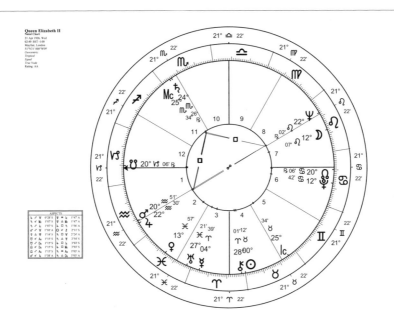

圖說：英國女皇伊莉莎白二世星盤。

·火星／木星在水瓶座

為了改變社會及現代理想而奮鬥；戰爭時刻的凝聚；爭取個人自由的強烈欲望。

對分相海王獅子座

華麗；君主體制的衰微；期盼過往的帝國盛勢；皇家醜聞。

兩者同時四分相天蠍座的土星／天頂（端點）

凝聚「穩固的事物」去堅守；鋼鐵般的決心；不妥協的道德準則；堅不可破的防衛；壓抑情感、堅韌克己、不苟言笑的公眾形象；因期望而感到壓力；無法逃脫命運的感覺——這份責任重大的終生工作直到死亡為止。

伊莉莎白出生時，英國正進行一場階級鬥爭，對體制造成威脅，當時英國正處於爆發革命的邊緣，軍隊駐守大街維持秩序，在她出生幾天之後，發生一場大規模罷工運動（火星／木星在水瓶座並四分相土星）。

　　伊莉莎白當時是世上最有名的小孩，她是一位特別的公主（月亮獅子座），很多人把對未來的希望投射在她身上（木星／海王星／天頂），她很快就知道自己的工作是需要成為一個理智、成熟、沉著冷靜及完全可靠的人（土星／天頂）。

　　由於「男性的不穩定」（火星／海王星對分相），伊莉莎白發現自己被列在繼位的排序之中，當她十歲時，她叔叔捨棄王位及責任（木星／海王星對分相，兩者同時四分相土星），這意味著她父親將會繼位，為了這個神聖虔誠的角色，她被獨自隱藏於白金漢宮高牆之中（她十歲時，太陽弧正向推運的月亮合相海王星）。

　　她成長在一個老式、富維多利亞色彩的英格蘭，由父親養大，她從小就被教導，認為改變是危險的（固定、土星）；在 1952 年 2 月 6 日，她的人生突然被改變：當她在非洲肯亞的尼耶利（Nyeri）附近渡假時（這位置接近她的天王星／上升點線），傳來了父親離世的消息。

　　當時政府希望人民成為她加冕儀式的一部分，營造一個史無前例盛大的國家級派對（火星／木星在水瓶座），但最終傳統而隆重的儀式還是主導典禮（土星／天頂）；1953 年 6 月的加冕儀式電視直播是皇宮唯一的重大讓步（電視被視為民主媒介──木星在水瓶座），後來也同意拍攝鏡頭之外的皇室家庭，本來想要展示他們尋常的一面，但卻產生了反效果，導致了前所未見的媒體大肆侵入，滿足了傳播媒介對於皇家瑣事及醜聞的飢渴，這個電視紀錄片（於 1969 年 6 月 21 日播出）洗去皇家最後僅餘的神祕色彩（行運海王星合相伊莉莎白的天頂）。

　　這個新的伊莉莎白時代聲稱將是一個改變社會的時代（水瓶座的火星／木星），但這不過是一個幻象（海王星）。伊莉莎白的統治一直都是在保存君主體制、適應時代改變以及大眾高喊的意見之間維持微妙平衡（水瓶座的火星／木星）；但在伊莉莎白的統治之下，皇家一直是一個被動制度，它專注於保存（太陽在金牛座 0 度），而她也是一個不願意進行現代化的傳統、遙不可及的君主

（土星）。

做爲英國聯邦（the Commonwealth）（木星在水瓶座）的元首，她成爲世上最富權力的女性，雖然到了 1950 年代，她所掌控的不過是帝國的殘骸，這是一個逐漸萎縮的帝國遺產（海王星獅子座），但她將它維持長達 60 年之久（土星／天頂爲端點），她無法逃離命運，21 歲的她也沒有空間猶豫是否宣誓登基，而將自己一生奉獻服務國家，這種一絲不苟的責任需要她的犧牲（土星四分相海王星），但這對於她個人自由帶來怎樣的代價？（水瓶座的火星／木星）

這組 T 三角也顯示在女王的夫婿希臘菲利浦親王身上，他放棄了自己珍愛的海軍事業及地位，選擇與女王結婚；親王以及女王的父親及祖父都是海軍（火星對分相海王星），甚至女王相當喜愛的遊艇不列顛尼亞號（Royal Yacht Britannia）也透露了火星／木星／海王星的氛圍（這艘巨型豪華的船被設計成可於戰時改裝成醫療船，但從來沒有被眞正改裝過）。

在她的統治中，皇室的特權及影響一直被削減，漸漸失去人們的尊敬，皇室的一切受到挑戰、慢慢流失或被視爲並非必要（土星／海王星四分相）；時代的轉變讓我們看到了傳統與體制的逐步滅亡（天蠍座的土星及天頂）。1950 年代的皇室家庭期望得到媒體（海王星）的完全尊重（土星），但這終究會慢慢變成不可能的事（土星／海王星四分相）；在 1950 年代，批評皇家等同於詆譭英格蘭，1957 年 8 月，奧爾特靈厄姆爵士（Lord Altrincham）批判伊莉莎白，並提倡一個「無階級」社會，這番言論觸動了很多人的神經，他因爲敢膽批評女王而在街上受到襲擊，當時行運海王星正在天蠍座 0 度並對分相女王的太陽 —— 而在此一年前之前，蘇伊士運河危機（Suez Crisis）期間，揭露了英國的政治力量及尊嚴正慢慢在減弱；下一次當太陽弧正向推運的海王星來到此時，是 1997 年戴安娜王妃逝世時，當時女王被批評沒有與全國一起同悲。

做爲這個離婚盛行時代的統治者（土星／海王星四分相），評論家相信這議題一直是她的王國最大的威脅，無論是在她統治之前還是統治期間。早年，女王曾經發言反對離婚，這對於她來說是詛咒；但她的家人卻一而再的挑戰這一點，

特別在 1990 年代當行運冥王星經過其天頂時，當時她的地位受到其家庭成員的性鬧劇、婚外情及小報醜聞報導受到某種程度的動搖（火星／木星對分相海王星）——也許這是受到與「平民」聯婚的影響（水瓶座）。她的繼任人似乎不但對於自己將來的角色有點無法拿捏，並且感到壓力，查理斯與那位華麗的「超級巨星」的第一段婚姻幾乎毀了他的地位（從他母親的 T 三角中可以看到這一點）。

溫莎家族本應是理想家庭的模範（土星）；然而誘惑、醜聞、婚外情及缺乏洞察力（火星／木星對分相海王星）讓他們成為世上最出名的不正常家庭。一開始是固執任性的妹妹瑪格麗特（Margaret）公主，她在伊莉莎白加冕前後愛上了一個離婚男人，為其統治帶來第一件麻煩的預兆（無論是瑪格麗特還是加冕星盤當中都有不易應付的水星／火星相位）。女王選擇逃避這件事，把頭埋進沙中（火星／海王星相位可能是情感上的駝鳥）；並把瑪格麗特那難以抉擇的事情留給憲法，當她這樣做時，媒體認為人民的聲音需要被聽見，並開始打聽更多皇室的事情。

縱然如此，但皇室延續了很多英國人對於主權的需求，它就像一件昂貴的首飾，一場供遊客觀賞的古裝劇，以及與過去極盛帝國的最後一道聯繫。在分析的最後一步，伊莉莎白「以責任為先」的土星／天頂端點看似勝出；可是 T 三角那不穩定的平衡力讓事情充滿變數。太陽在金牛座 0 度、加上月亮在獅子座的她一直都是正統觀念的模範，同時也是堅持不願改變、強大的國家象徵。

兩組重要特徵：惠妮·休斯頓

她不是已經擁有一切了嗎？占星教科書中對於成功的定義遍及已故才華洋溢的歌手惠妮·休斯頓的星盤中，金星（合相太陽）與木星（合相月亮）同時與天頂形成大三角圖形相位（木星守護上升點及天頂），這個大三角是其星盤中其中一個重要特徵：它將發光體與吉星及天頂結合（名譽及地位）。與天頂的三分相有助於向外推展一個人的才華及工作，它們也顯示了早期的成就及認同，三分相

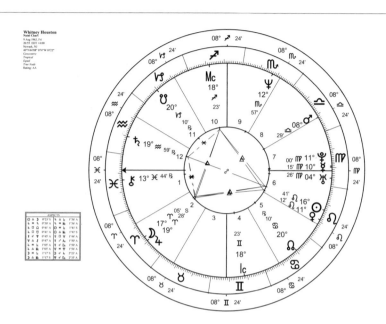

圖說：惠妮・休斯頓星盤。

帶來自然的流動及和諧，天頂則「調好頻道」，清晰地接收行星們的訊息。在休斯頓的案例中，才華與機會（金星、木星及那些三分相）結合，讓她在外界建立更進一步的成就感（天頂）。

在著名節奏藍調及福音歌手身邊長大（月亮／木星，天頂射手座）的休斯頓出生於音樂世家，讓她與眾不同，並為她帶來了獨一無二的機會。唱片業鉅子克萊夫・戴維斯（Clive Davis）帶領她出道並加以指導，他的星盤與休斯頓的大三角交疊在一起：他的太陽／天王星（在她的月亮／木星上）三分相木星獅子座（在她的太陽／金星上）。休斯頓充滿自信、優雅而細緻的模特兒形象讓她與眾不同（她的火象大三角包括了太陽及木星），她打進了商業高層，超越其他女性前輩（她於 1985 至 1986 年出道的時間經過專業計算，正好在行運天王星踏入休斯頓天頂時）。

一個擁有過人自信及才華的人，是如何放棄這一切？包含在大三角之內的太

陽與土星形成對分相（與「人際關係」有關的相位）；簡單來說，多年的婚姻（太陽／土星對分相）影響了她的健康（第六宮），並在她的自我滅亡中扮演部分角色（第十二宮），這是她星盤中第二個重要部分，同時可能也是她星盤中最嚴酷的考驗（如果我們把寬鬆的土星／海王星四分相也納入考量，會變成 T 三角）。我們可以看到這組對分相如何與她終其一生想要向 2003 年 2 月逝世（當時行運冥王星經過她的天頂）的父親（太陽）證明自己（土星）相關。休斯頓找到一個太陽在水瓶座 16 度的丈夫去拆解人生，以個人及專業的崩潰帶來劇情最高潮（在傑瑞・斯布林格秀（The Jerry Springer Show）中，我們看到她如何從天后變成潑婦罵街）；除了彼此之間實質的虐待以及強烈的性吸引力之外，這對共生的驚世夫妻彼此也成為對方的毒品（注意她的太陽／海王星四分相，以及下降點的天王星／水星／冥王星）。

　　「壞小孩」巴比・布朗（Bobby Brown）（火星合相天蠍座 12 度的天頂，這也是休斯頓海王星位置）於 1989 年 4 月 12 日初次遇上這位天后，他後來說是「她」讓他接觸毒品的；無論真相如何，當二人的女兒於 1993 年 3 月出生時（休斯頓的土星回歸之後一個月），他們的感情就跌到新低點，原因是當時他的事業停滯，休斯頓則因《終極保鑣》（*The Bodyguard*）一片贏得人生中最大的成就。休斯頓最終離開了布朗，並於 2006 年 9 月中旬宣佈自己想要離婚（行運土星對分相本命土星，並經過他的太陽）；可惜的是，她在 48 歲時離世，當時行運冥王星四分相她第八宮的火星。

兩組重要特徵：雪莉・譚寶・布拉克

　　這張星盤有兩組突出的特徵：土星是提桶的把手以及第五宮的星群（大部分落在牡羊座）的焦點。後者的關鍵在於水星／木星合相，為什麼呢？因為就像理查・尼克森的星盤一樣（詳見第 116 頁），譚寶的星盤中四個軸點落在變動星座，因此它們的守護星（水星及木星）也變得重要。

　　雪莉・譚寶終其一生在體現第一宮射手座的逆行土星，她於 1929 年華爾街

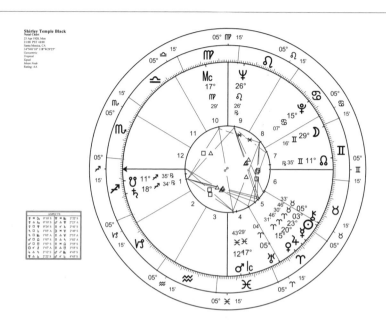

圖說：雪莉‧譚寶‧布拉克星盤。

股票崩盤發生前 18 個月出生，三歲登上銀幕的時間碰巧遇上國家的絕望時期、渴望藉由娛樂逃避現實。臉上有小酒窩的雪莉‧譚寶，在大蕭條時等待分配食物的隊伍、施粥站及蘋果小販之間猶如一顆鑽石，她象徵了樂觀及希望，讓美國人自我感覺好一點（射手座）；她帶來了一種活潑而不可壓抑的能量，並閃耀在她的電影角色中（第五宮牡羊座的水星／木星訴道出許多早熟的天賦）。

　　她比同年孩子早熟，有著成人的世故及職業道德（土星四分相天頂處女座），這位金髮女孩就像一座金礦：她連續四年成為世上最賣座、最有市場的影星（當時行運海王星慢慢經過她天頂），她輕而易舉地扭轉福斯影業的票房收入並為自己賺得財富（土星守護她第二宮）。

　　強大的土星突顯在其生命故事中，她第一個參演角色來自於「嬰兒喜劇」（Baby Burlesks）系列：這是一系列著名的諷刺電影，由小孩扮演成人角色（土星）。後來，雪莉經常出演一些貧困孤兒的角色（土星），為了融化觀眾

的心，同時鼓勵他們包容及照顧她；此外，她的出生證明也被修改，比真實年齡少了一歲。然而，電影公司仍然無法阻止她自然地踏入青春期：1940 年5 月，當行運木星及土星經過她的太陽時，電影大亨達里爾‧札納克（Darryl Zanuck），宣佈她從二十世紀福斯影業息影。她繼續演了幾年戲，步入了歷時四年的婚姻（於 1949 年 12 月 5 日申請離婚，當時行運土星正經過她天頂並四分相本命土星），正式休息一年之後，然後下嫁查爾斯‧布拉克（Charles Black）。

　　雪莉‧譚寶‧布拉克並沒有表現出想要依靠童年名氣的樣子，她從國寶變成珍貴的企業資產，但在她本命盤中逆行的強大土星之下，她稍事休息，然後攀上第二個高峰，進化成為保守的共和黨政治人物，成為一個促進公民責任的積極份子，站在反色情的道德立場，並被指派出任美國首位女性禮賓處的處長，後來成為加納及捷克的外交大使（注意在射手座的土星）。她同時也是首位宣稱自己患有乳癌的高調名人（1972 年秋天，太陽弧正向推運的天頂進入天蠍座），她坦誠而富尊嚴地談及自己的挫折及身體的失去（她進行了乳房切除手術），充分反映其土星的重要位置。

第五章
說出你的星盤

　　當我們與客戶深入對談，占星學便活過來了；當我們聽見客戶娓娓道出自己的星盤時（也就是當他們以一種透露星盤主題的方式描述其人生及個性），我們就有機會與他們一起建立有意義的連結，讓宇宙與他們的人生產生聯繫；這是身為占星師的我們最佳回報、最具教育經驗、也是身為諮商師最具生產力的方式之一。這使我們更加了解重要占星原則所發揮的作用，並可以擴展、改進、體現我們對占星學的認知。

　　很多時候，這些諮商過程所揭露的事，正是客戶以自己的方式、讓我們知道在諮商當下，其人生及星盤中有哪些領域是特別重要的；也就是說，他們帶領我們直達星盤中最重要的領域。當然，客戶對自己的認知也許會隨時間而改變，但他們在諮商時所分享的內容不但珍貴，也與我們的疑問有關。

　　在第六章即將介紹更詳細的生命故事及更深入的星盤分析技巧之前，我想要在這一章先專注於如何：

- 從生命故事中建立行星概要。
- 探討某一種特定相位如何以不同方式呈現。
- 與占星學上的呼應互動。
- 將生命的某個領域與各種占星象徵符號連結。
- 發現各種不同的作品（音樂、文字、演說）都是創作者道出其星盤的方式。

星象的本質

占星學不但是一種語言，也是一種對於模式的探討，透過經驗性的研究，我們尋找有意義的觀察及關聯：我們在相似的行運或本命星象之下留意主題，然後開始透過關鍵的行星周期及循環中紀錄生命。當客戶或公眾人物「道出自己星盤」時，我們會收集到解盤的珍貴資訊；當我們研究的星盤越多——最好是客戶的星盤，或是我們感興趣的人的生命故事——我們越不會傾向依賴那些假設性的占星特徵所建立的狹隘模式。

我一直都很喜歡一些格言，它們往往可以直入占星概念的核心，那是一頁又一頁的星盤分析所無法做到的。1999 年，我出版了由大衛‧海沃德（David Hayward）所出版的《靈魂素描：星盤引言》（*Shorthand of the Soul: Quotable Horoscope*），這本書讓我學會了一件事，準確、聰明又言簡意賅的陳述往往最能夠傳達想法給學生或客戶，我習慣使用自己的推特（Twitter）帳戶（去看一下！）分享一些想法及引言，這些都是能夠讓我產生共鳴並同時總括占星學原則，以下是其中一些句子：

- 給牡羊座的建言：想要得第一，你首先必須先將事情完成。
- 天蠍座所知道的事：沉默不一定是最佳防衛，但它一定是最討人厭的。
- 水瓶座的「真相」：我熱愛人類；只是受不了人群而已。
- 星盤中的強硬相位：神為每一隻鳥帶來食物，但祂不會將食物丟進巢裡。
- 處女座／雙魚座軸線的教訓：「他有權批評，但誰真心幫忙呢？（亞伯拉罕‧林肯）」。
- 水星摩羯座：你向他們詢問時間，他們會告訴你手錶是如何製造而成的。
- 從火星、水星到海王星：有些人讓事情發生——有些人看著事情發生——有些人不知道有任何事情已經發生！
- 如何解決木星／土星相位：「我們無法得到智慧，必須自己踏上旅程去找到它，而且沒有人能夠代替我們或讓我們免於這趟旅程。」馬塞爾‧

普魯斯特（Marcel Proust）（其出生盤中，木星對分相摩羯座的土星／天頂）。

- 星盤中的土星及四分相：為什麼很少人能夠看到機會，原因之一是它往往以「辛勤工作」的樣子出現。

- 向火象星座學習的土象星座：與其直言及排除所有懷疑，不如保持沉默、讓人覺得你是笨蛋。

- 火象星座回應土象星座：我們知道留在馬路中間的有甚麼下場：他們會被輾斃。

- 關於雙子座：雙子座是黃道上喋喋不休的人，當他要寫下來時，他知道很多剽竊的方式，他最擅長的兩種寫作方式？「剪下」及「貼上」。

- 我對於如何讓獅子座保持快樂的建議：專注於獅子座的主題，那麼獅子座就會對它們的子民仁慈。

探索人生故事

當我們研究星盤時，用來建立背景知識的主要工具包括參考書及傳記；同時，我們也可以透過從當事人所愛的人、客戶及同事身上收集不同片段，去探討他的人生經歷。如果沒有這些資料，我們永遠無法確切知道人們如何「活在」自己的星盤之中、不會知道我們的觀察與他有多少關聯、或不會知道星盤中的主要主題如何在他們的生命、周遭的人事中呈現。

讓當事人或傳記說出他們的星盤，不要將星盤強加在個人身上；當我們擁有充裕的行星及星座字彙，而在聆聽別人的生命故事時，就不用花很大的力氣從個人的星盤尋找。例如，我發現當客戶描述其情緒上的需要及回應、早期自我塑造的經歷、他們的本能直覺及大概性情時，往往是最能夠清楚「聽見」月亮星座及其主要相位的時候。當客戶揭示自己的個性特徵時──那些他們用來與世界一對一交往的個性特徵──他們說的是自己的上升星座以及所有與上升點合相的行星；當客戶表達內心的自我認同或召喚時，經常是在說明其太陽星座；天頂則往

往是別人如何以他們的「社會輪廓」或是某一種社會人格面向形容他們（上升星座是另外一種面向）。每個行星都有其角色，但 T 型三角圖形相位、主要相位（合相、四分相、對分相）及合軸行星構成了生命故事中的「標題」。

　　高格林致力於以關鍵字建立行星字庫，這些字庫有助於重新定義（或重新修飾）行星的本質，例如：他們的研究發現占星師所提供的太陽相關性格關鍵字，往往與木星人的生命故事有較多的連繫。但很多時候，關鍵字本身是不足夠的，關鍵字也可能造成錯誤分析；而與此人有關的自傳也會誤導我們，因此我們需要更清晰地知道關鍵字的指涉是什麼，例如：「富音樂性」可能暗示這個人喜歡唱歌、重視和諧、聲音悅耳（這暗示了金星的特質）；或在某些背景下它可能暗示了音樂或韻律方面的天賦。海王星經常與音樂家有關，但是，在音樂家的星盤中，海王星是落在強勢的位置嗎？例如：我發現只有在曾經戒癮、創造人格面具（海王星是變色龍）、或以他們的作品試圖超脫日常生活或帶來精神訊息那些人的星盤中有強勢的海王。在「音樂」範疇之下，節奏感、練習及音階這些領域屬於土星管轄；透過研究，我認為那些像運動員一樣規律訓練身體以應付表演的歌劇演員，他們星盤中往往有著強大的土星（有趣的是，歌劇的英文 opera 一字來自拉丁文，意指工作及勞動）。星座也有想要訴說的事，蘇·湯普金曾經提出過，歌劇的戲劇性、情感及悲劇性可能與獅子座及天蠍座的結合產生聯繫。

震驚！恐懼！

　　「震驚」一字往往會讓人馬上聯想到駭人的事（天王星）或醜聞（海王星），讓我們震驚、目瞪口呆或令人驚訝的事件（天王星）；然而，當我們考量那些「直言」或做出真正令人震驚的事情的人的星盤時，我們也許不一定會發現天王星有重要相位或與軸點產生關係，為什麼？首先，我們必須先詢問這些驚異行為背後的動機；既然它的影響相當重要，但更重要的是做出震驚之事的人從外界所得到的反應。

　　令人「驚為天人」的變裝皇后及演員蒂凡（Divine）（見下圖）有一顆落於

弱勢位置的天王星，它在星盤中只有幾個三分相以及一個與天頂的六分相，這無法解釋這個男人如何在同性戀圈子中，以「不知羞恥、不妥協」的作風攀上天后地位。當再深一步探討，他星盤最重要的部分是天秤座的群星，以及極重要的軸點相位：落在上升天蠍座的水星四分相天頂的冥王星，蒂凡真正最讓人震驚的是（大家都知道他曾經在荒誕黑色喜劇電影《粉紅色的火烈鳥》（*Pink Flamingo*）中吃狗屎）滿口髒話的粗鄙，讓他被稱爲「世上最骯髒的人」（冥王星與狗、狗屎、黑色喜劇、異教有關；火星與其星座與粗鄙有關）。這帶來的影響（震驚、噁心、叛逆）也許當時（之後依然如此）他的確是天生的天王星人，但這不是一張天王星人的星盤。對於蒂凡來說這也不是一個天王星的時間點，當電影於 1972 年 3 月上映時，太陽弧正向推運的木星正在他的上升點，行運冥王星合相他的天秤座的金星——也就是太陽的支配星，他成爲被崇拜的對象，一個地下明星（冥王星），他與眾不同的人格爲他帶來了大量的曝光率（太陽弧正向推運木星在上升點）。

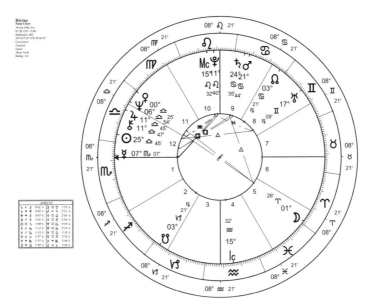

圖說：蒂凡星盤。

　　天秤座的群星（包括木星 —— 神性（divine））可以為他那過份、墮落、耽溺、奢華，以及經典的壞品味的人格面具提供生平描述（天秤座的品味可能是雅緻也可能是俗艷的）；蒂凡相當崇拜伊莉莎白·泰勒（有著相似品味），而他的金星／海王星合相在泰勒的天頂天秤座上，曾經有人說他看起來就像是「被鎖在糖果店三個月的泰勒」。真實的蒂凡（哈里斯·米爾斯特德（Harris Milstead））渴望得到尊重及接納，他不敢直言、有禮地認錯、懶散、欠缺安全感，需要「經常的承諾保證」。

　　理論上，恐怖、驚悚片本質上都是天王星主題，那麼拍攝這些電影的人的星盤呢？研究上顯示冥王星與天蠍座主要是與營造、操控懸疑氣氛及惡魔的恐怖有關 —— 讓觀眾（有時候包括角色本身）知道那裡面（或下面）有甚麼。亞弗列·希區考克（Alfred Hitchcock）擁有一組落在天蠍座的月亮／木星合相（注意他的電影中經常運用的那些冷艷金髮碧眼的妖婦）；導演衛斯·克萊文（Wes Craven）（作品包括：《半夜鬼上床》（*A Nightmare on Elm Street*）及《驚聲尖叫》（*Scream*））的太陽／金星／冥王星合相於第八宮；飾演德古拉伯爵（Dracula）的演員克里斯多福·李（Christopher Lee）的星盤中，有一個位於天頂的金星／冥王星合相；電影《失嬰記》（*Rosemary's Baby*）的導演羅曼·波蘭斯基（Roman Polanski）（詳見第 162 頁），其月亮／冥王星適切的合相巨蟹座天頂（四分相天王星）。

　　作家史蒂芬·金（Stephen King）及導演史蒂芬·史匹柏（《大白鯊》（*Jaws*））都是驚悚大師，二人都有重要的太陽／天王星強硬相位。三個在驚悚片驚嚇觀眾的主角在其星盤中都強調天王星：凱西·貝茲（Kathy Bates），在《戰慄遊戲》（*Misery*）中飾演一個小說家的患有精神病的粉絲）及西西·史派克（Sissy Spacek）在《魔女嘉莉》一片飾演一名特異功能少女，二人的天王星皆落在天頂雙子座（二人星盤詳見第 255-256 頁）；而羅伯特·英格蘭（Robert Englund）在《半夜鬼上床》一片中飾演戴著鋒利鋼爪的連續殺人兇手佛萊·迪克魯格（Freddy Krueger），他的太陽／天王星合相於雙子座（雙手）。

建立人物檔案

例如：如果我們選擇土星，並研究星盤有強烈土星暗示（包括摩羯座）的人所說過的話及自傳；這種做法如何讓我們擴展、得到行星和其星座的認知及精粹呢？

當我們研究演員安東尼・霍普金斯（Anthony Hopkins）的人生，會發現土星孤獨、壓抑情感及憂鬱的一面，以及他對斯巴達式、抑鬱苦行生活的喜愛。霍普金斯成長期間非常憎恨權威人物，為了得到名利，他離開了學校，想要功成名就。這種早期的「匱乏」或殘缺所帶來的掙扎，顯然是土星型人格的必經過程，他們內心覺得「缺乏」別人能夠自然擁有的東西（摩羯座不太清楚其軸線星座巨蟹座所擁有的裙帶關係）。

在《人魔滋味》（A Taste for Hannibal）的電視節目中，霍普金斯仔細道出其星盤中所強調的摩羯座以及守護星土星雙魚座第三宮（等宮制）的主題：

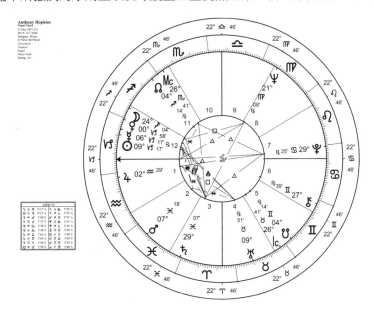

圖說：安東尼・霍普金斯星盤。

　　我喜歡（駕車旅行橫越美國）這種荒涼感，因為這是我的一部分，我喜歡人生的悲涼，我喜歡所有無從逃避的事情。當我上學時，我發現自己是在錯誤的星球上，因為我的成績實在是有夠爛，我想我糟蹋了我的教育機會……我是無法融入的那一種人……我對孤獨的人有著浪漫的幻想，就像是不需要任何情感的孤狼。事實上那是我生命的一部分，我覺得即使沒有任何情感與愛情，我也可以活得好好的……我能夠從人群中退隱並封閉自己，或者這也是某種殉道吧。

　　土星人想要在其領域中成為一個有成就的權威人物，以補償早期的艱苦生活，在社會中以成就而得到認同經常是他們重要的動機；對於摩羯座來說，這是一條邁向公共領域的個人之旅：認同自己需要「參與遊戲」，在體制中工作，好攀上階梯。摩羯座知道必須忍受漫長的學徒生涯，節制、否定或抑壓自己的個人需求（巨蟹座），才能能夠得到渴望的地位及尊重；然而，土星及摩羯座早年往往會對體制有一種反叛心理（占星師往往忽略的動機），這些人最終「成功」並變成自己曾經對抗的權威人物時，這也許變得有點諷刺。

　　在 1996 年《浮華世界》雜誌（*Vanity Fair*）的訪問中，霍普金斯分享了他的心理洞見：

　　我認為成功對我來說非常重要，我需要它去療癒自己某種內在傷口，我想要復仇：我想在曾經讓我不快樂的人的墳上跳舞——而我曾經這樣做過……我可以很專橫、無情而專一，我想得到所有我想要的東西……我只是非常非常自私而已，如果有人不喜歡這樣子的我，我也不想試圖贏得別人的認同……我就是一個流浪者，有一點像是虛無主義者，真的。

　　霍普金斯後來在墨臣・艾佛利（Merchant Ivory）電影製作公司的電影中獲得很大的認同，他扮演一個情感壓抑、堅決拒絕親密關係的角色（土星），同時他也完美地建立了一個內心蘊釀沸騰、情緒鬱抑而可怕的瘋狂人物形象（注意他的天頂天蠍座，這描述了他最有名的形象——《沉默的羔羊》（*The Silence of the Lambs*）中的心理治療師及殺手漢尼拔・萊克特（Hannibal Lecter）。

　　土星人的性格不會與同世代人一樣輕浮，他們有耐心、謹慎、嚴肅、自制、

精明、有抱負、懂得採取有條理的手法、遵守順從、並認為責任比玩樂重要。其生命故事同樣透露出天生的保守態度、對隱私的需求、冷淡的自滿、並渴望成為一個有「內涵」及性格的可靠人物。在土星主題上，強烈的疏離感或孤立會與重大責任感融合，讓他去做正確的事，並於日後維持辛苦掙來的完整性及尊重。

理察‧丁伯比（Richard Dimbleby）（見下圖）是 50 及 60 年代 BBC 時事廣播節目的人物典範（這電視台本身非常具有土星特質：太陽在摩羯座、月亮緊密合相土星），他在 1936 年加入 BBC 擔任電台新聞評論員，並成為它們首位戰地記者，把戰事的真實面帶入英國數以百萬的家庭；當他轉戰電視圈時，他報導了多項重要的國家事件，例如：甘迺迪總統的葬禮及邱吉爾事件。

丁伯比立下很多標竿，對新聞傳播業的發展帶來不少幫助，他是一位備受信賴的訪問者及公眾利益的守護者，被譽為「政治辯論中公平及透明的堡壘」。

如果要示範一個相位例如：三分相如何在兩組行星之間運作，那麼來自其擔任記者的兒子喬納森‧丁伯比（Jonathan Dimbleby）所說的話是一個生動的例

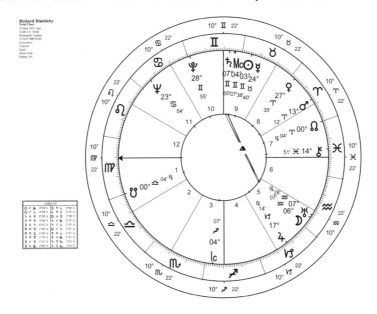

圖說：理察‧丁伯比──三分相。

子（由占星師帕美拉·克雷恩（Pamela Crane）發現），這展示了他父親於第五宮水瓶座的月亮／天王星合相與天頂雙子座的太陽／土星合相產生的三分相：

> 牽著電視觀眾的手，溫柔地引導他們變得更有包容力、更開明這件事，變成了理察·丁伯比的責任，他以直覺的敏銳對待大眾態度，經常與他們分享自己的看法，也能準確地知道哪些感受是適當的；他分擔了觀眾們許多疑惑及焦慮，能夠讓他們丟掉今日仍然堅持的昨日偏見，他是完美的電視導師……他的本能是要提供資訊及娛樂，同時溫和地把無知及偏狹的障礙推回去……他接觸大眾脈搏的方式是如此的精確，使他很快就攀上了電視之父的地位。

作家及播音員瓊安·貝克維爾（Joan Bakewell）（見下圖）的太陽在牡羊座，這描述了她與母親之間的關係，以及她小時候因為偷竊遭受體罰所造成的傷害：

> 我是我母親努力之下的一個成果……我被要求彬彬有禮，成績要優異……然後要品行端正，為家人爭光……（在體罰之後）我慢慢變得擅長隱瞞這各式各樣

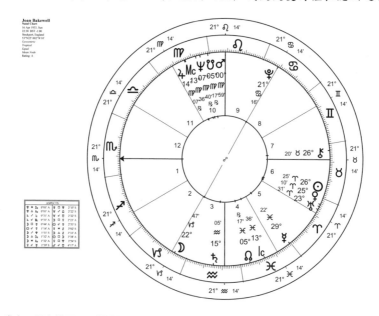

圖說：瓊安·貝克維爾──對分相。

的錯誤，而我媽媽雖然懷疑，但她沒有證據，所以她阻止不了我……那來自早期的緊張感留下來了，在這情況下，我知道可以的話，她都會把自己的意志強加在我身上。[12]

　　在這場母女間激烈而未說出口的主權鬥爭中，我們可以聽到貝克維爾的月亮摩羯座對分相冥王星的主題（同時注意與牡羊座的焦點星群所形成的四分相）；維持品行端正、彬彬有禮所帶來的壓力，可以從她的月亮摩羯座加上正爬上第十宮天頂處女座的木星中反映，後者描述了她的電視節目的背景，這個節目主要探討當代的道德困境：「事情的核心」（The Heart of the Matter），這名稱概括了牡羊座／處女座的精粹。

　　另一個土星／摩羯主題的早期形象對於人生後期的影響案例來自於我對作曲家史蒂芬・桑坦（Stephen Sondheim）的生平研究（見下圖），他的星盤與貝克威爾有相似的主題，其中月亮摩羯座（合相土星）對分相冥王星。在多數情況下

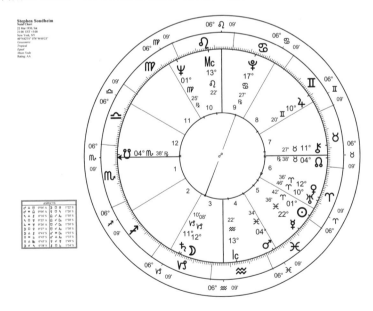

圖說：史蒂芬・桑坦——對分相。

12　瓊安・貝克維爾：節錄自 *The Mail on Sunday* (London), 29 October 2000.

（包括史蒂芬的例子），他的母親是一個自戀、愛控制、自我中心的女人，容易讓史蒂芬在大眾面前感到尷尬，當母親在被父親拋棄後企圖引誘當時十歲的他時，使他對母親產生深刻的不信任感，他任由母親擺佈，仰賴並且受虐於她強迫性的愛與憎恨。

桑坦的成長就像是一個「活在泡泡中的男孩」，一個在富足環境中「長期被觀護的孩子」，他得到所有東西，但缺乏人際互動；他的情感需求被忽視，因而變得退縮孤寂，某位傳記作者這樣說：「寂寞、覺得自己是局外人，那是想要探索接觸不到的事物的感覺，這些是他已知的主題，也已經被表達了，卻總是參雜著諷刺及失望。」[13]

桑坦長大後成為大師、善於撰寫詼諧諷刺的音樂劇中的辛辣歌詞，此音樂類型多年來一直都以傷感或諷刺為主導；他表現出摩羯座／巨蟹座軸線，喜歡說自己相信情感（一種真誠而細緻的感受能力）而不是多愁善感（一種熱烈、過度或令人作嘔的感情）。他的著名作品，例如：《活著》（*Being Alive*）及《小丑進場》（*Send in The Clowns*）內容都關於錯置的人生以及伴侶關係核心當中的矛盾情緒。

土星及摩羯座在經驗及親身理解因果法則的好處之下，在人生後期最能夠開花結果；作家昆汀・奎絲普（Quentin Crisp）（見右圖）在近六十年來在從未缺少的卑微、嘲笑及虐待之下，出版自傳《赤裸公僕》（*The Naked Civil Servant*）時，成為一名聲名狼藉、離經叛道的同性戀人物（自封為「英格蘭高貴的同志」）。

當土星與天王星暗示結合於星盤時，此人可能會拒絕社會的要求，同時又設法想要獲得到社會的認同：他需要說出自己挑釁的真相，但同時清醒地意識到社會所能接受的極限及落後。奎絲普被艾倫・金斯堡（Allen Ginsberg）標籤為「同志湯姆叔叔」（a gay Uncle Tom），並且站在壓抑者那邊，他明白——以

13　Meryle Secrest, Stephen Sondheim: A life, Bloomsbury, 1999.

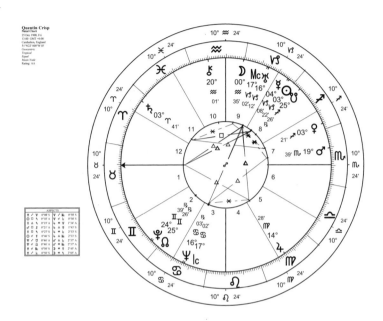

圖說：昆汀・奎絲普星盤。

真正的土星、天王星風格——「時間是正站在被驅逐者的那一邊」，那些曾經站在輕蔑一方的人終有一天會明白，即便他們不改變立場，終究會被融入整體之中。

　　這種行星之間的矛盾最能夠在他給予那些努力想要維持外貌的人的意見（土星）上得到總結，也是天王星以最幽默、最截然不同的方式展現：「不要嘗試趕上愛炫者的標準，將他們拉到你的水平就好。」

用相位去玩偵探遊戲

　　透過觀察某個特定相位——利用事件本身以及相位發生時出生的人——我們可以更加深入地看到此相位如何展現。太陽與木星每年都會產生合相，而每一年會有一些「主題」出現於新聞中，反映出這相位的特色；但是，合相的星座也相當地影響此相位如何呈現。

如果我們使用 8 度的角距容許度，會發現太陽與木星在二十世紀於牡羊座九個不同位置形成合相，一共累計 149 日，也就是說於 100 年之內只有五個月的時間！這合相於 2011 年的三月底至四月中旬間曾經再次出現。

當我們思考這三種符號的關鍵字，也許會預期當時的新聞可能充滿巨大的勇氣、英雄行為、值得奮力一擊的理由及征戰、積極堅定的冒險、性愛及道德的議題、以及充滿熱忱努力向上的人或是為了認同及原則而熱心宣導福音的人。

開創、火元素星座的牡羊座會為現存的常規帶入新生命，它像是一個改革者（來自 innovare，意指「使……重生／更生」），而不是發明者或一種原創的創造心靈。牡羊座代表了某種興趣的最初火花，一種具感染力的熱忱，它像是勇往直前的先驅——勇敢闖入天使也害怕涉足之地；它也是先驅者，取得許多「第一」；在太陽／木星的組合之下，我們可以期待新聞內容可能與成功的企業、探索、冒險及改革有關——不但是宏大的格局，而且往往是最高層次的。

以下是上世紀太陽與木星在牡羊座容許度在 8 度之內形成合相期間所發生的事件：

- 亨利‧萊斯（Henry Royce）生產了他的第一輛車（1904），那是他遇到查理斯‧勞斯（Charles Rolls）一個月之前，這並非一般的汽車，而是大型、奢華、豪華的太陽／木星樣式：權威、財富及炫耀的符號，這些詞都代表了最高品質。

- 挪威的女性贏得投票權（1916），玻利維亞女性也在一場革命後（1952 年）同樣得到投票權。

- 第一次成功橫越大西洋的飛行（1928）。

- 劃時代的非裔美國領袖及教育家布克‧華盛頓（Booker T. Washington）成為第一位被畫在郵票上的有色人種（1940）。

- 麥爾坎‧X（Malcolm X）發表了他的「選票還是子彈」（The Ballot or the Bullet）演說，號召大家拿起武器終止非裔美國人被剝奪權利（發生在 1964 年為期兩天的合相之中）。

- 1964 年該行運發生之後一天（當時木星進入金牛座零度，仍然合相太陽），薛尼・波達（Sidney Poitier）成為第一個贏得奧斯卡的非裔美國人。

- 比爾・蓋茲於 1975 年的合相之後創立了微軟公司（兩個循環之後，他的身家據報超過一千億美元）。

- 達成協議興建巨型的歐洲迪士尼主題樂園，也就是現在的巴黎迪士尼樂園（1987）。

- 道瓊斯指數史上第一次以高於一萬點收市（1999）。

牡羊座與暴力及面對挑戰有關，在太陽／木星合相期間所出現的新聞往往會大型侵略、大火、企圖刺殺政治領袖、以及爭取正義與個人自由有關的訴訟，太陽／木星合相與超凡的父權人物、具影響力的造星者或催眠術可使人唯命是從的人有關。

- 艾利斯特・克勞利（Aleister Crowley）在埃及開羅口述「神聖守護天使」傳授他的《律法之書》（*The Book of the Law*）（1904）。

- 中國最後一位獨裁君主「軍閥之父」袁世凱退位，中華民國復興（1916）（這個牡羊座的太陽／木星循環似乎與中國歷史上許多重要事件之間產生強烈連結，占星師賽・斯科菲爾德（Sy Scholfield）觀察到，二十世紀的龍年大概呼應木星在牡羊座的時期。

- 《駭客任務》（*The Matrix*）（1999）上映：這是一部非常成功同時也具影響力的駭客任務三部曲中的首部，這部科幻動作片，故事內容關於一個統治世界的機器系統汲取人類能量作能源之用，做為「唯一那位」（牡羊座）的這個年輕人被選中要把人類從夢境狀態喚醒（意象上，牡羊座於春天第一天出現，那是雙魚座漫長的冬眠之後）。

大件珠寶是財富、影響力、過剩及貪婪的有力象徵（木星說：「太多了，但足夠嗎？」），太陽／木星可能是奢華、鋪張、豪華、高人一等、精英主義（管

治階層）；而與牡羊座有關的寶石則是鑽石。1987 年太陽／木星在牡羊座合相期間，溫莎公爵夫人的珠寶以三千一百萬英鎊的價錢賣出，包括一枚 31 克拉的鑽戒，當年由強調木星的女演員伊莉莎白・泰勒購入（她的太陽在雙魚座、上升射手座、月亮／木星四分相），她出生盤中金星在牡羊座（關於其星盤及生平，詳見第 192 頁）。

太陽／木星合相於牡羊座的個人體現

那麼，那些在此合相下出生的人呢？當太陽／木星於牡羊座合相的人也許會對世界抱持一種天真甚至無知的態度：一種盲目的信念，甚至也許是一種熱烈的信仰，認為自己的真相會被他人認同。在此合下，他們有寬容的精神、天生對人生抱持信念、每一天都以全神貫注的希望展開、精力充沛同時也渴望著各種冒險；個人也許會有強烈的宿命感，覺得自己有某種使命——需要去履行某項任務——但有時會誇大自己的重要性（自大傲慢），需要去扮演神的角色，或將自己過度延伸，一方面讓自己活在當下，卻同時入不敷出。

也許他們有很高的期望，很想要成為走在最前端的人，急切地想要取回自己與生俱來的權利，熱切地追求財富及影響力。小說家、前議會議員及蒙羞的貴族傑弗里・阿徹充滿野心想要成為第一，但在破產、性醜聞、辭去政職及入獄後被打回原形；而在約瑟夫・坎貝爾（或譯喬瑟夫・坎伯 Joseph John Campbell）及馬婭・安傑盧（Maya Angelou）的星盤中，我們則可看到太陽／木星主題的正面呈現。

星盤快照：約瑟夫‧坎貝爾

　　坎貝爾是一名具啓發性的說故事高手、哲學家及神話學家，他鼓勵人們心懷明亮、喜悅地承諾生命，並踏上質疑的旅程。他與許多牡羊座一樣，賦予老舊思想新生命：他將熱愛的事物與現代的事物結合，並且用「跟隨你的幸福」一句話去概括以下簡單卻意寓深遠的描述：「你想要得到的東西，必須來自你自己」。

　　坎貝爾最具影響力的書是《千面英雄》（*The Hero with a Thousand Faces*），他的「英雄之旅」（單一的神話）是太陽／木星牡羊座最具創作力的位置。剛開始時，英雄（內在的戰士、探索者及冒險者）感到生命有所缺失，回應了冒險的召喚，然後告別過去，獨自出發踏上旅程；在導師（太陽／木星）的幫助之下，他以力量及勇氣向前邁進，一路上遇到各種困難及試煉，在這段自我啓蒙的旅途上，他跨越無法再回頭的界線，務必得到最終的寶藏。

　　以下是取自坎貝爾的太陽／木星牡羊座相位的話：

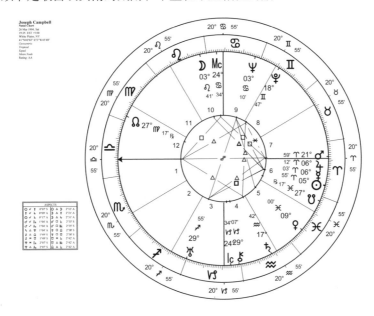

圖說：約瑟夫‧坎貝爾星盤。

「當你追隨自己的幸福，你會開始遇到來自你幸福領域的人們，他們會為你打開大門。

克服恐懼能夠帶來人生的勇氣，這是每一段英雄冒險的重要啟蒙——無懼及成就。

我不相信人們會以追求生存經驗同樣積極的方式去追求人生的意義。

生命本身沒有意義，意義是你為它賦予的，人生的意義是所有你賦予它的事物，活著本身就是意義。

尋找快樂的方式，是讓你的心靈保持在感覺最快樂、感到真正的快樂的時刻：不是興奮，也不是刺激，而是深刻的快樂。這需要一點自我分析，什麼能夠讓你快樂呢？無論別人告訴你什麼，都要保持快樂，這就是所謂追隨你的幸福。」

約瑟夫・坎貝爾活出了一段正直、順應自然、完整且真實的人生，他的訊息是要我們尋求參與人生的勇氣，放棄那些微不足道的欲望，與更偉大、更真實的自性建立神聖的和諧。他的太陽／木星合相（還有水星）與天王星／海王星的對分相形成 T 三角，並成為端點；有人引用他的說話：「所謂神祇是絕對超脫所有人類思維範疇的象徵」。

剛好在坎貝爾出生一年後，維克多・弗蘭克（Viktor Frankl）也出生於維也納，當時木星移到了金牛座，月亮在射手座，但太陽牡羊座仍然是包括天王星／海王星對分相的 T 三角的端點。弗蘭克於《人類對於意義的追求》（*Man's Search for Meaning*）一書中記錄了自己在集中營的經歷，他的許多文字（包括他專注於「對意義所抱持的意志」）道出：為了那些自身之外的事物，而延伸超越自我。

星盤快照：馬婭・安傑盧

另一個太陽／木星牡羊座的案例是備受讚譽的詩人及社會運動家馬婭・安傑

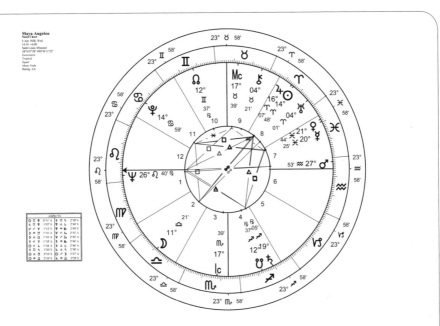

圖說：馬婭·安傑盧星盤。

盧，她對人生懷著無比的熱情，也是一個具啓發性的例子，告訴人們如何擁抱自己的潛能，用心過生活；她常常說：「生命熱愛眞正生活的人。」

在六冊的自傳中，安傑盧博士述說了關於人類經驗中的勝利、沮喪、希望及喜悅，她作品主題概括了太陽／木星牡羊座的正面訊息：人類的靈魂拒絕變得冷酷麻木。《當下的自傳1994》（*Current Biography 1994*）中，提到她「爲了重生的希望、決心及愛而努力不倦」。

基本上，她的哲學觀是以「勇氣」去參與及體驗人生，安傑盧說：「你也許會遇到很多挫折，但你一定不可以被打敗。」她以眞正的牡羊座方式說：「人必須先學會照顧自己，才能敢去照顧他人。」

以下關於安傑盧的引言道出她的太陽／木星合相：

「她擁有作爲一位女性的天賦及令人信服的優雅，她建立了一個完整的人

生，其中沒有任何讓步或虛假的藉口。」[14]

在她自傳第一冊《我知道籠中的鳥兒為何歌唱》（*I Know Why the Caged Bird Sings*）中，她坦誠地回顧了自己人生早年如何捱過貧窮及種族隔離，當時她所居住的地方，那些種族主義的人們擁有非常大的權力，根本不需要用白床單及帽子去掩蓋自己。安傑盧小時候曾經遭受性侵，後來那個性侵犯被謀殺，她也失聲了六年，直到她重新愛上口語為止；在那期間，她的感官「自行重新安排」，讓她敏銳地察覺到身邊的世界（注意她的水星／金星雙魚座以及海王星在上升點）。

馬婭・安傑盧成為一位迷人、身高六呎、非裔美國人引以為傲的女王（她父親非常以自己膚色為傲：太陽／木星），身材高大的她體現了太陽／木星合相（守護她的上升獅子座及第五宮）的正面且氣宇非凡：一個誠實、忠誠、自重的女性，毫不謙遜地活出了完整的人生。在她多姿多彩的人生中，她曾經擔任舊金山第一位女性也是第一位黑人電車售票員；後來她也當過舞蹈家及演員，最後成為國家象徵希望的寶藏，其文學、詩作及演說觸及我們皆有的人性及普遍性，海王星在上升點的她常常說：「身為人類，我們相似的地方比不相似的多。」

安傑盧博士於克林頓總統首次就職時所朗讀的詩作《早晨的脈搏》（*On the Pulse of Morning*）是一篇高呼和平、正義及和諧的作品，馬婭・安傑盧於 1993 年 1 月 20 日的典禮上朗讀這首詩（當時行運木星天秤座正對分相她的太陽／木星合相，而她的推運的地理換置占星圖 A*C*G（Astro Carto Graphy）中的木星／上升線正在首府華盛頓附近）。她曾經談及這組合相所象徵的哲學觀，關於如何極致地以認真及警惕的方式活於當下：「讓夢想再次誕生……打開心房，每一個新的小時，都有新的機會為你帶來新的開始。」

14　Conversations with Maya Angelou, ed. Jeffrey Elliot, Virago, 1989.

快樂玩各種占星呼應

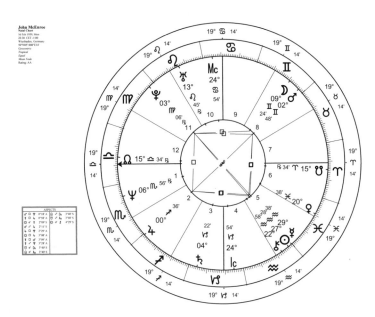

圖說：約翰·麥根萊——大十字圖形相位。

　　當我們企圖參透星盤、描述他人的心理及釐清他們背後動機時，可能會變得很狹隘，以致錯失快樂玩這些占星呼應的機會，例如：以在網球場上擁有脾氣火爆惡名的壞男孩約翰·麥根萊（John McEnroe）為例，這些特質可以從他的雙子座月亮／火星合相與木星射手座的對分相（透過情緒化的言語直接發洩憤怒）看到；同時這組相位也與冥王星對分相太陽／水星（彷彿強迫症一樣的需要「正確」）形成大十字圖形相位。同時也要注意上升天秤座：他爭論多半與公平有關；另外，在第三宮摩羯座的土星也非常簡單而確切，他對裁判提出最有名的質疑（土星／摩羯座）是：「你不可能是認真的！」

　　演員似乎會受到吸引去演繹能夠體現他們星盤的角色，這些角色通常被寫在他們的星盤主題中，例如：T 三角與合軸星，或是他們的太陽、月亮、上升或天

頂星座；而當一個演員與他扮演的角色變得密不可分，也就是當他個人與大眾形象的界線開始變得模糊時，我們也可能可以看見主要劇情表現在此演員星盤中的行運、推運或正向推運中。

幾年前，我曾經探訪《加冕街》（*Coronation Street*）、英國一齣家喻戶曉的電視肥皂劇的劇組，分析一些演員的掌相與星盤，我記得當我看見一個女演員的星盤，其中的行運與正向推運暗示隔年初與她伴侶有關的悲傷及失去而提高了警覺，雖然我沒有跟女演員提起這件事，但之後我仍然驚訝的知道是她劇中的丈夫在隔年的一月因為生病退出劇組，並於六星期後離世。

演員擁有世上最好的工作，而以探索內心世界來說，也是最具療癒效果的工作；他們發現被選擇去演繹那些「刻劃」在自己星盤上的角色，彷彿這些角色都是為他們而寫的。我那些以演員為業的客戶，他們從未停止驚嘆於占星學能夠描述他們被選中去扮演的角色，而占星師當然也能夠討論，在這個議題上他們有多少「選擇」。

女演員波琳‧柯琳斯（Pauline Collins）金牛座的土星也是落在第三宮（使用等宮制），它三分相第七宮處女座的太陽／水星，在電影《第二春》（*Shirley Valentine*）中，她飾演一個被困於沉悶而單調的婚姻中、以至於跟廚房牆壁（土星）講話的女性；她的上升在雙魚座，而這個角色夢想著逃離平凡生活，前往希臘渡假。

琳達‧格蕾（Linda Gray）憑藉蘇‧艾倫‧尤因（Sue Ellen Ewing）一角竄紅，這角色是另類肥皂劇《達拉斯》（*Dallas*）中 J.R 尤因（由賴瑞‧哈格曼（Larry Hagman）飾演）長期受虐的妻子；格蕾扮演的這個角色既神經質又酗酒，丈夫多年來一直利用、虐待她，這劇集是八十年代最多人收看、也是最具談論性的劇集。格蕾臉上的抽搐、顫抖的雙唇及充滿感情的大眼，幫助她在超過三百集的劇集中演繹這個常常醉到不省人事的角色（劇集從 1978 年 4 月到 1989 年 5 月）。這角色是前德州小姐，她從過失殺人罪中倖免、在療養院中休養、並經歷了各種與酒醉有關的鬧劇，在《達拉斯》的大男人主義世界中，很少女性

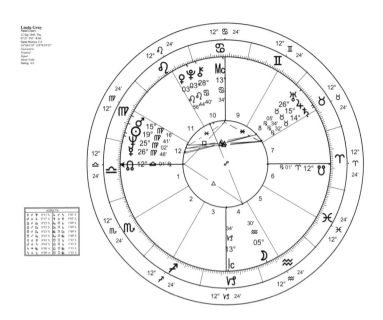

圖說：琳達．格蕾星盤。

能夠保留自己自尊，觀眾被邀請去感受蘇．艾倫所經歷的各種羞辱，只有在偶然情況下，她可以跟丈夫的死對頭上床或在充滿虐待及淫亂的婚姻生活中利用兒子去瞞騙丈夫。（以咬牙切齒的享受與苦澀的勝利這樣做！）

關於她的太陽／水星／海王星合相，格蕾曾經這樣說：

大部分參與劇集系列的人們會選擇做回自己，因為這比較簡單……（然而）當一開鏡時，我不但有不同口音、不同腳步、不同說話方式，我看起來不一樣。

但是，格蕾的星盤不但顯示了這個角色的上癮症，同時也反映了她為這角色帶來的巨大影響，以及她最終如何啟發女性去了解自己也可以捱過不利的婚姻及上癮症的日常生活：金星與冥王星在第十宮的獅子座形成同度的合相（與無情的石油大王的婚姻！）並對相分相月亮；加上第十二宮出現了由太陽伴隨著火星、

海王星及水星形成的處女座星群，她最終於 1989 年離開這個劇集成爲了一名成功女商人及製片。

其他演員與他們最受歡迎的演出呢？馬龍·白蘭度（Marlon Brandon）（見下圖）星盤中有太陽／月亮牡羊座在第五宮，它是包含火星及冥王星的 T 三角的端點的，在《欲望號街車》（*A Streetcar Named Desire*）一片中飾演史丹利·柯文斯基（Stanley Kowalski）一角，這個陰沉、粗暴、充滿原始性魅力的惡霸，爲銀幕帶來了新型的男子漢形象。同一組 T 三角也描述了他在《教父》三部曲中唐·柯里昂（Don Corleone）一角，這角色能夠「提供一個人們無法拒絕的條件」（冥王星──如果疑惑這是海王星⋯⋯海王星則是提供一個人們記不住的條件！）

傑克·尼克遜（Jack Nicholson）（太陽／天王星合相，冥王星在上升點）在《鬼店》（*The Shining*）中扮演精神錯亂、有自毀傾向與腦袋中的惡魔搏鬥的傑克·托倫斯（Jack Torrance）一角；在《飛越杜鵑窩》（*One Flew Over the*

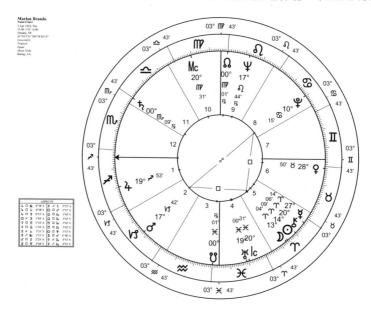

圖說：馬龍·白蘭度星盤。

Cuckoo's Nest）中，尼克遜所扮演的角色在精神病院中引起叛亂（天王星）；而尼克遜的月亮處女座，最能夠在《愛在心裡口難開》（*As Good As It Gets*）中患有強迫症的小說家身上看見。

　　席維斯・史特龍（Sylvester Stallone）（見下圖）在《洛基》（*Rocky*）一片中飾演勞工階層的英雄，是一個狂熱美國主義的職業拳擊手，他牽動觀眾對於弱者的憐愛；某程度上，史特龍飾演的洛基・巴布亞（Rocky Balboa）一角描述了史特龍星盤中非常重要的月亮／木星合相天頂（能夠大獲全勝的人民英雄帶來具啓發性、愛國主義的勝利）的相位，月亮支配他的太陽，木星則是星盤守護星。

　　史特龍另一個有名角色是約翰・藍波（John Rambo），一個被憤怒及復仇衝昏頭腦的殘暴越南老兵，他的哲學觀是「與其沒有目標而活，不如爲了某件事犧牲」（史特龍與喬治・布希生於同年同月同日）。

　　克林・伊斯威特（Clint Eastwood）所扮演的沉默寡言、謎團一般獨行俠角

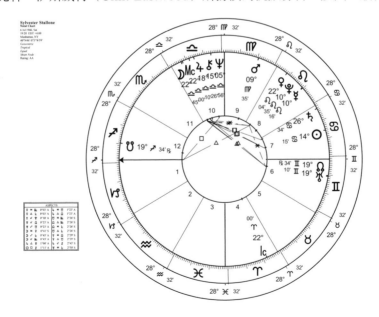

圖說：席維斯・史特龍星盤。

色：那些「無名之人」體現了由上升天蠍座及海王星合相天頂所展示的強烈反英雄沉默性格（後來，伊斯威特在《緊急追捕令》（*Dirty Harry*）一片中，扮演一名警察，追捕一個江湖稱之為蠍子的連環殺手）。

小巧玲瓏、弱不禁風的奧黛麗・赫本（Audrey Hepburn）（見下圖）在《第凡內早餐》（*Breakfast at Tiffany's*）一片中，塑造了一個天真無邪、作風開朗的享樂主義者荷莉・葛萊特利（Holly Golightly），這部電影表現出女性影迷想要掙脫五十年代社會中認為女性應該顧家的嚴格意識。赫本出生時，月亮落在第一宮的雙魚座，並與合軸下降點的海王星形成寬鬆的對分相。

西西・史派克（Sissy Spacek）（見第 255 頁圖）及凱西・貝茲（Kathy Bates）（見第 256 頁）這兩名以演出史蒂芬・金電影而為人所熟悉的演員，二人出生盤中天王星都合軸天頂雙子座（史派克的天王星在巨蟹座）、同時火星在上升點、月亮在雙魚座。

史派克在《魔女嘉莉》一片中扮演被孤立、被社會遺棄的青少年，她運用自

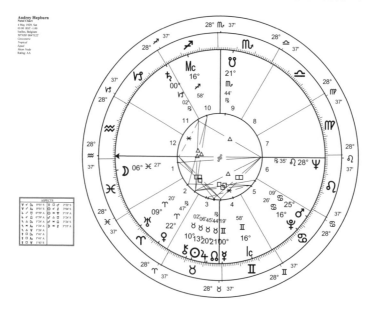

圖說：奧黛麗・赫本星盤。

254

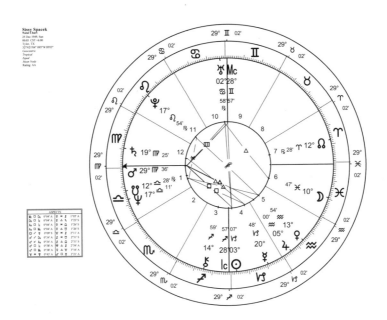

圖說：西西・史派克星盤。

己的特異功能，報復欺壓自己的人，同時，其精神不穩定、信奉正統派基督教、極端拘謹的母親也讓她感到被離棄。凱西・貝茲在《戰慄遊戲》中扮演難以捉模的暴力精神病粉絲安妮・維克斯（Annie Wilkes），她拯救、照顧、挾持並折磨她最喜歡的作者。

作者史蒂芬・金的火星合軸上升點，而他的太陽處女座與天王星雙子座四分相，與兩位女演員的火星合軸上升點及天王星的度數相當接近。

無論我們追求什麼工作或遇到什麼類型的伴侶關係，我們的星盤都鮮活地描述了我們遇到的人物、生命故事、事件、名字及情境；星盤的主題幾乎顯現於生命每一面向中，整張星盤時時刻刻都在運作，經由我們努力的精力、投射於所愛的人身上的追求、最愛的流行明星及書中的故事情節，皆為我們扮演星盤中的關鍵主題。

我們會發現自己受到星盤描寫的角色吸引，但是，演員卻是被選中去扮演這

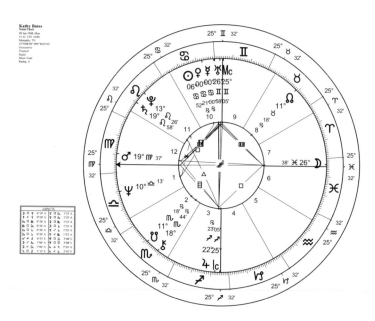

圖說：凱西‧貝茲星盤。

些角色，並且為我們演出這些主題。由演員、作家及導演所創造的角色，清晰地體現了寫在他們星盤中的刻板印象及原型，這給予他們機會去處理自己星盤中的關鍵主題及動力。

偉大的夢想、誇張的髮型：電視大亨的事業與本命盤

很多人認為，電視製作人艾倫‧斯班林（Aaron Spelling）（見右圖）是一個優雅、和藹而謹慎的老闆，他知道如何戰勝那些狂妄自大的人及難以應付的演員，也懂得在那些一頭熱「跑到好萊塢」倔強任性青少年演員面前扮演家長（例如：香儂‧道荷蒂（Shannen Doherty））。斯班林的無相位太陽爬上最高的天頂金牛座，他也是巨富的永恆象徵：這個男人四十年來累積權力，藉由電視作媒體將通俗文化的影響力傳至家家戶戶中（注意巨蟹座的月亮／冥王星合相）。有趣的是，太陽合相天頂的人往往具有名氣並且在專業領域中擁有高知名度，但他

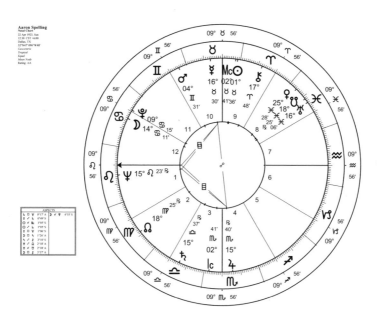

圖說：艾倫‧斯班林──T 型三角圖形相位。

們會寧可隱藏在位高的太陽陰影之中，將私生活視爲不容侵犯的禁地。

　　太陽在天頂、上升獅子座的斯班林在電視圈中就像是《綠野仙蹤》（*The Wizard of Oz*）的魔法師一樣：一個神祕、身型矮小的男人，在一間偌大的辦公室裡，爲電視創造美高梅集團（MGM）（獅子座）的魔幻魅力。但是，其職涯的主要主題可能顯示於星盤中的 T 型三角圖形相位中：第十宮的水星金牛座對分相第四宮的木星天蠍座，兩者同時四分相上升點的海王星獅子座（固定星座的水星／木星對分相也是風箏圖形相位的骨幹）。曾任編劇及演員的斯班林後來成爲了一名多產的獨立製作人，70 年代，這個電視大亨向大眾販售木星／海王星式的劇集，想像、逃離主義、奢華及罪惡快感；到了 80 年代，則餵食以嘩眾取寵的風格。這些正是他的節目吸引大眾的地方，他廣爲傳遞的美國認同及神話式的生活風格，成爲了世人在 80 年代對美國的印象（斯班林的月亮與美國七月四日星盤的太陽緊密合相）。

　　有趣的是，他那些電視節目的主要場景，包括他所創造及監製的電視劇集，都反映出這組 T 三角的明顯細節，甚至其中每個角色（通常有三位主角）可以由這組 T 三角的其中一點去描述！讓我們看看其中的細節。

　　《雌虎雙雄》（*The Mob Squad*）是斯班林第一部熱門之作（播映日期為1968 年 9 月，當時太陽弧正向推運金星剛進入其等宮制的第十宮、而天頂四分相天王星），此劇集讓廣告商察覺到年輕族群的電視觀眾的重要性（水星／木星／海王星）。劇集有三名年輕、新潮、打擊犯罪的戰士（廣告宣稱是「一個白人、一個黑人、一個金髮美女」），他們努力在機制內工作，讓自己免得被囚禁。雖然他們都未能通過試用期，但三人都得到第二次機會，並且藉由成為臥底、潛入反主流文化陣營（水星對分相木星天蠍座）而有機會拯救自己（海王星）。這三人包括了一個有錢小孩（水星金牛座）、一個個性激烈陰沉的非裔美國人（木星天蠍座）、以及斯班林形容她為「折翼的金絲雀」一樣的脆弱女生（海王星合相上升獅子座）。

　　斯班林最成功的影集是《霹靂嬌娃》（*Charlie's Angels*），故事是關於三個打擊犯罪的女性，影集於 1976 年 3 月 21 日試播，當時太陽牡羊座四分相火星巨蟹座，斯班林的太陽弧正向推運金星呼應式來到本命盤的水星，這劇集當時轟動媒體，並被稱之為「搖動電視」（jiggle TV）（譯注：暗喻劇集中的女演員們衣著暴露，晃動乳房，看起來像是在抖動一樣，在 1970 年代道德嚴謹的時代，這種被視為傳播色情的劇集受到人們的批評）。劇集的劇情及演員概括了水星金牛座、木星天蠍座及海王星獅子座：三位女主角離開了沉悶的警署文職工作，成為風姿綽約的私家偵探、被派遣進行臥底工作（身穿比基尼及高貴服飾）。她們的老闆是一個素未謀面、隱居、難以捉摸、女性化的百萬富翁（她們只聽過他的聲音）；三人中其中一人嚴肅、機智，實際、穿著高領毛線衣、聲音沙啞（金牛座）；一個皮膚黝黑性感、深諳都市生存之道，卻是一個曾被侵犯的孤兒（天蠍座）；最後一個是面貌姣好、留著大波浪金色捲髮的賽車選手（獅子座）（「法拉利頭」及雜誌封面上的女性形象席捲國際成為一股風潮）。

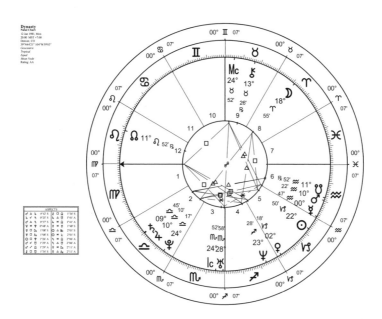

圖說：朝代影集星盤。

　　在世紀最衰敗的十年間，出現了《朝代》（*Dynasty*）影集（見上圖），它於 1981 年 1 月 12 日開始播出，那是木星／土星合相之後兩星期。讓我們再次注意斯班林的 T 三角：小鎮中一名速記員嫁給了石油大王，並在一個由奢華、財富及勢利的充滿敵意的世界感到迷失，她後來確實去對抗前來報仇、鄙視他人、丈夫的前妻（同時注意斯班林巨蟹座的月亮／冥王星合相與土星天秤座形成四分相）。影集向觀眾呈現一個住在擁有 48 間房間的豪宅、資本雄厚的家庭裡，權力鬥爭的荒唐故事（木星在第四宮天蠍座的斯班林住在一棟擁有 123 間房間、56000 平方英呎、建於 1991 年的豪宅裡，至今仍然是美國加州最大的獨戶住宅）。《朝代》講述這些穿著晚禮服的超級富豪們如何做壞事，被視為「坎普風」（camp）作品、以誇張的方式展現；坎普風是木星特色，根據散文家蘇珊・桑塔格（Susan Sontag）的說法，坎普風是「將嚴肅變得輕浮、無足輕重，奢華正是其特色」。當太陽弧正向推運水星來到斯班林的本命月亮時，《朝代》

於 1983 至 1984 年間收視率達到最高點。

在《奇幻島》（*Fantasy Island*）中，一個神祕島嶼上，一個謎樣的管理員與他的小助手幫助人們實現想要得到巨額金錢的長久夢想。在《龍鳳神探》（*Hart to Hart*）中，白手起家的百萬富翁娶了一個自由記者，在各種喧鬧之中，二人成為業餘偵探，展開了一段華麗、空中飛人式的生活。在《飛越比佛利》（*Beverly Hills 90210*）中，住在市郊的一對孿生青少年兄弟搬到了好萊塢，經歷文化衝擊，最終在一個眾星芸集、極度揮霍的社區中，與一群空有物質但毫不滿足的富家子弟為伍。在《聖女魔咒》（*Charmed*）中，三姊妹發現他們是神力女巫的後代，守護無辜的人，同時面對人生、工作及愛情的各種實際問題；三姊妹中其中一人可以用念力移動物品（水星金牛座），另一人可以瞬間凍結人們去控制他人（天蠍座是固定的水象星座：終極的深層凍結！），最後一人則可以看見未來，擁有預知及心靈感應的能力（海王星）。

斯班林其他影集，例如：《愛之船》（*The Love Boat*）（在一艘「太平洋公主號」（Pacific Princess）的豪華郵輪上，為觀眾帶來喜劇、愛情及感性的劇情）、《甜蜜妙家庭》（*7ᵗʰ Heaven*）、《拉斯維加斯》（*Vegas*）及《日落海灘》（*Sunset Beach*）等影集，皆以星盤中的這組 T 三角為本去描述故事，它甚至描述了《警網雙雄》（*Starsky and Hutch*）中的角色：一個聲線陰柔、輪廓鮮明的型男，一個懂得如何在城市生存、說話冷嘲熱諷，以及一個美艷的小偷。

有時候這樣的做法是太過冒險而沒有去放大星盤的心理層面，因而錯失生命與星盤之間有趣的「宇宙關聯」，其中本命盤的象徵符號會以字面上的意義透過生命中的事件、情境及人物呈現，無論是在現實生活還是在電視上。

呼應宇宙的作品

當歌手撰寫及／或錄製一首具有特殊訊息或主題值得注意的新歌時，作為占星師的我們可以在他們的星盤中找到這些主題，尤其是當那首歌與歌手之間擁有密切關聯時。

貝瑞·懷特（Barry White）的象徵

貝瑞·懷特的天頂在天蠍座（它的共同守護星火星在天秤座的金星及海王星之間），專輯中這位男歌手深沉而充滿感情的中音所唱出的節奏藍調，搭配豐富的管弦樂的柔美之聲，為那些心懷誘惑的熱情男性營造氣氛。

懷特本來是女子樂團「愛無止盡」（Unlimited Love）（金星／海王星）的製作人及編曲人，後來他受到幕前表演的吸引，推出了「你是第一、唯一、我的所有一切」（You're the First, the Last, My Everything）、「永遠渴望你的愛」（Can't Get Enough of Your Love）、「我能夠滿足你」（I'm Qualified to Satisfy You）以及「愛的小夜曲」（Love Serenade）這些歌曲；還有「愛的象徵」（The Icon is Love）及「忍耐力」（Staying Power）等專輯。被稱為「愛情海象」（Love Walrus）的懷特形容自己的音樂及天鵝絨般的歌聲為「粗糙但溫柔、男性但感性、巨大但親密、具有男子氣概但以謙遜的方式表達」。

很多奠定事業地位的歌曲，都是在歌手正值某個行運或正向推運時寫出來或推出。

為泰咪·溫妮特帶來麻煩的 T 三角圖形相位

歌聲催淚的鄉謠音樂傳奇泰咪·溫妮特（Tammy Wynette）（見下頁）奠定事業的歌曲《忠於你的男人》（Stand by Your Man）是關於忠誠及團結，她與另一位創作人比利·謝利爾（Billy Sherrill）均反駁這並非是一首性別平等倒退的歌，而在收到女性主義者充滿敵意的回應之後，二人花了非常多的時間去為這首歌辯解，謝利爾說：「這首歌只是另一種（沒有保留的）訴說我愛你的方式。」它只是提醒人們無視男人的諸多缺點（歌詞提到「畢竟他只是個男人」）。

溫妮特的本命金星在雙魚座最後一度並對分相海王星，兩者同時與火星巨蟹形成寬鬆的四分相，這首歌描繪了一幅寬恕及容忍的畫面，而不是將女人描述成

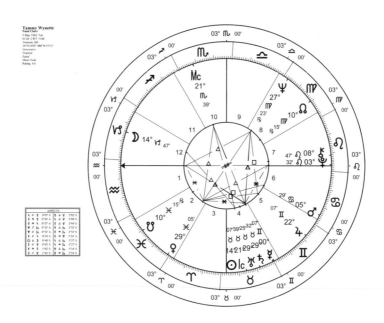

圖說：泰咪‧溫妮特星盤。

像腳踏墊一般（這首歌也沒有暗示這位歌手在舞台下的人生正經歷婚姻的不穩定或與醫療上的肥皂劇劇情。由於她的星盤中冥王星合軸下降點、天頂天蠍座、金星／海王對分相，溫妮特將人生及事業的控制權交給不同的丈夫，而不是以這些強大相位去主導一切。）

　　一夕之間，《忠於你的男人》這首歌讓溫妮特成為巨星（她成為了眾所皆知的鄉村歌曲皇后），當這首歌推出時（1968 年 9 月），天王星及日蝕點皆對分相本命金星。

　　當一向謹言的未來第一夫人希拉蕊‧克林頓（Hilary Clinton）向她那風流的丈夫表示支持時提到這首歌，讓它及其主唱者再次聲名狼藉，希拉蕊說：「我不會只是坐在這裡，像泰咪‧溫妮特『忠於我的男人』那樣的小女人。」希拉蕊的水星準確合相溫妮特位於天蠍座 21 度的天頂，這次失言發生在行運冥王星經過天蠍座 22 度時（1992 年 1 月 26 日）。

信仰、信念、變得「瘋狂」：天頂雙魚座

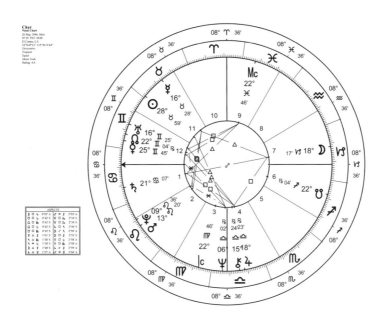

圖說：雪兒星盤。

　　流行音樂倖存者雪兒（Cher）（見上圖）的回歸單曲〈相信〉（Believe），一首以雙魚座風格命名的歌曲，音樂上也運用當時新潮的破音及音準修正技術。這首歌推出時，天頂的共同守護星木星行運正接近她雙魚座天頂，雪兒與當時的配偶索尼・波諾（Sonny Bono）的主題歌〈我得到你了寶貝〉（I Got You Babe）訴說了青少年的愛情如何抵抗社會期望（「他們說我們太年輕什麼都不知道，在長大之前我們不會有答案……他們說我們的愛情無法用來交房租……」）。在雪兒的星盤中，上升及下降守護星互容並形成對分相：第七宮的月亮摩羯座及第一宮的土星巨蟹座。

　　喬治・麥可（George Michael）（見下圖）最暢銷的專輯是《信念》（Faith），這也是他單飛之後第一張專輯（第一首單曲是在他木星回歸後的幾

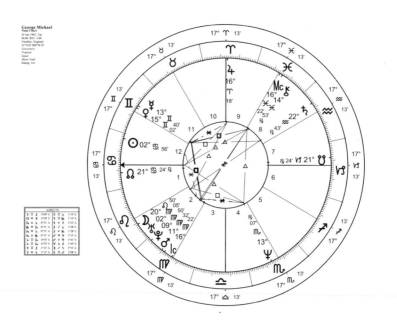

圖說：喬治・麥可星盤。

星期推出）；其他歌曲包括《祈求多一點時間》（Praying for Time）及「像耶穌對待孩子般」（Jesus to a Child）同樣讓人聯想到他的天頂雙魚座。2011 年當他經歷另一次牡羊座的木星回歸時，他推出了《真正的信念》（True Faith）（他的天頂雙魚座多年來提供許多八卦素材，當行運木星於 1998 年 4 月到達他的天頂時，他因公廁猥褻事件被捕；而當行運天王星接近天頂時，他涉及了一些與藥品有關的交通意外事件）。我們觀察他星盤的其他領域，第 11 宮雙子座的水星 / 金星的合相與火星 / 冥王星的合相形成四分相，這暗示了他的名曲《無心的呢喃》（Careless Whisper）（「時間永遠無法彌補好朋友那句無心呢喃」）；《速食愛情》（Fast Love）（本命盤的金星雙子座四分相火星）一曲於 1996 年 4 月 22 日推出，那是他金星回歸的那一天。

瑞奇・馬汀（Ricky Martin）的招牌歌《瘋狂人生》（Livin' La Vida Loca）反映了他的雙魚座天頂以及第十宮雙子座的月亮 / 火星合相；多年來，馬汀及喬

治都經歷了很多與性取向有關的八卦及媒體揣測（天頂雙魚座）。

鐵達尼號金曲

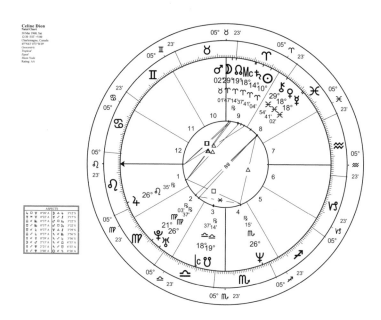

圖說：席琳・狄翁星盤。

　　我將木星／海王星相位與宏偉的幻覺（及錯覺）連結。讓我們想一下郵輪鐵達尼號傳奇，它擁有許多的木星／海王星象徵：龐大的載客郵輪、為富人而設計、號稱史上最大、奢侈、豪華的載客汽船。

　　在處女航行途中，它在大西洋撞上巨大冰山，1500 人溺斃，成為歷史紀錄上最嚴重的海難，並導致航海法的修訂。當時水星及木星同時逆行、無相位的月亮合相天王星、太陽／海王星四分相、金星雙魚座四分相火星／冥王星，在這些星象之下，即便是處女航也必定被視為一次史上最大型、最壯觀、一切災難的開端！

　　1997 年，這個故事被改編成為史上最大預算並得到奧斯卡殊榮的電影（這

部史詩式經典由導演／製片人詹姆斯・卡麥隆（James Cameron）監製，他出生於 1954 年 8 月 16 日，當時木星／海王星四分相）。電影主題曲名也非常具有海王星意味，它也是 1998 年全球最高銷量單曲（海王星就是無所不在的意涵），由席琳・狄翁（Celine Dion）（見上頁）充滿戲劇性地演唱這首《愛無止盡》（My Heart Will Go On）（一首講述永恆之愛的歌）；她出生時，木星獅子座準確地與海王星天蠍座形成四分相。這部電影讓李奧納多・狄卡皮歐（Leonardo DiCaprio）成爲電影巨星（以及之後海王星式的「李奧納多狂熱」），他的本命盤中也一樣有準確的木星／海王星四分相。

「哈里路亞」因素

　　木星／海王星主題同樣可以在李歐納・柯恩（Leonard Cohen）那充滿哀傷的聖經經典《哈里路亞》（Hallelujah）曲中聽見，這首歌於 2008 年由電視《美國偶像》（American Idol）及《X 因素》（The X Factor）的參賽者再次炒熱；

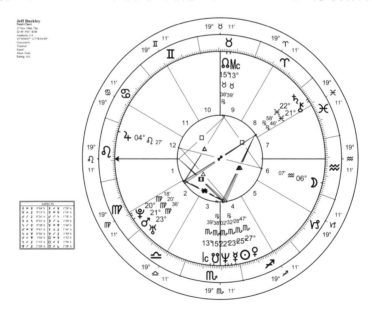

圖說：傑夫・巴克利星盤。

柯恩雖然有兩顆行星在處女座，但月亮落在雙魚座，天頂守護星水星合相木星，金星則與海王星形成準確合相。

　　傑夫・巴克利（Jeff Buckley）（見上圖）的版本也許最為人熟悉，在他的出生盤中，獅子座的木星已經升起並進入第十二宮；本命盤中由太陽／水星／金星及海王星所組成的天蠍座星群，描述了他向「高潮中的哈里路亞」致敬的感性詮釋。《美國偶像》參賽者傑森・卡斯特羅（Jason Castro）在此才藝節目中的演出重新讓傑夫・巴克利的版本再現；卡斯特羅出生盤中，太陽／木星合相於牡羊座，與以下行星形成四分相——我想你已經猜到了——沒錯，海王星。

更多宇宙的關聯

　　妮娜・西蒙（Nina Simone）的柔美音色以及她為人權運動的政治發聲，均可以在她的天頂天蠍座及月亮／冥王星對分相中看見（關於她的星盤詳見本書第 152 頁），她最有名的歌曲可能是復仇的折磨威脅《我對你下了咒》（I Put a Spell on You）（「我不介意你是不是不要我，現在我是你的」）與洗腦歌曲《我的寶貝只關心我》（My Baby Just Cares for Me）；其他天蠍色彩的歌包括《做個年輕有為的黑人》（To Be Young, Gifted and Black）、《奇異果實》（Strange Fruits）（這首歌由另一位天頂天蠍座的歌手比莉・哈樂黛（Billie Holiday）唱紅）、《別離開我》（Ne Me Quitte Pas）、《但願我知道自由的滋味》（I Wish I Knew How It Would Feel to Be Free）及《該死的密西西比》（Mississippi Goddam）。

　　我並非要踏入他人的聖壇，但我希望大家會享受這些歌名的占星象徵：吉米・亨德里克斯（Jimi Hendrix）的《電子淑女國度》（Electric Ladyland）（金星／天王星對分相）、派蒂・史密斯（Patti Smith）首張地下龐克搖滾專輯《馬兒》（Horses）（天頂守護星金星合相木星天蠍座、上升射手座）、瓊・拜亞（Joan Baez）的《致陌生人的情歌》（Love Song to a Stranger）、《監獄三部曲》（Prison Trilogy）、《對我來說更甜美》（Sweeter for Me）及《鑽石與

鐵鏽》（Diamonds and Rust）（海王星合下降點，上升牡羊座）、約翰・藍儂（John Lennon）那首簡單卻傳達了社會訊息的《想像》（Imagine）（月亮水瓶座對分相冥王星、與水星形成 T 三角）、蒂娜・透娜（Tina Turner）的《愛情傻瓜》（A Fool in Love）（木星／海王星對分相，兩者同時與第五宮的金星形成 T 三角，加上第七宮的火星雙魚座）、還有保羅・麥卡尼（Paul McCartney）的《嗨，朱德》（Hey Jude）與《昨天》（Yesterday）（太陽四分相海王星／上升）；也只有像巴布・狄倫（Bob Dylan）這種上升射手座的雙子座、加上天王星合相太陽、月亮、木星及土星才能寫出令人出神的聖歌《變革的時代》（The Times They Are a-Changin）。

　　茱蒂・嘉蘭（Judy Garland）的《彩虹彼端》（Somewhere Over the Rainbow）描述了她的天頂雙魚座以及她對「那片曾在我的搖籃曲中聽過的土地」的夢想與憧憬（天王星／天頂合相在雙魚座不只描述了她公眾生活中情感的起伏與及暗自的悲傷，同時描述了她的逝世如何引發了石牆暴動（Stonewall

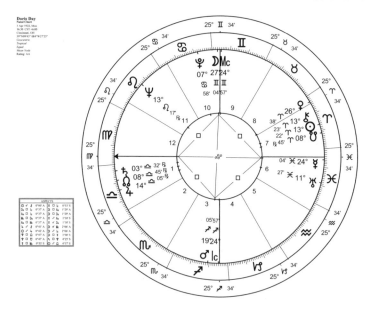

圖說：桃樂絲・黛——大十字圖形相位。

riots）同志解放運動的開端：被壓抑的少數無法再忍受警察的暴行而反抗）。

在桃樂絲・黛（Doris Day）的星盤中可以看見稍微複雜的象徵（見上圖），《順其自然吧》（Que Sera Sera）這首歌──釋放所有的未來計劃，讓事情自然發生──將與她永遠連結在一起。她的天頂守護星水星落在宿命的雙魚座，對分相上升、喜歡控制的處女座；水星四分相月亮雙子座（落在天頂）；火星則落在天底、哲學性的射手座。在這首歌中，她的母親告訴她：「我們無法看見未來，那就順其自然吧。」

小說中的星盤面向

當我們研究小說作家的星盤，我們發現在設定角色、敘述人生及鋪設劇情的過程中，作者們當然也說出了自己的星盤；那些引起作家興趣或啓發靈感的文學主題及領域，往往可以在作家們的星盤中找到，同時也會反映在作家進行創作及出版時的推運或正向推運中。

春風不化雨：尋找簡・布羅迪（Jean Brodie）

繆里爾・絲帕克（Muriel Spark）（見下頁）被視爲二十世紀小說中最偉大的文學創作者之一，在一次殘破婚姻及精神崩潰之後，於 1954 年成爲了一位羅馬天主教徒，這種轉變被稱之爲能夠「爲其人生帶來穩定的智慧力量」的催化劑。

絲帕克本是一個詩人，她的書大多是評論國內的紛擾以及女性在世上的劣勢（注意本命盤中天秤座的月亮／火星合相及水瓶座的金星／天王星合相）；她的許多作品也顯現了一種尖銳無理的語氣，其中所表現出來的一針見血、不懷好意的機智風趣，不但戳穿了許多陳腔濫調，也揭示了讓人不悅的眞相（天頂守護星──水星在摩羯座，月亮／火星天秤座四分相冥王星）──那些往往被人們以貌似簡單的方式包裝的眞相。

絲帕克星盤中的主要主題及重要相位明顯包括：

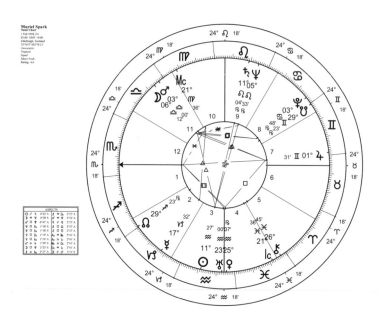

圖說：繆里爾‧絲帕克星盤。

- 水瓶座暗示（太陽水瓶座，金星合相天王星在其守護的水瓶座），由星盤中強調風象星座、風象宮位及再次突顯固定星座。

- 第三宮的太陽對分相第九宮的土星 / 海王星合相，金星 / 天王星的合相四分相下降點的木星，月亮 / 火星合相與冥王星形成四分相。

　　絲帕克最具代表性的角色仍然是簡‧布羅迪，她是在《春風不化雨》（*The Prime of Miss Jean Brodie*）書中富魅力、又有進取心的學校老師，這個探討道德與操控的故事最初是在《紐約客》（*The New Yorker*）中連載。過去一直努力想要在這本雜誌定期發表文章的絲帕克於 1961 年 8 月投稿此書，當時天王星在獅子座 25 度、對分相她的金星 / 天王星合相，並且進入她的第十宮，這是她一直以來努力想要得到的突破。這小說改寫了絲帕克的人生，為她帶來功成名就，也正是透過她所創造的簡‧布羅迪這位令人印象難忘的角色，讓我們看到絲帕克

星盤中的主要主題如何展現於生命。

　　正如我在本書曾經提及，如果你想要參與並活出自己太陽星座的精粹，是很有道理的，如果我們不遵循太陽星座的訊息，那麼我們也許會沉溺於太陽星座對面星座的最壞狀況。每個星座的陰影通常是軸線對面星座中令人難以接受的面向，作家經常同時運用軸線的兩端，在文字之間鋪設多面向的身分認同。保羅·萊特（Paul Wright）最近再版《文學上的黃道星座》（*The Literary Zodiac*）一書，這本書對於文學作品的關鍵主題上也認同作家的太陽星座的重要性；在絲帕克創造的布羅迪身上，重視「每個人」的水瓶座所散發的超然理想主義及平等主義，其背後正是自我中心、「人各爲己」、相信自己天生具有獅子座的統治權。正如《動物農莊》（*Animal Farm*）一書中的革命領袖的宣言：「所有動物都是平等的」，然後又補充：「但某些動物要比其他動物更加平等。」

　　當太陽（個人主義的獅子座的守護星）落在重視團體精神的水瓶座時，我們會陷入一個有趣但兩難的局面：當團體理想需要優先考慮時，個人如何能夠「自我中心」呢？當個人不再代表群體時，水瓶座理智上的公正及人文主義可以被妥協犧牲──或是他們會把自己提升到導師、領袖或一個不懷好意控制他人的人。許多水瓶座都努力爭取自由、平等、博愛，但也暗地裡感到自己更優於他們爲其爭取其權利的人。我們很快就了解布羅迪擁有崇高的理想及精英主義者的敏感度，她將自己的青春奉獻給一群身障的女孩子們，但也將自己的思考方式加諸於她們身上。

　　簡·布羅迪說：「當你把一個正值易受影響的年紀的女孩交給我，那麼她這輩子就是我的了。」

　　水瓶座陰影的展現包括了厚此薄彼（需要形成派系）、無所不知、渴望成爲「某種人」並提升自己成爲被崇拜或被模仿的英雄人物。布羅迪培育了一群專屬於她的追隨者，一群她稱之爲「布羅迪團體」的人，這聽起來與「精英份子」沒兩樣；她憑藉個性的力量主導群眾（書中充滿見解、後來背叛老師的珊迪（Sandy）說：「簡·布羅迪覺得自己就是神的旨意」）。布羅迪企圖控制學生

們的人生、幻想、及美學品味，她向學生們介紹法西斯主義，並想以自己的形象去塑造女孩們；她甚至扮演神祇（木星合相下降點），將學生們分類（「珊迪很可靠」、「珍妮被畫了很多次」），為她們的未來制訂計劃，想要將嚴苛的宿命論強加諸於她們身上。讀者明白布羅迪間接地在學生身上活出自己的人生，她甚至操控其中一名女孩替自己爬上前任男友的床。

本書傳達的訊息揭開了絲帕克星盤的第三宮太陽水瓶座對分相第九宮土星／海王星獅子座這個關鍵相位。在課堂上（第三宮），迷人的布羅迪鼓勵她的學生們跳脫學校及社會框架之外去思考（注意天王星也落入第三宮），她以意志堅定、強悍、非傳統的方式去塑造他們的人生；之後當她逼迫一個學生與自己的哥哥一同加入對抗墨索里尼的戰爭，最後使這個女孩走上死亡之路，我們發現她對學生的激勵（海王星）帶著危險性及致命誘惑。

布羅迪前衛的教學方式與三十年代位於保守的愛丁堡中嚴苛、傳統的瑪西婭‧布蘭女子學院（Marcia Blaine School for Girls）形成強烈對比（除了那組對分相外，土星也守護絲帕克的第三宮），她的課未被納入課程之中，主要專注於美學、藝術、詩詞、她的浪漫愛情生活及個人的戲劇性事件（她的追求者修（Hugh）在法蘭德斯（Flanders）戰場上倒下了，在她的故事中受到崇拜）；然而，布羅迪的男女關係是複雜的：她周旋於承諾忠於她的保守音樂老師（土星）以及浪漫但已婚的藝術家（海王星）之間，後者迷戀她，並希望重燃與她這段祕密關係。在書本及電影版本的結尾，她依然單身，並未與任何人在一起（太陽水瓶座）。

布羅迪對法西斯主義的興趣——特別將領袖墨索里尼浪漫化——反映在絲帕克這組關鍵的對分相中；然而，此意識形態及其領袖呢？

貝尼托‧墨索里尼（Benito Mussolini）（見下圖）於 1917 年及 1918 年初開始爬上政治位階，正是絲帕克出生之時，在土星／海王星於獅子座合相之下（這組合相行運至墨索里尼第九宮的太陽／水星合相）。法西斯主義主要是一種獨裁的思想（土星／海王星），它既傳統又具革命性特質，其中受到「保護」

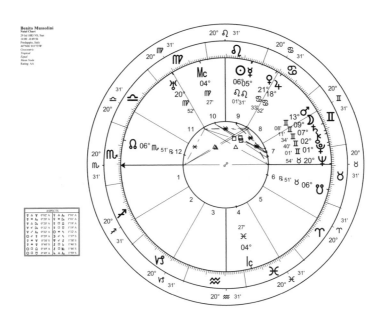

圖說：貝尼托‧墨索里尼星盤。

的精英（獅子座）共同擁有社會目標，並反對以社會階級為基礎的歧視（水瓶座）。在《法西斯主義》（*The Doctrine of Fascism*, 1932）中，墨索里尼論及它的集體主義制度（個人主義的相反），也就是將人類的互助精神與團體目標置於個人需求之前。在以下文字中，我們可以可以感覺到「獅子座／水瓶座」軸線及土星／海王星合相的主題：「法西斯主義的國家概念是全然接納……法西斯主義是一種宗教概念，其中人們與超然的法律與客觀的意志之間存在一種內在關係，這使個人超脫，讓他成為精神社會中具有意識的成員。」然而，墨索里尼就像小說中的布羅迪一樣成為了法律本身，以一己之力廢除了大部分的憲法限制。

　　墨索里尼的星盤與布羅迪的創造者絲帕克的星盤之間存在有趣的連結，包括他落在天蠍座 20 度的上升點（接近絲帕克的上升點）、雙子座 1 度的冥王星（合相她的木星）、處女座 20 度的天王星（落在她的天頂）；此外，也許最明顯的線索是：第九宮獅子座的太陽／水星合相（與絲帕克第九宮的土星／海王星

合相在 5 度的容許度數之內）。

絲帕克與墨索里尼的連結也許到此為止，但是我們可以將她最有名的這部小說視為法西斯主義的隱喻。布羅迪不太意識到這樣的矛盾：要求學生們獨立思考又必須遵從她的個人理想，藉以滿足自己的極權主義人格。在書中，珊迪將「布羅迪團體」視如墨索里尼的士兵一般，但是布羅迪並沒有看到法西斯主義的危險，也沒有看到自己成員之間的分歧，珊迪背叛了布羅迪，因為她並不想要成為布羅迪的複製品，改信天主教；道德上珊迪認為自己有道德責任告訴校長布羅迪的事情（絲帕克於 1954 年改信天主教，那是在另一次土星／海王星合相之後不久）。也許是出於妒忌心，珊迪「阻止」了控制欲強的老師，而布羅迪被指控教授學生法西斯主義，被瑪西婭·布蘭女子學院解職，後來（於書中）終其一生試圖想要確認「攻擊者」的真正身分。

克里斯蒂娜·凱伊（Christina Kay）（見下圖）是絲帕克唸書時的學校的老師，也是簡·布羅迪這角色的靈感來源。在凱伊的星盤中，具革命精神的天王

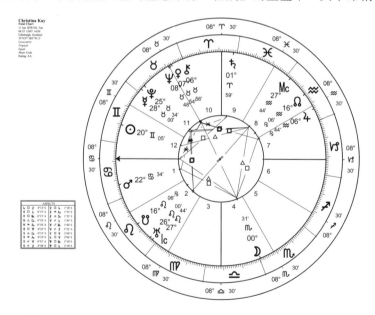

圖說：克里斯蒂娜·凱伊星盤。

星落在獅子座 26 度（對分相絲帕克的金星／天王星合相；而當本書於 1961 年 10 月出版時，凱伊正經歷天王星回歸）。二人之間的合盤也相當有戲：凱伊的天頂在水瓶座 27 度（落在絲帕克的金星／天王星合相上）；土星在牡羊座 1 度（對分相絲帕克的月亮／火星合相）；水星與冥王星分別在金牛座 25 度及 28 度（在絲帕克的下降點）；木星則在水瓶座 6 度（靠近絲帕克的太陽）。

1996 年 5 月，凡妮莎‧蕾格烈芙（Vanessa Redgrave）於英國西區（West End）劇場演出此部小說改編的舞台劇、飾布羅迪一角，蕾格烈芙的上升點在獅子座 24 度；很明顯的，這位演員與作者兩人的太陽產生合相、水星也產生合相。蕾格烈芙出生於土星／海王星對分相時，1969 年 3 月 2 日，這部小說改編、奧斯卡得獎、由瑪姬‧史密斯（Maggie Smith）主演的影片首映，並讓斯帕克名揚國際。當時木星與天王星合相在（天秤座 2 度至 3 度）、合相絲帕克的火星、並對分相她在牡羊座 2 度的二次推運／太陽弧正向推運的太陽（太陽弧正向推運的火星當時也正在她的上升點）。即使我們沒有史密斯的出生時間，但二人之間也有一些有趣的比較盤相位：史密斯的太陽／水星對分相絲帕克的冥王星；史密斯火星在天秤座 7 度（合相絲帕克的月亮／火星合相）；金星在摩羯座 15 度（合相絲帕克的水星 17 度）；土星則在水瓶座 24 度（合相絲帕克落於 23 與 25 度的金星／天王星合相）。

雖然絲帕克這部小說非常自傳性地描述了她的校園生活，但我們知道，是主角布羅迪——這位壓抑、傲慢又特立獨行的人，最能夠在絲帕克的星盤動力中清楚辨識，作者對個這角色令人不寒而慄的描繪，在文學上留下了不可抹煞的痕跡。

絲帕克很多作品都與批判有關，警惕讀者了解人們出錯的可能性，以及當人們信仰錯置時的危險（土星／海王星對分相太陽水瓶座），其中經常暗示著：也許人們將信仰寄託於神會比較明智。

占星師卡爾‧麥克杜格爾（Carl MacDougall）曾經恰當地描述絲帕克的太陽水瓶座對分相第九宮的土星／海王星獅子座，在評論絲帕克的書《駕駛座》

（*The Driver's Seat*, 1970）中，講述：「一個童話式愛情故事被顛覆，就像是當人們走向個人主義之後必然會產生孤單感一樣；當宗教崇拜取代精神滿足，混亂取代了道德肯定，還有偽靈性經驗，而信仰也不過是一時狂熱，這些改變並剝奪了社會及靈性的價值」。在《衛報》（*Guardian*）的訃聞上（2006 年 4 月 14 日），艾力克斯·克拉克（Alex Clark）寫道：「你可以說，繆里爾·絲帕克的作品是探討魅力以及其背後的詭計，在這種力量之下幾乎是無法阻止的。」

引發犯罪的行星

　　星盤無法馬上告訴我們誰會是「建築工人」或「冰上曲棍球冠軍」，尤其現代的職業選擇太多了，人們不像以前那樣甘心於接受自己的命運，並且更加知道到需要去追求一份能夠真正表達自我的工作（無論他們有沒有付諸行動）；而占星學能夠揭示一個人工作背後的動機、特質及熱情，以及構成此人性格的主要面向。在英國，出庭律師（barrister）與事務律師（solicitor）的工作性質並不一樣，出庭律師有出庭陳述權，同時需要在事務律師的指示下，在法官面前進行辯護；雖然水星掌管辯護，然而，個人動機、專業態度以及出庭律師所需的溝通技巧，也許就像本命盤（與水星）一樣充滿多樣性，我相信是這些風格才可能在特定行星象徵之下被歸納，而不是工作本身。我個人認為，在擁有共同特徵的工作者的星盤上尋找共同連結會帶來更多的成果；更重要的是，與工作相關的一些動機。以下是與犯罪有關的占星觀察。

　　在《犯罪檔案》（*Profiles in Crime*）（Data News Press, 1991）的引言中，洛伊絲·羅丹（Lois Rodden）這樣寫道：

　　觸犯法律或損害他人權益或利益的犯罪行為，同時涵蓋了性質及嚴重性，如果觸法就是罪犯的話，大部分奉公守法的我們都可能是罪犯，我們可能觸犯過交通法規，可能為了利益而規避所得稅，可能誇大開支，也可能把僱主的產品帶回家；還有一種默許或忽視的罪惡——我們可能為了原諒自己的罪惡而選擇原諒別

人。基本上，一般人都有行為上的道德標準，透過社會化過程慢慢形成。

　　身為占星師，一旦我們看過幾張「壞人」的星盤之後，便很容易就把某些星象妖魔化，而忘記了我們正在觀察的是時空中的某一刻，其中其沒有明顯的道德判斷。我最近參與了一本占星雜誌的工作，內容關於一位大規模的殺人犯，其中一位工作伙伴提到「最大效果」：意指星盤中出現了數目不尋常的共同證據，這些證據「也許會製造」出一個連環殺人犯。我相信他是認真的，只是他忘記了這個連環殺人犯有一個比他出生早五分鐘的孿生哥哥，他過著非常不同的人生，最後被他的孿生弟弟給殺死了。

　　對於我個人而言，我認為我們很容易忘記占星學只可能顯示在社會及機遇、歷史時間點與其他外在因素的限制之下人們如何運用自己的「合約」——以獨特的畫筆去描繪人生故事。當我們研究罪犯的星盤時，也許要比其他類型的人更加注意的是，在性格及生活方式的發展過程中，許多非占星因素可能帶來影響；同時我們也要注意，如果一個人可以做出某種行為時，它就成為所有人都可能表現的人類行為，以占星學辭彙來說，等同於每個人的星盤都包含同樣的行星、星座及宮位。

　　雖然本命盤無法顯示出我們稱之為「罪犯」的罪惡或清楚模式，但我發現研究這些罪犯的相同性格特徵及經歷、找出共同行星或星座特點，是相當有用的。犯罪占星學是一個很大的主題，無法在此深入討論，但我會嘗試分享一些觀察，並以心理學與星盤去檢視一些主題，也許所有犯罪行為中最令人感興趣的是：連環殺手。

變動星座模式

　　達娜・哈樂黛（Dana Holliday）收集了許多連環殺手的出生資料（許多是她在其入監服刑時寫匿名信給他們而獲知的）；數年前，她在遺囑中留給我這些檔案、星盤及信件。達娜發現連環殺手的星盤通常有很大比重的變動特質，尤其

太陽、月亮及／或上升（加上其它行星）往往落在雙子座或射手座（在《木星與水星：基本入門》（*Jupiter and Mercury: A to Z*）（Flare, 2006）一書中，保羅‧萊特（Paul Wright）注意到以罪大惡極、大規模殺人而聞名的殺人犯，其星盤中有很強烈的射手座及木星特質），留意這一點之後，我開始探討變動星座的心理，並且很快就發現變動星座與「逃避」及「重覆」的議題有關。

英文 series（系列）一字意指「接連出現一連串相似或相關事件」，series 與 serial（連續）皆從 serere 而來：意指加入、連結、綑綁。我們可以說變動星座的功用是參與事件、連結資訊並且集結人們，然後去加以創造，或是讓一連串從共同點被人理解的相似事件變得合理。而從定義上，連環殺手是一個能夠躲避偵查（變動星座）並能夠重覆地以相似罪行施加於受害者的人，他通常隨機選擇犯案目標，而此人與上一個受害者會有某些共通點（變動星座也被稱之為「共同星座」（common signs））。某些殺人犯會比較有組織，他們面臨的挑戰在於以智力取勝、煙滅證據並躲避偵查——玩著貓捉老鼠的心理遊戲，這正是變動星

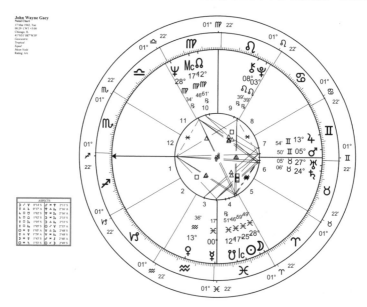

圖說：約翰‧韋恩‧蓋西星盤。

座熟練的事情。

　　顯然「連環」一詞早在 1930 年便與謀殺結合，但所謂「連環殺手」一詞，直到七十年代末至八十年代初，出現由約翰・韋恩・蓋西（John Wayne Gacy）（見左圖）與泰德・邦迪（Ted Bundy）犯下社會關注的大規模謀殺之後才被媒體使用。經常被想象爲恐怖小丑的蓋西，他的太陽、月亮（還有水星）皆落在雙魚座，上升射手座，天頂處女座，火星／木星雙子座。邦迪則出生於太陽及月亮／火星皆在射手座時，他迷人、富魅力、有禮而且誘人（金星合相木星落在天蠍座並合相天底），當他被捕時，他拒絕了精神障礙的辯護，寧可被認爲是「智慧型」的人（射手座）。

　　有趣的是，在美國創造「連環殺手」一詞的人據說是犯罪專家羅伯特・雷斯勒（Robert Ressler），他出生於 1937 年 2 月 15 日，只有一組土星與海王星的對分相落在變動星座、太陽在水瓶座四分相火星在天蠍座、水星對分相冥王星，這些相位暗示他研究分析社會的心理、暴力與犯罪的興趣。

概要分析

　　當然，強調變動星座不一定就代表就是連環殺手！犯罪專家建立了一系列性格特徵表，據說可以用來協助辨別連環殺手，讓我們試著爲以下各種特徵找出最適合的行星：

- 反社會行爲；短暫的注意力。
- 無法解釋自己的行爲；無法從經驗中學習。
- 極少的良知；被害感。
- 需要慣性說謊或偷竊。
- 缺乏同理心或罪惡感。
- 避免親密行爲；早期強烈的性幻想（經常與偷窺或性虐待有關）。
- 控制不了自己的衝動；需要滿足自己的欲望。
- 童年的害怕及恐懼症；害怕顯示弱點；自我價值低落，同時又感覺自我優

越感；權力及控制的欲望（童年時期經常有虐待動物的傾向）。

- 能夠迷惑、操控及利用別人，經常藏身在「神志健全」的面具後面。
- 拒絕自己的家人（往往來自一個包含弱勢父親及強勢母親的家庭）；尋找那些順從於他們的控制或互相利用關係的人。

有趣的是，研究顯示童年環境並不是連環殺手出現犯罪行為的原因，顯然也不是生理上的原因，例如：當惡名昭彰的殺人犯傑佛瑞·丹墨（Jeffrey Dahmer）在獄中被謀殺之後，他的母親要求分析他的大腦，發現他腦部「正常」。大部分的連環殺手都是擁有高智商的單身白人男性。

雖然很多連環殺手都有自己的任務或「聽到某種聲音」（詳見以下的海王星），但也有一些是被稱之為「享樂主義」的連環殺手——他們從殺人的過程中得到刺激及愉悅；有時候這些尋求刺激與愉悅的殺人犯也會受到色慾驅使（因此結合了金星與火星元素）。

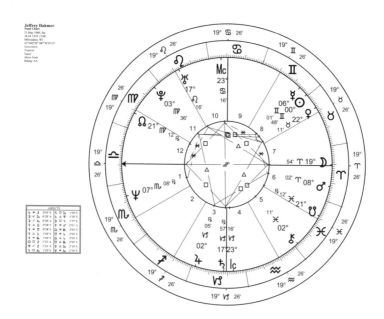

圖說：傑佛瑞·丹墨星盤。

　　另一種動機是爲了物質上的收穫，被稱之爲「安逸」的連環殺手，他們往往會以下毒的手法計劃性的盜竊、詐騙或侵佔他人財產（爲此目的去佔他人便宜似乎是木星的本質）。

　　權力、支配及控制對於某些連環殺手來說也是一個主要動機，這最常在具有明顯冥王星特質或強調天蠍座的星盤中出現。對於某些殺人犯來說，經常會有一些性慾以外的刺激性動機讓他們在別人身上製造痛苦或激發恐懼，在這種狩獵並追捕的過程中爲殺人犯帶來刺激感（天王星）；很多時候，這種殺人犯會追求完美的犯罪（天王星與完美意識有關）。

海王星及其動機

　　在恐怖份子及那些引起混亂、投入於某種「主義」的人，其海王星往往落在星盤中顯著的位置，他們可能脫離現實，某種「聲音」可能會驅使他們去犯下謀殺罪行。殺人犯「山姆之子」（Son of Sam）大衛・伯克維茲（David

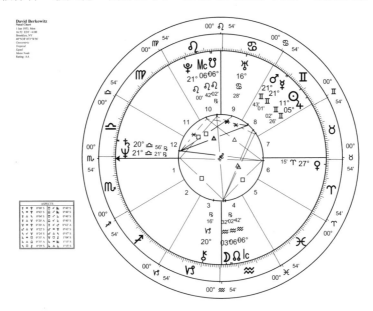

圖說：大衛・伯克維茲星盤。

Berkowitz）（見上圖）的海王星合軸上升點（加上雙子座的太陽／木星合相及水星／火星合相），他聲稱某個魔鬼附身在鄰居的狗身上，並指示他去殺人。當海王星影響下，在殺人犯的身分被證實之前，經常會有許多謎團或小報的瘋狂報導。

彼得・薩特克利夫（Peter Sutcliffe）（見下圖）的出生盤中，海王星在天頂，在逃的「約克郡屠夫」（Yorkshire Ripper）多年來對大眾造成惶恐，直到最後被捕。根據薩特克利夫描述，他的腦子裡的聲音要他去殺死那些妓女，海王星型的連環殺手往往身負任務，要為世上除去某種「特殊類型」的人。

強烈海王星特質的殺手可能會選擇那些看起來脆弱或迷失的人，他們可能會選擇用毒藥或氣體殺人，也可能像變色龍一樣大量偽裝；如果殺手化名或以假名而為人所熟悉，當然也是雙子座的特質，例如：「山腰絞殺手」（The Hillside Strangler）（安傑洛・布諾（Angelo Buono）的天頂在雙子座，海王星在上升點）。那些像殉道者或被冤枉的人的星盤中也會有強烈的海王星特質，例如：

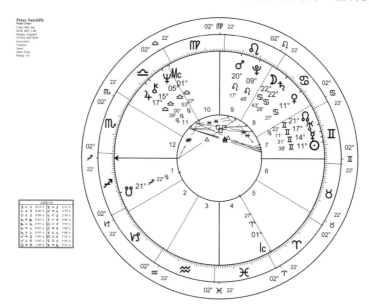

圖說：彼得・薩特克利夫星盤。

德里克・班特利（Derek Bentley）（上升雙魚座，海王星合相下降點）或像是李・哈維・奧斯華（Lee Harvey Oswald）這種「代罪羔羊」（海王星對分相天頂雙魚座）。

天王星與完美犯罪

天王星跟不定時發生、爆炸性、突發性的犯罪有關：往往會以「暫時失常」作為辯護藉口（一種對於累積的沮喪感或多年虐待的強烈反應，然而，這比較是火星／冥王星的本質）。天王星與躁鬱症有關，在加上為了淨化而衍生的破壞性思想──他們企圖建立一個「完美」社會，一個最為主宰的種族──或是極端的解決辦法，例如：滅絕低下的勞工階層。希特勒與邪教領袖查爾斯・曼森（Charles Manson）（見下圖）二人均試圖引煽動族戰爭，他們的天王星皆合上升，而哈羅德・希普曼（Harold Shipman）這個殺死了超過二百個病人的醫生，生於 1946 年 1 月 14 日（出生時間不詳），當天月亮都合相天王星。

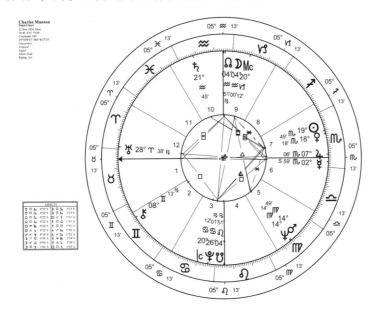

圖說：查爾斯・曼森星盤。

　　社會邊緣人、（據說也是）戀童癖湯馬斯・漢密爾頓（Thomas Hamilton）
（見下圖）出生盤中天王星合相上升巨蟹座，1996 年某天早上，他走進蘇格
蘭鄧布蘭（Dunblane）的校園殺死十六名學童，事件嚴重粉碎了這個蘇格蘭小
鎮，真正犯案動機不明（漢密爾頓的太陽金牛座對分相第五宮的月亮天蠍座，兩
者與冥王星形成 T 型三角相位）。這個事件發生在他金星回歸之時（本命盤上
金星對分相火星），也是行運火星四分相太陽弧正向推運中落在雙子座／射手座
軸線 19 度的金星／火星對分相之後幾天。

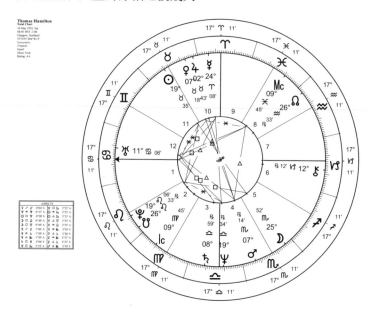

圖說：湯馬斯・漢密爾頓星盤。

木星與犯罪十字軍

　　木星型的罪犯往往具有魅力，貪婪並渴望出名，有時候他們有一種道德正義
感、一種被誤導的信仰（特別是如果涉及海王星）或是某些改革運動（如果結合
火星），運用他人信心的詐騙、大型竊案及其他大的抄捷徑計畫都與木星的範疇

有關。精神病人格的定義也吻合占星學上對於木星本質的觀察，他們往往會有一種病態的自我中心、熱愛冒險，尋求過多的感官接觸、缺乏羞恥心、懊悔或道德觀，加上拙劣的判斷、無法從經驗學習與及不想背負經濟責任。

最駭人聽聞的背叛及貪婪之一是一位詐騙病人的醫生馬塞爾・皮特奧（Marcel Petiot）（見下圖），他在二次世界大戰期間，向猶太人收取兩萬五千法郎安排他們到達安全區域；但事實上，他將氰化物注射入受害人體內，並且棄屍。在皮特奧的出生盤中，木星在天頂處女座（提供服務之人所得到的名譽／榮耀），對分相天底的金星雙魚座（以援救為藉口的詐騙），同時留意做為端點的火星／冥王星／海王星（依序）落在第七宮雙面人的雙子座。

執法與違法之人在星盤中往往有非常強勢的射手座／木星及雙魚座／海王星，在傳統上，木星是吉星，而許多兇手（都有強勢木星星象或木星的緊密三分相），因為警方疏忽或不小心的錯誤而幸運地逃脫或躲過拘捕、規避當局，直到木星的運氣用完為止（通常也是木星的原因：太依賴運氣、覺得自己比較優秀或

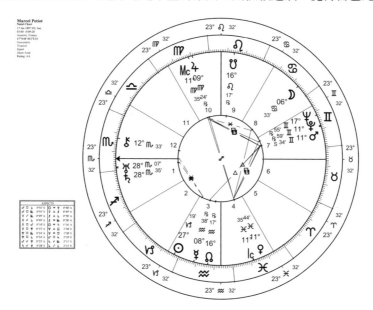

圖說：馬塞爾・皮特奧星盤。

太聰明，以致在判斷時自亂陣腳或犯錯）。

　　數名受到吉茵‧韋伯（Jeanne Weber）（見下圖）照顧的小孩（包括她的三名親生子女），都在她的照顧期間死亡。在她的出生盤中上升點落在射手座，太陽合相木星在天秤座（加上處女座的月亮／火星合相，兩者分別守護第八宮與第五宮）；由於證據不足加上前後矛盾的供詞，使她最後被宣告無罪開釋。她消失了一段時間，但隔年又再次登記另一個孩子死亡，韋伯最終受到制裁，但卻因為醫生對於死因的誤判而讓她受審又獲釋。（在她獲准於兒童醫院工作時）她又勒死了一個小孩，之後被判精神失常之下犯案，而她最終掐死了自己。

　　在我廿多歲時，曾經擔任一件計程車司機協助運毒案件的陪審團團長，被告宣稱自己不知道自己運送的是什麼東西，加勒比海警察的無能、加上檢察總署的一份證據不足的案例，鞏固此合理懷疑。雖然我們認為他也許是故意忽視運送的是什麼東西，不過我們仍然認為他應該無罪。當我離開法庭時，有一份文件上有他的出生日期，太陽與木星在射手座合相，他天生就是一個幸運的人。

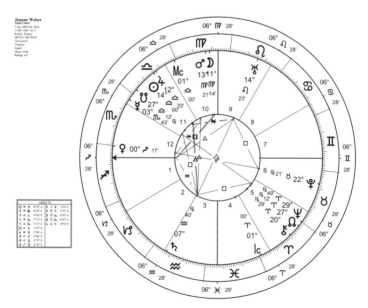

圖說：吉茵‧韋伯星盤。

　　由高格林展開的研究中證實了著名納粹黨員的星盤中，木星往往出現於星盤的四個軸點（然而是落在降宮）（其中有許多人都在海王星／冥王星於雙子座合相的「政治宣導」之下出生），我們只記得戰敗一方政治罪犯的烙印，卻很容易忘了這些人曾經在他們的歷史時空中獲得高官、地位及權力。

太陽合相

　　太陽／木星相位的人往往會與具影響力或權力的聯盟有關：例如魯道夫·迪爾斯（Rudolf Diels）就曾經被赫爾曼·戈林（Hermann Goering）任命為第一任德國納粹祕密警察首領；在迪爾斯的出生盤中，太陽／木星在射手座合相並對分相海王星，同時也寬鬆地對分相冥王星。

　　太陽／冥王星相位暗示著強大、具影響力的男性角色或父親型人物，尤其當這組相位落於獅子座時，某些行為模式如果未被他人觸發，也許會潛伏著。當年只有十四歲的連環殺人犯卡莉爾·安·弗格特（Caril Ann Fugate）與男友查理斯·斯塔克維特（Charles Starkweather）在展開瘋狂殺戮之前先謀殺了自己的家人。弗格特出生盤中有準確的獅子座太陽／冥王星合相以及天秤座的上升，她的上升點落在斯塔克維特的火星上，而她的火星則準確地合相他的天王星，她的月亮也在他的上升點上。

　　連環殺人犯杰拉爾德及查琳·加列戈（Gerald and Charlene Gallego）綁架許多人成為性奴以滿足自己的性慾，慣性說謊的查琳會先引誘那些女生，然後杰拉爾德會處理她們。查琳的出生盤有太陽／海王星合相，她的火星落在杰拉爾德的下降點（並對分相他落在上升處女座的火星，這顆火星並且合相她的金星），二人的天頂天／底軸線上下顛倒並只有一度之差。

　　米拉·韓德麗（Myra Hindley）（見下頁）的太陽巨蟹座合相冥王星獅子座，從過去、現在或未來，她都會被形容是女魔頭的化身——這是英國占星成員不想檢視的巨蟹座照顧人／母親的黑暗面（該合相落於天底，也就是星盤中被隱藏的軸點）。她的太陽準確地與他的情人及幫兇伊恩·布雷迪（Ian Brady）落

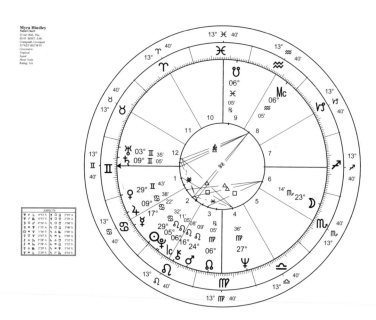

圖說：米拉‧韓德麗星盤。

在巨蟹座 29 度的冥王星產生合相；有趣的是，她的木星對分相他的太陽摩羯座（對於一個強大權威型人物的仰視或投射），他的木星落在她的天頂並對分相她的太陽，而韓德麗的金星合相他的凱龍，這種木星的交流相當有趣，因為這兩個兇手都認為自己所向披靡，並吹噓自己的豐功偉業。

火星及暴力犯罪

火星與謀殺之間的關聯就像行星本身那般簡單而直接：百分之六十五的謀殺都是盛怒之下的犯罪，或是長期在家庭或其他日常環境中積聚太多壓力最終爆發的暴力犯罪（雖然這通常不是引發連續殺人的動機），但是用刀殺人、槍殺及身體暴力皆屬於火星的管轄範圍。

在那些自由鬥士（例如：反抗者）的星盤中，強大的火星往往會落在天王星旁邊。克萊門斯‧馮‧蓋倫（Clemens von Galen）——德國大主教，曾經是希

特勒的宿敵之一──後來被解職並送往集中營，在他的出生盤中，月亮與天王星合相在第十宮並四分相第七宮的火星／冥王星（他的天頂合相希特勒的土星，海王星與下降點則在希特勒的太陽之上）。反納粹政治家沃爾夫・馮・哈納克（Wolf von Harnack）的出生盤中，月亮／天王星合相落在天頂天秤座，太陽也四分相天秤座的火星（落在希特勒的上升點），落在等宮制的第十一宮。

冥王星、天蠍座及那些說不出口的事

　　膽小的人最好不要閱讀冥王星型殺手的部分，在那些擁有極端嗜好及殘忍行為模式的殺手，其本命盤中，往往具有強勢的冥王星，而更常見的是天蠍座；這些連環殺人犯喜歡征服、主導及操控，會將操控及權力加諸於他人（異教領袖可以歸納於此描述之中）。復仇罪行（科雷兄弟（Kray Twins）的太陽落在天蠍座0度、對分相天王星，並與冥王星形成 T 三角）、幫派殺戮、性虐待、戀屍癖、獸姦、濫殺及分屍、雞姦、羞辱、殘害及食人都與冥王星或天蠍座有關。

　　食人狂及戀屍癖艾德・蓋恩（Ed Gein）（見下圖）是電影《沉默的羔羊》（*The Silence of the Lambs*）的野牛比爾、《驚魂記》（*Psycho*）中的諾曼・貝茲（Norman Bates）及《德州電鋸殺人狂》（*The Texas Chain Saw Massacre*）中惡魔一角的「靈感」來源。處女座的他出生時冥王星落在上升雙子座，並對分相下降點的月亮射手座，當她那控制欲強、畏懼神而又歇斯底里的母親（月亮落在射手座並對分相冥王星）於 1945 年 12 月 29 日離世時（當時土星在巨蟹座 22度），他發現自己完全地孤身一人，艾德保持母親房間的整潔如新，讓房間成為她的神龕，然後開始慢慢陷入瘋狂（太陽弧正向推運的海王星此時合相火星），蓋恩開始挖掘墳墓，剝下屍體的皮膚，然後把挖出來的女性皮膚與頭髮披在這些屍體身上，而當這些夜間行徑無法再為他帶來快感時，他開始殺人。

　　他在 1957 年 11 月 16 日被逮補時，太陽弧正向推運的天王星正合相他的天頂（當電影《艾德・蓋恩》（*Ed Gein*）在 2001 年 5 月於美國上映時，行運天王星來到他的天頂），警方在他位於威斯康辛州的家中找到他作為紀念品的證

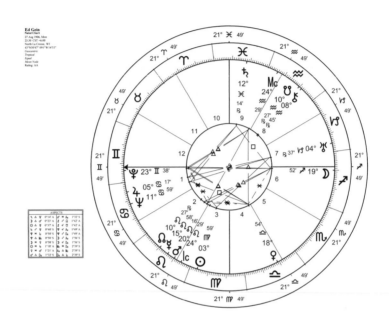

圖說：艾德‧蓋恩星盤。

物：一桶人皮、頭骨做的床柱、冰箱塞滿心臟與其他人類殘骸。

當這駭人的事件被揭發時，作家羅伯特‧布洛赫（Robert Bloch）（其土星在巨蟹座 23 度）當時也正在威斯康辛州，他以當時刊登於報紙的報導作為寫作題材，完成了小說《驚魂記》（*Psycho*）（1959），並以此書成名（布洛赫的天頂在處女座 4 度，合相蓋恩的太陽）。這本書與希區考克的同名電影（1960 年 6 月上映）推出時，行運冥王星正在處女座 4 度，為蓋恩帶來震驚全球的恐怖名聲。

「杜塞道夫的吸血鬼」（the Monster of Dusseldorf）彼得‧庫爾滕（Peter Kurten）是一個虐待狂，多年來殺害並肢解了超過 68 位女性，被稱之為「性變態之王」（king of sexual perverts），其出生盤中太陽雙子座合相土星，同時也合相上升點的冥王星。

異教領袖查爾斯‧曼森（其星盤詳見 283 頁）煽動其追隨者去犯下一連串

殘忍謀殺，其出生盤中有四顆行星落在天蠍座（合相下降點或落在第七宮）。

　　「夜行者」列卡度‧拉米雷茲（Ricardo Ramirez）是一個崇拜魔鬼的連環殺手，他綁架、雞姦及無差別地肢解許多人，並吹噓自己受到撒旦的眷顧，其出生盤中，太陽／月亮／水星落在雙魚座，木星在上升射手座，太陽對分相冥王星。

　　比利時人絕對不會忘記馬克‧達特魯（Marc Dutroux）（見下圖）的駭人行徑，其出生盤中冥王星合相天頂，太陽與水星在上升天蠍座，他綁架兒童，並在家裡的地下室強暴、然後餓死他們。星盤中有「幸運」的三分相：月亮與火星落在變動星座（逃避），並同時分別與天頂及上升點形成三分相，他多年來一直未被調查，即使達特魯之前曾經因為強姦罪而入獄（雖然被判刑十三年，但他只服刑三年），由於警方與官員再偵查過程中的重大疏失及不專業，讓他多年來一直逍遙法外。

　　冥王星之罪也可能為個人帶來愁雲慘淡的人生，讓他們感覺自己是受害者或

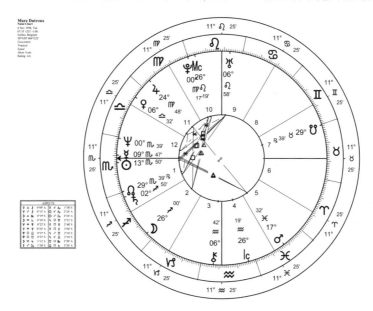

圖說：馬克‧達特魯星盤。

受人擺佈（請參閱 176 頁露易絲・伍德沃德的星盤，她的冥王星合相天頂）。

最後的觀察

在許多殘忍虐待女性的殺人犯的星盤中，月亮及金星經常與外行星形成合相、四分相或對分相；而在很多殺人犯當中，他們的土星（星盤中的良心、根源或道德）往往沒有相位的支撐或落在不具影響力的位置——除非該殺手擁有土星的性情或對於期望或父母的壓力感到重負。

著名占星師丹尼斯・埃爾威爾（Dennis Elwell）指出一些殺人犯或虐待狂（布雷迪、庫爾滕、薩特克利夫、丹尼斯・尼爾遜（Dennis Nilsen）、希普曼、甚至薩德侯爵（編按：薩德侯爵（Marquis de Sade）是英文虐待狂（sadism）的由來）的星盤中具有虐待傾向的度數（巨蟹座／摩羯座軸線 20 至 23 度）。而在我個人研究中，天秤座 19 度左右的位置對於以殺人聞名或對連環殺手感興趣的人的星盤中頗為常見。例如，近年來兩個最惡名昭彰的連環殺人犯丹尼斯・尼爾遜及傑佛瑞・丹墨（其星盤詳見 280 頁）上升點都在天秤座 19 度；尼爾遜的太陽在射手座 0 度，丹墨的月亮在牡羊座 19 度、太陽則在雙子座 0 度並四分相冥王星。占星師達娜・哈樂黛是我的一位有如寶庫的同事，她是一位非常有趣的女士，也是一個專心致志於資料收集的人，尤其對於罪犯、及其本命盤中的犯罪特徵感興趣；當她離世時，我從她留給我的筆記中發現她的星盤，她的太陽落在天秤座 19 度。

政治演說的時間點及影響

如果我們研究歷史上政治領袖或具影響力人物的演說，會發現他們往往帶有雙重的占星訊息，重要的演說除了會反映在演說者的星盤中之外（它可能是本命盤的「可能性」，同時透過行運、推運及正向推運反映），也會從演說那一刻天上行星的行運中反映出來，這些星象會反映出此演說的關鍵主題、影響及歷史地位。

基本上，一場演講有其時機，並由那些創造時代的人所促成（即使是他人擬稿或曾經由別人潤飾）；因此，我們可以從這些歷史上重要的演說及訪談中學習到哪些占星學的作用呢？

馬丁・路德・金（Martin Luther King）（見下圖）的上升點與木星都在金牛座，太陽則在天頂的摩羯座，1963 年 8 月 28 日他在林肯紀念堂前的階梯上發表演說，內容帶著金錢色彩：

我們來到國家首都的目的是為了兌現支票，當共和國的締造者在擬寫憲法的輝煌篇章時……他們簽下了一張期票……然而，我們拒絕相信那代表正義的銀行已然破產……我們到這裡兌現支票，這張給予我們所需求、名為「自由」之財及保障「正義」的支票。

當人們顯露出其本命盤中所交織的浪漫期盼、理想及夢想時，當時的海王星

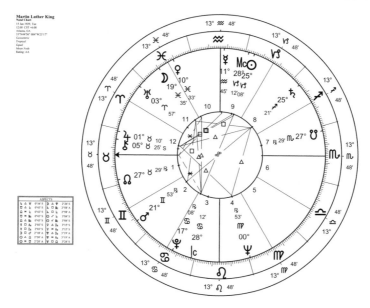

圖說：馬丁・路德・金星盤。

皆會在行運，推運或正向推運中出現，這並不令人意外。馬丁路德那振奮人心、高尚而富節奏感的《我有一個夢》（I Have a Dream）演說傳達了他想要終結種族隔離、放棄歧視、憤怒及苦澀的期望；此演說發表時，行運海王星正經過他於天蠍座 13 度的下降，二次推運／正向推運的太陽則剛進入雙魚座。

天秤座的真正本質

讓各種思維交會（太陽雙子座），讓雙方為了和平走在一起（上升天秤座），是迷人的約翰·甘迺迪於 1961 年 1 月 20 日的就職演說主題，當時行運冥王星正在處女座並與他本命太陽雙子座形成四分相，他問：

> 雙方此刻都為了和平而重新出發……（但是）我們不敢以軟弱的態度換取和平……（要記住）謙恭並不代表軟弱……讓我們永遠不要因恐懼而妥協，但也讓我們不要畏懼協商……讓雙方的加入帶來新的努力 —— 這不是新的權力平衡，而是律法之下的新世界，其中強大的人維護正義，弱小的人感到受到保護，和平也得到保障。

此演說發表時，行運火星正在代表國家主義、愛國主義的巨蟹座逆行，這場演說包括了他那著名的反問：「不要問國家可以為你做什麼，問你能夠為國家做些什麼」，這也反映出他本命盤中土星與天頂巨蟹座的合相。

作為戰爭雙方的調停者，天秤座理解外交上的協商仲裁的藝術，但天秤座也知道妥協這回事如何被高估：沒有人能夠拿到自己真正想要的（太陽、上升都在天秤座的吉米·卡特（Jimmy Carter）曾經說過：「除非雙贏，否則沒永遠的協議」）。當我們深入探討，會發現開創模式的天秤座有自己的考量，它希望對方完全接受自己的需求，從而尋求共識；首先，它會從最沒有抵抗力的地方著手 —— 運用溫柔、合乎邏輯的說服力及魅力，試圖讓那些需要被滿足（天秤座會以此方式讓你真切的期待一場旅行，然後將你送進地獄）；然而，當它面對冥頑

不靈的阻礙或僵局時，天秤座就會遣兵進攻，讓對方知道藏在絨布手套裡面的其實是一雙鐵拳。

　　前英國首相柴契爾夫人的出生盤中太陽／水星合相在天秤座，火星也落在同一星座，雖然她那句：「女士我不轉彎」的話，表達了她土星合相上升天蠍座所暗示的堅定及缺乏彈性；然而，許多關於她的評價都傳遞了天秤座的本質：「我的耐心超乎尋常，只要我找到自己的方式走到最後」以及「只要我的大臣按我說的話去做，我不介意我的大臣說什麼」。政客羅伊・詹金斯（Roy Jenkins）說：「她勝於他人之處，在於她能夠得罪那麼多人卻完全不為所動。」當她在1979 年 5 月 4 日入主唐寧街（Downing Street）成為英國首相時（星盤請見下圖，時間是她演說以下內容的那一刻），這位天秤座人引用了另一位天秤座亞西西的方濟各（St. Francis of Assisi）的話：

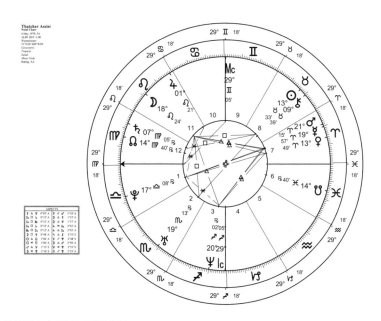

圖說：柴契爾夫人引用亞西西的話。

當缺乏共識時，讓我們帶來和諧。

當出現錯誤時，讓我們帶來真相。

當出現懷疑時，讓我們帶來信念。

當出現絕望時，讓我們帶來希望。

然而，事實並非如此。當天的天空中，雖然木星回到了 1801 年 1 月 1 日頒發聯合法令星盤的位置，但是，水星合相火星牡羊座，兩者同時對分相冥王星天秤座；在接下來的十一年間，柴契爾與阿根廷開戰，也與礦工、工會、愛爾蘭共和軍及自己的內閣成員對峙。天秤座試圖解決及和解，想要尋找一個免於紛爭的行動過程，但是這個星座通常會出現在持續的衝突中——在那裡最需要此星座原型、同時也是此星座原型最有效的情境。

血河

冥王星說出那些無法說出口的事，它挖掘被埋藏的事物（無論是寶藏還是有毒廢物），掀開性愛及政治的禁忌，並以毫不妥協、無法改變的坦率態度去諷刺其目標。

英國政客以諾‧鮑威爾（Enoch Powell）於 1968 年 4 月 20 日下午 2 時 30 分在伯明罕（Birmingham）上台（火星在天頂，水星牡羊座與天王星形成 150 度相位），發表了讓他備受指責的「血河」演說（星盤請見右頁），他全力以其政治意識發言，表現其天頂天蠍座以及煽動性的水星／冥王星雙子座合相（當時行運海王星正逆行回到其本命盤的天頂）。

透過預言英國接下來的全面轉型，鮑威爾演繹了冥王星之舌的角色，公開討論當局想要繼續隱藏、說不出口的領域，而掀起了人民的恐懼（冥王星）。

那一年出英國提出反歧視立法及移民政策，延伸了英聯邦國家的移民權（包括從加勒比海國家及印度來的公民），鮑威爾刺激性的演說表達了他對於大量移民的關注，這成為他事業的關鍵時刻。

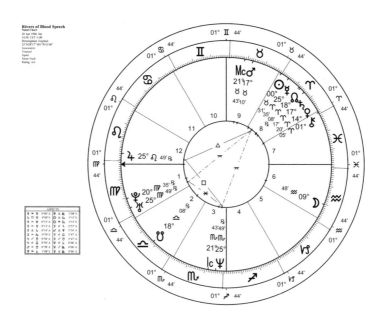

圖說：「血河」演說的關鍵相位。

　　我們肯定是瘋了，真的是瘋了──這個國家允許每年 50,000 多個依賴者移民進來……這就像是眼看著一個國家正忙著堆起自己的火葬柴堆……當我想起未來時，我充滿了不祥的預感，像那些羅馬人一樣，我彷彿看到了「台伯河（River Tiber）冒起的血泡」。

　　演說當日，木星在獅子座停滯（與天蠍座的海王星形成準確四分相），這當然引起了許多的關注以及民眾的恐懼，使鮑威爾立即被撤職；接著此演說刺激了勞工們，他們覺得自己的生計受到移民的威脅，於是罷工抗議。

　　以諾・鮑威爾（見下頁）這演說談及他對過去英國的憧憬，表現出他第七宮巨蟹座月亮／海王星的合相（他同時認為自己是一個有遠見的人）；然而，他那水星／冥王星風格的演說使種族之間的緊張狀態更加雪上加霜，也導致了種族襲擊事件以及例如：「滾回你自己的國家」之類的謾罵。根據某些人的說法，這讓

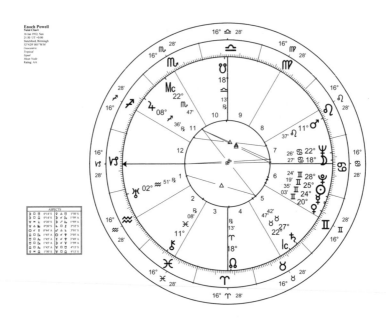

圖說：以諾・鮑威爾星盤。

以非裔英國人為對象的暴力及敵意更加合理化。有趣的是，在該月的蓋洛普投票（Gallup Poll）中，74% 的人認同鮑威爾演講的主旨。

雖然當時鮑威爾得到群眾熱烈的支持，但他這次演講的陰影，持續影響之後所有勇於談論移民政策的人；時至今日，在政治圈中提起鮑威爾的名字本身就是一項禁忌（冥王星）。

巍峨帝廈

賈瓦哈拉爾・尼赫魯（Jawaharlal Nehru）的「與命運有約」（Tryst with Destiny）的演說（星盤請見下頁圖，時間設定為午夜）發表於他成為印度獨立後的第一任總理前夕（大約於 1947 年 8 月 14 至 15 日的午夜），此演說抓住了在這個政治家的星盤中固定模式獅子座 / 天蠍座中充滿毅力及榮耀的精神，以及其人民一百多年來為了自由所付出的努力掙扎：「很久以前，我們曾經和命運有

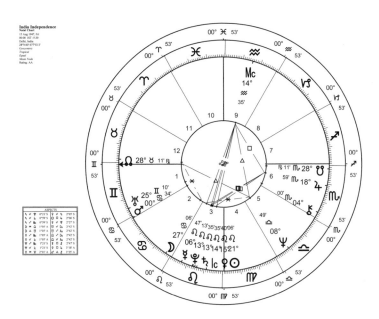

圖說：印度獨立／「與命運有約」之演說。

過約定，現在履行誓言的時刻已經到來。」

　　當時土星與冥王星在獅子座產生緊密合相，正是印度脫離獨裁的殖民之父、建立新聯邦之時，而其殖民帝國也正日漸衰弱；印度曾經是維多利亞女王皇冠上的寶石，它在此「莊嚴時刻」重生成為自我治理的共和國，「長期被壓抑的國家之魂找到出路……責任落在其議會，獨立自主的主權代表了獨立自主的印度人民」。

　　聖雄甘地（Mahatma Handhi）（月亮獅子座，上升可能天蠍座）可以說是印度的精神領袖，但尼赫魯（見下頁）則是印度的國父，他與其王朝撰寫國家劇本，並塑造了接下來數十年印度政治上的不穩定及暴力的戲劇。尼赫魯與其任性的女兒英迪拉（Indira）出生盤中上升皆在獅子座與太陽天蠍座都接近天底，獅子座與天蠍座皆緊握地位及權力不放手，其中許多人都只信賴自己的家人（天蠍座合軸天底）。在他的演說中，尼赫魯說：「我們要為自由的印度建立一所巍峨

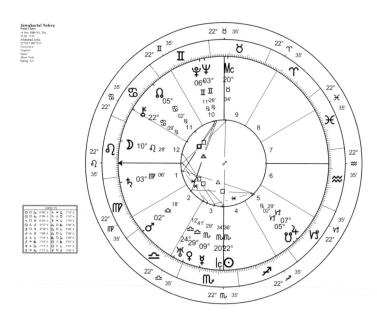

·圖說：賈瓦哈拉爾·尼赫魯星盤。

帝廈，讓其子女都可以安居其中。」

　　獨立卻分裂的印度（當時國內有超過千種語言及方言），其國家盤中上升點落在雙子座0度，天底則有五顆獅子座行星，大部分都與天蠍座木星形成四分相；尼赫魯遺留的許多影響，最能夠體現在印度全國的教育機構及小學教育中（雙子座／獅子座）。

　　當威爾斯王妃戴安娜（Diana, Princess of Wales）（見下圖）說：「在這段婚姻中存在著三個人，所以有點擁擠」時，她正慢慢確認自己命運多舛、猶如肥皂劇一般的婚姻，但同時她也訴說著自己星盤中戲劇性的T三角：月亮對分相天王星（加上火星），兩者同時四分相金星，每一顆行星都以其方式描述這段三角關係中的每一個演員，例如：戴安娜的月亮水瓶座暗示了那位感到困擾、極需熱情的幼稚園老師、一個無法提供情緒安全感的冷漠丈夫、以及那位女性／查理斯的最好朋友。

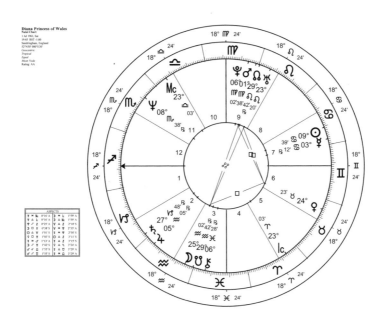

圖說：威爾斯王妃戴安娜 —— Ｔ型三角圖形相位。

當此三個成人身陷外遇風暴之中時，戴安娜正踏上一條自我毀滅之路，見證她正重覆著父母吵鬧不休的離婚歷程（她的母親發生了婚外情）。當時 BBC 電視時事紀錄片節目《廣角鏡》（*Panorama*）運用此激進的固定模式 Ｔ 三角的暗示去打開溫莎皇宮的大門，以及其中祕密的潘朵拉盒子，在採訪中證實了她與外人期待她作為一個皇室人員的角色之間的嚴重落差。

就像她過世前幾年的所為，對於她這次行動，群眾的反應不一（月亮／天王星）；許多人同情這個被無情的君主政體禁錮、虐待的脆弱受害者，另一些人則覺得無法相信這個我行我素的人，而主要的當權者似乎決心運用媒體以其人之道反擊。月亮／天王星可以被視為是戴安娜的暴食症的一種來自宇宙的「訊號」：她形容這是為了在婚姻與公眾角色而進行協商之時，那個不斷自我求救「渲洩壓力」的方式（天頂守護星金星是 Ｔ 三角的端點）。

這一次不甚體面的《廣角鏡》訪問（見下頁）是祕密進行的，並在查理斯王

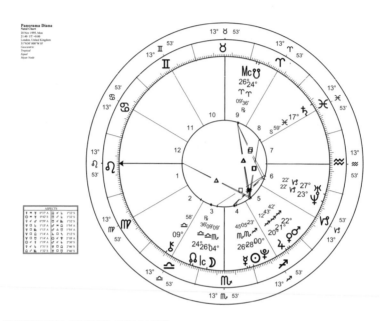

圖說：戴安娜王妃於《廣角鏡》節目的訪談。

子生日當天公佈（這明顯是經過戴安娜的占星師擇日，因為當時行運木星正在戴安娜的上升點），那是節目在 1995 年 11 月 20 日（她公婆的結婚周年紀念日）播映的前六天。一如往常，大部分的民眾都同情戴安娜的立場（本命盤月亮水瓶座），同時，就像她的前私人祕書所說的：「在情感上，戴安娜天生知道，人們真正在意的是什麼。」然而，當月有更大的行運上演，真正受到撼動的是她的皇室地位（行運天王星合相本命土星，行運土星四分相本命的上升點），她的爆料及缺乏謹慎使她失去皇家頭銜（行運海王星四分相她的天頂天秤座）。有趣的是，當天頂守護星金星落在固定星座金牛座，同時是 T 三角端點，她的地位本應可以得到保障，但也許月亮／天王星相位情緒波動的某些方面，是想要粉碎嚴苛的體制（君主體制），而當她這樣做時，同時也摧毀了想繼續留在皇室的願望。

　　這訪問星盤顯示著大眾公開討論皇室／名人不光彩的事（射手座／獅子座／

天蠍座），戴安娜的復仇目標很清楚：這張星盤與查理斯本命盤之間有許多關聯，特別是在天蠍座／冥王星方面。兩張星盤都是太陽天蠍座／上升獅子座、該節目的上升點很接近查理斯的冥王星、第三宮的月亮天蠍座合相他的水星、太陽在他的凱龍星上（也合相他的本命太陽，強調了在眾人眼中的他非常「不適合」成為國王）；冥王星在射手座 0 度、下降點則與戴安娜在兩年內死亡時的行運木星位置相差一度。射手座的三顆行星全擠入第五宮「在此婚姻中的我們三人」，同時靠近戴安娜的上升點（及查理斯的火星），暗示了談論這宗醜聞的公開及不謹慎，以及之後她對於這次訪問的暗自後悔。

關鍵時刻

以下三個案例都顯示了行動的星象，並輔以歷史的特定時間點做為參考。

亞洲的甘迺迪：馬可仕政權的瓦解

國家經過二十年的流血、廢除憲法並宣佈軍事管制之後，菲律賓的費迪南德‧馬可仕（Ferdinand Marcos）於 1986 年 2 月 7 日，舉辦了時隔多年的首次公開選舉；雖然馬可仕前政敵的遺孀柯拉蓉‧艾奎諾阿基諾（Corazon Aquino）得到了壓倒性的勝利，但馬可仕仍然宣告自己當選，接下來的兩星期，他拒絕承認失敗。

為期三年的人民革命於 2 月 22 至 25 日期間來到了最高點，數以十萬市民在馬尼拉市內遊行，要求馬可仕下台；忽然之間，馬可仕與其如皇后一般的妻子伊美黛（Imelda）面對菲律賓「夫妻獨裁統治」的結局，並逃離馬尼拉的皇宮。當時美國總統雷根在美國為他們提供庇護所，用直昇機送他們一行八十人到關島然後再轉到夏威夷；總是能夠表現歌曲戲劇性的伊美黛，據說在逃亡的路上，一直哼著「紐約紐約」（New York, New York）這首歌。

馬可仕的逃亡星盤（見下頁）發生在滿月後一日，其中有兩個變動的 T 三角：

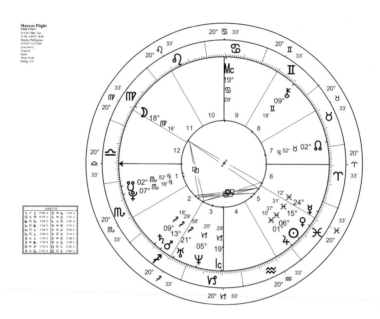

圖說：馬可仕的逃亡──Ｔ型三角圖形相位。

1. 月亮處女座對分相雙魚座的水星／金星，兩者皆四分相天王星射手座（火星也牽涉其中）。

2. 土星射手座對分相凱龍星雙子座，兩者皆四分相雙魚座的太陽／木星合相。

　　九顆相關行星皆落在變動星座，同時（除了水星與天王星外）又皆落在續宮（第二宮、第五宮、第八宮及第十一宮），這暗示了重大的改變、不穩定及「飛行」（變動星座）發生於能量固定、穩固或停滯的領域（續宮）。這一點再受到落於木星所守護的射手座／雙魚座的七顆行星所強調，它們以兩組四分彼此產生連結；射手座／雙魚座的組合，暗示著偉大的希望及夢想、宗教魅力、狂熱及提升，同時也包括逃跑／旅遊／逃脫／躲避到另一國家，兩者加起來，既象徵傳道者，也暗示了販賣夢想或願景的騙徒。因為此事件發生時，正值講求務實的處女座滿月，因而揭發了此組合的奢華浪費；夢想成空，人民從騙局中醒來，並看

到自己貧困的真相（滿月處女座四分相天王星、月亮也與第二宮的火星產生四分相）。

在最壞的情況下，射手座／雙魚座指出在上位者的暴虐——利用別人的善意及毫不費力得到的機會，這組合具有「剝削信念及信任而引起道德憤怒」的感覺，菲律賓迷人的第一夫妻向其人民推銷一個夢想：事實上，這對「王室夫妻」堂而皇之地搜刮國家資源，並以神聖之權治理。這組合展示富有魅力卻欺騙人民的暴君或獨裁者的脫逃，同時也暗示了新希望的誕生（太陽／木星）；同時，有趣的是，它也暗示了菲律賓人全國希望他們偶像歸來的偉大期盼。

當記者及政治評論者觀察 1986 年 2 月那次特殊的非暴力事件時，事情變成簡單的兩極化，這也符合滿月的意涵：（在柯拉蓉・艾奎諾眼中）馬可仕夫婦彷彿是需要被良知淨化的惡魔，即便是其名字也反映出正邪對立的刻板印象：艾奎諾夫婦是太陽／金星／木星（艾奎諾意指「心」，其丈夫貝尼格諾（Benigno）意指「仁慈」及「和善」），而馬可仕則有火星的意涵（伊美黛的名字來自「戰爭」及「戰士」，費迪南德則與「勇氣」一字有關）。

新總統的星盤與此逃亡星盤也有關聯：柯拉蓉・艾奎諾的火星在處女座 20度（接近星盤的天頂守護星月亮——人民），而她的冥王星在巨蟹座 22 度（靠近星盤的天頂及第十宮）；過去沒有任何政治歷練的她，以謙遜的演說聞名，在馬可仕的奢華及欺瞞之後，她選擇以有禮、誠懇、簡單的人民形象示人（注意逃亡盤中的處女座／雙魚座軸線）。

桑托斯大道（Epifanio de los Santos Avenue, EDSA）革命（人民力量（People Power）革命）的種子，早在三年之前 1983 年 8 月 21 日已經被埋下，那是貝尼格諾・艾奎諾被暗殺的那一天（他的本命盤有行星落在變動星座，並且接近逃亡星盤的度數，包括太陽在射手座 4 度並與處女座 5 度的火星形成四分相；在他被暗殺時，行運海王星在射手座 26 度，經過他妻子的上升點）。艾奎諾當時從流亡中回國，打算挑戰馬可仕政權，但是當他走下飛機的那一刻被射殺身亡，他立即成為新目標的殉道者，而其夫人也在不久後起來對抗馬可仕。當時

行運木星在射手座 1 度，天王星在前面的射手座 5 度，兩者分別與馬可仕逃亡盤的木星及太陽形成四分相。1983 年 8 月底，剛剛與冥王星完成合相的土星在天秤座的最後度數，這個位置當然可能暗示外交及合作的瓦解，人民不滿的喧嘩，因期待艾奎諾的歸來而平息，此時卻變成一連串的反對運動，最後導致全面性的公民不合作，以對抗馬可仕時代的恫嚇、選舉舞弊及詐騙國家財產。

　　雖然政治夫妻經常是有趣的觀察對象，但沒有一對夫婦比得上菲律賓的馬可仕夫婦。費迪南德的妻子伊美黛・馬可仕（見下圖）是二人當中比較有意思的，她在歷史上被形容是一位詭計多端、奢華及懷恨的第一夫人，這位前模特兒的噱頭及高品味的貪婪使她成為了吸引人的參考對象。

　　伊美黛在此棋局中很早就展露自己的野心：她在 1953 年選美比賽落敗之後，向馬尼拉市長投訴此次選美涉及賄選，並說服他推翻結果（雖然原本的冠軍很快就被重新宣告獲勝）。1954 年 4 月 6 日，她得到野心勃勃的議員費迪南德・馬可仕的青睞，十一天之後兩人便結婚了。他被視為傑出而富魅力的演說

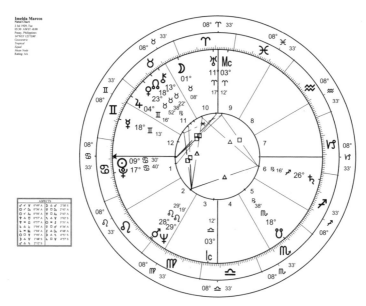

圖說：伊美黛・馬可仕星盤。

家，後來成為了她的老師及幕後操手，強迫她學習及強背歷史及當時的政治名詞。在五十年代後期，她因為扮演政治人物之妻的角色以及私生活曝光而飽受壓力，持續承受精神崩潰，被診斷出躁鬱症；然而，她後來改變態度現身，並逐漸成為重要的政治資產——丈夫稱她為「祕密武器」。1965 年 12 月 30 日，費迪南德當選第十任菲律賓總統，她也蓄勢待發地成為了全世界最具權力及最富有的女性之一（費迪南德勝利時，天王星／冥王星正好合相於處女座 19 度及 18度，非常接近逃亡盤的月亮）。

　　伊美黛認為自己是關愛人民之母（太陽巨蟹座），但她的金星金牛座與獅子座的火星／海王星形成四分相，因此伊美黛最大的個人特質是明星效應，她帶給菲律賓人極需的好萊塢式奢華，即使她乘坐飛機到世界各地購買設計師品牌的揮霍行為曝光，他們似乎也原諒或寬容她那女皇的善變。她與其丈夫費迪南德・馬可仕（見圖）是亞洲版的甘迺迪夫婦，並讓菲律賓顯示在世界地圖上；她的歌唱技巧、高佻豐滿的身段及平民出身的背景贏得了群眾的心，群眾也對這位華麗的

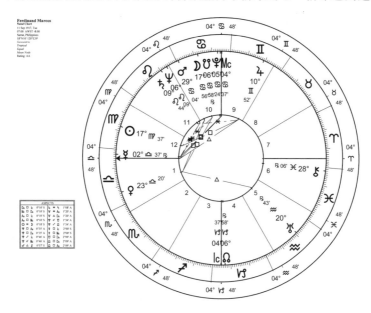

圖說：費迪南德・馬可仕星盤。

灰姑娘相當熱情。

　　伊美黛不只是一位花費巨額購買珠寶、衣物及不動產的耀眼顧客，也成為難以應付的政治力量，她擔任外交角色，迷倒了卡斯楚（Castro）、毛澤東與格達費（Gaddafi）！

　　1975 年馬可仕夫人擔任大馬尼拉市總監期間，興建多所醫院及文化建築，滿足其星盤中的金星及巨蟹座特質，而當「服務」她那些極為貧困的人民時，她（毫無諷刺的）展現出她無可辯駁的「慈善哲學」：

　　「永遠不要為了貧窮而隨便打扮，他們不會為此而尊敬你，他們希望自己的第一夫人看起來像是個美夢。

　　我必須看起來美麗動人，好讓那些可憐的菲律賓人有一顆明星，讓他們可以在貧民窟中抬頭仰望。」

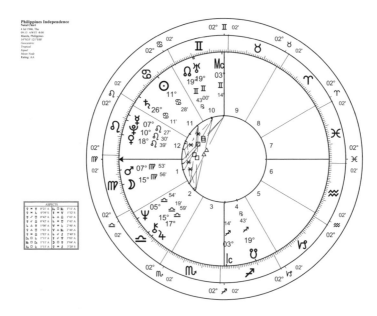

圖說：菲律賓的獨立星盤。

這隻華麗的「鐵蝴蝶」比她的丈夫更為活躍,後者慢慢成為備受鄙視的無情獨裁者,他無法馴服對手們,在無計可施之下於 1972 年 9 月 21 日實施戒嚴(他用數字算命並挑出這一天);廢除議會,把敵人都關進進監獄。實施戒嚴當日,火星在處女座 23 度(對分相馬可仕逃亡盤的水星)四分相雙子座 20 度的土星(對分相逃亡盤射手座 21 度的天王星)。也許更為重要的是,菲律賓的獨立星盤(見上頁)由行運天王星合相木星天秤座(個人自由及民主的突破或崩解)、行運凱龍牡羊座對分相凱龍、以及天底的行運海王星四分相上升點所啟動。

思考逃亡星盤(反映了二十年來的奢華、偷竊、殘酷及壓抑的政權)與獨立星盤之間的緊密相位(包括天王星的對分相及海王星的四分相);當然,它也與馬可仕夫婦的星盤有著強烈的連結。

菲律賓另一個國家盤也可以是阿奎納多將軍(General Aguinaldo)宣佈菲律賓脫離西班牙獨立那一天(1898 年 6 月 12 日,菲律賓卡維特(Kawit)),在此星盤中有一組位於雙子座 21 度的太陽／海王星合相(對分相逃亡盤的天王星),土星則在射手座 8 度(合相逃亡盤射手座 9 度的土星),此星盤也與馬可仕夫人有著強烈聯結。

1988 年 10 月,美國大陪審團起訴這對夫妻,控告他們侵占數億元,在美國從事非法投資,由於費迪南德的健康急劇惡化,因此伊美黛獨自面對這些指控,並在 1990 年她生日當天獲判無罪(費迪南德於 1989 年 9 月 28 日離世,當時行運海王星對分相伊美黛的太陽)。當她在 1991 年返回菲律賓之後,馬上競選總統(最終失敗),後來成為議員,並繼續與積極的政敵打了多場貪污官司。

再回到 1986 年,當馬可仕的獨裁政權倒台之後,馬拉坎南宮(Malacanang Palace)開放民眾參觀,數以千計的民眾耐心的大排長龍等候進入,他們看到了馬可仕夫婦曾經享受的粗鄙奢華,但他們同時也驚訝於皇宮憂鬱、消沉及衰敗的氛圍。馬可仕逃亡盤主要特徵之一,在於那年二月的星空中有四顆行星落在雙魚座,最顯眼的是第五宮的太陽／木星合相:關於他們這次逃亡,外國人印象最

深、最常被媒體提及的是什麼呢？當然是伊美黛留下來的二千七百雙鞋子（雙魚座）。

這一臭名遠播的發現（本身毫無疑問的誇張）象徵了她的誇張、奢華、浪費及傲慢（射手座／雙魚座），在抗辯時，馬可仕夫人說她之所以接受這些禮物，是爲了支持及推廣菲律賓的造鞋業，維持經濟蓬勃；除了一系列的鞋子之外，還有二千件晚禮服、五百個胸罩、以及一箱又一箱尚未開封的手提包，其中一包購自羅馬價值八萬美金的衣服被放置多日，直到他們離開時仍然留在那裡。

然而，時間會磨平所有鞋跟——眞的是這樣嗎？馬可仕夫人堅決否認自己有做錯任何事，並說：「他們打開我的衣櫥時，裡面沒有找到任何骸骨——只有鞋子而已。」

失落的女神

關於瑪麗蓮夢露（Marilyn Monroe）的本命盤 [15]（見下頁），已經有不少文章討論過，事實上，她的星盤與希特勒、榮格及戴安娜王妃的本命盤都是被過度使用。瑪麗蓮夢露那極爲重要的 T 三角：月亮／木星落在第七宮的水瓶座並與第一宮的海王星形成對分相，兩者同時與第四宮的土星天蠍座形成四分相，這訴說了她那光彩奪人的女王「投射」、難以捉摸、慣性遲到及上癮症、不愉快並充滿暴力的家庭生活，以及想要擁有一個充滿愛的家庭的夢想、藉以逃離「孤獨、漂泊不定」的痛苦。金星在牡羊座同時落在天頂金牛座，她被選擇去扮演那些看似天眞無邪的淘金者、相信「鑽石是女孩最佳朋友」的角色；然而，瑪麗蓮夢露天生的喜劇天份及天眞魅力自從成爲巨星之始就被瘋狂的關注給模糊掉了（海王星合相獅子座的上升點），她說：「我想，當你成名之後，每一項弱點都會被放大。」這道出其重要的 T 型三角圖形相位。

然而，她星盤中有一組有力相位一直未被深入探討——表面上，這組相位與

15　所有描述引用自 *Marilyn Monroe: Private and Undisclosed by Michelle Morgan*, Constable, 2007.

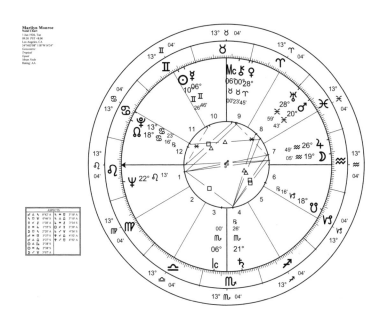

圖說：瑪麗蓮夢露星盤。

大眾眼中的瑪麗蓮夢露緊密關連：分別位於雙子座 10 度及 6 度的太陽／水星合相落在第十宮，這兩顆行星特別重要（這組合相跟其他行星之間沒有相位），因為太陽是她的星盤守護星，而水星則支配太陽。

　　這組相位如何在她生命中展現呢？首先，瑪麗蓮夢露生父的身分一直是謎，這「在她靈魂中留下了一個空洞淌血的傷口……她的哭泣永遠得不到回應」（太陽／水星雙子座），其祖父母據說「失去理智」，母親也性情古怪，我們可以說，瑪麗蓮夢露生來是為了在這充滿不穩定及瘋狂的家族遺傳（由 T 三角暗示）中建立理性及常識（太陽／水星雙子座）。

　　也許瑪麗蓮夢露是為了想要自我定義，因此追求能夠體現此合相的男性，並且一位比前一位更為凸顯這個相位，這始於 1942 年 6 月在她 16 歲時與詹姆斯・多爾第（James Dougherty）的婚姻，幾星期後行運土星及天王星同時進入雙子座，她嫁給他，為了從此不需要再回到孤兒院（那一年下半年，瑪麗蓮夢露

311

得知生父身分，但他拒絕見她）；瑪麗蓮夢露與詹姆斯都太年輕，二人經常吵架，他也經常取笑（雙子座）缺乏安全感的妻子。1944 年 7 月，當行運天王星合相她的本命太陽時，她開始受到攝影師們的注意，這喚醒（天王星）了她的野心（太陽在第十宮）以及成為明星的召喚——然而，這同時也敲響了她婚姻的喪鐘，這是她第一個人生的十字路口，讓我們看到瑪麗蓮夢露有機會以完成人生目標，而去活出此重要合相。

可是，當時她因為外表（金星在天頂）而成名，而不是因為才華或智慧（雙子座），隨之而來的是接二連三高調的與成熟大人物之間的緋聞，這些男性皆體現了第十宮的太陽／水星雙子座。

這份名單，首先是喬·迪馬喬（Joe DiMaggio），球迷暱稱為「搖擺喬」（Joltin' Joe），被譽為那個時代最偉大的全能棒球選手，他冷漠陰沉，也不與她說話，所以這段婚姻很快便降為冰點（畢竟雙子座需要溝通也需要被聽見）。然後她下一段婚姻對象是美國備受尊重的劇作家之一亞瑟·米勒（Arthur Miller），希望被認為充滿智慧的瑪麗蓮夢露為米勒的聰明才智傾倒，但她缺乏安全感，覺得自己腦子不如他。接下來是與美國總統約翰·甘迺迪（John F. Kennedy）逢場作戲的緋聞傳得沸沸揚揚，她的對象再次是傑出成功的男性；甘迺迪的太陽也在雙子座，也是一個演說能手，但不止這樣！他還有一位充滿魅力的兄弟（水星）羅伯·甘迺迪（Robert Kennedy），據說瑪麗蓮夢露當時同時與這兩兄弟（雙子座）約會。

有趣的是，瑪麗蓮夢露雖然備受嘲笑，但她曾經說過，她心目中的英雄是「心理學之父」西格蒙德·佛洛依德（Sigmund Freud），她有許多沒有答案的問題（雙子座）希望找到答案，想要解釋並釐清真正的自己（太陽雙子座）。佛洛依德的月亮與她的太陽雙子座只有幾度之差，瑪麗蓮夢露曾經與佛洛依德的女兒安娜見面聊過，安娜的太陽在射手座 11 度並與雙子座 11 度的冥王星形成緊密對分相，這組對分相也與瑪麗蓮夢露的本命盤產生連結。她也與男性演員勞倫斯·奧立佛（Laurence Olivier，上升點在雙子座 15 度）及東尼·寇蒂斯（Tony

Curtis，太陽在雙子座 12 度）有過廣為人知的演出合作。

　　曾經有一段相當有趣的時間，讓她能夠真正為自己活出星盤中的太陽面向，那是 1953 年 6 月，行運木星來到她太陽雙子座時，6 月 26 日瑪麗蓮夢露坐穩名聲，並滿足了童年夢想：她在好萊塢中國戲院（Grauman's Chinese Theatre）外的人行道上留下手印（雙子座），這是大牌明星（木星），才會有此待遇。

　　在《異數：超凡與平凡的界線在哪裡？》（*Outliers: The Story of Success*）（Little, Brown, 2008）一書中，麥爾坎・葛拉威爾（Malcolm Gladwell）提出了成功並不僅限於天份、性格或驅力，它是一個人的出身及他人恩惠的結合；他認為，成功人士「得到隱藏的好處、非凡機遇及文化傳承的恩惠，使他們學習……以無人能及的方式去認知世界」。

　　葛拉威爾用 1975 年 1 月個人電腦時代的出現做例子，指出當時已經在電腦領域工作的人（生於 1952 年之前）已經太老，並且應該已經投入於其他工作，那些生於 1958 年後的又太年輕，無法利用這一波革命浪潮，而那些準備好踏入此一新領域的人多半是出生於 1953 年至 1956 年的大學畢業生或研究生，葛拉威爾發現很多對個人電腦發展舉足輕重的人（例如：已經離世的蘋果執行長賈伯斯）也是在這期間出生。

　　簡單來說，成功的訣竅在於當社會正在鼓勵及回報某種行動時，你是否也已經準備好展現自己；做為占星師，我們從外行星的行運經過某個星座或與某顆行星中看到這一點，自那一段時間去引導出本命盤的可能性。當我們回首人生，會發現正如詹姆斯・希爾曼（James Hillman）在《靈魂密碼》（*The Soul's Code*）（Warner, 1997）書中所寫，我們可能會發現事件本身也為我們帶來某種特殊的召喚（如同戴蒙——靈魂或守護天使帶來的），而去履行任務。所謂呼應自己的召喚與如何定義它有關，以及在某個時間／地點／環境中是否得到滋養並得以呈現；歐普拉・溫芙蕾（Oprah Winfrey）有一句話能夠總結這一點，她說：「所謂運氣，是你的準備與機會的相遇。」

一個小女孩的星盤

讓文字傾洩，讓它們變成書信……文字擁有翅膀，它們能爬上天堂高處並承接永恆。

——猶太教士那春·楊奇克（Rabbi Nachun Yanchiker）

太陽雙子座的人「天生」懂得文字或語言的力量，而成為事實及事件的報導者及記錄者，也會穿梭在接受及簡化訊息之間。雙子座希望讓矛盾的資訊變得合理，並整合雙子座本質中看似矛盾的面向；很多時候，雙子座會發現自身處於一個「陌生」的處境中被誤解，讓他需要成為一位溝通者並釐清自己的訊息。

以下星盤就像瑪麗蓮夢露一樣，太陽合相水星於雙子座，但它們落在第十一宮，這也許暗示了這個人天生（或是可能受到「感召」）為了自己的團體或社會（或是與它們一起）發言。這組合相與土星射手座的對分相顯現出此召喚可能面對的宗教或道德阻礙；然而這種緊張感（對分相）也許會透過具體而持久（土星）的事物呈現。「生命」向她提出挑戰，讓她去從事與她所累積的資訊有關的事情：不僅僅是資料的傳遞（雙子座的領域），而是更多；土星的對分相讓她需要更為深入，以具哲學的視野觀察，並且提出（雙子座）更大的問題（射手座），這有可能根據她的處境、機會以及其生存時代以各種方式發展。

但是，這種感召什麼時候才會被燃起或喚醒呢？就在土星與天王星行運進入雙子座後幾星期（有趣的是，在 1942 年 6 月同一個月，瑪麗蓮夢露與第一任丈夫結婚），接下來討論的這位小女孩收到一本簽名簿做為她十三歲的生日禮物，她後來將這本簿子變成自己的日記。

這位小女孩安妮·法蘭克（Anne Frank）（見下頁）也「恰巧」與她的家人在幾個月之後被迫開始躲避德國納粹祕密警察。

這本日記是這段時間的生命軌跡，尤其是在白天她被必須安靜，我們可以說得到日記本的安妮正好來得及去展現自己的天職（太陽），在極端艱難及重重限

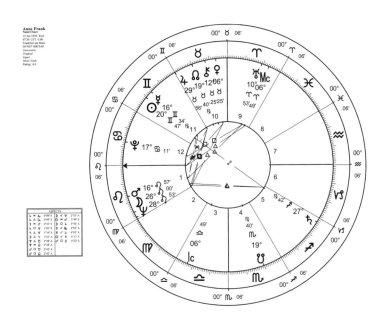

圖說：安妮‧法蘭克星盤。

制中，她開始實現星盤中的一些可能性。

　　1944 年 4 月 4 日，行運土星來到安妮的太陽，爲了想要記錄她開始寫日記，並且希望「不要被忘記」、「死後生命仍可延續」，她寫道：「我想我會成功的，因爲我想要寫作！」安妮當時已經將日記修飾，打算在戰後出版（此階段同時也是安妮的性覺醒時期）；當然，以當時的歷史環境及時間點來說，讓人「盡情傾訴」並記錄時代的確有點不容易。

　　安妮在集中營直到去世的生命故事廣爲人知，她兩年來皆躲在一個可移動（變動星座）的書櫃（雙子座）後面的祕密空間，記錄爲了逃避極端狀況所帶來的平庸與限制，那本日記也是非常典型的雙子座：語氣輕鬆、快樂、活躍、以一種想要自我批判方式去分析自己；她擅長模仿，並承認自己言辭尖銳、易怒、會嘲弄那些令她生氣的人。在她的父親身上，我們看到了土星的對分相，他被形容是一個認眞刻板的人、有良好的工作道德、閱讀狄更斯的書，在安妮眼中父親顯

示了極大的自制力，能夠讓她冷靜下來，她覺得父親「擁有的那種自制力、近乎是自我犧牲」。[16]

在太陽對分相第五宮的土星射手座的影響下，安妮無法自由地在戶外玩耍；然而，即使四周充滿壓迫的納粹政權及信條（「神被奪位，被魔鬼的教條取代」），她仍然正面看待人生，相信「無論如何，人們的內在都充滿真正美好」。1943 年 11 月 27 日，當行運木星合相她的月亮，她開始記錄神與自然的一體在當時如何平復她的恐懼，神的存在很快成為她的避難所，賦與她「一個體現道德權威的人物，而她不容許任何人擁有這種存在」；這讓她「找到再度回到自我的方法」，並「尊重自我的良知」。

安妮·法蘭克星盤的其他部分也明顯反映出與其生命故事呼應的部分 [17]，以下是一些觀察：

- 天王星合相天頂牡羊座：安妮被視為是一個活潑且極度誠實的人，在她離世之後，她象徵了一種力量——隱藏在戰火之下（牡羊座）以不變的勇氣及坦率獨特發聲：這些聲音代表許多人，並成為一種挑性、不可否認的抗議以對抗那些否認種族屠殺的人。天頂與天王星相距 4 度，距離與太陽及水星一樣：1934 年 2 月，當安妮四歲時，因為納粹黨的選舉及對猶太人生意的杯葛，安妮移居到阿姆斯特丹與家人一起，這正是故事展開的地方。在她銳利的觀察中，我們也聽見天王星合相天頂於牡羊座的聲音：「沒有人需要等待便可以開始改變世界，這有多美好呀」。

- 月亮合相海王星於獅子座：事實上，那本日記（月亮）是一本簽名簿（獅子座），而那些信是寫給「姬蒂（小貓）」（獅子座）的；安妮夢想成為女演員：她的房間牆上貼滿了電影明星的海報及歐洲皇室家族系譜；她跟

16　所有引言來自 *The Story of Anne Frank by Mirjam Pressler*, Macmillan, 1999.

17　2009 年，BBC 的「安妮·法蘭克日記電視迷你影集」開始播映，女演員艾莉·肯德里克（Ellie Kendrick）演出了一個動人、發人深省的安妮，她出生盤中太陽在雙子座 15 度，金星在金牛座 8 度，火星在牡羊座 4 度，與安妮的星盤有著強大的連結。

母親之間的關係有點矛盾，她一方面覺得自己像是殉道者般受苦，同時也希望將她視爲母親一般的尊重。

- 安妮・法蘭克出生當日，巨蟹座的冥王星已經上升並進入第十二宮：納粹警察（法律賦予他們調查間諜活動及叛國罪的權責）崛起、四處可見，他們獵捕、滲透並消滅了許多家庭（冥王星巨蟹座）；而地平線下第一宮的月亮／海王星暗示這個家庭盼望能夠重現於陽光之下，但他們卻被迫與世隔絕，被囚禁在沉默之中。

- 太陽雙子座對分相土星射手座：當安妮的父親於 1945 年夏天收到這本日記之後（行運天王星合相她的水星），他克服了諸多困難讓這本書得以出版，也的確在之後的許多年，他一直努力去證明這本書的眞實性。

在那些能夠與我們強烈、無法理解、難以量度及外在的部分建立連結的作家的本命盤中，往往有著強勢的海王星，無論讀者年齡層、信仰及經歷，海王星型作者的作品都能夠滲入大眾意識之中，他們的作品皆散發出對於人類脆弱處境的理解，以及面對逆境時不屈不饒的力量。安妮・法蘭克的日記引發讀者的悲傷是我們都知道而她本人卻未知的部分：因爲她最終沒有捱過去。這本書結果就是一首未被完成的交響樂。

自我練習

在這一章的最後，讓我們看看幾張星盤，以及星盤主人的引言，你覺得在每個案例中，其引言描述了星盤中哪些部分？首先，是已故單人喜劇演員馬蒂・卡恩（Marti Caine）（見下頁）的引言：

「（我的母親）爲了忘記傷痛而酗酒，然後一切都有點太晚了，她已經喝上癮了……（被祖父侵犯）毀了我，讓我變得有點不顧後果，她與我很多魯莽的行爲有關，例如：我 16 歲就懷孕……我的本名叫做琳恩・斯特利格（Lynn

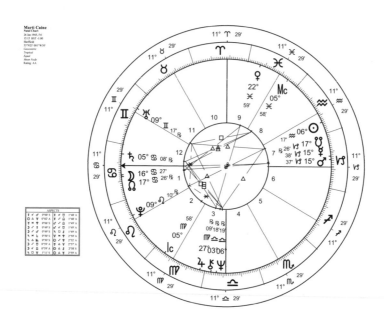

圖說：馬蒂‧卡恩星盤。

Stringer）。而琳恩與馬蒂‧卡恩不一樣，馬蒂傲慢又心急，是讓我惹麻煩的身分，她才是總說錯話的那個，當她支配我的時候，我是有察覺到的，這是有意識的精神分裂，因為面容會變得不一樣，下巴也會抬起來。馬蒂‧卡恩比我進取得多，而且很多時候也是她保住了我的飯碗。」

——馬蒂‧卡恩 1995 年 8 月 19 日

在《每日郵報》（*Daily Mail*）的訪問

「我的信心完全只是表面而已，有時候我會感覺到遺傳自母親的柔弱，而我要刻意地隱藏它，因為我不想被別人摧毀，因為你會為了別人而流血，我媽正是一個好例子，她為全世界擔心……我一直為自己艱苦的童年感到慶幸……演藝圈中很多人都來自貧困得讓你發笑或讓你發狂的背景，逆境要不是孕育了喜劇，要

不就是孕育了苦澀。」

——馬蒂・卡恩 1995 年 11 月 6 日
在《每日郵報》的訪問

下一張是女演員斯蒂芬妮・科爾（Stephanie Cole）的星盤（見下圖）：

「我很幸運，因爲我内在有一把火，讓我勇於對抗不公不義⋯⋯我想，眞的
會令我非常抓狂的事，那應該是當我發現自己再次處於一個非常不正義的地方或
處境，而我卻無能爲力⋯⋯我是一個樂觀主義者、幻想家、理想主義者，這個不
算是非常現實的組合；也就是說，我非常務實，也非常腳踏實地，除非事情與人
心有關。打從孩童開始，我都會以身邊的人爲本去編織夢境及幻想⋯⋯雖然兩人
之間總有著各種矛盾，但我總相信婚姻是美好的，而每個人都總是能幸福快樂地

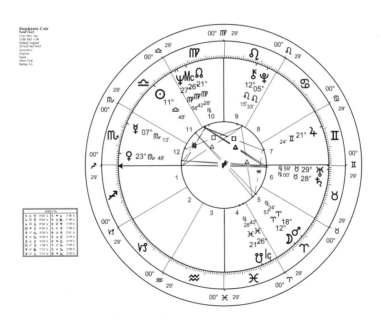

圖說：斯蒂芬妮・科爾星盤。

生活下去。」

——斯蒂芬妮‧科爾自傳《熱情的人生》（*A Passionate Life*）

（Hodder and Stoughton, 1998）

「我仰慕她對事物的熱誠及好奇心……（在拍攝《戰俘集中營》（*Tenko*）的時候）她相當有趣、聰明、嚴謹而且也對工作相當熱情，但如果身邊的人不像她那麼專業的話，那麼她會非常沒有耐心……她對細節一絲不苟：我記得她非常享受角色的那頭油膩頭髮、黃牙齒及鼻子上的瘡！只要看起來真實的話，她不介意自己看起來有多糟糕。」

——朋友維羅尼卡‧羅伯斯（Veronica Roberts）

大約於 1995 年

第六章
綜合分析

在本章節中，首先我會從一些基本的「工作表」入手，這些工作表運用本書所介紹的方法，然後進一步提出五個簡短的人生故事，這些檔案融合占星學的象徵與傳記資料，試著專注探討個人的一生中一或兩個領域。

在歐巴馬（Barack Obama）長篇的個人檔案之後，按照此書前半部建立的分析分法，我寫下四位具有魅力的女性人生，她們的人生故事、性情、星盤皆吸引著我，我非常樂在研究她們的過程中。

以下的工作表是一個清單，旨在了解每一張星盤的重要領域以及星盤主人內在的主要驅動力，它將我們已經從本書中所學到的整合在一起。

讓我們持續留意：

- 行星的普遍分佈。
- 性質及元素的不平衡。
- 星群集中的星座或宮位。
- 行星在星盤中的明顯位置。
- 主要的相位和配置。

我們將扮演偵探在傳記中尋找行星的暗示和印證，在星盤中，我只有加入主要相位，雖然有些時候，我也參考次要相位，例如：150度相位。在每一篇傳記之前，我已經概述了工作表的關鍵部分。

五個延伸檔案

這個檔案開始於 2008 年底歐巴馬選上美國總統之後，我所寫下關於他的一篇紀錄。在這裡我將它做為一個示範，其中包括在探索傳記的細節時，如何找出少許重要的星盤因素，然後看著星盤活起來。

以下的檔案更為簡短，主要專注在幾個關鍵的暗示或相位。

泰咪·菲爾·貝克（Tammy Faye Bakker）：一個過去（與其丈夫吉姆）是電視福音佈道家如何從優雅的女士變成人們取笑的對象，又在勇敢對抗癌症之前才重新在電視上展現其性格的故事。

艾琳·卡拉（Irene Cara）：做為一個歌手、詞曲作者和演員融合三種驚人的天賦，閃耀個人光芒、其中有引人入勝的故事；但在她職業生涯的高峰，卻歷經了成名醜陋的一面。

瑪麗·泰勒·摩爾（Mary Tyler Moore）：見證一位美國喜劇甜心在七十年代成為獨立女性的象徵，並面對無數的家庭悲劇及個人的事實真相。

瑪蒂娜·娜拉提洛娃（Martina Navratilova）：此檔案探索的是複雜又矛盾的網球冠軍名人及爭取同性戀權利的社會運動家。

但在我介紹上述檔案（以及她們的星盤及分析的工作表）之前，下一頁是星盤工作表的設計，接著附加六位知名女性的工作表，然後是這些女性的完整檔案，其內容有時也在其他的書中出現。

工作表

	開創	固定	變動
火元素			
土元素	在此列出九個（從太陽到土星，加上上升天頂）主要重點，以及括號內的外行星。		
風元素			
水元素			

盤主星	四個軸點及其連結
太陽的支配星	

太陽	月亮	上升

主要相位

在此列出（與行星、上升點及天頂產生的合相、四分相以及對分相）容許度列於本書的75頁，在此只列出「緊密」的三分相（三度以內），外行星彼此之間的相位不列於此（請參閱以下的「世代相位」）。

以上列出四個軸點所坐落的星座組合並在此列出這些星座及其守護星的相關連結。

以下列出落於高格林區（Gauquelin Zones）的行星，括號內的行星是那些不構成高格林研究中的統計學意義。

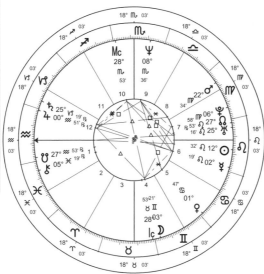

高格林區

其它行星紀錄

停滯：
逆行：
落於0度或29度：
探索度數：
無相位：
世代行星之間的相位：
連續的合相：

以上為等宮制（內圈中行星之間的相位線——顯示所有行星的主要相位，月亮南北交點及凱龍星未列）

（在此畫出所有主要的相位圖形）

主要相位的圖形

工作表：珍・芳達

	開創	固定＋	變動
火元素＋		☽	☉ ♀
土元素	☿ ASC	(♅)	(♆)
風元素		♂ ♃	
水元素	(♀)	MC	♄

盤主星	四個軸點及其連結
♄ ♓ 2nd/3rd	
太陽的支配星	
♃ ♒ 1st	

太陽	月亮	上升
♐	♌	♑

主要相位

☉ □ ♄
☽ ♂ ♂
☽ □ MC
♀ □ ♆
♃ ♂ ♀
♃ ♂ ASC
♄ ♂ ♆
♄ △ ♀
♀ ♂ DSC

開創與固定／土元素與水元素

上升守護星：♄ △ ♀（天頂共同守護星）
下降守護星：☽ □ MC
下降守護星：☽ ♂ ♂（天頂共同守護星）
天頂共同守護星：♀ ♂ DSC

其它行星紀錄：

停滯：☿
逆行：♅ ♀
落於0度：♃／29度：☉ ♂ ♀
探索度數：—
無相位：—
世代行星之間的相位：—
連續的合相：—

高格林區

主要相位的圖形

工作表：李歐娜・赫姆斯蕾

	開創＋	固定＋	變動
火元素		☿ ♃ ♆	
土元素－			♄
風元素	♂	☽	
水元素＋	☉ ♀ ⯓ ASC		(♅) MC

盤主星	四個軸點及其連結
☽ ♒ 7th	
太陽的支配星	
☽ ♒ 7th	

太陽	月亮	上升
♋	♒	♋

主要相位

☉ ♂ ♀
☉ ♂ ⯓
☉ ♂ ASC
☽ ♂ ♃
☽ ♂ ♆
☿ ♂ ♆
☿ ♂ ⯓
♀ ♂ ASC
♃ ♂ ♆
♄ ♂ ♅

開創與變動／土元素與水元素

上升守護星：☽ ♂ ♃ ♆（天頂守護星）
天頂共同守護星：♃ ♂ ♆（天頂共同守護星）
天頂共同守護星：♆ ♂ ⯓（天底守護星）

其它行星紀錄：

停滯：－
逆行：♅
落於0度：－／29度：－
探索度數：ASC on ♀
無相位：♂
世代行星之間的相位：♅ △ ⯓
連續的合相：⯓ ☉ ♀，☿ ♆ ♃

高格林區

主要相位的圖形

工作表：南希・雷根

	開創＋	固定	變動
火元素－		☽ (♅)	
土元素		♀	♃ ♄
風元素－	ASC		
水元素＋	☉ ☿ ♂ (♀) MC		(♅)

盤卡星	四個軸點及其連結
♀ ♉ 8th	
太陽的支配星	
☽ ♌ 10th	

太陽	月亮	上升
♋	♌	♎

四個端點皆為開創／兼具四種元素

下降守護星：♂ ♂ MC
下降守護星：♂ □ ASC

主要相位

☉ ♂ ☿
☉ ♂ ♂
☉ ♂ ♀
☉ □ ASC
☉ ♂ MC
☿ ♂ ♂
☿ ♂ ♀
☿ □ ASC
☿ ♂ MC
♂ △ ♃
♂ □ ♂ ASC
♂ □ MC
♃ ♂ ♅
♀ □ ASC
♀ ♂ MC

其它行星紀錄：

停滯：—
逆行：♂ ♅
落於0度：☽ / 29度：—
探索度數：MC on ♀
無相位：♆
世代行星之間的相位：♅ △ ♀
連續的合相：♀ ♂ ☉ ☿，♃ ♄

高格林區

主要相位的圖形

工作表：黛安娜·羅絲

	開創	固定＋	變動＋
火元素＋	☉ ☿	♃（♀）	
土元素		☽	MC
風元素	（♆）		♂ ♄（♅）
水元素		ASC	♀

盤主星	四個軸點及其連結
♂ ♊ 8th，♀ ♌ 9th	
太陽的支配星	
♂ ♊ 8th	

太陽	月亮	上升
♈	♉	♏

主要相位

☉ □ ♂
☉ ☍ ♆
☉ △ ♀
☽ □ ♃
☽ □ ♀
☽ ♂ DSC
☿ △ ♃
♀ □ ♅
♀ ♂ IC
♂ ♂ ♄
♂ □ ♆
♃ □ ASC
♅ □ MC

固定與變動 / 土元素與水元素

上升共同守護星：♂ □ ♆（天底共同守護星）
下降守護星：♀ ♂ IC
天頂守護星：☿ △ ♃（天底共同守護星）

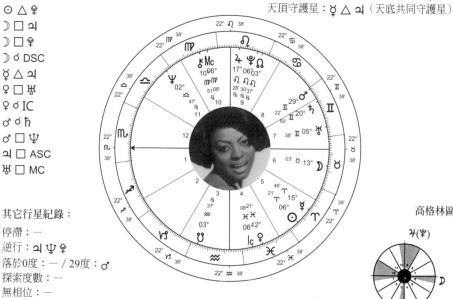

其它行星紀錄：

停滯：—
逆行：♃ ♆ ♀
落於0度：— ／ 29度：♂
探索度數：—
無相位：—
世代行星之間的相位：♅ △ ♆
連續的合相：—

高格林區

主要相位的圖形

工作表：弗洛倫斯・巴拉德

	開創＋	固定－	變動＋
火元素	♂	♀（♇）	
土元素－			（♆）
風元素＋			☽☿♄（♅）
水元素＋	☉♃ASC		MC

盤主星			四個軸點及其連結
☽♊12th			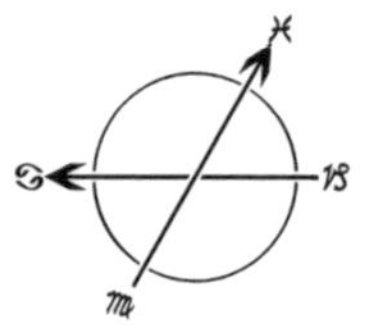
太陽的支配星			
☽♊12th			
太陽	月亮	上升	
♋	♊	♋	

主要相位

☉☌ASC
☉△MC
☽☌☿
☽☌♄
☽☌♅
☽□MC
☿☌♄
♀△♂
♂□♃
♃☌♇
♅□MC
♆□ASC

開創與固定／土元素與水元素

上升守護星：☽□MC
上升守護星：☽☌☿（天底守護星）
上升守護星：☽☌♄（下降守護星）
下降守護星：♄☌☿（天底守護星）
天頂共同守護星：♆□ASC

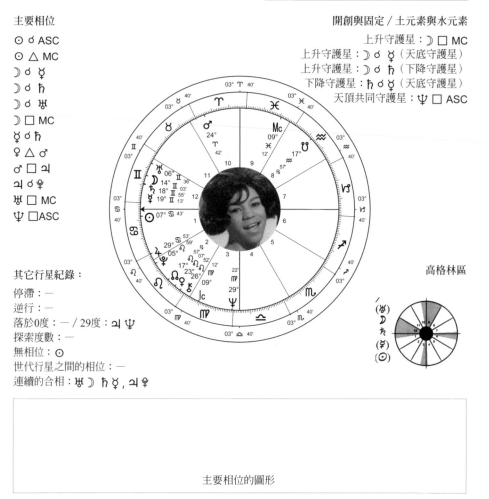

其它行星紀錄：

停滯：－
逆行：－
落於0度：－／29度：♃♆
探索度數：－
無相位：☉
世代行星之間的相位：－
連續的合相：♅☽♄☿，♃♀

高格林區

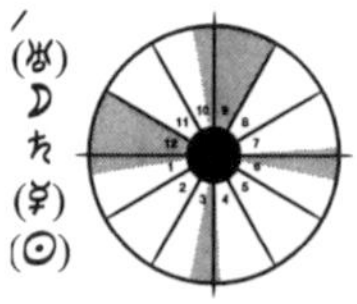

主要相位的圖形

工作表：瑪麗・威爾森

	開創－	固定＋	變動＋
火元素		☽ ♃ (♀)	
土元素	MC	ASC	
風元素	(♆)	♀	♂ ♄ (♅)
水元素			☉ ☿

盤主星	四個軸點及其連結
♀ ♒ 10th	
太陽的支配星	
♃ ♋ 4th, ♆ ♎ 5th	

太陽	月亮	上升
♓	♌	♉

主要相位

☉ □ ♂
☉ □ ♄
☽ ♋ ♀
☽ ♂ ♀
☽ □ ASC
☿ □ ♅
♀ △ ♂
♀ ♂ ♃
♀ △ ♄
♀ □ ASC
♂ ♂ ♄
♃ □ ASC
♀ □ ASC

開創與固定／土元素與水元素

上升守護星：♀ □ ASC
上升守護星：♀ △ ♂（下降共同守護星）
上升守護星：♀ △ ♄（天頂守護星）
上升守護星：♀ ♂ ☽（天底守護星）
下降共同守護星：♀ □ ASC
下降共同守護星：
♂ ♂ ♄（天頂守護星）
下降共同守護星：
♀ ♂ ☽（天底守護星）
天底守護星：
☽ □ ASC

其它行星紀錄：

停滯：－
逆行：♃ ♆ ♀
落於0度：－／29度：－
探索度數：－
無相位：－
世代行星之間的相位：♅ △ ♆
連續的合相：♂ ♄，♀ ☽

高格林區

主要相位的圖形

工作表：巴拉克·歐巴馬

	開創	固定＋	變動
火元素		☉☿（♅）	
土元素	♄		♂（♇）
風元素＋		♃ ASC	☽
水元素	♀	（♆） MC	

盤主星			四個軸點及其連結
♄ ♑ 12th , ♅ ♌ 7th			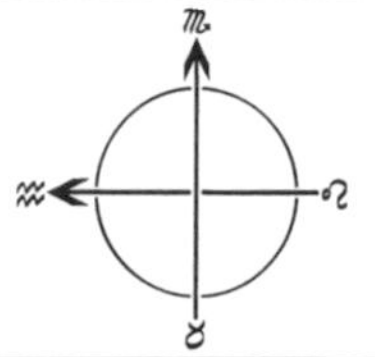
太陽的支配星			
☉ ♌ 6th			
太陽	月亮	上升	
♌	♊	♒	

主要相位

☉ □ ♆
☉ ☌ DSC
☽ △ ♃
☽ □ ♇
☽ ☌ IC
☿ ☍ ♃
☿ ☍ ♄
☿ □ ♆
♂ △ ♄
♃ ☌ ♄
♃ □ ♆
♅ ☌ DSC
♅ □ MC

四個軸點皆是固定／兼具四種元素

上升共同守護星：♅ ☌ DSC
上升共同守護星：♅ □ MC
上升共同守護星：♄ △ ♂（天頂共同守護星）
下降守護星：☽□MC
下降守護星：☉ ☌ DSC
天頂共同守護星：♇ □ MC

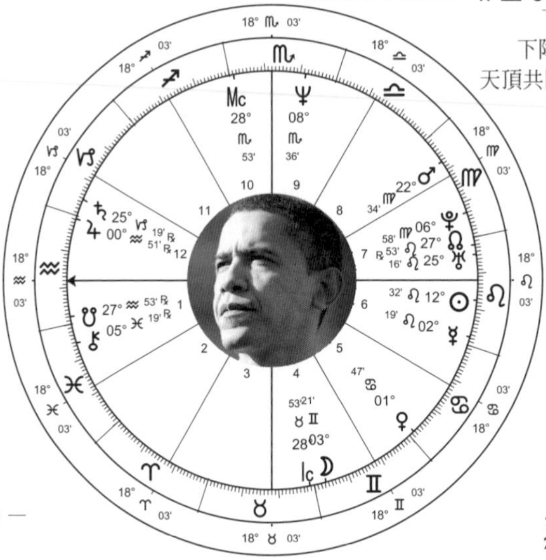

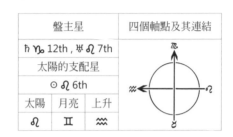

其它行星紀錄：

停滯：—
逆行：♃ ♄
落於0度：♃ / 29度：—
探索度數：—
無相位：♅
世代行星之間的相位：—
連續的合相：♄ ♃

高格林區

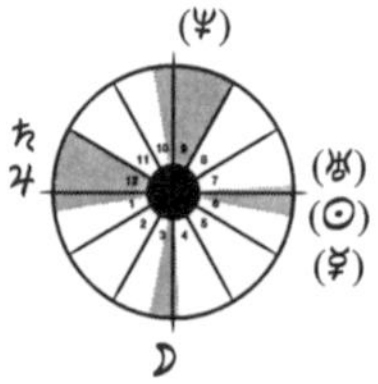

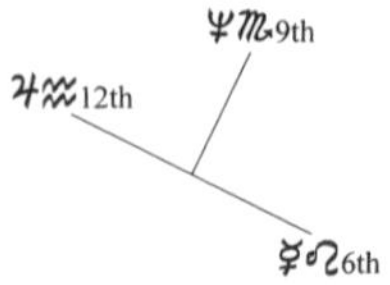

主要相位的圖形

綜合分析：巴拉克・歐巴馬

以下是運用歐巴馬的星盤做爲案例所列出的一種星盤分析方式——也是一張清單，藉以了解星盤的關鍵領域，以及星盤主人天生的主要驅動方式。這結合了所有目前我們從此書中所學到的一切。

1. 行星的分佈

四顆行星分佈在代表健康和服務的第六宮或是代表關係的第七宮；三顆行星都在獅子座。儘管在技術上可以說這是一張火車頭圖型星盤（Locomotive chart），木星與月亮相距相 120 度，木星／土星兩顆星爲分離相位（不同星座）的合相就像是提桶的手把，因爲這兩顆行星是唯一落在東半球的行星且都落在非常重要的高格林區，這些特徵使此一合相在星盤中成爲一個非常重要的相位，即使兩者都不是個人行星。

2. 四個軸角的星座組合

四個軸點爲固定星座，其守護星之間的連結、藉以引領我們的主要是太陽和天王星，它們跨坐於獅子座下降的兩端；雖然以合相來說，太陽和天王星距離太遠，但是由於它們落在下降附近，使下降成爲四個軸角當中最重要的一方。天頂的兩顆守護星（火星和冥王星）都落於在挑剔、以細節爲驅動力的處女座。

3. 太陽、月亮、上升三重奏

太陽／月亮／上升三個最重要的星象中有兩個在風象星座，並且三者皆爲陽性（火／風）星座。有趣的是，如果我們將天王星視爲水瓶座的共同守護星，則三者的守護星皆定位於獅子座，再次突顯了此獅子座星群的重要性。若是使用太陽弧正向推運（Solar Arc Directions）的預測方法，此三顆行星在獅子座之間的度數應該指出了歐巴馬早期生活的關鍵年度（水星在 10 歲時運行至本命太陽、

23 歲時運行至本命天王星，大約 13 歲時太陽運行至本命天王星）。

4. 元素和模式的平衡 / 不平衡

這些元素相當均衡，雖然火元素和風元素較強（闡述願景的能力）。在性質模式中固定最為強勢，暗示持久力和頑強的決心。

5. 主要相位

綜觀合相、四分相、對分相以及緊密的三分相（容許度在 3 度之內），在這些相位中我會挑選的是：太陽 / 水星與海王星的四分相；月亮與冥王星的四分相；水星與星盤中的「手把」（木星 / 土星）的對分相；木星與土星的合相（因為它們單獨在東半球，並且是類提桶圖形的手把）；以及三顆落於軸角的行星：太陽、天王星在下降的兩側，月亮在天底。

6. 主要圖形相位

T 型三角圖形相位的度數相當寬鬆（木星與海王星的四分相接近 8 度），但我通常不會考慮這個，這是一個固定性質的圖形相位，海王星為其端點行星，其中包含木星 / 海王星（皆為雙魚座的守護星）的主題。由於木星在海王星（以及自己）的宮位中，而海王星則是在木星的自然宮位中，使這個 T 型三角圖形相位強調了「推銷夢想」，關於希望與救贖的偉大承諾、服務的渴望，以及我們在星盤其他地方所看到的明星力量。如果我們將凱龍星納入，星盤中還有包括凱龍星 / 月亮 / 冥王星的 T 型三角圖形相位。

7. 找出暗示（overtones）

將重點放在固定星座及落在獅子座的三顆行星是兩個需要考慮的重要因素。而由於太陽合相下降，其中蘊含著一個太陽 / 獅子座的主題；三顆獅子座的行星中，有兩顆（太陽和水星）藉由與海王星（也就是寬鬆 T 型三角圖形相位的端

點）的四分相而被觸動，暗示著一個太陽／獅子座／海王星的主題。而次主題則屬於水星：月亮在雙子座、火星在處女座以及太陽和水星落在第六宮。

以下是在 2008 年 12 月所寫下的檔案，在稍做編修之後，首次發表於美國占星雜誌《大占星師》（*The Mountain Astrologer*）2009 年 4／5 月號：

美國最後的希望。

美國夢的體現。

真誠而雄辯之人，其願景缺乏明確性。

一位擁有宏偉計劃、藉以彌補一個父親未竟之夢的政治家。

一種驕傲且偶像性的象徵，代表男性非裔美國人的成就。

美國黑人的正義之聲——馬丁‧路德‧金（Martin Luther King）的繼承人。

當你用谷歌搜尋美國總統歐巴馬會發現當他政治路上的最高峰時便已經被貼上標籤、扭曲、歌頌，高捧並且神化 [18]；然而，許多傳記在他的燦爛微笑與鎮定自若的外表之下，所描述的是什麼？在他自己的話中流露出怎樣的驅動力、需求和性格？而在占星學上，他在什麼地方適合美國政治上的權謀和種族平等之間不斷的鬥爭？

在天王星雙魚座隱晦、悲觀的氛圍之中，我們皆在政治語言的操弄之下而感到困惑，一個政治家有沒有可能體現誠信？他是否可以執政而不讓自己的理想被腐蝕？並且，在個人層面上，我們希望有人能夠真正成功並履行一己承諾，這個渴望是否大於我們需要看著他們自恩典中墮落而驗證了我們的懷疑？

有人說，大多數的天王星在本質上最終會成為土星，意即走在尖端的任何人

18　根據他的支持者在網路上所公佈的出生證明（為了推翻他並非在美國出生的傳言），其真實性一直受到質疑，因為其中並未包括每一個重要的資料，因為它實際上只是一份出生之後官方、簡單格式的電腦副本，它所遺漏的資料，包括如雙親及醫療簽名。在持續受到質疑之下，報刊公佈他在 1961 年於夏威夷的出生證明，這是他在美國出生的最好佐證。

事物或做爲變革的工具，最終（土星），要不是被接受而成爲主流，就是被切斷、禁止、審查或譴責。如果天王星置身於外的話，就其本質而言，它仍然有一種革命性的影響和相關的功能；如果它被接受了，並成爲社會內部結構的一部分，它就失去了喚醒、震撼或者啓動我們向前邁進的能力。巴拉克・侯賽因・歐巴馬二世（以父爲名）是變革的媒介，在逐漸趨於保守的歷史時刻當選：他是一個在主流工作的局外人。他的父親對於肯亞的願景和部落及任免權的政治策略不相一致，這使老歐巴馬失去其政治野心；而歐巴馬在 2008 年土星和天王星的循環中，首次產生對分相時當選，命盤的盤主星爲土星與天王星，兩顆星形成緊密的 150 度（事實上這是星盤上最緊密的相位）的歐巴馬二世，是否將設法實現最初的宇宙安排？

附帶說明的是，我的本意並不是去辯論暗殺的可能性，但是美國缺乏處理好種族膚色的政治遠見的歷史過程，這是一個發人深省的事實：馬丁・路德・金博士（Dr Martin Luther King）（1968 年 4 月 4 日遭到謀殺），麥格・艾維斯（Medgar Evers）（1963 年 6 月 12 日遭到謀殺）和麥爾坎・X（Malcolm X）（1965 年 2 月 21 日遭到謀殺）就是三個這樣的例子。以下是歐巴馬的檔案：當他出現在世界舞台時所扮演的角色以及在美國黑人文化中的歷史地位。

雖然我們可以用很多技巧（新與舊）去解析星盤，但是當我們傾聽某個人訴說他們的星盤時，它的基本組成部分——四個軸點星座及內行星、強硬相位、軸角行星、T 型三角圖形相位便會生動的浮現出來。

記住以上這些，在研究歐巴馬的人生經歷和性格時更加強調了其星盤中以下的關鍵因素：

1. 強烈海王星暗示。

2. 固定性質的四個軸點以及獅子座／水瓶座的兩極性。

3. 木星／土星爲圖形相位的手把。

4. 次暗示——水星暗示（月亮在雙子座、火星在處女座、太陽和水星在第 6 宮）。

其他個別的主要相位也應加以考慮：月亮與冥王星的四分相、水星與木星／土星的對分相、沉落的太陽以及即將跨越下降的天王星（上升／下降軸線的守護星）。最後，貫穿合盤（synastry）和星盤預測中的火星／海王星主題。

自傳中的海王星脈絡

圖說：美國第 44 屆總統歐巴馬星盤。

每個人都試圖活出父親的期望或彌補其錯誤，對我來說，這兩者可能都是事實[19]。

——巴拉克·歐巴馬

巴拉克·歐巴馬的父親是黑人移民，一個來自於肯亞不得志的經濟學家，而

19　除非另有說明，所有的引文皆取自於 David Mendell 所寫的 "*Obama From Promise to Power*" 一書 , Amistad, 2007.

母親是白人：一個來自堪薩斯州（Kansas）天真、喜歡到處流浪的女孩。歐巴馬的早期生活和直系家族史讀來就如同教科書裡的描述——第六宮的太陽四分相第九宮的海王星：

- 一個具魅力、理想化的父親，隨之而來的幻想破滅。

- 一個模糊、缺席的父親；被視為是一個嚮往更好生活的失落靈魂或受害者。

- 一個父親，在不利於己的情況下，將個人追求置於家庭之前（無論是工作、教育或宗教）。

- 一個扭曲、失真的男性人物及自我的身分認同。

- 對於命運的「完美願景」以及連續奮戰以維持穩定。

　　歐巴馬的父親是 60 年代初期得自於美國教育啟蒙中受益者之一，他從肯亞飛到夏威夷研讀經濟學，而在 1961 年 2 月娶了第二任妻子，歐巴馬在半年後出生。當這男孩的天頂的二次推運及太陽弧正向推運從固定的天蠍座轉換到變動的射手座時（於 1962 年秋季），他雄心勃勃的父親離開了家庭進入哈佛大學研讀；這原本可以使這個家庭邁向更好的未來，結果竟是父親的遺棄。不久之後，當行運海王星接近第十宮宮頭[20]，歐巴馬的母親回到夏威夷，並在 1964 年 1 月提出離婚。

　　儘管如此，歐巴馬的母親創造了一個關於他的父親的個人神話，並將他塑造為一個強大、成功、富有品德的人。她鼓勵這個年輕男孩去閱讀受人尊敬的黑人

20　以等宮制（Equal houses）所計算出來的第 10 宮宮首中，天頂／天底是一條心理軸線，敘述的是父母的遺傳及家族的「訊息」：我們早期所聽到、並被鼓勵去追求的事物。等宮制的第十宮是掌管我們工作型態和選擇，以及我們公共角色的領域，在早期生活中，它述說的是父母的工作選擇為我們帶來的影響，當行運／正向推運至第 10 宮宮首也正好標示著工作／事業的發展（與行星在全星座制之下轉換新的星座大致相同，除了全宮位制的第10 宮宮首因為與上升／下降的度數呈現四分相，因此與個人視野／關係的動態有直接關係）。

作家所書寫黑人男性經驗中的無力感和憤怒，歐巴馬被帶入了這些在歷史上正直並堅持反種族主義立場、強大的黑人生命中。隨著歐巴馬的本命天頂落於天蠍座的尾端，奧巴馬體現出做為一個黑人是一個偉大遺產的受益人、一種特殊的命運，並只有我們的堅強才足以承受的一種光榮負擔。

年輕的歐巴馬僅在 1971 年的聖誕節再次看到他的父親（就在太陽弧正向推運的海王星通過等宮制的第 10 宮宮首的幾個月之後），老歐巴馬來看他們，而孩子也得知了父親再婚以及同父異母的兄弟姐妹，雖然他發現父親是個溫文爾雅而威嚴的男人，但是母親所精心打造如神般的英雄形象就此開始逐漸瓦解。歐巴馬研究了盧歐族（Luo tribe），發現他父親的一生並不完美，這個男孩對於此次的造訪感到困惑，並且清楚的意識到父親放棄了家庭的責任 21。

數年之後，當行運木星越過他的金牛座天底，歐巴馬飛至肯亞旅行五週，第一次與他的許多親戚見面 22。他第一本自傳適切的命名為《歐巴馬的夢想之路──以父之名》（*Dreams from My Father*），記錄了父親的肯亞血統以及歐巴馬自己關於種族關係和美國種族主義的經驗，以及追尋種族和精神認同的探索。該書首次發表於 1995 年 7 月 18 日當行運冥王星越過他落於天蠍座的天頂 23，並成為自亞歷克斯·哈利（Alex Haley）《根》三部曲以來探索非洲血統最有影響力的敘述 24。

後來歐巴馬稱自己是一個孤兒，顯露出被遺棄和孤立的早期感受（他的母親

21　這是描述太陽弧正向推運的水星在 10 歲與太陽的合相（兩顆星在歐巴馬的本命盤上相距十度）。

22　他的冥王星／上升線直接穿過肯亞柯基洛（Kogelo）（0°s01',34°e21'）的農村地區，這裡是他父系家族的起源。

23　這段行運實際上是在他母親與卵巢癌戰鬥並於 11 月 7 日過世的一年期間。

24　他們的星盤有許多相似之處：亞歷克斯·哈利（出生證明上記載他出生於 1921 年 8 月 11 日 04：55 EDT，伊薩卡，紐約）本命盤中太陽／海王星形成相位（分別為獅子座 18 度和 13 度的合相）月亮在天蠍座 27 度（歐巴馬的天頂附近）。兩位作家皆在他們的作品中體現了海王星：哈利被指控《根》中大部分的內容是抄襲和虛構的，而歐巴馬的直率及理想主義的描述包括虛構的人物和個人對於用藥與酒精的啟示──從媒體的手上奪下這個潛在破壞性的啟示。

在她的第二次婚姻瓦解時將他送回夏威夷），他敏銳地意識到與他疏遠的父親所懷抱的的宏偉計劃和未實現的人生──其耗盡心力的野心（他也有的特點）卻以犧牲家庭做為代價。老歐巴馬曾經是肯亞的經濟學家，但由於與當時的總統肯亞塔（Kenyatta）的衝突而葬送了自己的政治野心。後來他窮困潦倒並且酗酒，他的女兒後來形容他是「肯亞盧歐族文化與西方文化的衝突，以及加諸在他身上的那些期望的受害者」（歐巴馬的太陽在獅子座四分相在第九宮的海王星），歐巴馬相信他的父親是「無法真正融合過去與現代生活」而成為受害者[25]。

部分與帕西法爾（Parzival）有關的獅子座神話由父與子演繹的淋漓盡致：有野心的年輕人（無父、出生不明）啟程尋找個人的身分，他利用眼前的機會尋找他獨特的命運和希望，並且必須窮其一生試圖重新發現並取回與生俱來的權利[26]。小歐巴馬似乎努力的不要重複這樣的故事，不像前任總統（布希的上升點為獅子座），他刻意不要繼承父親的罪；可以說，如果喬治·布希（George W. Bush）在他「土星回歸於巨蟹座」時再次當選，藉以完成他父親未完成的計畫（主要是伊拉克的石油戰爭），歐巴馬的當選是為了實現許多父子之間未完成的事。

隨著年輕的歐巴馬意識到父親可能的樣子，他帶著強烈的命運感與個人野心長大──希望自己脫穎而出的渴望，從現在看來，他的政治使命是鼓勵美國人追求偉大崇高，並取回他們天生的權力[27]。

歐巴馬的水星與第9宮的海王星產生四分相，因此他與他同母異父的妹妹瑪雅渴望體驗島嶼以外的生活[28]。1985年6月（當行運木星停滯於他的上

---

25 歐巴馬在 1982 年 11 月 24 日失去了他的父親，當太陽弧正向推運的海王星通過他落在天蠍座的天頂（在此一個月前二次推運的月亮與本命的冥王星產生對分相）。

26 參閱麗茲·格林（Liz Greene）的書 *Astrology for Lovers*（Weiser，1989）中關於獅子座的介紹，此篇最初寫於 1980 年，大多數關於獅子的神話都可以在迪士尼獅子王的現代故事中看到。

27 這種方向感透過發生在歐巴馬出生之後七日、落於獅子座 18 度（也就是他的下降度數）的日蝕而在占星學上再度被強調。

28 水星／海王星相位相合，他同母異父的妹妹瑪雅繼續從事多元文化教育、教育哲學和環球

升水瓶座附近），歐巴馬搬到芝加哥並很快被一些最爲貧窮的貧民區的社區組織吸引，歐巴馬成爲作家、編輯，最後成爲《哈佛法律評論》（*Harvard Law Review*）的主席（1990 年 2 月 5 日：行運冥王星合相等宮制第十宮的宮首）。畢業之後，帶著理想主義、有些天眞的歐巴馬加入了一家專門從事公民權利及歧視案件的律師事務所──這點燃了他的政治野心。

以固定模式的指南針導航

在歐巴馬的星盤中，四個軸點爲固定星座，如果我們認爲星盤上的四個軸點是我們個人的指南針，那麼歐巴馬的定位是固定模式的：對於他確定的事堅定不渝，對於原則從不後悔。

四個軸點爲固定模式的星座代表著一個框架──一個生命結構──執拗、不變、專注並不害怕「堅定不移」，有一種固執、不妥協的觀點以及與世界的互動。由於上升點落在水瓶座，其世界觀是理想主義、超然獨立的、關心容忍與不可容忍的議題[29]。然而，水瓶座會抵抗任何強加於它身上的改變，取而代之的是認知群體中的潛力，以及從內在去改變自己的動力。

如果天頂在射手座而上升是水瓶座，信仰和教育將會是兩種探索的途徑，人生方向也不過於僵硬刻板。但是，上升水瓶座和天頂天蠍座的組合，個人所追求的必須是深度而不是廣泛的經驗──生命充滿更多危機，例如：死亡或缺少一位導師；個人被要求在社會中承擔一個強大、變革的角色，並且意識到個人召喚和專業地位的重負。這樣的上升／天頂的組合並不是扮演一個流浪者或永遠的學生的角色（如天頂在射手座），而是在解決社會上的一些更嚴峻、更黑暗的問題時所表現出來的強韌、專注和勇氣。

舞蹈。

29 以土星來說，水瓶座 17-18 度似乎在美國的政治及種族史上是重要的，華府大遊行（The March on Washington）（1963 年 8 月 28 日）發生於土星落在水瓶座 18 度；當它在水瓶座 17 度時，甘迺迪被暗殺，而經過一個完整的土星周期之後（1992 年 4 月 29 日），在羅德尼・金（Rodney King）事件中帶有種族歧視的攻擊者被無罪釋放，造成洛杉磯暴動。

在其傳記中暗示了天蠍座的主題：極需控制自己的命運，最重要的是過一個「眞實的人生」。由於天底是金牛座，他來自一個恪守原則的穩定基礎、擁有強烈的是非觀念；早期的經歷和多種文化的洗禮爲教育和探索提供了肥沃的土壤（月亮雙子座合相天底金牛座），這提供了磐石般的基礎，有助於以信念和自信去追求一個有意義的角色。天頂天蠍座的召喚是掌握自我，去探究並深入挖掘，爲了能夠自知個人潛力並展現於世（上升天蠍座可能會逃避的事物）。這結果出現的是一個富有魅力、強大的公共形象——一種堅定不移、臨危不懼的勇氣、一定要成功否則至死方休的形象。它也暗示了一種「性感」的公共形象（在個人的吸引力方面），但是對於親密關係感到懷疑的人來說，往往有一種不可理喻的防衛。歐巴馬始終是一個強悍的談判者和聰明的政客，可能希望以引起個人及專業上的變化這種極端的毅力測試去強調生命。

當四個軸點都是固定模式時，會出現一種困難：人生方向和目的會變得非常確定以至於無法看到改變過程及獲得不同觀點的好處。對於處於影響地位的人來說，可能的特徵是需要正確並且不願放棄控制；這也是一種警告，避免堅持去選擇累積權力，以及爲了滿足自我利益而犧牲最初理想的那一群顧問。

獅子座和水瓶座：一種不舒服的組合

每個人都是一輪明月，擁有背向人們的那一面：如果你想看到它，你必須繞到後面。

——馬克・吐溫（Mark Twain）〈廢墟避難所〉（The Refuge of the Derelicts）

發表於《人的寓言》（Fables of Man）

我從公民權利運動中獲得了很多啟發，而運動的方式讓普通人成爲非凡的領導職位。

——巴拉克・歐巴馬（Barack Obama）

歐巴馬反省自己的大學時期說：「我注意到人們開始聽我的意見（水星在獅

子座），這個發現使我求言若渴（月亮在雙子座），這些不是隱藏在背後的話，而是可以傳遞信息、支持某種想法的語言。」這種逐漸展現的重要感和日益增長的影響性帶著獅子座／水瓶座的兩極性，這在歐巴馬的星盤中，以太陽獅子座、上升在水瓶座作為例證 [30]。

　　一個在精英體系中受教育的人（獅子座）如何成為與人民打成一片的人（水瓶座）？當一個為民喉舌的人升格成為領導者時，他便不是站在與他人相等的位置；水瓶座宣稱他是一個「與人平等」的普通人，但是當他被選擇去領導（獅子座）這群為他們而戰的人（水瓶座）時，便可能很容易變成「只顧自己」。

　　這兩個星座都與權威（獅子座代表個人的；水瓶座代表集體的）有關，兩者都與父親（權威的首要象徵）有不安的關係。爭議來自於特殊和普遍的概念，獅子座由統治者所代表；水瓶座則由普通、一般人所代表；獅子座感覺到自我內在的獨特性，但無法接受水瓶座的觀念裡沒有一個人比另外一個人更特別的原則。然而，水瓶座的陰影卻是獅子座的優越性，在不為人知的另一面中，水瓶座為團體奮鬥，但無法自在的與普羅大眾坐在一起，他可能為平等權利而戰，但不認為自己屬於人群之一。

　　巴拉克・歐巴馬（Barack Obama）如何平衡為社會服務的需求以及獲得認可的渴望？他將如何處理「名人」這個頭銜對於他做為一個普羅大眾的自由所施加的限制？為了平衡獅子座／水瓶座的極性，這種熱衷于自我想法、內省的自我探索之旅需要更寬廣的焦點——也就是超越自己的理由。在這一點上，歐巴馬找到了他的召喚，但同時需要獅子座／水瓶座的自覺，因為當領導者（獅子座）成為獨裁者、只追求個人榮耀時，理想主義的社會主義者（水瓶座）就會消失。

30　正是這條獅子座／水瓶座軸線最常被行運碰觸。他於 2004 年 7 月 27 日發表重點演說時，火星剛剛經過他的下降點。在最後一次行運海王星與上升準確合相的一個月之後，歐巴馬宣布他將競選總統（2007 年 2 月 10 日）；此時，行運太陽在水瓶座 20 度剛剛通過海王星、幾乎與獅子座 21 度的土星形成對分相。超級星期二（2008 年 2 月 5 日）到來，水星在水瓶座 19 度逆行；2008 年 6 月 3 日當火星在獅子座 13 度時，歐巴馬成為民主黨提名總統候選人。

渴望救世主

（歐巴馬）是一個非常有天賦的政治家，在他的一生中，能夠使人們理解極為分歧的有利觀點，從他身上確切的看到他們想看到東西……也許是他從容的公眾性格和巧妙的缺乏特殊性，最有助於他的政治生涯。

—— 大衛·門德爾（David Mendell）

一個非洲裔美國男人如何在這片土地上獲得最有影響力的地位？在他的崛起過程中，歐巴馬被黑人選民貼上「太白」的標籤；但對於白人選民來說，他也僅僅是「夠白」而已。他的背景不同於一般的非洲裔美國人（上升水瓶座、天王星與天頂／天底形成四分相是絕非普通的），但他被大多數的黑人選民接受（2008 年 11 月 95％的黑人選民投票給歐巴馬）。

隨著冥王星現在在摩羯座，時代無疑地朝著極為謹慎和保守的方向發展，而這對他是有利的，他的希望願景（木星在水瓶座）結合某種策略，堅持並運作於體制（土星在摩羯座）中。這是一張「建立」的星盤 31，但並不缺乏它的叛逆面向（天王星在下降與天頂形成四分相）；這是一張尋求建立、鞏固和維持（固定）的星盤，但歐巴馬所傳遞的訊息本質上是海王星的：再次獲得如此有希望的國家所揮霍盡失的偉大。

歐巴馬是在海王星渴望更好、更理想的潮流之下當選；一個對現狀深感不滿的時代。海王星與那些無法定義或無法量化的生活領域有關，然而卻與我們的深刻本質以及與大於自我的連結需求產生對話（有趣的是，歐巴馬的父親拒絕伊斯蘭教，成為無神論者）。

如果天王星的訊息打破了障礙，海王星則是透過滲入、穿透、擴散至所有它所觸及的事物而消融其邊界 —— 它的影響力是無窮無盡的。海王星的政客就像那

31　在他的選舉勝利的時候，歐巴馬的推運 ACG 圖顯示土星／上升線通過華盛頓特區。

些「跨界」藝人，為大家提供了一些東西；歐巴馬如他自己所說的，是一面空白的銀幕，抱持各種政治觀點的人都藉由他發表自己的觀點。我們在發現海王星之處感覺到一種模糊的信息、廣泛的可能意義，而我們根據自我的情感判斷標準去解釋它。

如今美國已經適應其觀點、受其誘惑，買下一個夢想，並等待被席捲。歐巴馬的訊息——希望的召喚——已經超越了選民對於他的伊斯蘭背景及膚色的恐懼；而這裡存在的困難是：海王星使他能夠讓人感到平易近人，即使這意味著「（不更加強力表態或作為）讓自己的支持者（黑人和改革主義者）感到失望的傾向」（歐巴馬的回應是黑人應該滲透主流權力結構，並且從內部運作以實現社會變革）。

在實務上，由於他無法使每個人都滿意，他必將使部分的支持者感到失望，在他擔任總統期間，感到被欺騙或希望幻滅；如果美國人民（水瓶座）寧可事情變得如此，也不願在這個過程中承擔起個人的角色（獅子座），那麼歐巴馬鼓勵美國堅持一個更大理想的這個主題信念（本質上就是自我救贖）將會適得其反（這將演繹出戲劇性的三角色：受害者、無法／不願被拯救者拯救、然後變成掠奪者，使拯救者成為受害者）。由於天王星獅子座在下降，歐巴馬的訊息是重新喚醒人們，需要改變他們自己的生活。

海王星通過水瓶座的行運需要承認一種普遍人性，當此行運在 2007 年初最後一次通過歐巴馬的上升，他宣布成為民主黨提名候選人，他的存在目的以及個人訊息（太陽和水星）透過海王星這個過濾器過濾，準備賣給美國人民——此集體心智。

未來的承諾

人們不會因為歐巴馬所做的事而支持他，他們的支持是因為他能夠成為人們所希望的。

——民主領導委員會主席布魯斯・里德（Bruce Reed）

　　如果我們是父母的產品，那麼與他們有關的資訊、牽涉和欲望在整張星盤中處處可見（不只是在第四宮或第十宮），但太陽和月亮，以及天頂／天底軸線，是開始抽絲剝繭的好地方。從表面上看，歐巴馬的母親由雙子座月亮合相金牛座天底代表，她被描繪成是一位求知欲旺盛的讀者，並遺傳給兒子這一點；然而，如果我們進一步深入傳記，並且傾聽歐巴馬自己的反思，我們可以聽見做為水星與水瓶座木星對分相的她，是一位擁抱不同的理想主義世界觀的女人，後來成為一個人類學家。月亮的支配星是水星、落在獅子座、與水瓶座木星產生對分相：安‧鄧漢姆（Ann Dunham）（後來再婚從索特洛 Soetoro 的姓氏），她鼓吹誠實、獨立判斷和社會服務生活的重要性，為兒子打開視野，去接觸多元文化主義（參閱他的月亮位置及木星）以及改善社會的強大潛力，並且幫助他認識人類的共性。她以鼓舞人心的非裔美國人正直而意味深長的英雄故事啟發歐巴馬的想像力（水星在獅子座與海王星產生四分相），她同時編織了一個和他父親的過去及

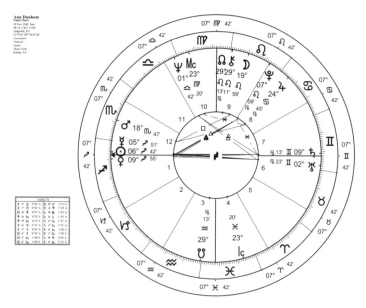

圖說：安‧鄧漢姆星盤。

重要性有關的幻想。

（安‧鄧漢姆的星盤──顯示了她與兒子之間相關的星盤比對：她的水星／太陽／上升對分相天王星，天王星與歐巴馬的月亮合相；她的天頂合相他的火星，而她的火星合相他等宮制的第十宮宮首；她的月亮在獅子坐落在他的下降）

「以華麗虛飾的語言去鼓勵一個國家。」並非希望的承諾而是一種陳腔濫調──對手陣營約翰‧麥凱恩（John McCain）這樣反對歐巴馬。在選舉之前，歐巴馬化身為一個冷靜、有政治信念、泰然自若的政治家（他的競選被非官方地稱之為「沒有戲劇性的歐巴馬」）。隨著水星在獅子座對分相木星在水瓶座，歐巴馬的演講激發美國人承擔個人的角色去改變社會。在選舉的那一年，美國看到了一種壓倒性的個人命運感增強一個人的極度自信，一個人隨時準備穿上權力的斗篷，承擔與生俱來的權力。正是這種水星／木星的希望訊息、帶著在政客當中罕見又與眾不同的一種私下的率直，這對於他的競選是至關重要的。有趣的是，在新罕布什爾州（New Hampshire）初選（2008 年 1 月 8 日）中發表「是的！我們可以！」（Yes We Can）演說的時間正是當行運水星與本命木星合相在水瓶座 0 度之時，而行運水星（與太陽和木星一起）在歐巴馬就職典禮那天又回到同樣的位置。

除了學識與自信，由於月亮和上升都在風象星座，這裡存在一種誘惑，使人去談論感覺而不是實際的去感受它們（對於火星落在水星守護的處女座也是如此──挑戰是在於體驗，而不是簡單地調查、報告、吸取精華或分析）。由於月亮在雙子座與冥王星產生四分相，本能上可能會讓個人最深的衝動轉為理智，或者僅僅雲淡風輕的處理情緒的鍋爐（當人們被賦予這種水星的特質，可能需要去平撫情緒：大家都知道歐巴馬私底下抽煙）。

然而，大眾為華麗的語言和明天會更好的希望而傾倒，這並不令人驚訝，如果我們看看在詞源學（詞語的歷史和發展──這非常適合月亮在雙子座的人）中歐巴馬的名字和「承諾」這個詞，我們可以看到太陽／海王星、水星／木星以及在他的星盤中風象的優勢：「巴拉克」是指來自上帝的祝福，個人可以將它當作

是一種移轉給他人的利益；「承諾」（promise）一詞源於 promissum（是一種「保證」或「誓言」）以及 promittere（「發出」、「預言」）——是一種肯定或關於未來的宣言。

木星在水瓶座意味著邁向更好、更明亮、更遼闊未來的希望和樂觀主義，星盤中的木星也是我們展現偉大承諾的地方，而風象星座皆共同擁有此「承諾」：在做出保證或承諾之前，雙子座必須選擇、連繫或結合兩種可能的不同面向；天秤座的主要目的是反應（去回應：以承諾作為回報）和妥協（相互承諾）；最後，水瓶座試圖提出一個誓言，一個未來的承諾。

歐巴馬的承諾也吸引了強大的盟友，在他的總統競選活動以芝加哥為總部被賦予了一個全球性的平台，例如：以一個女性便撐起了一個媒體帝國的歐普拉·溫芙蕾（1954 年 1 月 29 日出生），分享並推動他的願景，而她的水星正坐落於歐巴馬的上升；另一個幫助歐巴馬在政治崛起的人是他的顧問大衛·阿克塞羅（David Axelrod）（生於 1955 年 2 月 22 日），他的水星與歐巴馬的水瓶座的上升度數差不多，當歐巴馬發表演說時，阿克塞羅德建議他去想像這些他所遇見的人，藉由說出他們的故事，而「在他的演說中，喚起更多人性」（這在本質上就是一個水星／水瓶座上升的訊息）；而只有與具有爭議的傑瑞米亞·賴特（Jeremiah Wright）牧師（生於 1941 年 9 月 22 日）之間的關係，使歐巴馬在選擇共事者方面幾乎敗壞了他的優秀判斷 [32]。

希望的魄力：火星和海王星

許多年輕人……從事自我毀滅的行為，因為他們沒有明確的方向感。

—— 巴拉克·歐巴馬（Barack Obama）

32　賴特牧師的金星在天蠍座 8 度合相歐巴馬的海王星，雖然歐巴馬最初是受到他的激發，但是在 2008 年 3 月 18 日（當行運水星、金星與歐巴馬的本命盤中第七宮內的冥王星產生對分相的那一天）一個稱之為「更完美的聯盟」（A More Perfect Union）（金星／海王星）的演說中，他仍然與賴特的一些更具有爭議的聲明保持距離。

　　服務和奉獻主題在一些明顯連結火星和海王星的比對盤和預測中可以看見。歐巴馬的本命火星與美國（1776 年 7 月 4 日）的海王星（與其自身的火星有緊密的四分相）在處女座 22 度產生合相；在歐巴馬的本命盤上，火星與海王星產生半四分相，而在太陽弧正向推運中，他的火星在就職典禮不久之後一生僅此一次的在第九宮與海王星合相於天蠍座（確切時間是在 2009 年 3 月初）。

　　火星在處女座／海王星在天蠍座的象徵是豐富的：受到父親失敗的這種命運感的影響以及有色人種的勵志故事啓發，火星／海王星成爲一種召喚，去提出一個集體的承諾並實現自己的誓言、服務和治療、實踐理想、體現一種新的（非裔美國人）的典型、回應集體的渴望和幻想、拯救戰爭和暴力之下的弱勢和受害者；它同時也警示著犧牲自己的生活和欲望，或者被他人誘惑或操縱。

美國與落日

　　一旦當選總統，我們可以考慮以此人的星盤（或任何國家主要領導人的星盤）去體現整個國家，如此一來，歐巴馬的出生盤便成爲美國的一個象徵性代表：他當選爲總統之下的美國以及美國在歐巴馬總統任期期間的未來。總統的願景、角色和影響可以再次在重要的星盤主題和行星配置中找到，思考甘迺迪及柯林頓的總統任期：

約翰・甘迺迪（John F. Kennedy）

　　太陽在雙子座；上升在天秤座；土星／海王星在天頂巨蟹座附近。

　　由於海王星在天頂（約翰與他的妻子賈姬的星盤都是如此），無怪乎甘迺迪短暫的總統的生涯以及一個更好的美國的承諾被理想化，之後概括成一個詞：燦爛繁華之境（Camelot）；（除此之外，海王星在他的就職時正在下沉）海王星說明這對夫妻在媒體上的投射以及他們對美國時尚風格的影響，他們是一對名人夫妻（他的上升在天秤座）。甘迺迪的土星／天頂召喚著愛國的責任：「不要問國家可以爲你做什麼，而是你可以爲國家做些什麼」，並且是第一位將天主教帶

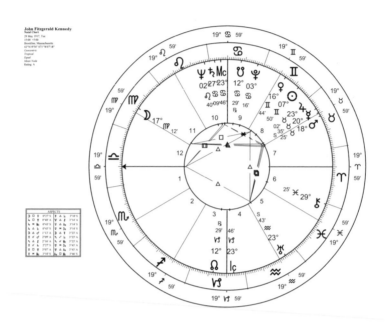

圖說：約翰‧甘迺迪星盤。

入白宮的總統。他被認爲是一個雄辯的演說家（太陽在雙子座），他當時所帶領的美國是公民權利正在重啟談判之際（天秤座），在許多重大衝突之中，美國需要一顆冷靜的頭腦（雙子座／天秤座）。仔細考量置於頂處的土星／海王星的合相可以說明美國對於他被暗殺之後的體制（土星）的幻滅（海王星）；這個合相同時也描述了與他的死亡有關的陰謀論以及與暴民的關聯。因爲海王星在高處（接近天頂）這裡存在著一種理想化及美化其遺贈的危險；然而，我們現在也知悉他是一個具有魅力、瀟灑風流周旋於女人之間的萬人迷（上升天秤座而盤主星金星落在雙子座）。

比爾‧柯林頓（Bill Clinton）

太陽在獅子座；上升在天秤座合相火星、海王星和金星；天頂巨蟹座。

柯林頓在擔任總統大部分的時候是一位公共關係專家，具有具有極大的同理

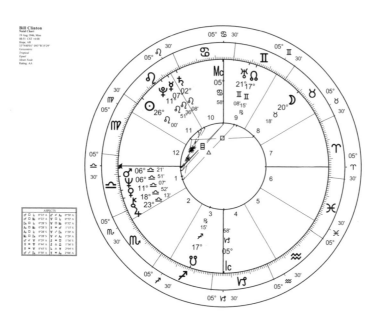

圖說：比爾‧柯林頓星盤。

心、真心對人們感興趣並且能夠使人們放輕鬆。在許多方面，比爾‧柯林頓的金星和海王星的星盤與甘迺迪的星盤相當一致：兩人都是很受歡迎、具有個人魅力的領導人，他們掌握了媒體名言的藝術，並且都與他們的妻子被強力包裝為黃金搭擋。然而，柯林頓的不忠發生在一個與甘迺迪迥異的時代：一個可以猥褻的直視富豪與名人性生活的美國（柯林頓的火星、海王星和金星在上升天秤座），個人界限如隱私已經被侵蝕。海王星滲透他的星盤以及總統職位上的所有面向（並且在他的就職典禮時正爬上頂峰）[33]，當土星和木星（道德指南針上的兩個指標）並不占有優勢；仔細考量，這裡似乎缺乏個人紀律（以及過濾個人欲望的能

---

[33] 在 1997 年 1 月 20 日柯林頓第二次就職典禮的星盤中，土星落於牡羊座十一宮對分相第五宮的天秤座火星（與本命盤中的火星／海王星上升合相），這描述了由牧師之子肯尼斯‧斯塔爾（Kenneth Starr）積極執行的道德獵巫行動，控訴柯林頓的不當行為（土星）和性方面的輕浮（火星在第五宮）。

力），這掩蓋了他作為一個總統的承諾。

甘迺迪和柯林頓的本命盤與理查・尼克森（Richard Nixon）和喬治・布希（George W. Bush）的星盤（及在位期間的美洲）中的水星／冥王星主題截然不同。如果我們考慮布希如地震般的就職星盤（2001年1月20日，華盛頓特區，大約中午時分），火星在天蠍座並且月亮及冥王星合相於射手座第八宮，難怪美國最後有一個水星／冥王星在上升獅子座的總統。

將歐巴馬的本命盤視為他眼中的美國倒影以及從2009年1月之後他當選後所領導的美國，我們可以看見一個對於領導階層失去信心的失望國家（太陽在獅子座四分相海王星）。美國在選擇歐巴馬做為總統之時，便已經拒絕近年來支離破碎的領導，並渴望一個更為理想化的父親／領導者／救世主（太陽／海王星）。借用占星家傑西卡・默里（Jessica Murray）的書的標題，我們可以看到一個需要療癒的「憂傷國家」（Soul Sick Nation）[34]：一個渴望日常生活、基層中的精神實踐（太陽在第六宮四分相第九宮的海王星）以及渴望社會共同體的人民（水瓶座），而它的資源——在情感及財務上——卻已經被海外的政治戰爭掏空（海王星在天蠍座第九宮守護第二宮）。

總之，從歐巴馬的星盤可以看出美國是一個最終對自己負責的國家——一個需要意識到它的創造及毀滅性力量的國家（獅子座可以是慈善之光，也可能是殘暴的霸凌）。假使水星與第九宮海王星的四分相暗示著一個在外交事務上感到被欺騙及誤導的國家，試圖從日常事務中分散其注意力（水星在第六宮），而月亮雙子座與冥王星的四分相則渴望發掘真相；另外，海王星落入天蠍座第九宮，套句歐巴馬的話，造就我們的國家：「最終必須依賴中東石油……現在是結束這種上癮的時候了」。

太陽已經定位於星盤中，一國之主——這最大的力量（太陽）——已經沉入黑暗中，人民（月亮）正走向天底，這是一個需要被引導走過黑暗歲月的美國。

34　一本具有高度評價、探索當代美國的占星學。

美國的未來可能是一個改造重建的冷靜時期；然而，這裡有一個水瓶座在地平線的希望，代表共同理解及社會責任的黎明。（木星和土星已經上升到第十二宮──騎兵即時跨越地平線），歐巴馬自己提供了一個例子：「我們現在是一個談論青少年懷孕不負責任的社會，而不是一個並未教導他們渴望更多的這個不負責任的社會」。

　　在最好的狀況之下，木星水瓶座與土星摩羯座的合相可以構建一個體系和可行的未來願景，此合相是歐巴馬星盤中的關鍵部分；實際上，它是桶型星盤圖中的把手、落在力量強大的高格林區域的合相，並且是東半球唯二的行星。這個合相也將歐巴馬困進每 20 年的木星／土星循環中，使他對這個循環週期特別敏感，難怪在他競選時，木星／土星中點正好落在等宮位制之下他第十宮宮首[35] 天蠍座 18 度。

　　當我們檢視合相時，考慮最先升起的行星（即黃道帶最前面度數／星座的那顆行星）。很明顯的，摩羯座土星在水瓶座木星之前上升，保守的建立重組必須先於新的人類手足情誼（一種兄弟之情、精神層次的人性）產生。

　　如果在 2009 年 1 月 20 日做為起點，我們將歐巴馬的天頂從它在本命盤上天蠍座 28 度 53 分的位置推算其行運（或推運），我們看到它在 2010 年春天象徵性地移動到射手座，當行運火星順行至獅子座 0 度時，並且就在行運木星和天王星進入牡羊座不久之前。這些發展應該預示了新的倡導、新的活力及熱情的感覺，並提供奮鬥的目標和理由（還有反抗領導人、公民不服從和社會鬥爭的潛在暴力）。除此之外，太陽藉由其出生之後規律的二次推運，在 2010 年秋天進入天秤座（也許意味著停戰，緊接著是進一步的談判或衝突），並且在 2011 年 1 月 4 日二推木星在歐巴馬的生命中首次轉為順行。

35　總是有一種讓人運用更多技術的誘惑！伯納德・埃克爾斯（Bernard Eccles）介紹我行運中點（Midpoint Transits）的概念。還有兩個行運中點發生在他當選時：海王星／冥王星的中點在摩羯座 25 度（合相他的土星）以及木星／天王星的中點在水瓶座 18（就在他的上升點）。

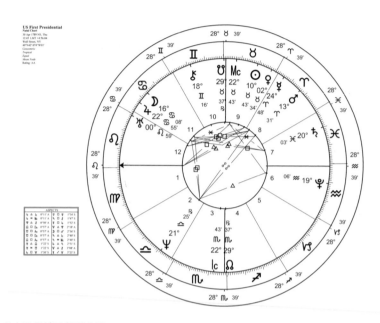

圖說：首次美國總統就職典禮。

代表所有總統的一張星盤

　　雖然我們可以使用一些星盤來說明歐巴馬和美國之間的對比關係 [36]，但是看一看 1789 年 4 月 30 日美國第一任總統宣誓就職最初的這張星盤是有用的（見圖）。這張星盤將定義就職的精神、這個角色背後的原則以及領導的重擔。

　　早在 1789 年，為這個角色所刻劃的主要特點是智慧、節制、尊嚴和含蓄克制。總統這個職位要求喬治·華盛頓成為「他的國家的父親」，而他的形像被昇華至無處不在（上升獅子座，星盤守護星——太陽落在第九宮金牛座）並且不久之後，一家國家銀行成立了。最近，總統職位被描述為「演的比職務本身還

36　例如，美國的冥王星落在歐巴馬關鍵性的木星／土星合相的中點，月亮落在他的南交點並且與他的天王星形成對分相，而兩者的金星則是合相。

多」[37]。

在許多方面，在研究總統任期內關鍵的政治事件時，這張星盤提供了超越 1776 年的那張美國誕生盤（這是喬治‧華盛頓所開創的先河，爲在費城所制訂的憲法理論帶來實質的內容）[38]。而此「宣言」式的星盤中的一些相位和主題反映於此：1776 年的蘋果派及愛國的太陽／木星巨蟹座被複製成爲一種月亮／木星巨蟹座的家庭手工哲學；民主、平等和獨立的夢想也寫於此：水星在牡羊座對分相第二宮的海王星。但是牡羊座火星與巨蟹座月亮的四分相顯示人們期望從他們的總統身上得到有力的領導——一個可以捍衛國家的人。

此星盤與歐巴馬的本命盤之間有明顯的關聯：天王星在獅子座 1 度（與歐巴馬的水星合相）；冥王星在水瓶座 19 度（在他的上升）暗示歐巴馬能夠帶出兩顆外行星的基本原則，就如在他處所討論的。更令人意外的是，華盛頓就職典禮星盤的太陽弧正向推運（SA）的上升在歐巴馬就職時落在牡羊座 2 度，與歐巴馬自己的太陽弧正向推的上升只有 1 度之差（它與馬丁博士在十一宮的本命牡羊座天王星形成幾分之差的合相）。這兩張星盤皆呼應此一新的政治和總統時代的到來。

今昔的冥王星時代之別：土元素的崛起

歐巴馬在這一條前往白宮的路上，（冥王星在處女座的時代，1956～1972年）成功地接替了希拉蕊‧柯林頓（冥王星在獅子座）和約翰‧麥凱恩（冥王星在巨蟹座）。在許多層次上，他的勝利是一種冥王星處女座時代終於掌握權力的呼聲；希拉蕊的「堅持到最後一刻」的競選是她那一代拒絕放棄領導地位的特點。以世俗來說，從布希到歐巴馬，冥王星已經從火元素走到土元素，美國準備（並且需要）新一代的領導；更圓滑地說，在狂歡的派對（獅子座）之後，總是必須有人清理殘局（處女座），在加諸於人的「完成你的意志」之後，必須展開

37　*Time magazine*, 27 October 2008.

38　Carter Smith, *Presidents: Every Question Answered*, Hylas, 2004, p.12

處女座的治療和淨化過程。以全球來說，在射手座的過度延伸和施展之後，需要摩羯座的清醒、紀律、責任和義務（回應的能力）。歐巴馬的競選正好是在美國慢慢接近其冥王星回歸的時候（雖然直到 2022 年才會準確回歸）。

　　每個土象星座都必須建立、鍛鍊並具體化由之前的火象星座所想像的夢想，以現實主義維持熱情之火，並且需要方便、有用和實用性，這是土象星座的使命。獅子座提供誇耀、魅力並建立一套體系（固定）而去相信（火）──即君主制；但處女座理解，為了使體系維持運作，它需要秩序並注重細節，它可以以安靜、低調的方式做到這一點，畢竟在所有獅子座的盛典中，樂隊前進，卻仍在調整步伐。歐巴馬的本命火星在處女座描述著工作狂、完美主義、無法授權，在危機時刻，處女座的火星可能會重視枝微末節而對重大事件漠然處之。但由於歐巴馬的太陽在獅子座，而天頂的共同守護星火星在處女座，誰能夠比他更可以在此保守、強硬時代中規劃出一個循序漸進、可行的未來願景？

黑人文化的根源

　　一些占星學家將冥王星與黑人文化以及爭取非洲裔美國人種族平等的鬥爭連結在一起。冥王星同時象徵當權者和被壓迫者──例如：財勢強大而隱藏其財富、影響和名字的「富豪」們；以及來自於社會底層被剝奪權利及受壓抑的人。從非洲裔美國人被賣為奴直到第一位黑人當選美國總統的路程就是冥王星走過世代的足跡，當冥王星進入摩羯座時便將黑人推上權力及執政的地位。

　　有趣的是，歐巴馬出現在世界舞台上是發生在冥王星剛進入摩羯座時，但卻是冥王星在射手座 29 度時勝選，我對此很感興趣並開始尋找這個度數在美國黑人經驗中具有里程碑意義的日子。其中兩個似乎特別重要：射手座 29 度幾乎準確對分相羅莎‧帕克斯（Rosa Parks）（1913 年 2 月 4 日出生）的本命冥王星；以及在（1963 年 8 月 28 日）下午 4 點馬丁博士具有指標性的演說：「我有一個夢想」（I Have a Dream），掀起華府遊行的高潮時刻，便是上升在射手座 28 度而火星在天秤座時。

此外，以下列出歐巴馬的直接中點（我謹慎使用）：

● 土星／天頂的中點是射手座 27 度 7 分。

● 海王星／上升點的中點是射手座 28 度 20 分。

● 木星／天頂的中點是射手座 29 度 53 分。

當冥王星在 1983～1984 年進入天蠍座時，有一些積極的黑人偶像進入大眾意識：傑西・傑克遜（Jesse Jackson）（他在冥王星將要進入天蠍座的前幾天開始爭取民主黨總統候選人提名）、比爾・寇斯比（Bill Cosby）（當冥王星在 0 度天蠍時，最佳影集《天才老爹》（*The Cosby Show*）首播）、歐普拉・溫芙蕾（Oprah Winfrey）（在 1984 年初成為脫口秀之星）。

外行星的活動（例如土星或天王星的相位）到冥王星似乎顯示黑人以及非洲裔美國人在美國的歷史性關鍵時刻。這些在美國或突破種族障礙或成為黑人驕傲、叛逆和卓越象徵的關鍵性人物們，在其星盤中有其他三個明顯的特徵：

1. 天蠍座符號。

2. 火星／冥王星相位（一種暗示強大、克服壓抑的重生力量的組合）。

3. 固定星座的最後十度（最後的黃道十度分度）：固定星座有穩定的力量；它們代表著強大的抵抗力和堅定不移的目標；強大的意志力，一種不屈不撓或不違背自我的原則。第三個黃道十度分度走向變動星座：這是逐漸變換門界的指示。

更多的案例無法細數，但以下事項仍可探討：

1955 年 12 月 1 日，在海王星進入天蠍座幾個星期之前，羅莎・帕克斯因為拒絕移坐到公共汽車的後面而被捕：土星在天蠍座 25 度四分相獅子座 28 度的冥王星；火星在天蠍座 1 度四分相獅子座 2 度的天王星；而帕克斯的本命土星是在金牛座 27 度。（海王星通過天蠍座的行運可以看見藉由法律而逐漸消解的種族歧視；在 1956 年 11 月，當王星進入天蠍座，美國最高法院做出支持帕克斯的判決）。然而，在帕克斯之前被捕的那位被遺忘的少女克勞德特・科爾

文（Claudette Colvin）（1939 年 9 月 5 日生，水星在獅子座 27 度四分相在金牛座的天王星）未被讚揚。科爾文在 1955 年 3 月 2 日首先拒絕讓座給白人，當時火星在金牛座的末尾對分相在天蠍座的土星，並與獅子座的冥王星形成 T 型三角相位，這起事件最後導致聯合抵制蒙哥馬利（阿拉巴馬州）公車運動（Montgomery bus boycott）。

天王星和冥王星在 60 年代中期形成一連串驚人的合相（有時又與土星及凱龍星形成對分相），見證美國黑人政黨黑豹黨（Black Panthers）的成立（1966 年 10 月 15 日）以及橫跨美國民權運動的爆發，此後又伴隨著麥爾坎‧X（Malcolm X）遭暗殺事件，他的本命火星合相冥王星（1925 年 5 月 19 日）；幾年之後，當木星在獅子座四分相海王星在天蠍座 26 度時，馬丁博士被槍殺。

由於歐巴馬的天王星在獅子座 25 度四分相在天蠍座 28 度的天頂，這暗示他生來便是要來改變黑人在美國的形象（天頂），承擔政治的領導角色；畢竟，美國並非選擇傑西‧傑克遜或阿爾‧夏普頓（Al Sharpton），美國投票支持的是有遠見的行動家，而不是好戰分子或激進分子。由於火星／海王星合相（在歐巴馬與美國的合盤以及他自己太陽弧正向推運的火星與本命海王星的合相）的加強，他們選擇了一個有色人種──包含許多顏色──正直、視野和信仰，能夠與體系合作（並融入體系之中）的人。

在 2008 年選舉的準備階段，流傳著一句口號：

羅莎坐著，馬丁便可以行走；

馬丁行走，歐巴馬便可以奔跑；

歐巴馬奔跑，

而我們的孩子便可以飛翔。

工作表：泰咪・菲爾・貝克

	開創－	固定＋	變動＋
火元素－		（♀）	ASC
土元素－		♄（♅）	（♆）
風元素＋	MC	☿ ♀	♂ ♃
水元素＋		☽	☉

盤主星	四個軸點及其連結
♃ Ⅱ 6th	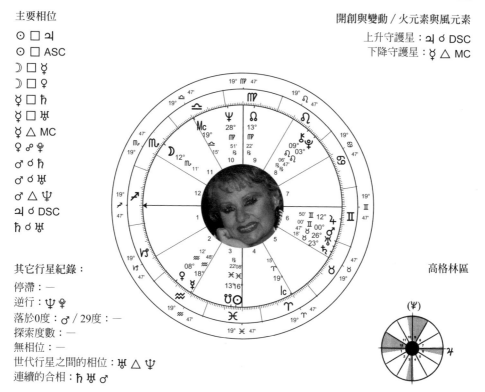
太陽的支配星	
♃ Ⅱ 6th , ♆ ♍ 10th	

太陽	月亮	上升
♓	♏	♐

主要相位

⊙ □ ♃
⊙ □ ASC
☽ □ ☿
☽ □ ♀
☿ □ ♄
☿ □ ♅
☿ △ MC
♀ ☌ ♀
♂ ☌ ♄
♂ ☌ ♅
♂ △ ♆
♃ ☌ DSC
♄ ☌ ♅

開創與變動／火元素與風元素

上升守護星：♃ ☌ DSC
下降守護星：☿ △ MC

高格林區

其它行星紀錄：

停滯：—
逆行：♆ ♀
落於0度：♂／29度：—
探索度數：—
無相位：—
世代行星之間的相位：♅ △ ♆
連續的合相：♄ ♅ ♂

主要相位的圖形

綜合分析：泰咪·菲爾·貝克

1. 行星的分佈

行星分散於黃道十二宮中，其中之一集中在第六宮的金牛座與雙子座（三顆行星三分相海王星在處女座——也就是代表第六宮的自然星座）；這四顆行星中最重要的是木星——也就是太陽的共同守護星及盤主星，它合相下降並落正好落在高格林區中。

2. 四個軸點星座組合

星盤的軸點定位於開創與變動模式，並包括火元素及風元素——與在水元素的太陽／月亮兩個發光體極為不同（太陽在雙魚座、月亮在天蠍座）；四個軸點的守護星都在風象星座（火星和木星在雙子座、水星和金星在水瓶座），再次與水元素的太陽、月亮形成對比；木星與水星（分別為上升和下降的守護星）都與軸點形成相位；四個軸點的守護星或落在金錢宮位（第二宮），或落在日常儀式和健康宮位（第六宮）。以下與軸點更微妙的連結突顯了木星——即太陽的共同守護星和盤主星的重要性：木星寬鬆的與天頂及天頂守護星——金星形成三分相，它同時也（寬鬆的）被包括在水星（其支配星）和天頂的大三角圖形相位之中；除此之外，火星合相土星和天王星——它們是水瓶座水星和金星（兩個軸點的守護星）的支配星。

3. 太陽、月亮、上升三重奏

太陽和月亮都是水元素（並且以 4 度的距離形成三分相）；太陽和上升的守護星都是木星，太陽和木星都落在變動星座並且位於水星的相關宮位（第三宮和第六宮）中，且木星落在水星的星座——雙子座。在此再次強調木星的重要性：它是上升守護星、唯一的合軸星、與太陽形成四分相（太陽和木星皆與上升形成相位）、並與月亮形成緊密的 150 度相位。

4. 元素與模式的平衡／不平衡

太陽、月亮兩顆發光體在水元素，有四顆行星（加上天頂）在風元素（傳達

同情的藝術及透過語言表達自我感覺的能力）。若以七顆行星和兩個軸點考慮元素和模式，只有土星是土元素（暗示缺乏基礎、對貧窮的恐懼、對經濟穩定和社會地位象徵有過度補償的欲望）。只有上升是在火元素（在工作中持續分享熱情的消耗性需求）。缺乏開創模式，而她的第一任丈夫金・貝克（Jim Bakker）本命太陽在摩羯座、月亮在天秤座。

5. 主要相位

檢視合相、四分相、對分相以及緊密的三分相（容許度在 3 度範圍之內），我會篩選的相位是：太陽與木星、上升（由木星守護）的四分相；從月亮到水星及金星這些固定模式的內行星所形成的四分相；水星與軸點產生緊密對話並且四分相土星；天頂守護星金星對分相冥王星；天王星及火星三分相海王星。

6. 主要圖形相位

有一個寬鬆的風元素大三角圖形相位，將上升和下降的守護星與天頂連結在一起；此大三角以水星／天頂最緊密的相位以及第三條腿（木星）——在水星的星座（雙子座）和宮位（第六宮）而產生一種水星的「感覺」（嚴謹的來說，水星處於第二宮和第三宮——另外一個與水星相關宮位的交界）。

7. 看出暗示

正如所見，這張星盤有一種明顯的木星特徵（暗示）與一個水星的次暗示（水星明顯的與星盤以及軸點相關、第六宮的重點、兩顆行星在雙子座、以及太陽在第三宮）；兩顆行星也守護四個在此星盤中占有主導地位的變動星座。由於全部的大三角藉由守護關係或相位（包括緊密的 150 度相位）都與木星產生連結，這張星盤屬於雙魚座的部分相較於海王星實則更貼近木星（參見第 176 頁露易絲・伍德沃德類似的雙魚座特徵；然而，在那一張星盤中海王星比木星更具影響力）。

敬虔信徒在有組織的宗教中，他們跟隨一個復仇心重的創造者（他們必須獲得尊重），並相信罪惡、贖罪、認罪、懺悔、原罪的概念，一種「因果報應」的業力——這符合土星類型的個性，並且擁有與此呼應的星盤。然而，木星與宗教

的連結是與信仰、信念的概念相關，並且是一個全能、仁慈的神性；有宗教信念的木星人知道，生命的使命是展開一個寬廣的任務——直到我們過渡到來世並開始另一段探索之旅。

福音佈道家是那些「傳播基督教教義」的人、最初是旅行的傳道人，他們本來是販賣並發揚他們對於神（木星）的憧憬的傳教士。作爲「好消息的使者」（福音佈道家的話語），那些成爲福音佈道家的人必須具有說服力的性格，因爲他們從事傳教者的工作往往涉及激起「情緒上的激動」並去說服在審判日之時需要被拯救的非信徒。

勸誘更改宗教及販售、拯救及救贖分別涉及木星和海王星，福音佈道家的星盤中這兩顆行星及其星座是明顯強大的，通常很明顯的是：往往有一顆具有影響力的水星（用於表達／說服的工具）以及變動星座——它們都是信使及某種連結（由木星、海王星或水星守護）。

電視福音佈道家泰咪‧菲爾‧貝克（之後改姓爲梅思納（Messner））在宗教傳播中是最多采多姿的人之一。她隨著丈夫金‧貝克（Jim Bakker），創建立一間龐大的宗教類電視衛星傳播公司——「讚美主」（Praise the Lord），他們一起成爲基督教電視（電子教堂）的先驅。在他們每日演出的高峰（超凡魅力牧師們鼓舞人心的喉舌）中，擴及了 50 個國家及 2000 萬觀眾；多年來，夫妻倆是福音巡迴最受喜愛的人，與總統吃飯、生活在二十世紀八十年代奢華及炫耀性消費頂級生活中。然後，在 1987 年，他們的木星泡泡破滅了，其帝國崩潰於腐敗和骯髒的性幽會指控之中；在 1989 年 10 月 24 日，金被判處 45 年監禁（後來減刑至 18 年）；但泰咪證明自己如雪兒之於其丈夫索尼（Sonny & Cher），在四年的抑鬱症中倖存下來，與金離婚並且重整自己成爲一個同性戀偶像、訪談節目的名人和主持人。

正如之前所提，泰咪的星盤中有木星的特徵：上升射手座、太陽雙魚座四分相木星；並且由於盤主星木星落在雙子座，她的星盤中也有水星的次暗示。金的星盤（請見第 366 頁）比其前妻有更多木星／海王星的意味，符合他成爲夢想

家和代罪羔羊的角色，在此貪婪的十年逐漸走向終點。

　　兩人在 1960 年第一次相遇，並在次年的愚人節結婚，他們共同擁有傳遞福音及拯救失落靈魂的熱情。就如同許多生活和工作都在一起夫妻一樣，他們的比對盤中有明顯的軸角相位：金的月亮落在泰咪的天頂，金的天頂落在泰咪的上升（加上金星合相金星、兩顆金星皆與他們本命的冥王星產生對分相）。他們在一起看似是一對銳不可擋的合作夥伴，每年為其全體牧師創造高達 1.3 億美元的營收，而觀眾讚賞他們：

　　金和泰咪有一種如孩子般的特質，一種吸引目光並溫暖人心的天真和自發性；他們沒有嘲諷或自我意識，他們只是愛耶穌……在金的魅力及經驗豐富的電視風格背後有一項弱點……但他是有遠見的人……泰咪是節目中堅毅、重要的火花，無論她在一些螢幕災難中，因為充沛的眼淚或不可控制的大笑而掉睫毛膏，她還是生活在邊緣，具有吸引人、不可預測的特質 [39]。

　　此勝利搭檔開創先例而在宗教電視圈中成為巨人，然而，當他們的每個電視事業體都成功的成為金雞母時被解職了，在董事會的人事變動中被迫出局、犧牲或背叛（雙魚座，海王星）。

　　夫妻兩人開始在一個地方電視台為派‧羅伯森（Pat Robertson）創造了一種新的模式──一種沒有腳本、趣味、快樂的基督教節目，「金和泰咪秀」（The Jim and Tammy Show）。他們還新開了第一個宗教晚間談話節目「700 俱樂部」（The 700 Club），金會傳教，泰咪會唱歌及訪問、擁抱觀眾並用布袋木偶娛樂孩子們，對於觀眾來說，兩人似乎都像木偶一樣：

　　金──這個喜劇演員搭檔（摩羯座）有著「牽線木偶」（Howdy Doody）

39　Ministry of Greedby Larry Martz with Ginny Carroll (Weidenfeld & Nicolson, 1988).

圖說：泰咪‧菲爾‧貝克（再婚從夫姓梅思納（Messner））（照片來源：Erica Berger ／ Corbis）

般的微笑；而泰咪這個擁有嬰兒聲的吹氣泡泡，帶著「丘比娃娃」（Kewpie Doll）般的娃娃妝。泰咪‧菲爾就像她的女英雄桃莉‧麗貝卡‧巴頓（Dolly Parton）一樣是一個鄰家女孩……如果你碰巧住在遊樂園旁邊。

　　如果海王星人更善於舞台及電影表演，木星人則天生善於電視傳播，特別是廣告短片（這是貝克夫婦擅長的）以及需要自發性、推銷術和喋喋不休的直播電視（泰咪的火星在雙子座0度）；木星人展現自然的熱情、電視直銷以及閃耀「性格」[40]。

　　在1978年4月3日（行運海王星在泰咪‧菲爾的上升），「讚美主」開始

40　談論節目主持人──特別是那些在電視廣告短片中竄紅的人，其星盤會突顯木星並且經常強調第九宮；木星和海王星（及其星座）在利用電視媒介去宣傳他們的理想目標（木星）並向大眾（海王星）販賣拯救良方的人的星盤中表現得特別強烈。

每天 24 小時播放；那一年，他們的主題公園「美國傳統遺產」開幕，他們的時間表讓人筋疲力盡，而工作狂金總是專注於下一個籌資的努力成果，以便建立「讚美主」最新的巨型建築，當時他需要慫恿觀眾每週捐贈 100 萬美元，關於這對夫婦及其帝國的一切都是大規模、過度且毫無節制的。

這忠於木星的展現，甚至他們的敗落都是令人訝異的——媒體一片譁然（海王星）。他們急速走下坡的起因始於 1980 年 12 月 6 日（落在金天頂的新月的前一天），三年以來，金和泰咪的婚姻已經飽受摧殘，他們同意嘗試分居（行運海王星通過泰咪的上升，而冥王星在她的天頂）。當年 12 月有一個午後，金結識一位年輕的教會祕書潔西卡．漢恩（Jessica Hahn），在一個奇怪的企圖中，讓泰咪．菲爾產生嫉妒。金和漢恩發生過一次短暫的性行為——這場二十分鐘的幽會為漢恩鋪設劇情，她要求遮口費、否則就要揭穿他，而她最終也公開揭露了此事。漢恩是一個處女般的受害者還是一個淘金的聖經之女？她趁其惡名而撈了整整百萬美元（感謝《花花公子》在 1988 年 9 月號的拍照攝影）。漢恩本命的木星在上昇天蠍座，有五顆行星在獅子座，包括月亮在獅子座四分相海王星以及金星在獅子座合相冥王星。

醜聞——無論是事件本身還是如今岌岌可危的「讚美主」的財務，都是當年最大的媒體新聞事件之一。當新聞應該在 1987 年 3 月中旬爆發（接著行運土星通過金的天頂加上其木星回歸），天真的金同意辭職並將「讚美主」的掌控權簽與福音派牧師傑瑞．法威爾（Jerry Falwell）（一個道德多數派的傀儡）。他的目的是避免敵手的收購，等待醜聞風波過去；但是法威爾（熱切地想要得到「讚美主」令人覬覦的太空衛星）後來違背其保衛帝國的承諾，宣布《讚美主》破產，並於 1987 年 10 月 8 日辭職（當行運土星回到金的天頂與泰咪的上升）。正如所料，這對夫婦的衰敗變成一齣肥皂劇在全美新聞節目上播放，「讚美主」很快成為喜劇演員想要博君一笑而被重新稱之為「付給女士」或「進貢財物」。然而，最大的輸家是 10 萬名「終身合作夥伴」，他們投資貝克夫婦分享度假勝地「美國傳統遺產」——這個迪斯尼樂園及迪士尼世界之後，世界上第三個最多

人造訪的主題公園。

　　早在 3 月，泰咪從藥物成癮中恢復過來（她的危機始於 1986 年秋天，當行運天王星在她的上升，使她進入「貝蒂福特中心」（Betty Ford Center）治療，並在 1987 年 2 月成為其門診病人，當行運土星在她的上升時），她同一天收到了金逃避以及與法威爾交易這個驚天動地的新聞。

　　塔瑪拉・菲爾・拉瓦利（Tamara Faye La Valley）成長於貧窮、見識淺薄的家庭裡，她祈禱自己的生活無論如何都不能沉悶無趣。三歲的時候，她的父親外遇了，並成為另一個女人孩子的父親，泰咪的母親將他掃地出門，但她離婚的決定在濃厚宗教氛圍的城鎮中引來愛挑剔的當地人的批評（重要的是，當泰咪的父親離開家庭時，她的太陽弧正向推運的太陽雙魚座已經進入等宮制的第四宮，變動模式的木星已經準確的四分相太陽，而凱龍星四分相天蠍座的月亮）。

　　離婚對於泰咪及其宗教信仰來說都是一場夢魘；但是當金在監獄裡時，她從羅伊・梅思納（Roe Messner）的懷抱中尋得慰藉。羅伊・梅思納是金・貝克的一名建築承包商，曾參與「美國傳統遺產」的建造，1991 年 1 月泰咪・菲爾與金分手（當行運天王星合相他的太陽時），她於 1993 年 10 月 3 日與梅思納結婚（行運木星剛剛通過她的天秤座天頂）。這是一個歷史重演的顯著案例，泰咪的雙魚座丈夫羅伊・梅思納受其前任老闆的牽連以及欺詐破產而負罪，在 1996 年跟貝克一樣進了監獄。在泰咪的星盤中，注意她落在第二宮並且對分相第八宮冥王星的金星其字面上的表現。

　　木星（和那些天秤座在天頂的人）人的個性往往不會被人們那麼嚴肅的對待、可以更快地得到寬恕、並且超乎常人的能夠僥倖逃脫。木星人很少沾染泥巴，並經常可以免於被仔細檢驗，因為他們看起來就是可愛的調皮鬼、機會主義者或「心存善念」的自由派。

　　輿論、小報和刑事法庭對於摩羯座的金便較為嚴肅；然而，木星人泰咪則被認為是一個易受騙的跨性別者（射手座），一個有深刻情感、寬容、富有同情心的女人，她失去了一切、被背叛、羞辱和誹謗（太陽在雙魚座、月亮在天蠍

座）；她荒謬的裝扮和假髮、假睫毛及濃妝艷抹（被喜劇演員瓊‧里弗斯（Joan Rivers）驚呼是「用奶油刀抹上去的」）皆被嘲笑，甚至她的奢華的生活方式以及過度揮霍都得到最大的寬容（泰咪曾經戲謔：購物比看精神科醫生更便宜）。她的自然流露、雙魚座的眼淚一有機會就遭人奚落嘲弄（雖然它們一有機會也就潰堤了），她是異性癖者、想要得到注意並渴望鏡頭；然而，這種明顯需要受到喜愛、其眞正手腕、也就是敷衍的誠意所散發的迷人光環使她成爲一個令人喜愛及受歡迎的人物，在她被冷落並東山再起之後更進一步成爲一個可愛、趣味聊天節目的來賓及同志偶像。

　　早在同是上升射手座的戴安娜公主（兩人上升只相差一度）的床邊訪問之前，泰咪擁抱愛滋病的受害者，並與觀眾分享她可愛的廉價商店哲學，在身爲一位女基督徒卻擁抱同性戀的看似矛盾中，她經常宣稱，「我要我的生命成爲醫院，而不是法庭！」美國人喜歡她的樂觀、傻笑、富有感染力、「我會活下去」的這種（雙魚座）個性，並在她的生命的最後幾年與她一起哭泣。當她開始與癌症搏鬥（1996 年 3 月、2004 年 3 月、2005 年 7 月），伴隨著樂觀及忠實的粉絲的期盼。泰咪‧菲爾就在她的死對頭傑瑞‧法威爾過世之後兩個月於 2007 年 7 月去世，木星在射手座逆行並且土星與海王星的對分相（福音傳道的死亡？）正在天頂發生。

關鍵角色：金‧貝克

　　金‧貝克的星盤顯示心地良善的撒瑪利亞人（Good Samaritan）（T 型三角圖形相位）與世俗的唯物主義者之間的矛盾；以及渴望地位和富裕生活方式的帝國建造者（太陽摩羯座在第 11 宮、月亮天秤座在第 8 宮）。

　　他的星盤受控於一個強大的 T 型三角圖形相位（如下頁圖），其中包括火星／木星（宗教狂熱與具有魅力的改革者）對分相第七宮的海王星（救贖的承諾、販賣夢想的人以及造成他辭職的醜聞關係），兩者都與頂點的水星射手座（宗教好消息的使者）在天頂產生四分相。

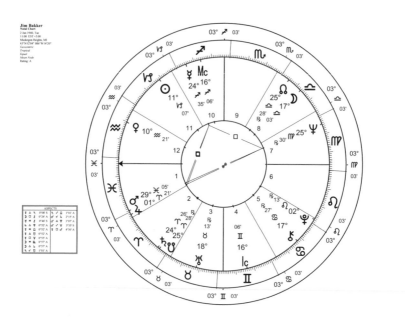

圖說：金‧貝克星盤。

　　一個有著深層不安全感、矮小、害羞的男孩金發現，利用聖經經文和麥克風武裝自己，藉此可以接觸到人群並引起他人的注意（水星射手座被提升到天頂）。

　　金需要人們的接納與尊重，就如同渴望毒品一樣……在其內心深處，他從來不覺得自己夠好，因此，每天都要出去證明自己。

　　他將所有的批評解讀為人身攻擊、自己可怕的失敗、父親貶損他的聲音[41]。

　　由於上升雙魚座，金後來認為自己是基督的形象、受到當權者的迫害並成為這貪婪時代的替罪羊；他給自己巨大壓力，為他的群眾做了新的努力，但這些結

41　*Tammy: Telling It My Way by Tammy Faye Messner*, Villard, 1996.

果都造成經濟上的嚴重後果（土星牡羊座在第二宮）。當生活的主結構正在崩塌時（雙魚座的陰影——處女座，也可以從他的疑病症和強迫洗手症中看出來），他經常浪費時間在枝微末節中；他同時有退縮而變得情緒消沉的習慣以及處理與世隔絕（火星／海王星）的日常壓力。

金・貝克不是唯一有木星／海王星主題的醜聞傳教士，其他人則出賣上帝、崇拜萬能的金錢（當它是性醜聞時要注意強大的火星），例如：

- 僞君子牧師吉米・史華格（Jimmy Swaggart）譴責貝克，結果自己卻召妓：太陽雙魚座準確三分相木星、上升在射手座、木星四分相水星（火星在天頂天秤座對分相金星、並與冥王星形成 T 型三角圖形相位）。

- 奧羅・羅伯茲（Oral Roberts）向他的追隨者要求 450 萬元，否則主將會「帶走我的性命」：太陽對分相海王星並與木星形成緊密的三分相。（火星位於月亮／冥王星與水星的對分相所形成的 T 型三角圖形相位的頂點）。

- 麥艾美（Aimee Semple McPherson）被稱爲「宗教界的巴納姆」（Barnum of Religion），曾經經歷一次可疑、（爲攝影師們捏造）的「綁架」事件，這造成許多負面宣傳和含沙影射，使她失去很多的支持者：金星射手座對分相海王（可能與月亮形成 T 型三角圖形相位）。1919 年 12 月，她成爲媒體名人，當時木星和海王星寬鬆的合相於獅子座；她的失踪發生在 1926 年 5 月 18 日，一個月之後，木星／海王星形成（從水瓶座到獅子座）對分相。

工作表：艾琳‧卡拉

	開創＋	固定－	變動＋
火元素＋	☿ ♀	(♅)	♃
土元素－	♄		(♀)
風元素			♂ ASC
水元素＋	☽	(♆)	☉ MC

盤主星	四個軸點及其連結
☿ ♈ 10th	
太陽的支配星	
♃ ♐ 6th，♆ ♏ 5th	

太陽	月亮	上升
♓	♋	♊

主要相位

☉ □ ASC
☽ □ ☿
☽ ☍ ♄
☽ △ ♆
☽ ☌ ASC
☿ □ ♄
☿ △ ♅
♃ □ ♀
♃ □MC
♄ ☌ DSC
♆ △ MC
♀ ☌IC

四個軸點皆是變動／兼具四種元素

守護星：☿ ♃
下降守護星和天頂共同守護星：♃ □ MC
天頂共同守護星：♆ △ MC

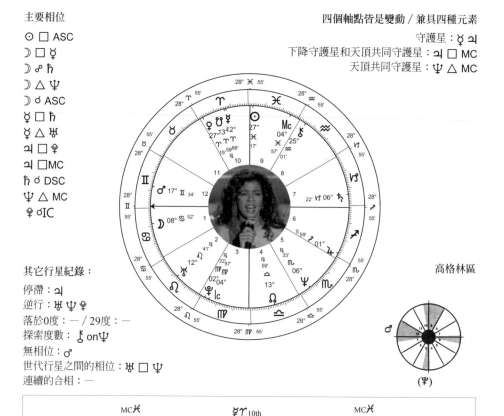

其它行星紀錄：

停滯：♃
逆行：♅ ♆ ♀
落於0度：— ／29度：—
探索度數：⚷ on♆
無相位：♂
世代行星之間的相位：♅ □ ♆
連續的合相：—

高格林區

(♀)

MC♓
☽♋1st ──── ♄♑7th
♆♏5th

☿♈10th
☽♋1st ──── ♄♑7th

MC♓
♃♐6th
♀♏3rd ☌ IC♏

主要相位的圖形

綜合分析：艾琳・卡拉

1. 行星的分佈

由於沒有行星合相，十顆行星散落在九個不同宮位，這張星盤是真正的散落型星盤，（加上雙子座的多才多藝，以及它們探討生命各種面向的興趣），所有個人行星（除了月亮之外）都在地平線之上。

2. 四個軸角的星座組合

軸點落在變動星座（呼應太陽、火星及木星），這帶領我們來到守護星水星及木星，它們都落在火象星座及土象宮位（分別落在第十宮與第六宮）。在太陽弧正向推運中，這兩顆守護星在她十一歲時形成了三分相，上升及天底守護星水星位於一組創 T 三角的端點，那是一個強勢位置。然而，天頂的複雜模式擁有更多的重覆模式：它的共同守護星木星在射手座停滯，並四分天頂，而天頂的共同守護星海王星也與天頂形成緊密三分相。

3. 太陽／月亮／上升三重奏

太陽與月亮都落在水象星座；同時，太陽與上升點分別落在兩個變動星座尾巴，彼此以四分相建立連結。跟隨這個線索，會發現三巨頭皆與火星守護的行星有關：太陽的共同支配星海王星落在天蠍座（落在太陽的自然宮位第五宮）；上升點（星盤）守護水星在牡羊座；月亮（落在自己星座）落在火星的自然宮位第一宮，並三分海王星天蠍座，四分相水星牡羊座。三巨頭也都與土星／摩羯座／第十宮有關：太陽在第十宮宮首，月亮對分相土星摩羯座，上升點對分相土星，上升守護星水星落在第十宮並四分相土星。

4. 元素和模式的平衡／不平衡

水元素主導，太陽、月亮與天頂都落在水象星座，並且由水元素大三角強調；接下來是火元素及風元素，星盤中只有很少土元素。開創星座及變動星座的行星主導了星盤，固定星座比較少，暗示了前進（開創模式）及過程（變動模式）的重要性；很少的土元素及缺乏固定模式，構成與金錢有關以及踏實感受的

議題。

5. 主要相位

六顆行星或位置位於星座的 1 度至 8 度之間，這可以衍生許多相位，但我會優先考量合相、四分相及對分相的重要性，然後才考量非常緊密的三分相（角距在三度之內）；在這裡，我特別強調的相位包括：擁有許多相位的月亮（它四分相水星、並對分相土星，兩個相位都在開創星座）；水星／土星四分相；還有緊密的木星／冥王星四分相，因為它與天頂／天底軸線有關，而木星守護了兩個軸點之餘也支配太陽。此外，我還會考量月亮與上升點之間的寬鬆合相以及土星與下降點的寬鬆合相，還有合軸天底的冥王星。我會將與天頂形成的三分相視為圖形相位的一部份（詳見下文），並要記住星盤守護星與天王星有緊密三分相，雖然我不會在分析中對此著墨太多，唯一可以說的是它加強了水星／火星主題所強調的快速（詳見下文），這主題包括了水星牡羊座及火星雙子座。

6. 主要圖形相位

水象大三角將兩顆水象行星與天頂拉在一起，月亮對分相土星形成風箏。這組對分相是一條鑰匙，讓她可以運用大三角所暗示的機會。星盤中有一組開創 T 三角（在角宮），星盤守護星水星成為非常重要的端點；另一組 T 三角（如果包括天頂的話）有著木星／雙魚座的感受，並落在變動星座（落在續宮）。

7. 找出暗示

雖然這張星盤有很多特色，其中還是有木星／海王星的感受：太陽與天頂都在雙魚座，而共同守護星木星停滯並落在射手座，它同時與太陽及天頂形成相位；另一共同守護星海王星三分相天頂。這裡另外有水星／火星的次暗示，水星與火星互融，兩顆個人行星皆在牡羊座，火星與上升點都落在雙子座，火星雙子座也落在高格林區域，而三巨頭皆與火星的星座有關（見上文）。

渴望成名及受到大眾認同、需要被認為是很棒及特別的人皆屬於木星的本質，海王星則描述了無形但能夠吸引每一個人的東西，它就像一片鏡片，透過它販賣、散佈及投射名氣。流行文化大師安迪‧沃荷（Andy Warhol）——他的太

陽落在獅子座並四分相木星（有可能落在天頂）──定義並塑造了名人的現代教條；金星／海王星合相於獅子座的他視成名爲現代人的新鴉片。今天，想要晉身演藝圈的人能夠想到或關注的比賽實在太多，像是《歡樂合唱團》（Glee）及《歌舞青春》（High School Musical），而在三十年前，則有《名揚四海》（Fame）。

　　艾琳・卡拉參與《名揚四海》及《閃舞》（Flashdance）的這兩部電影，啓發八十年代的年輕人接受表演藝術的訓練；但對於之後海王星在摩羯座年代（1984～1998）出生的孩子們來說，他們的目標是魅力、成就及地位，而不是精通或培養個人才華，對於這一世代的人來說，力量在形象當中，而形象就是一切。然而諷刺的是，雖然卡拉幾乎貼近現代所謂「名人」的少數人之一，但多年以來在私底下卻過退隱生活，她與成名之間的關係一直都很矛盾：

　　「我所做的事從來不是爲了想要成名，我看到許多人對於我的成名有著各種反應，而我也知道名氣對他們具有怎樣的意義，但這不一定代表我也一樣，你懂嗎？」

　　太陽與天頂都在雙魚座的艾琳認爲自己是一個藝術家，一個參與創作（雙魚座）過程（變動星座）的人，享受表演並活在當下。

　　「我不想要自大，但我從來不曾懷疑過自己會成功，也不懼怕成就，我從小就被當成一位小女神，所有人都跟我說我會成爲明星。」

　　艾琳・埃斯卡利拉（Irene Escalera）身爲南布朗克斯區（South Bronx）的「貧民公主」，是一位出生於音樂世家的小神童（天頂雙魚座與其守護星形成相位），她五歲左右便開始爲家人表演，很快就成爲了「小小美國小姐選美比賽」的決賽者。八歲時，她出版了自己的西班牙語專輯《這是艾琳》（Esta es

Irene）；她的父親賈斯伯（Gaspar）（1917 年 2 月 10 日～1994 年 1 月 13 日）
是一位薩克管樂手，他把梅倫格舞（merengue）音樂帶到美國，並且身兼兩
職，爲家人對女兒的期望籌集資金。其美麗的母親路易絲（Louise）（1923 年
11 月 28 日～2010 年 9 月 27 日）的演藝工作沒有獲得支持；但她是艾琳心目中
最偉大的冠軍，也是其生命驅力。母親培育了她的才華，讓她去上舞蹈、唱歌
及鋼琴課，並帶她去參加試音（路易絲的木星及太陽分別落在射手座 0 度及 4
度，觸及艾琳的木星／天頂相位）。艾琳的母親向「小琳」灌輸了令人欽佩的工
作道德，她在 2010 年 9 月離世（行運木星／天王星合相於艾琳的太陽）；至於
艾琳在事業上的「母親」，其經紀人莎爾瑪・魯賓（Selma Rubin）也於此六個
月之前離世。

　　1968 年 10 月 23 日，艾琳演出了其百老匯處女作《瑪姬・佛林》（*Maggie Flynn*），一年之後在麥迪遜廣場公園參與向艾靈頓公爵（Duke Ellington）致敬
的演出，當時艾琳的演藝之路已經逐步發光發熱，也成爲了令人敬畏、同時精通
演、歌、舞三棲的表演者（雙子座／雙魚座）；在此過程中，她也賺取學費以完
成學業。

　　「那是我的事業的幸運之處，我彷彿比別人早起跑了十年，我不需要先去上
學、畢業然後才問：『我接下來要做什麼？』我從一開始便已經知道了。」

　　她在年少年時演出了兩部非裔美國電影，包括《璀璨人生》（*Sparkle*）
（於 1976 年 4 月上映）及出現在百老匯音樂劇《不是沒規矩》（*Ain't Misbehavin*）（1978 年 2 月）的原班演員中。一年後，她參與《根：下一個
世代》（*Roots: The Next Generations*）的演出，扮演艾力克斯・哈利（Alex Haley）的母親（她最喜愛的角色）。

　　今天有一種假設是名氣是任何一個有抱負的表演者的終極目標，流行文化史
學家回顧《名揚四海》那班熱情洋溢的演員班底，並幸災樂禍的強調沒有人至今

還有光環；然而，這些評論者未看清一件事是，本片探討的是對名氣的**夢想**及**追求**，而其中演員皆是渴望學習及追求完美才藝的專業演員，導演艾倫・帕克（Alan Parker）在給劇組的一封公開信中希望《名揚四海》（於 1980 年 5 月上映）這部電影可以顯示出夢想的兩面：

「百老匯白色大道的繁華及第四十二街的污穢；暴起之夢及暴落的警示；茱利亞學院（Julliard School）的獎學金及都會上空艷舞之間的最後界線……在『美國夢』的每一種激烈競賽中，各自有所傷損。」

帕克喜歡在自己作品的群戲中發掘及展示年輕及青少年的才華（《龍蛇小霸王》（Bugsy Malone）及《追夢者》（The Commitments）），由他的太陽水瓶座對分相木星獅子座暗示（一種「造星者」的相位）。在他幫卡拉為《名揚四海》試鏡的那個月，他的木星的太陽弧正向推運移到處女座 27 度，準確對分相艾琳的太陽（當《名揚四海》的成功於 1980 年夏末攀上高峰時，當時行運土星來到處女座 27 度）。

艾琳於片中扮演堅毅的可可・赫南德茲（Coco Hernandez），這角色就如同艾琳本人一樣洋溢著無窮的抱負、活力及才華；可可是一個自信強悍的人，她太聰明以致讓自己日子不太好過，她一直努力不懈，直到一名卑鄙的製片商引誘她坦胸露脯。

可可是好萊塢電影中混血兒主角之一，而艾琳（她擁有非洲、古巴、西班牙及法國血統）也是這部影中的閃耀之星（在太陽弧正向推運中，她的月亮在那年夏天進入獅子座，天頂也接近她的太陽）（她後來成為贏得奧斯卡金像獎最年輕的有色人種女性，也是非戲劇類的第一人）。艾琳一躍成名閃耀在鎂光燈之下，也是她的形象讓這部電影大賣，而她那令人亢奮的女低音也稱霸電影的原聲帶，那張專輯高踞暢銷排行榜，並創下了另一項奧斯卡金像獎的歷史記錄。

艾琳雖然生性害羞，但對自己的工作認真而熱情，在訪談中，她樂於讓人了

解並會講出一些有意義的話（牡羊座／雙子座／雙魚座），她對媒體展現出一種開放、不講廢話的誠懇，但她這種幾乎像孩子般的坦誠卻被媒體塑造為囂張傲慢，而她也很快學會了保持沉默去保護自己（第一宮的月亮巨蟹座）。

　　其星盤中的雙魚座／木星／海王星主題，透過媒體工作發光發亮，她最成功的兩首歌曲也成為年輕人努力奮鬥的聖歌（注意突出的牡羊座／雙子座這兩個象徵年輕的星座）：《名揚四海》及《閃舞》……就是這種感覺。這兩首暢銷歌曲同樣來自結合戲劇、音樂及舞蹈（雙魚座）的電影，以讓人夢想成真的啟發性作為主題，（雙魚座／牡羊座：「活著就是相信……我現在可以得到所有，我正為生命起舞」）。1983 年其個人專輯收錄了以雙魚座為本質的熱門單曲（包括可憐的受害者：《為什麼是我？》（Why Me?），及描寫為舞蹈狂熱的《夢想》（The Dream）及《霹靂舞》（Breakdance）；毫不意外的是，當《閃舞》主題曲於 1983 年夏天佔據電台、艾琳於 1984 年贏得葛來美、奧斯卡及多個不同獎項時，行運海王星正來回徘徊於其下降點，並四分相她的太陽雙魚座，此時的她

圖說：艾琳·卡拉於 1984 年葛來美頒獎典禮演唱。（圖片來源：Bettmann ／ Corbis）

無所不在：電影全球賣座，艾琳主唱的同名主題曲成爲了八十年代最成功的單曲。

一直被視爲「小唐娜・桑默」（junior Donna Summer）」（土星）的她，終於能夠以自己的雙魚座之音發聲：

「當唐娜・桑默的特色是粗曠近乎是機械式的性感，卡拉的歌聲則有一種赤裸、不做作的情感訴求，即使是當下最新科技的合成配樂，她的歌聲仍然能夠讓她傳達人類最基本的情感。」[42]

在海王星行運期間，卡拉的空前成功讓她成爲了這行業貪婪之下的受害者，網路唱片（Network Records）的艾爾・古尼（Al Coury）以《閃舞》這首歌建立自己的品牌；四年之後，他將一張 183 美元的支票交給艾琳，她於 1985 年 2 月（當她太陽弧正向推運的天頂進入牡羊座）回應並控告他毀約，未如實支付版權費。而她的事業也馬上遇到瓶頸，卡拉被唱片業大老們列入黑名單，她的聲譽也因爲誇張濫藥及情緒行爲的謠言而蒙塵（英文的名氣 fame 一字源自 pheme 及 fama，意指「謠言」）；同時她還要承受無情的音樂巨子的怒火，例如：大衛・葛芬（David Giffen）。

在訴訟期間，太陽弧正向推運的冥王星移到其本命太陽雙魚座的對面位置（並四分相木星），這是一場歷時八年的硬仗；身爲音樂圈中的黑人歌手，過去太輕易就將控制及權力交給他人，她慢慢發現了自己不曾運用的天底冥王星的力量：

「我發現自己正在抵抗自己毫無能力抵抗的對象……因此，我有從未聽過的敵人。」

42　D. Shewey, Rolling Stone Review, Blandford, 1985.

　　這是一個混亂動盪的時期，沒有人能夠幫助她，她與特技替身演員康拉德・帕米薩諾（Conrad Palmisano）（生於 1948 年 5 月 1 日，本命木星落在艾琳的下降點）於 1986 年 4 月 13 日結婚（太陽弧正向推運的木星來到她的下降點），三年之後因壓力而分手。艾琳內心的憤怒消磨了她十年，緊密的木星／冥王星四分相觸及她的天頂雙魚座，這暗示了她受到「穿黑衣男子」的剝削，還有她需要釋放受虐、犧牲的感覺。後來，艾琳的薩滿老師幫助她了解自己的信念可以移山（木星／冥王星），並與成名之後的黑暗面及矛盾妥協：媒體之於名氣既可載舟亦可覆舟。

　　她在 1993 年 2 月 11 日獲判微不足道的一百五十萬美元，這對艾琳來說，像是道德上的勝利而不是金錢的勝利（大部份的資產都已經被侵吞了），但她贏得未來的版稅，使她有比較穩定的經濟基礎（其太陽弧正向推運的太陽進入金牛座）。九十年代中期有一段時間，她無法演唱這首成名之作，因為其中已經再沒有任何喜樂只有噁心的感覺，這導致她短暫的身心失調（1996 年春天，當時行運土星合相她的太陽）。

　　今日的艾琳不再經常戀棧過去，她視自己八十年代的成功是一個時代的結束，是自童年以來的事業高峰。水星／月亮／土星的 T 三角暗示她需要努力將控制及自我認同從父母型人物手上爭取回來，並透過作品去定義自己真正的藝術認同（牡羊座），去寫自己的故事。她的全女生組合「熱焦糖」（Hot Caramel）反映出音樂上的重生，艾琳掌握控制權，為專輯提供資金，並以自己的方式製作音樂；《艾琳・卡拉引薦熱焦糖》（Irene Cara Presents Hot Caramel）是一張毫不妥協的代表作，一張代表人生的專輯，它結集有才華的女歌手及樂手們演奏爵士樂、成人抒情曲及靈魂樂。

　　她早期的作品《名揚四海》及《閃舞》將會流芳百世，它們定義了某個世代的音樂，但做為真正倖存者的雙魚座，她會了如何拒絕他人的過度影響，並將注意力再次投入於創作上，與更深層的精神連結，然後重新復出，與世人分享其迷人的樂曲。

重要樂手：佐治歐·莫瑞德

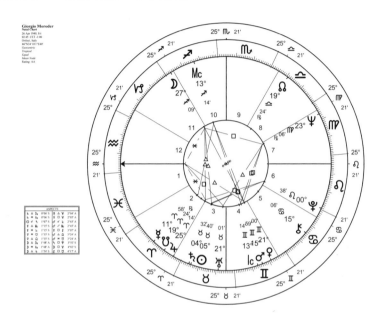

　　創新音樂製作人莫瑞德在七十年代末以迪斯可及電子新浪潮音樂的器樂曲聞名，他與唐娜·桑默（Donna Summer）於 1975 年末寫出了《喜歡愛上你，寶貝》（Love to Love You Baby），一首歷時十七分鐘高潮迭起的呻吟交響曲，這首歌讓桑默晉身國際迪斯可天后（雖然有點勉強），莫瑞德是這場短暫的迪斯可革命背後的主要策劃人，1979 年的這一波音樂運動為二人帶來不少讚譽。

　　太陽／木星在第五宮並四分相海王星的性感桑默，被稱之為夢幻的「第一女神」（其金星落在莫瑞德的天頂射手座）。當二人在一起時（當時行運海王星在射手座來到二人的金星／天頂合相），他們合寫了合成音樂《我感覺到愛》（I Feel Love），這首歌衍生了「高科技舞曲」（Techno Music），翻轉了夜店舞曲。但在強烈的土星特質之下（五顆行星在摩羯座、土星與上升點準確合相），在《平凡女生》（Ordinary Girl）中，桑默放棄了八十年代演唱《重生》（Born Again）時的性感形象，選擇以強而有力的福音唱腔跨界其他音樂類型。

　　莫瑞德的星盤指向未來、機械或啓發性訊息（上升水瓶座、天頂射手座），這驅使他製作歐陸迪斯可舞曲及電子流行聖歌，而非抒情歌曲（其星盤中金星部分出「凶星」主導：火星合相金星，土星合相太陽金牛座）。月亮與海王星是唯一在地平線之上的行星（兩者與金星形成 T 型三角圖形相位），暗示了他能夠深入打動大眾情緒（月亮／海王星），並爲全球市場製作包裝（金星／海王星）；在與世隔絕、有如子宮似的環境中展開日常工作（在眾多特質中，月亮／海王星特別暗示隔音錄音室！）。

　　他與艾琳・卡拉一起創作《閃舞》這部八十年代的舞蹈電影經典的主題曲，二人的合盤相當有趣：火星合相於雙子座、水星合相於牡羊座，他的木星合相她的金星、他在射手座 27 度的月亮合相卡拉的下降點（以及《閃舞》女主角珍妮佛・貝爾（Jennifer Beals）的太陽！）。1983 年夏天，當電影大賣，原聲帶也霸佔全球電台時，行運海王星在射手座 27 度至 28 度之間。

　　莫瑞德以其「飛馳的低音旋律」爲商標（切合其天頂及月亮射手座），他後來兩次爲奧運會儀式創作（正如之前所提，我認爲射手座這個燃起熱情及雄偉的星座與奧運競賽精神及奧運聖火有關）。

　　艾琳的星盤與另一位長期與《名揚四海》有關的女演員黛比・艾倫（Debbie Allen）的星盤大相逕庭，艾倫有相當強烈的土星特質（太陽、月亮、水星都在摩羯座，金星與木星在水瓶座，加上土星合相上升點並四分相天頂）。天頂在雙子座的艾倫身兼演員、歌手、舞者、舞蹈指導及監制的職位，她是一位相當有紀律的人，工作管理的才能廣爲人知（也可以說是「難搞的人」），她賦予《名揚四海》及《異世界》（A Different World）的團隊強烈的工作倫理以及嚴格的晨操，她最有名的一句（來自電視劇集）也是純粹的土星現實：「你有偉大的夢想，你想要成名，但成名需要代價，這裡正是你開始付出的地方——就是你的汗水。」

工作表：瑪麗・泰勒・摩爾

	開創＋	固定－	變動
火元素－			MC
土元素＋	☉ ☿ ♃	(♅)	(♆)
風元素	♂	♀	
水元素＋	☽ (♀)		♄ ASC

盤主星	四個軸點及其連結
♃ ♑ 10th，♆ ♍ 7th	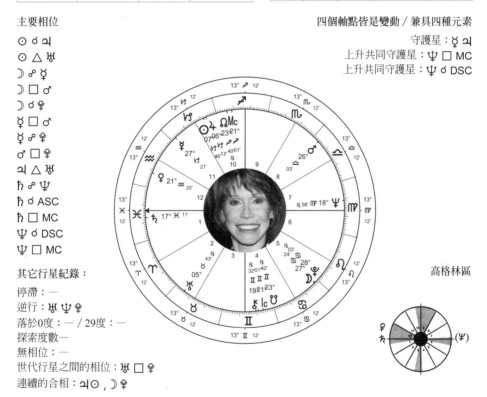
太陽的支配星	
♄ ♓ 1st	

太陽	月亮	上升
♑	♋	♓

主要相位

☉ ☌ ♃
☉ △ ♅
☽ □ ☿
☽ □ ♂
☽ □ ♀
☿ □ ♂
☿ ☍ ♀
♂ □ ♀
♃ △ ♅
♄ ☍ ♆
♄ ☌ ASC
♄ □ MC
♆ ☌ DSC
♆ □ MC

其它行星紀錄：

停滯：－
逆行：♅ ♆ ♀
落於0度：－ / 29度：－
探索度數－
無相位：－
世代行星之間的相位：♅ □ ♀
連續的合相：♃☉，♀♀

四個軸點皆是變動／兼具四種元素

守護星：☿ ♃
上升共同守護星：♆ □ MC
上升共同守護星：♆ ☌ DSC

高格林區

主要相位的圖形

綜合分析：瑪麗‧泰勒‧摩爾

1. 行星的分佈

雖然行星散落在星盤之中，但是我們的注意力會被兩顆發光體及它們形成的合相吸引：太陽合相木星（木星守護上升點及天頂），月亮則合相冥王星於第五宮（本質上與太陽有連結）。

2. 四個軸角的星座組合

星盤傾向變動模式，雖然守護星水星與木星彼此之間沒有形成相位，但是它們（像太陽一樣）同時落在開創星座的摩羯座，因此星盤強調此星座，強烈的土星特質（合相上升）及驅動此星盤的開創模式。軸點守護星彼此之間沒有接觸，然而上升共同守護星海王星合相下降點，這是一個高度開創、卻需要在變動模式框架之內運作的星盤，這暗示了彈性，以及偶然的危險不穩定的傾向（土星是一個船錨，它暗示了準時性及良好的工作倫理，才不會導致港口的混亂）。

3. 太陽／月亮／上升三重奏

太陽與月亮都落在開創星座，而上升點與月亮則在水象星座，當我們追蹤此線索，會發現太陽與上升點之間的強大連結（暗示了投射真實形象的能力）。太陽的支配星是土星，它落在上升點，而上升點（星盤）共同守護星是木星，它合相太陽。

4. 元素和模式的平衡／不平衡

正如以上所述，開創模式主導了此星盤，但它必須要與變動模式的軸點合作，代表「愛」的行星火星及金星都落在風象星座，但主要的焦點落在土元素及水元素。星盤中少量的固定模式或火元素。

5. 主要相位

當觀察合相、四分相、對分相及極緊密的三分相（角距在三度之內）時，我會在此特別強調的相位包括：爬上第十宮並且受到提升的太陽／木星合相（與第二宮金牛座的天王星產生緊密三分相）。月亮／冥王星合相，以及組成緊密開創

T 三角的相位：月亮／水星對分相、月亮／火星四分相、水星／火星四分相、水星／冥王星對分相及火星／冥王星四分相；其中冥王星與月亮、水星及火星的緊密相位讓它在此星盤中扮演具影響力的角色。然而，在這張星盤中最重要的相位，應該是土星／海王星這組社會／世代行星的對分相，因為它落在上升／下降軸線，並與許多星盤的行動產生連繫：有三顆行星在摩羯座（由土星支配），雙魚座在上升點（其共同守護星為海王星），這組對分相的線索一直將我們帶回摩羯座的重要性：土星被摩羯座的木星支配（兩者互融），海王星被水星支配（水星在摩羯座），而這組土星／海王星對分相也四分相天頂射手座，由木星所支配，木星也是落在摩羯座。

6. 主要圖形相位

雖然這組土星／海王星對分相在此星盤中具有舉足輕重的地位，但它們只是在「二人對唱」而已：這組相位沒有與星盤中其他行星產生對話，它透過端點的天頂尋求釋放（經過天頂度數的行運或正向推運將會解放這組對分相）。第二組 T 三角比較「正規」，因為它只有行星、是一個落在續宮的開創 T 三角（第五宮、第八宮、第十一宮），這組圖形相位其中兩個角落都有著天蠍座的感覺（火星、冥王星及第八宮），這涉及的領域可能包括家庭禁忌或親密關係議題，也可能與危機、禁忌、死亡有關的創造性轉化，或是與孩子有關的人生轉變。

7. 找出暗示

橫跨地平線的土星／海王星對分相將我們的注意力拉到土星／摩羯座特徵（摩羯座行星、第十宮的太陽與木星、土星在上升點並落在高格林區域）；但在此特徵之下存在木星／海王星的次暗示（包括土星雙魚座、下降點的海王星，兩者同時與天頂射手四分相，內容已經在以上第五點的「主要相位」之中討論過）。在生命故事中，我們應該能夠看到土星的控制與木星／海王星的混亂、過度及上癮之間的有趣角力。

文化及世代的影響，通常以星盤的外行星、軸點或內行星的主要相位表現，天王星人格會努力引爆現狀，渴望階級的轉變並瓦解體制；海王星人格可能會影

響時尚、音樂及電影，誘惑他人或帶來醜聞，他們會巧妙的跨越界線及類型，滲透意識，讓我們再度嚮往浪漫過往；冥王星人格會以不可逆的方式改變我們看待生命的方式，它會幫我們按下開關，迎來轉變的過程：那是一種無法妥協的毀滅，但它也帶來掌握力量、自主的可能。

喜劇演員瑪麗・泰勒・摩爾出生盤中具有強勢的冥王星，它定義並改變了美國電視圈中的女性面貌，她引領潮流，也是社會楷模，每一個人都喜歡她，這位美國甜心能夠「一笑傾城」。

她在六十年代《迪克・范・戴克秀》（*The Dick Van Dyke Show*）中演出精力充沛又顧家的妻子，經常穿著緊身長褲，與丈夫平起平坐。在《瑪麗・泰勒・摩爾秀》（*Mary Tyler Moore Show*）中，她是七十年代的獨立女性，她會：「在那⋯⋯嗯⋯⋯附近⋯⋯」，努力地為了建立自己的事業而掙扎，但她也樂於成為一位獨居女性，並在想要約會時才約會。

然而，星盤中由合相上升點的土星雙魚座對分相下降點的海王星處女座、兩者同時四分相端點的射手座天頂所形成的 T 三角，在摩爾的眾多經歷中清楚呈現，這也是她在鏡頭前後的「劇本」。在此故事中，我們將會看到摩爾這個土星合上升摩羯座的人，如何在個人層面及最令人難忘的角色中活出這個關鍵相位。

瑪麗早期人生充滿了對安逸生活的渴望，因為她的家庭缺乏溫暖或情感（月亮巨蟹座、土星在上升點）；後來，瑪麗非常渴望自己的才華得到父母的肯定（月亮巨蟹於第五宮），全家人於 1945 年 9 月搬到好萊塢，幫助瑪麗發揮她對演藝事業的興趣。她的父親是一位保守而有智慧的人，任職於天然氣公司的管理階層，但他相當一板一眼，讓瑪麗外向但有酗酒習慣的母親陷入絕望（注意重要的土星／海王星／天頂相位）。

當日子過之不易時，年輕的瑪麗會向阿姨及祖母尋求慰藉，並往往會和她們待在一起，伯蒂阿姨（Aunt Bertie）給她冷靜的空間、滿滿的熱情及穩定的日常生活（這是土星落在上升雙魚座、月亮／冥王星落在巨蟹座的人非常渴望的生活）。伯蒂阿姨送她去舞蹈學校，讓上升雙魚座的瑪麗有機會轉化成不同角色，

隱藏那些她認為藏於內在、令人顫抖的混亂及恐懼。

在她六歲的時，被家人的朋友性騷擾，對她來說，這是一種不曾復原的背叛，因為她的母親拒絕相信她（天頂射手座），並咆哮：「不！不是真的！這沒有發生過！」在自傳中，瑪麗寫道：

「自此之後，我對她的感覺再也不一樣了，我母親對這件事的否定對我所造成的傷害，更甚於她的朋友。」

她在 1955 年 1 月遇見迪克‧米克（Dick Meeker），同年下半年嫁給她（為了逃離家庭），她很快就理出一個極度乾淨及富有效率的家庭，並開始尋求演戲角色。在她母親懷孕的意外消息傳來之後幾個月瑪麗自己也懷孕了，並於 1956 年 7 月 3 日生下里奇（Richie）；母女同時懷孕的經驗使二人走得更近，並療癒了傷口（第五宮的月亮／冥王星巨蟹座）。

瑪麗這一次的婚姻終告失敗，並於 1962 年 2 月申請離婚，那是她準備嫁給製作人葛蘭特‧丁克（Grant Tinker）之前四個月的事（兩件事同時發生於太陽弧正向推運的金星合相土星時）。瑪麗與丁克（父親的替代）這段維持十七年的婚姻帶來了巨大的產量（二人建立了 MTM 企業王國以及各種經典喜劇節目），不過這也是一場激烈的婚姻，並阻隔了其他友誼。

葛蘭特‧丁克曾說：「瑪麗與眾不同之處，在於她如此與眾不同的平凡。」瑪麗曾經這樣謙遜、低調、貶低（土星）自己的才華：「我不是那種可以演繹角色的女演員，我只是做自己而已。」然而，她卻曾經贏得七座艾美獎。就像許多有強烈雙魚座／海王星特質的人一樣，數以百萬計觀眾認為瑪麗本人就是她所扮演的角色，我們在此看到摩爾那份神奇的天份：能夠在美國社會因政治爭鬥而撕裂的年代中帶來輕鬆及溫柔的氛圍，但是私底下的瑪麗卻是複雜多了。在電視上，她代表了觀眾對現實生活的逃避，一種雙魚座／海王星帶來的甜蜜、善良的庇蔭，她在美國的《迪克‧范‧戴克秀》（1961～1966）中是天真的；而在

《瑪麗・泰勒・摩爾秀》（1970～1977）中則重新表現了其中的無邪及神奇。

摩爾的特長在於以有趣的方式回應，而不是說出一句句胡鬧的話，當她描述自己在情境喜劇中的角色時，摩爾揭露強烈的土星暗示：

> 「我就是一個觀眾，我是正在跳舞的這群瘋子旁邊的清醒之聲，我在劇中的反應，正是隨便一個觀眾會有的反應。」

在《星盤的幽默感：喜劇占星學》（*Humour in the Horoscope: The Astrology of Comedy*）中，我曾經寫道，上升點的情結揭示了我們如何看待世界；正因如此，它也道出許多我們會覺得有趣的情境及人生處境的類型。當土星在雙魚座升起時，幽默感來自於委屈、「為什麼要是我」的處境，而其他人攪亂了我們小心奕奕地建構的人生；土星往往是那個「直腸子」的人、傀儡或反應者：非常在意禮儀及他人的否定（往往是出於自我預期或想像）。

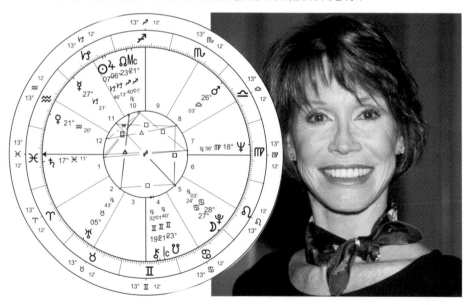

圖說：瑪麗・泰勒・摩爾（照片來源：Mitchell Gerber ／ Corbis）

　　摩爾重視團隊合作，但也是獨立自主的人（土星），她經常將節目的成就歸功於這些有天份的編劇及演出者，而不是獨攬功勞，因為她知道待在能夠發揮一己才華的成長環境中是相當幸運的。太陽／木星（尤其在第十宮）可以藉著與重要、有權力的人的關聯或連繫而得到祝福，就像摩爾形容的：「那棵盡是各種天才、保護著我的樹冠」。

　　迪克‧范‧戴克與她共同演出，也是她的喜劇導師，這個表情豐富與肢體靈活的小丑與瑪麗產生的化學作用，讓瑪麗在他的節目中成為巨星，並改變了她的職業生涯。范‧戴克是射手座，太陽在 21 度，準確地落在摩爾的天頂之上，摩爾於 1961 年 1 月為節目試鏡（當時等宮制的太陽弧正向推運第十宮宮首合相她的太陽），節目於 1961 年 10 月 3 日首播，當時行運木星經過瑪麗的水星。當這個節目於 1966 年結束時，她感到相當失落，彷彿失去了她僅有的真正家人一樣。

　　在她的情境喜劇成功之前，摩爾從來沒有嘗試過演出喜劇，身為一位受過訓練的舞者（處女座／雙魚座是舞蹈的軸線），摩爾曾經在一個電器廣告中扮演「快樂熱點小仙子」（Happy Hotpoint Pixie）；然後在《私家偵探理查‧戴蒙》（*Richard Diamond, Private Detective*）（1957）中，演出不曾露臉、只露出聲音和雙腳的電話接線生角色；之後，她加快腳步變成職業女性，在《瑪麗‧泰勒‧摩爾秀》中成為新聞秀的副製作人 (1970 年 9 月 19 日至 1977 年 3 月 19 日)。

　　在她自己的節目中，最讓人難忘、大受讚賞的片段是〈小丑恰克完蛋了〉（Chuckles bites the dust），這片段展示了摩爾的喜劇細胞──並體現了她那重要的土星／海王星對分相。在此片段中，新聞組收到消息，說打扮成花生的小丑恰克被一隻大象踩死了，胡鬧的劇情接二連三地發生，而瑪麗因為受不了這些人缺乏同情心的評論及不尊重而憤怒大罵，在葬禮上，正當她以適切的莊重神情（土星）靜默一旁時，她開始慢慢「失控」（雙魚座／海王星），這嚇到了她身邊的每個人，她越笑越大聲，直到擾亂了葬禮的進行，被牧師揪出來並要求站

著，這時候極度尷尬的瑪麗克制著，但當她聽到恰克原來最喜歡她的笑聲時，她再也按捺不住，啜泣不止。

當行運海王星於 1979 至 1980 年之間於她的天頂停留時，那剛巧是她生命中重要的時刻，她攀上事業上的高峰，卻也遭遇到駭人的悲劇。

演員勞勃・瑞福（Robert Redford）（其土星也落在上升雙魚座，加上木星在摩爾的十宮宮首）正準備執導他第一部電影，他看見摩爾在沙灘上漫步沉思，好奇她平常笑臉迎人、活潑開朗的公眾形象背後本性上的黑暗面。不久之後，他就邀請她擔綱《凡夫俗子》（Ordinary People）中冷漠母親貝絲・傑雷特（Beth Jarrett）一角；這部電影於 1980 年 9 月 19 日首映，摩爾將交出極出色的土星雙魚座表演，演繹一個「情感固執之下的受害女性」，劇中角色為了不想處理兒子的死亡、另一個兒子的企圖自殺所造成的情緒混亂而離家。在她的自傳中，摩爾寫道：

「貝絲・傑雷特隨時預備好的笑容及快樂背後隱藏了她對於脆弱、自我懷疑及失序的輕視，這皆蟄伏於她的內在，這個女人經常為了所有被教導應該看重的一切而努力掙扎——勝利、自信、驕傲……貝絲的人生中並沒有太多自發性的空間，她只是成長過程的產物，她的母親要求很高、很關心一個溫暖的家的外在，因此就是沒有多餘精力去理解她深愛的家人們突然提出、有時甚至是毫不吸引人的需求。」

土星落在雙魚座恐懼情感上的糾結，因此嚴格控制自己的情緒以防潰堤，摩爾以為自己扮演的是自己的父親；然而，她坦承：「直到多年之後，我才認出那角色中蘊含的某個人，正是我自己。」

1979 年 12 月，在《凡夫俗子》拍攝之後，摩爾結束與丁克的婚姻，然後領銜主演湯姆・康提（Tom Conti）執導的百老匯舞台劇《到底這是誰的人生呢？》（Whose Life is it, Anyway?），演出長達三個月（始於 1980 年 2 月 24

日）。摩爾扮演一個身體無法動彈、但充滿智慧、從頸項以下癱瘓（土星）的雕刻家；執意求死的她，為安樂死（雙魚座／海王星座）以及政府有多大權利去干預個人生命（土星）而辯論。

她在電影及劇場中氣勢磅礡的演出（太陽弧正向推運等宮制的第十宮宮首合相水星，太陽弧正向推運的太陽合相金星）拓展了演藝之路，並為接下來幾年真正讓人矚目的角色演出打開新大門（《朋友之間》（*Just Between Friends*）、《被偷走的嬰兒》（*Stolen Babies*）、《被偷走的記憶》（*Stolen Memories*））。

在兩方事業的成就之後，瑪麗面對生命中最心碎的事。在 1980 年 10 月 14 日（當太陽弧正向推運等宮制第四宮宮首合相冥王星），她的兒子意外開槍射死了自己，離奇地與《凡夫俗子》的情節相近，摩爾也一直無法從失落中平復，但對於土星來說，人生繼續如常，必得如此。

土星在上升點這種自給自足的孤獨者會表現出一種堅強、「凡事都沒問題」的表象；同時，月亮巨蟹座也會戴上保護殼。

「很長一段時間，我只跟朋友們分享『好』的事情，我覺得如果讓他們知道我的問題、我生命中令人沮喪的事，對他們來說也許是個負擔……我當時不了解，這無異是剝奪他們發揮人性的機會。」

摩爾一直對自己的隱私極為重視，但在接下來的數年中，她公開討論對抗糖尿病及酗酒的經歷，1995 年她開誠佈公的寫下自傳《畢竟》（*After All*）。她在 1969 年末發現患有糖尿病，當時在一次流產創傷後，進行了血糖測試，發現自己患有糖尿病一型（太陽弧正向推運的月亮剛進入處女座，火星在天蠍座 29 度）。

關於自己的疾病，摩爾在 2002 年時這樣告訴主持人賴瑞·金（Larry King）：

「我以一種控制性的自覺生活著，我不會說那是恐懼；但那是一種覺察力，我知道自己有責任以某種方式行事，我也能夠做到這一點。」

然而，當海王星是合軸星、土星在上升雙魚座時，摩爾對外表現的冷靜、控制力及自制假象，最終也無法維持下去。1984 年 9 月，摩爾入住貝蒂·福特勒戒中心（沉著冷靜的土星在太陽弧正向推運中合相第二宮的天王星，太陽弧正向推運的冥王星慢慢移近並對分相本命土星，鬆開了她的繃緊），在五星期之後再度出現時（行運木星合相她的木星與太陽），她獲得一些真誠的自我省思，並學到了許多自我的人際互動。

關於她的火星端點及火星／冥王星相位的生存本能，她這樣說道：

「把握機會，敢於犯錯，這正是你成長的方式，痛苦孕育出勇氣，你必須失敗，才能夠練習如何勇敢。」

後來，她運用了這組 T 三角（端點是天頂射手座）成為一個勇於直言的保護者，保護那些弱小、被虐待或患病之人：她成為動物權益發起人、素食提倡者、以及在對抗糖尿病的同時，為青少年糖尿病基金擔任發言人。

土星的個性需要尊重及隱私，當它落在上升點時，也許會表現出自我保護的傲慢；但是當土星成熟之後，它可以重拾玩樂之心及失去的青春——或者它也可能以辛酸、難相處或愛諷刺的形象自我包裝。對於摩爾來說，這似乎為她帶來了內心的平靜，她與第三任丈夫羅伯·萊文（Robert Levine）博士還有農場的馬匹在一起時感到滿足，她也接受了自己卓越的才華，而沒有過去揮之不去的內在批判。

摩爾這位高雅女士，同時擁有喜劇及悲劇的罕見天賦，她在自傳中提到：「兩種截然不同的內在靈魂為我活出了人生，它們偶爾會彼此捉迷藏」；當她如

此時，正是清晰的訴說星盤中的兩個重要分類：一個是土星暗示、月亮／冥王星合相；另一個是強烈的海王星暗示、太陽／木星合相：

「那就好像真的有一個沉思、多疑、悲觀的瑪麗·泰勒·摩爾，我覺得她才是帶來喜劇的人；另一個摩爾是一個超級有自信的勝利者，她們彼此抗爭……而我就像變色龍一樣，依照當時的情況或事情的可能發展，在成功／失敗，或是快樂／悲傷之間的轉換顏色。畢竟，在情緒上，我是一隻變色龍，等待有一天看到自己真正的顏色。」

工作表：瑪蒂娜・娜拉提洛娃

	開創＋	固定－	變動＋
火元素＋	☽ ASC	（♅ ♀）	♄
土元素	MC		♀ ♃
風元素	☉ ☿ （♆）		
水元素－	·		♂

盤主星	四個軸點及其連結
♂ ♓ 11th/12th	
太陽的支配星	
♀ ♍ 5th/6th	

太陽	月亮	上升
♎	♈	♈

四個軸點皆是開創／兼具四種元素

上升守護星：♂ ♄ ♀（下降守護星）

天底守護星：☽ ♂ ASC

天底守護星：☽ □ MC

主要相位

☉ ♂ ♆

☽ ♂ ☿

☽ ♂ ASC

☽ □ MC

☿ ♂ DSC

☿ □ MC

♀ ♂ ♂

♀ ♂ ♃

♂ ♂ ♃

♄ □ ♀

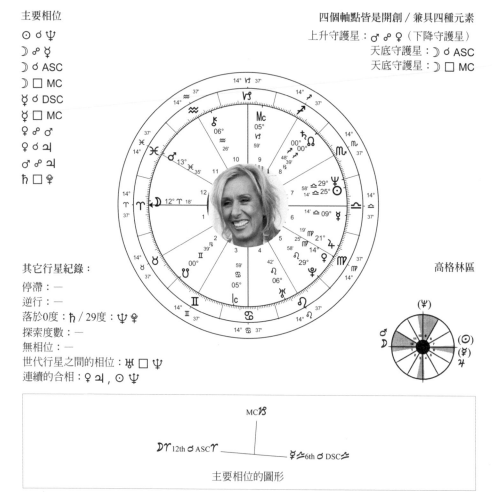

其它行星紀錄：

停滯：─

逆行：─

落於0度：♄／29度：♆ ♀

探索度數：─

無相位：─

世代行星之間的相位：♅ □ ♆

連續的合相：♀ ♃，☉ ♆

高格林區

主要相位的圖形

綜合分析：瑪蒂娜・娜拉提洛娃

1. 行星的分佈

星盤中大部份行星（共八顆）落在第四宮至第八宮之間，牡羊座及火星的主題（月亮牡羊座、火星牡羊座）獨據一方，並落在極重要的高格林區域。星盤中也強調處女座／第六宮（手工藝、完美主義）及天秤座／第七宮下降點（關係中的微妙平衡）。

2. 四個軸角的星座組合

開創星座的軸點綁著兩顆發光體（太陽天秤座、月亮牡羊座），強調開創模式（包括 T 三角），月亮（天底守護星）落在上升點及開創星座（牡羊座），並四分相天頂；然而，此星盤中的驅力是在地平線軸線：上升守護星火星對分相下降守護星金星，我們在此得到第一個金星／火星的暗示，以及第一宮與第七宮的星座／宮位之間的互動。

3. 太陽／月亮／上升三重奏

三者都落在開創星座，涉及以下議題：獨立還是合夥，衝突還是合作，我還是你（牡羊座及天秤座）。月亮落在第一宮宮首（與牡羊座有關的宮位），太陽則落在第七宮（天秤座的自然宮位），三者的守護星都是金星及火星，彼此形成對分相；再進一步觀察，我們可以看到三者各自與海王星的連繫：太陽合相海王星，月亮在第十二宮，上升點的守護星是火星、落在雙魚座第十二宮宮首。

4. 元素和模式的平衡／不平衡

以火元素爲主導，三重奏中其中兩個落在此元素之中，而水元素則只剩下星盤守護星火星。正如之前提及的案例，星盤中強調開創星座卻缺乏固定模式，我們有一個開創火元素（牡羊座）的特徵及缺乏的固定水元素（天蠍座）特徵；所以，毫無意外地，瑪蒂娜長久的法庭敵人克里斯・艾芙特（Chris Evert）星盤中有很重的天蠍色彩，而她的導師比莉・珍・金（Billie Jean King）的太陽也在天蠍座。

5. 主要相位

當觀察合相、四分相、對分相或緊密的三分相（角距在三度之內）時，在此我會特別強調：太陽／海王星合相（幾乎是二重奏）；月亮／水星對分相（強調了牡羊座／天秤座軸線）與四個軸點都形成相位（使它成爲了關鍵相位）；處女座的金星／木星合相對分相火星（應該優先考慮金星／火星相位，因爲它們比較緊密，也由於其守護關係，使它們之比星盤的其他部分更具影響力）；土星／冥王星四分相也很緊密，兩者皆與上升點形成 135 度而增添了個人色彩。

6. 主要圖形相位

這組 T 三角強調了星盤的開創模式，以及貫穿星盤、強烈的火星／牡羊座／上升點—金星／天秤座／下降點主題。

7. 找出暗示

星盤主題與金星及火星有關（包括它們的星座以及與軸點／宮位的關係），但它並不是一般簡單的金星／火星的二元討論，我們會發現兩組暗示都受到海王星洗禮或添加海王星的外衣，星盤守護星火星在雙魚座，落在第十二宮宮首，月亮也在第十二宮，太陽則在天秤座並合相海王星。

根據高格林的研究顯示，在統計學上，火星的位置與創造出傑出運動冠軍、士兵及決策者的性格有關，那些突顯火星的人往往被形容爲：主動、熱情、好鬥、勇敢、活躍、無懼、不計後果、意志堅定。此研究也認爲月亮在心理層面上與火星相對，它與著名作家有關，並且在上述的火星職業中表現較弱，那些月亮特質強烈的人傾向：親切、慷慨、善於陪伴、易受影響、衝動、受人歡迎。高格林在離世前幾年，邀請我出版一本關於高格林區域行星組合的書，我當時提醒了她，因爲很多人的本命盤中皆有性質相反的行星落於此區域，而這些人也能夠體現出這些組合。以下這個關於網球傳奇瑪蒂娜‧娜拉提洛娃的分析正是例子之一；因此，對於一個月亮及火星同時出現在關鍵的高格林區域的女性來說，會展現出怎樣的性格呢？在她的星盤中又蘊含哪些其他影響呢？

球場上的戲碼、超強的運動技巧，公開的愛情生活，勇敢的政治及道德立場

讓瑪蒂娜・娜拉提洛娃成為史上最令人信服的運動員之一；月亮在上升點的她喜怒形於色，讓人知道她的勝利、脾氣及淚水。在工作表分析中，火星及金星的影響成為這位出色運動員的星盤中的關鍵主題——她曾經是一位外來者，被奚落沒有女人味、不優雅、不夠「坦率」；當這位外來者最後不再是網球場上永不落敗的神奇女俠，當觀眾理解她對網球比賽的「心」，她最終贏得了這些觀眾。

當月亮與上升點都落在牡羊座時，我們可能會期待此人的脾性及個性會專注於勝利、爭第一、成為冠軍；雖然更重要的是牡羊座（及其守護星火星）描述了此人需要有一個目標、一個競爭對手（或是某程度上的目標或期望）——去奮鬥、測試及證明自己，去經歷勝利及失敗之間的明顯落差。在本質及最好的情況下，牡羊座、火星會與完美主義、精益求精有關。

在其強烈的金星天秤座及火星牡羊座特質之下，我們可以認為瑪蒂娜會在世上遇到反映出金星／火星二元性的處境：個人權益的壓抑、對抗不正義、以個人立場支持正確的事。她會慢慢學習到獨立的價值、勝利的興奮、落敗時的優雅，一路上，她會完全的忠於自己，並把身體鍛鍊成健美的殿堂。

不用多久，她就遇到了展露金星／火星主題的情境，當時蘇維埃政府試圖打壓逐漸成形的政治及經濟改革，於是於 1968 年 8 月底入侵捷克斯洛伐克，當時十一歲的瑪蒂娜「已經準備好用蘋果反擊」（行運土星在牡羊座 25 度停滯，對分相她的太陽天秤座）；七年之後（土星），當捷克網球當局限制她參加非共產國家的網球比賽時，瑪蒂娜踏出了終極的一步，向外尋求政治庇護（當她做此決定時，行運木星正在牡羊座 24 度停滯），她最終在 1975 年 9 月 9 日脫離祖國。我在《大占星師期刊》（*The Mountain Astrologer*）（2012 年 4/5 月號）中寫了一篇關於 135 度相位的文章：

　　她表現出其本命盤中十二宮宮首的火星雙魚座與第七宮的海王星天秤座所形成的 135 度相位，此相位描述了這個十八歲女孩的祕密以及她在美國尋求政治庇護（也就是難民的身分—海王星／雙魚座）戲劇性的叛國行為，逃離她認為不公

平的共產主義意識形態（海王星天秤座）以及八卦及嘲諷（雙魚座）她的被迫害感。當她得到庇護之後，瑪蒂娜從此不在捷克斯洛伐克公開現身，她那好鬥、尋求獨立的上升牡羊座同時與土星及冥王星形成135度相位，這也描述了她對抗一個專制嚴苛的政權並爭取自由的個人戰鬥。

　　再進一步觀察，天頂守護星土星在第八宮射手座，可能暗示了她的叛離及「入藉美國」、公開同性戀傾向的聲明、以及這必然對於支持、贊助的影響（土星與第五宮冥王星形成四分相，並與上升點形成了緊密的「雷神索爾之錘」（Thor's Hammer），強調了這個主題）。

　　1980年4月，瑪蒂娜的母親擔心女兒的性取向可能會引發曾經折磨丈夫的躁鬱症，於是選擇向女兒講出真相：當瑪蒂娜八歲時，她的父親自殺離世了。雖然感到震驚，但瑪蒂娜不願意改變自己的生活方式，她最終於1981年7月21日得到美國公民身分之後公開出櫃（最初說自己是雙性戀）；做為堅定提倡平權

圖說：瑪蒂娜·娜拉提洛娃慶祝贏得1984年網球溫布頓錦標賽（照片來源：Bettmann / Corbis）。

的人，她從不為自己的性取向而道歉（也不讓媒體有機會入侵她的私生活），而且一路走來她也曾經以尖銳的言語反擊：

記者：你還是個女同性戀者嗎？

瑪蒂娜：你還是那個做自己的人嗎？

標籤是用來整理文件的，標籤是用來分類衣服的，標籤不是用在人身上的。

在金星／火星主題及本命盤中的對分相之下，有趣的是網球評論家與觀眾也傾向將瑪蒂娜與她的對手兩極化，特別是與長年宿敵克里斯‧艾芙特（金星在上升點）的對戰。在二人的比賽中，瑪蒂娜（其名 Mar（s）tina 包含火星的字首）像是渾身肌肉的亞瑪遜女戰士，對抗金髮、充滿女人味、金星甜心（但冷漠）的克里斯。然而，瑪蒂娜將火星與金星同時帶上網球：可怕的爆發力及進攻、速度、力量與肌肉、加上優雅、風格、精準的時間掌握、不偏不倚及節奏，無論單打（火星）還是雙打（金星）都是超級冠軍級；在輝煌的時期（1974 年至 2006 年）共贏得 41 次大滿貫、167 次女單及 177 次女雙冠軍。

網球充滿著金星／火星特質，它有兩個（或四個）選手，球場一分為二，發球與接球，結合優雅與致勝的奮力一擊，有些選手動作細緻，另一些則充滿力量、快而狠。網球是一種要求心理戰的運動，以專注力及心理力量來說，水星的位置是其中的關鍵；但在球場上，一個選手的上升點情結是最先表現出來的。有些選手具有優雅的球技與策略（例如：羅傑‧費德勒（Roger Federer）的金星在上升處女座）；有些則全神貫注、講究精力旺盛的力量（拉斐爾‧納達爾（Rafael Nadal）的冥王星在上升天蠍座）；或是富有表現、指揮力與速度（施特菲‧葛拉芙（Steffi Graf）的太陽在上升雙子座）。至於瑪蒂娜，其上升牡羊座定義了她的球場表現：發球及截擊戰術、以下旋球接發球然後上網、快速的反射動作、半小時之內完成賽事，這描述了她的好鬥及完美主義以及如何在球場上無情的殲滅敵人，對手因其體格、拍打大腿的動作、趾高氣揚的躇步及渾身肌肉

的體格而感到壓迫；在球場外，她的輕蔑不耐煩，暗示了她不會背上別人千斤重
的包袱，也不會應酬那些笨蛋。

　　當賽事不如瑪蒂娜的預期時，想要立刻搞定的心情會嚴重影響她；網球衣
設計師及發言人泰德·田寧（Ted Tinling）說：「她會在一秒之內從傲慢變成惶
恐。」她的完美主義讓她擺臭臉、抱怨及咒罵；她的月亮在牡羊座的上升點，所
以經常喜怒形於色；她有一種急躁、尖銳的自我保護意識，會警告球迷及記者們
走路小心一點。

　　上升牡羊座的月亮也道出她如何在八十年代成為首先實行運動養生及飲食規
劃的網球選手。當瑪蒂娜在 1975 年得到居留權之後（行運木星經過她上升點並
進入第一宮），她愛上了美國的快餐食物，體重迅速上升至 167 磅，一夜之間
她成為了「雄偉的希望」！她天賦的運動天份讓她一路致勝，並助他得獲得先前
數個單打大滿貫的殊榮；但到了 1981 年 4 月，她清楚知道狀態不夠好，未完全
發揮自己的潛力，當時行運冥王星正在她本命太陽的位置，她以運動科學（健康
養生法及營養師的協助）重建自我，使她的比賽表現攀上新高峰，成為一個全能
選手、一台奪勝機器。

　　那天秤座呢？從八卦報的報導中，我們知道瑪蒂娜最難的領域是伴侶關係，
此議題涉及了如何避免情緒上的衝突及挑戰，以及如何逃離愛掌控的另一半（再
加上她身邊各式各樣的隨行人員及對於迷人女性的選擇）可以從她星盤第七宮的
太陽／海王星天秤座反映（某程度上，也從火星雙魚座反映）。觀察家認為，當
瑪蒂娜戀愛時，她會付出一切，當然，對外的這種坦率、開放、衝動及天真的態
度（月亮及上升牡羊座）可能讓人容易受到別有動機的控制狂所影響（火星雙魚
座、太陽／海王星第七宮）。

　　作家麗塔·梅·布朗（Rita Mae Brown）（上升點在天秤座 25 度，太陽／
火星在射手座前面度數）是瑪蒂娜第一位伴侶。

　　當瑪蒂娜與選美皇后茱蒂·尼爾遜（Judy Nelson）於 1984 年 3 月展開二人
伴侶關係時，瑪蒂娜同時刷新了 74 場比賽獲勝的紀錄，那一年行運木星在她的

天頂，但海王星也進入了她的天頂星座。在愛情上，她簽下了非婚協議，承諾分享自己的收入，尼爾遜於 1986 年 2 月 12 日錄下這段協議，當時行運海王星在瑪蒂娜落在摩羯座 5 度的天頂（尼爾遜的火星在巨蟹座 5 度，緊密四分相天秤座的木星與海王星）。這對伴侶於 1991 年 2 月 3 日分手，當時行運海王星合相瑪蒂娜等宮制的第十宮，太陽弧正向推運的太陽在天蠍座 29 度，瑪蒂娜當時愛上了另一個女人。尼爾遜為了執行二人的協議而於同年六月提告（太陽弧正向推運的太陽四分相第五宮的本命冥王星），案件於 1991 年 9 月初開庭（太陽弧正向推運的土星來到瑪蒂娜的天頂）；對於極度保護隱私的瑪蒂娜來說，她無法忍受外界對她個人生活的窺視。

雙魚座 13 度的火星與金星、木星（分別落在處女座 14 度及 21 度）的對分相指出了瑪蒂娜對動物的全心付出，這是她的一種溫柔及慷慨，以及對於爭取平權所付出的精力。有趣的是，在那些關心受壓迫者的人的星盤中之中，經常會出現處女座／雙魚座軸線的中段變動度數，包括同志權益運動人士及鬥士，以及那些體現同性戀各種公眾形象的人。

時至今日，瑪蒂娜仍然是一位職業網球選手，並參與新的體能及心理挑戰（從遠征探索到登山活動），也花了很多時間專注於個人成長、發展更具哲學、禪思的人生觀（連結其海王星／雙魚座／第十二宮的次暗示）。2010 年 2 月（當行運冥王星合相天頂與行運土星四分相時），她得知自己得了乳癌，對於自我認為總是努力控制身體、飲食及健康的她來說，這無疑是一個沉重打擊，同年五月她接受放射治療，並完全康復。

雖然瑪蒂娜對很多人來說是一個啓發，但瑪蒂娜是從她的偶像凱薩琳・赫本（Katherine Hepburn）身上學到了重大的人生課題——赫本是一位傳奇女演員，她太陽落在固定星座的金牛座，上升在固定星座的天蠍座——赫本跟瑪蒂娜說：「重要的不是你如何展開人生，而是當你結束時留下了什麼。」開創火元素的瑪蒂娜也以自己的方式做出總結：

「勝利的一刻實在太短暫了，不值得只是為它而活。」

重量級球員：比莉・珍・金

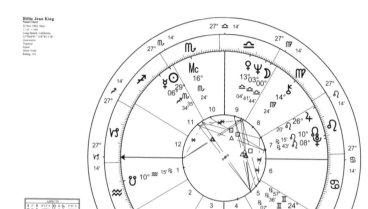

圖說：比莉・珍・金星盤。

　　比莉・珍・金的月亮在天秤座 0 度，太陽在天蠍座 29 度，她在運動領域上為女性設想新的平等主義，並為了建立專業的巡迴賽與相關的贊助協議又進行長期的政治抗爭。最有名的事件應該是她在 1973 年 9 月 20 日為女子網球（以及自由解放）而戰，在那場被稱之為「性別大戰」的對壘中，在約五千萬觀眾面前痛擊沙文主義的鮑比・里格斯（Bobby Riggs）。當時的天空中，火星停滯並準備逆行（四分相在第七宮的冥王星獅子座），土星巨蟹座四分相冥王星天秤座；至於太陽弧正向推運的太陽則在射手座 29 度，這是一場奇觀，也是一場超值之賭。金一直是瑪蒂娜的導師（注意二人的比對盤），並在 1989 年 4 月應瑪蒂娜之邀幫助她重拾網球水準——當時行運天王星在瑪蒂娜的天頂停滯，而當瑪蒂娜於 1990 年 7 月贏得第九次溫布頓冠軍時，天王星再一次來到她的天頂（太陽弧正向推運的木星合相她的太陽天秤座）。

重量級球員：克里斯·艾芙特

圖說：克里斯·艾芙特星盤。

　　艾芙特與娜拉提洛娃這對宿敵可算是二十世紀最有名的球場宿敵之一，1973 年至 1988 年間，二人共對戰 80 次，她們相反的風格讓球迷津津樂道。而二人的星盤也天差地遠：克里斯是水象固定模式，瑪蒂娜是火象開創模式；克里斯始終如一、細水流長，瑪蒂娜不同凡響、散發光芒。在球場之外二人是很好的朋友，克里斯的月亮／土星／金星合相在上升天蠍座，她的成長環境較為受制、勤奮及受到保護，外界很少看到她射手座／天蠍座的機敏及不入流的幽默感；他們看到的只是臨危不亂、目光專注的「冰冷公主」，那位擅長以底線抽球及反攻（天蠍座）的防守型球員，「沒有個人感情」的冷酷，令人膽怯。克里斯擅長長時間的拉鋸戰，並在泥土球場上有最好發揮（固定星座），她表現出心理的強韌及殺手本色（天蠍座）。

謎之星盤一：富爆炸性的運動選手

測試你的星盤技巧，看看以下描述是否能夠在以下每張神祕星盤中找得到。

行運、推運或正向推運是否能夠應證這些生命事件發生的日期？占星符號是否支持這些人生經歷的細節及人格特質？

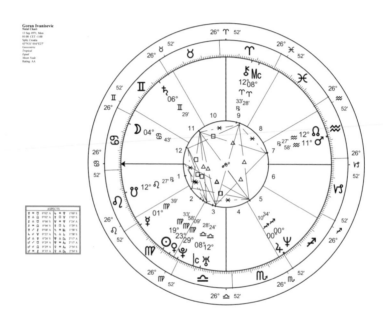

- 充滿神祕感的男人，他承認在壓力之下會產生「人格分裂」，同事們都知道他火爆的脾氣、勇於冒險的性格及突然激烈爆發的情緒。
- 曾經是很有運動天份的奇異少年，1989 年 1 月底，仍是 17 歲的他開始得到專業的認可。
- 父親是一名信奉天主教的工程學教授，母親是生物化學家，他為了幫忙罹患喉癌的妹妹籌募醫藥費而工作。
- 1998 年 7 月初他的事業產生低潮，當時他談及了自己的絕望與自殺的念頭。

- 他因投入兒童慈善活動而聞名；此外，他熱愛設計師品牌，並於其第二故鄉蒙地卡羅的家中過著上流社會的生活。
- 他私底下謙虛、幽默而且說話斯文，也以虔誠、極度迷信聞名。
- 當他的祖國陷入戰爭時，他曾經因此受到政治團體的攻擊，並收到死亡威脅。
- 他曾經因工作而周遊列國，但現在他懼怕長途旅行。
- 他於 2001 年 9 月 13 日被國家徵召去當兵，役期從 2001 年 11 月到 2002 年 5 月。
- 在歷經兩年的事業低潮、受傷問題及考慮退休之後，於 2001 年 7 月 9 日來到事業的頂峰，讓不少權威人士跌破眼鏡。

　　我們很少會在名人身上看到有衝突的出生時間，而更令人混亂的是，這些不同的時間所建立的星盤中往往會以相似的方式去強調主題。當觀察宮位位置、守護星及行運時，你能夠認出下頁哪一張星盤是屬於歌手八十年代具爭議性的樂團主唱荷利·強森（Holly Johnson）呢？強森於 1997 年曾經提供自己出生時間，但後來卻發現那出生時間並不正確。

謎之星盤二：荷利·強森的兩個出生時間

　　強森受到馬克·波蘭（Marc Bolan）與大衛·鮑伊的影響，具煽動性又公開出櫃的他擔任樂團「法蘭基去了好萊塢」（Frankie Goes to Hollywood）的主唱，樂團於 1980 年 8 月首演，他們第一首熱門歌曲「放鬆」（Relax）於 1983 年 10 月 31 日推出，歌詞中露骨的性愛描寫，使這首歌在 1984 年 1 月 13 日起被電台禁播，這不但為他們帶來一首暢銷歌曲，也贏得全國性的惡名。

　　強森是身材纖細的柔弱男子，他從不掩飾自己男同志的身分，並成為 1984 年英國年度人物。與喬治男孩（Boy George）或例如：賴利·格雷森（Larry

401

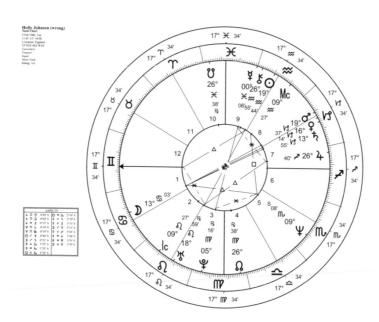

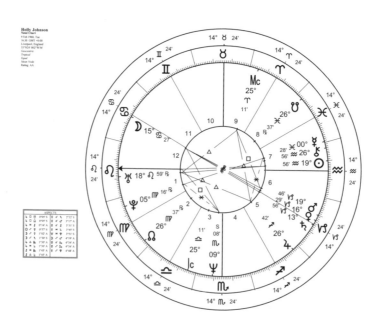

Grayson）、朱利安・克萊利（Julian Clary）、約翰・伊曼（John Inman）這些有同志味道的電視明星不一樣的是，強森太有壓迫感也太有女人味，無法吸引少女與師奶們：「強森精心打扮、趾高氣揚、以無比的傲慢去吸收名氣，他知道自己天生會被崇拜。」《衛報》。

　　在事業上的起起落落之後，樂團於 1987 年 3 月解散；1988 年 2 月，強森在與唱片公司的訴訟中獲得勝訴，保住了自己事業上的自由；幾年之後，他也慢慢變得低調起來，現在的他被視為八十年代代表人物之一。1991 年 11 月，強森愛滋病測試呈陽性反應，並於 1993 年 4 月公佈這件事，他在 1994 年推出一本坦誠而機智的自傳。強森同時也是一位藝術家，並受到安迪・沃荷（太陽在獅子座 13 度）很大的啓發。

　　我們正在尋找的到底是一個毫不掩飾性傾向、具煽動性並且歌曲被禁播的表演者，而這些是透過牡羊座天頂及天王星在上升點描述；還是這組太陽／天王星對分相如果落在天頂，會更加切合他在事業上受到的影響呢？木星合軸是否是自我提升及自大狂呢？太陽／天王星對分相應該落在天頂／天底軸線還是上升／下降軸線呢？

謎之星盤三：不死靈魂

　　這個神祕女人經歷了一段高低起伏的人生（請見下頁星盤），而她至今仍然是一則搖滾樂傳奇。

- 這位女性以其歷久不衰的表演事業、年輕氣息、活力及對生命的熱情而廣為人知；也經歷了一段充滿暴力的婚姻，擁有虔誠的宗教信仰，身邊朋友往往會以不屈不撓、有活力、堅毅、驕傲及性感形容她，而她則形容自己是一個「顧家及腳踏實地的人，我從來沒有離開過人生的現實」。
- 一個過去的朋友及前私人助理形容她是冷漠、堅強、不妥協、傲慢自大、跋扈、會放棄身邊最親近的人。

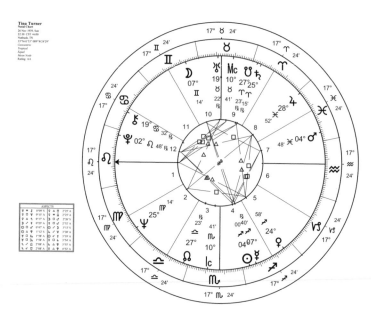

- 她三歲的時被雙親拋棄，但後來又闔家團圓；但是，九歲時母親離開了她，而父親則在三年之後也跟著離開。

- 她於 1956 年末遇到未來的丈夫（1931 年 11 月 5 日出生），二人婚姻中共育有四個兒子。

- 她於 1959 年開始與丈夫共同開展事業，一起巡迴演出及錄音，在 1960 年 10 月初次獲得成功，漸漸建立了自信心，但她那心術不正的丈夫卻越來越變得愛控制、不忠、捉摸不定、暴力。

- 在這段婚姻中，她曾經求助於心理治療師、塔羅師及占星師，在 1968 年中經歷抑鬱症及自殺未遂後，成為虔誠的佛教徒；但一直到 1973 年聖誕節，她才開始累積足夠的內在力量，更清楚地看見自己的困境。

- 因為忠於婚姻及恐懼，她多年來忍受丈夫的言語及肢體暴力，直到 1976 年 7 月 4 日於德州達拉斯市離開丈夫；她身無分文，欠下五十萬美元的債務，但她未將自己視為婚姻的受害者，相反，她說她擁有耐心、忠誠及毅力。她的離婚手續於 1977 年 11 月結案，1978 年 3 月 29 日法院判決

成立。

- 她的事業於 1977 年 4 月重新起步,但要到 1981 年 9 月 25 日及 1982 年 12 月的演唱會,事業才起死回生,並於 1983 年 12 月得到非凡的個人成就。

- 1984 年 9 月她登上美國流行音樂榜第一名,並得到一張電影合約;她於 1985 年 2 月獲得音樂界的肯定,1993 年 6 月描述其人生的電影上映。

- 她曾舉辦世界巡迴演出,甚至刷新了單場表演最多觀眾的個人演唱會紀錄。2000 年 6 月 30 日,她宣佈同年 11 月即將退休,停止那疲累的世界巡迴演出。她繼續錄製唱片,並於蘇黎世的家中,與比她年輕十七歲的德國情人過著奢華的生活。

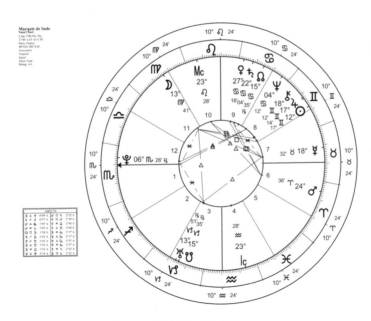

謎之星盤四:惡名昭彰的貴族

無論此人是兇殘、持續墮落,還是暴露人類性慾陰暗面的先驅,這個神祕男

人都的確挑戰並觸怒了文明社會的每一個層面，包括教會及政府。

- 這位惡名昭彰的神祕者，是貪得無厭的的性愛享樂者，以性暴力及虐待廣為人知。

- 他的母親被擔任波希米亞外交官的丈夫拋棄，在女修道院中尋求庇護，並將這個神祕者交給親戚照顧。

- 孩童時的他叛逆、蠻橫、傲慢自大，成年後仍然帶著這些人格特徵，他也以火爆脾氣及性情暴躁而聞名。

- 他六歲時與浪蕩的叔叔一起生活，他引導他走上憤世疾俗及享樂的世界，展開沉迷於性愛的人生。

- 十歲在學校遭受體罰，讓他沉迷於疼痛及鞭打。

- 後青春期，與妓女們一起沉溺更為極端的性愛嘗試，沒有道德約束、自由探索自己最黑暗的幻想。

- 他因 1768 年 4 月 3 日復活節星期日的性愛事件被捕，對其聲譽造成無法彌補的傷害。

- 他曾經數次為了逃避刑罰而逃離家園，1772 年 6 月，法庭在他不在場的情況下宣判他因企圖雞姦及毆打四個妓女而被判處死刑。

- 1779 年 2 月，他看到祖先的「超自然異象」，啟發他開始寫書，他的十五本手稿提出對於人類靈魂的幽冥的見解；在書中，他記述自己經常襲擊女性，尤其是那些母親。

- 在一段維持多年的婚姻之後，他在 53 歲時愛上了一個 22 歲的女孩；晚年時，他一貧如洗，並轉而出版色情刊物。

下一頁是兩個世界級女運動員的星盤，兩張星盤有許多共同點：她們都是前奧運冠軍及刷新世界紀錄的選手，都在 1989 年成為職業運動員；同時被形容為專注、全力付出、非常正面及具有競爭力。二人都是曾經獲頒大英帝國勳章及官佐勳章的社會楷模，不過她們其中之一是全能的黑人運動員，曾經取得奧運田徑

七項全能冠軍；另一位則是倚靠輪椅的女運動員，她付出相當多努力去突破障礙，就如同正常人一般。從以下這些資訊中，你們可以知道下頁兩張星盤分別屬於她們哪一位嗎？

謎之星盤五及六：兩位女性運動員

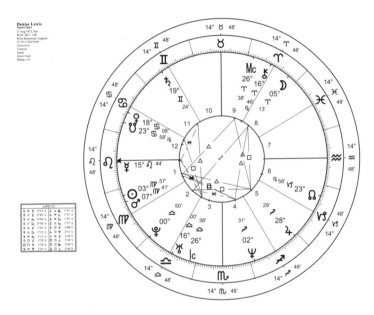

以下這兩個星盤分別屬於哪一則生命故事？

女運動員一：出生時患有脊椎裂，需以輪椅代步。十五歲時，在全國青年人運動會一百米競賽中首勝，大學主修政治及運動。她的運動巔峰生涯維持了十九年，並成為超過三十項世界紀錄保持者，項目從一百米競賽到馬拉松都有。她是提升人們對運動及身障關注的大使，曾經贏得十六面身障奧運獎牌，包括十一項奧運金牌（其中四面是在 2000 年 10 月雪梨身障奧運奪得）。她的自傳於 2001 年 10 月 4 日出版，於 2002 年 2 月生下女兒。

性格上，她相當謙遜，喜歡開自己玩笑，而且不想被視為先驅，她只想成為

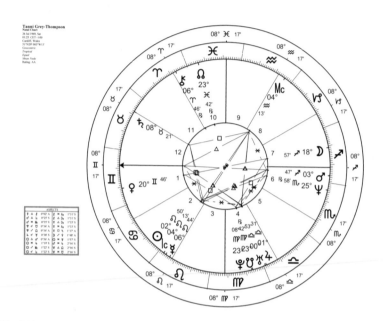

運動員而已。2007 年 5 月退休後，她成爲電視運動評論員。

　　女運動員二：她出生於單親家庭（父親在她出生之前已經離開），這位富魅力的運動員，從小由堅強獨立的黑人女性們扶養長大；小時候她以歌唱及舞蹈爲志向，但十四歲時開始接受運動訓練，並於 1989 年成爲專業運動員。她的事業在 1994 年 8 月有所突破，贏得在加拿大維多利亞舉辦的大英國協運動會（Commonwealth Games）金牌；2000 年 9 月 24 日，她在雪梨奧運贏得七項全能金牌，這見證了其全能運動天賦。她於 2002 年 4 月成爲母親；2001 年 9 月出版自傳；2004 年 12 月，贏得電視《舞動奇蹟》（*Strictly Come Dancing*）的亞軍。

　　她喜歡推廣自己的運動，陶醉於華麗的形影及享受被拍攝，她那迷人的笑容及運動員的體魄，已經證明了她是天生的模特兒及運動員。

謎之星盤七：優雅的女演員

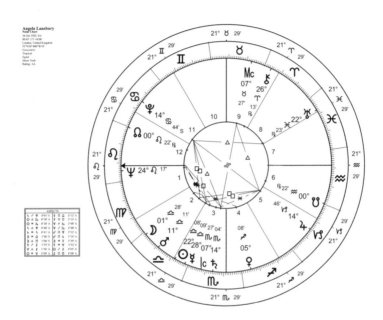

在這張神祕星盤中，突出的星盤特徵包括：在上升獅子座的海王星、金星暗示及合軸星土星。這位令人敬畏的神祕女士比前首相柴契爾夫人晚三天出生（二人有同一組開創 T 三角），並被比喻為「藏著手榴彈的瓷花瓶」。

- 年輕時，她參與好萊塢電影拍攝，後來轉至百老匯舞台及電視長劇，其演藝生涯超過七十年。

- 小時候，她被教導要獨立自主，母親是難以找到工作的女演員，後來她對於這位神祕女士的成就感到嫉妒。

- 她的形象優雅高貴、端莊自若，在銀幕上，她從潑婦演到壞女人，最終扮演愛打聽、好心腸的愛管閒事的人。

- 當沒有電影可演時，百老匯劇場經常向她伸出援手：她於 1964 年 4 月、1966 年 5 月、1973 年 5 月及 1979 年 3 月獲得劇場上的成就；2007 年 5 月，暌違廿三年後，她再次回到百老匯舞台。

- 雖然海王星如此突出，但她多年設法不受醜聞影響；反之，她運用這海王星位置去發展出歷久不衰的作品。海王星同時也印證其她事業的長壽及其舞台表演，她曾經說過：「我喜歡擁有舞台，然後收到觀眾們難以置信的迴響。」

- 1970 年 9 月，她於馬里布（Malibu）的家因火災燒燬。

- 1984 年 9 月 30 日開始參與演出她最出名的電視角色，並展開一段漫長的工作。

- 她曾經歷兩段婚姻，第一段是 1945 年 9 月 27 日至 1946 年 9 月 11 日與某位男演員（後來發現他是男同性戀者）的婚姻；另一段則始於 1949 年 8 月 12 日，丈夫是一位經紀人。

- 她第二任丈夫於 2003 年 1 月 29 日離世。

- 她於 1994 年 5 月進行第二次髖關節手術。

- 關於自己的演戲欲望，她曾經說：「我經常想要演戲，但不是為了得到認同，也不是覺得我會累積、超越什麼，我演戲只是因為我喜歡成為別人，逃離自己的個性。」

謎之星盤揭露答案：

1. 戈蘭‧伊凡尼塞維奇（Goran Ivaniševi ）。

2. 下方星盤屬於歌手荷利‧強森（Holly Johnson）。

3. 蒂娜‧透娜（Tina Turner）。

4. 薩德侯爵（Marquis de Sade）。

5. 女運動員一是譚妮‧葛雷‧湯普森（Tanni Grey-Thompson），第 408 頁是她的星盤。

6. 女運動員二是丹尼絲‧路易斯（Denise Lewis），第 407 頁是她的星盤。

7. 安吉拉‧蘭斯伯里（ Angela Lansbury）。

附錄
三篇隨筆

　　在我以〈愛的耕耘者〉一文總結本書之前，我想分享三篇曾經刊登於《大占星師》期刊的文章，其中兩篇刊登於 2009 年初，另一篇則列登於 2011 年末。第一篇與第二篇文章內容是關於木星及海王星（它們在水瓶座的合相是 2009 年一個重要星象）；第三篇則是某程度上的延續，內容探討海王星進入雙魚座帶來的可能性，這三篇文章已經針對本書而稍做修改。

拉斯維加斯、好萊塢及其他低俗的罪惡之城

　　將個人與國家及城市之間建立連結，是研究占星學有趣的一面，哪些地方會引起我們的共鳴呢？在哪裡我們會覺得就像在家裡一樣呢？當我們在某些國家時，我們星盤中哪些部分會被突顯或會被牽動呢？

　　有幾種方法可以觀察及研究個人與地方之間的合盤，我們可以觀察兩張星盤之間相位中的直接連繫（例如：美國星盤的月亮與我的上升點形成三分相），我們也可以簡單觀察兩者中的共同位置，例如：美國的月亮水瓶座暗示其容納不同種族的特質，這吸引、歡迎同樣擁有月亮水瓶座的英國人前往，包括：《歌劇魅影》（*Phantom*）的影星麥可‧克勞福德（Michael Crawford）、卡萊‧葛倫（Cary Grant）、費雯麗（Vivien Leigh）（出身於印度的英國影星，她從數百位美國女演員當中「偷走」了珍貴的郝思嘉一角）、戴安娜王妃及行爲怪異的昆汀‧克利斯（Quentin Crisp），克利斯普七十歲時移居紐約，成爲當地景點並自稱爲「怪物市民」。而在英國，我們傾向喜歡自己的皇室，並選擇表現出獅子座

座及摩羯座的官員，這兩個傳統星座（從兩者的意義上來說）都與尊重、尊嚴、位階及階級有關。在 1801 年 1 月 1 日午夜的英國盤中，太陽在摩羯座，木星與土星（皇室／出生高貴的人、勝選官員）都在獅子座（分別落在第十宮及第十一宮）。

除此之外，還有地區占星學（locational astrology）及吉米‧路易斯（Jim Lewis）擁有版權的 ACG 占星地圖（Astro*Carto*Graphy）技巧，雖然我個人認為這兩種方法用來協助校正生時都不夠準確，但是仍然有一些非常活靈活現的例子可以顯示出這兩種技巧的實用性。柴契爾的太陽及火星都在天秤座，這兩顆行星在她「勝選」之地福克蘭群島升起，讓她以戰爭「恢復平衡」（天秤座）。小布希的海王星在天底經過紐奧良（那是卡崔娜颶風（Hurricane Katrina）造成嚴重水災，小布希處理不當的地方）。珍芳達（Jane Fonda）渴望大眾注意的月亮獅子座經過越南河內（Hanoi）（「河內！我回家了！」（Hanoi, I'm home!）。反體制拳手穆罕默德‧阿里（Muhammad Ali）的天頂／土星線經過華盛頓 DC，而他的火星／天頂線經過德州休士頓，當地法庭判他逃避服兵役罪名成立，並褫奪他的拳王頭銜。射手座的華德‧迪士尼（Walt Disney）的水星／天底線接近迪士尼樂園，那是他讓員工們及其家人渡假的地方，也是他偉大的夢想計劃；迪士尼世界（他生前未能夠見證其開幕），落在他的海王星／天頂線經過的佛羅里達州，樂園於 1971 年 10 月 1 日開幕，那是木星／海王星在射手座合相之後的兩星期。

對於個人而言，我的月亮處女座／上升線在新加坡，每次在那綠意盎然之處總覺得像是回到家裡一樣，可以翻找那些便宜的手提電子小物，總讓我覺得高興，並且那地方實在很乾淨。但唯一的問題是，在我小時候及青少年去新加坡時（七年之間一共去了六次），我本命盤中的月亮／海王星四分相受到嚴峻的挑戰：我經常被那些強勢的店主拉進店內兜售那些「仿製手錶」及其他非法的引誘，我的海王星與月亮處女座的四分承受劃清界線的壓力，（法蘭克，請學會說：「不！謝謝！」），必要時要表現粗魯或輕蔑，免得讓自己被騷擾或上當。

有趣的是，我一個倫敦占星學院的學生在旅行之後相當討厭新加坡，他對於當地的嚴格法律、規矩及限制（的確有很多）都感到厭惡，不意外的是：他的土星／天頂線經過這個城市。所以，在無數課堂內外的例子中，我學會了一件事，當我們旅行前往本命盤行星／相位合軸於當地星盤時，讓我們在那裡有機會體驗星盤（及性格）中的特定領域（2012 年，我剛完成了美妙的墨爾本之旅，當我在澳洲占星年會教學時，得到最溫暖的接待，我的太陽／金星牡羊座合相跨過這座城市）。

但地區占星學並不止這些，我們還有這些行星／線的行運及推運，它們會在地點中精確指出時間的因素。當我們觀察 1997 年 8 月 31 日的行運，我們知道戴王娜王妃死亡那一刻，行運天王星在她水瓶座 5 度的本命木星上（這行運可以暗示各種不同事件，它可能是突發的驚喜、在國外發生的意外、運氣的改變等等）。然而，她的推運木星回到了水瓶座 0 度；同時，在她的推運盤中，那一年木星在巴黎升起；更有趣的是，她那強大的火星（本命合相冥王星觸發她離世之後的日蝕）在推運盤中正在落下（也就是下降點的位置），經過開羅及亞歷山大城——那是與她一起意外離世的多迪·法耶茲（Dodi Fayed）出生的地方，戴安娜的推運月亮／天底線也在那裡。

當然，也有關係及相對應的占星學。我們從尼克·甘比恩（Nick Campion）那猶如百科全書一樣的《世界星盤全書》（*The Book of World Horoscopes*）中知道國家與城市也有其出生盤（而且往往有好幾個）。國家盤相當有趣（國家星盤與我們星盤之間的相位可以印證一些有趣的事情），但這些建國時刻（往往是國家形成的幾千、幾百年之後）只能讓我們看到整體畫面的一小部分。我們需要看清楚這個國家或是地方對我們以及客戶有什麼意義，對於某些國家會有某種特別的「感覺」，這些感覺也許只有我們某一部分人才有的。當我們前往特定地方時，哪些星座或行星會變得明顯或被觸動呢？例如：蘇·湯普金將澳洲連結天王星，因為從她的觀察中，歐洲人往往在天王星行運或太陽弧正向推運期間移民。我們也可以為天王星建立其他連結：大英政府將囚犯流放至澳洲

（天王星將所有事物反轉），因為人口過剩（天王星與空間有關，而澳洲有廣漠的荒地）。在 1786 年 8 月 18 日天王星被發現五年之後，同時行運土星／冥王星在水瓶座合相時，政府決定將 755 名難以管治的逃犯（天王星）送往植物學灣（Botany Bay），船隊於 1787 年 5 月 13 日起航，於 1788 年 1 月 20 日到達，那一天太陽進入水瓶座並對分相天王星，這個用來刑罰用的殖民地運作了八十年，幾乎是一次的天王星循環。

然而，我們很容易有刻板印象（土星的功能），而以下的觀察並不是為了建立刻板印象，也不是要羞辱誰（尤其在當今極端的政治正確觀念之下——那就像是發狂土星的哲學）。

每個國家都有其人格面具，而其人民也有一些外國人會挑剔、侮辱、奚落或誇大的特徵：一些英國人看天王星特質的澳洲人很順眼，並對其體制、當局非常敬重。例如，《瘋狂麥斯》（Mad Max）是澳洲首先國際賣座電影之一，故事背景設立在一個反烏托邦、末日式的未來，法律及秩序都要開始崩解（天王星）；那些較近期的電影（從《我不笨，所以我有話說》（Babe）到《沙漠妖姬》（Priscilla, Queen of the Desert）經常都是弱者、邊緣人或類似角色取得勝利讓人跌破眼鏡的劇情。這些電影也經常拒絕傳統快樂結局的方式（澳洲電影及電視在七十年代初已經「失去貞操」，充滿性暗示、床戲及駭人的粗俗笑話）。

西方人對日本的印象是處女座及土星性格，無論這些是否是日本的「官方」國家星盤中突顯的特質；處女座與土星蘊含了日本人珍貴的工作態度及國家生產力，一群辛勤工作的人就像是輪子上嚴格編排的齒輪。此外，這兩個占星符號也包括重視細節、精確度及「細微事物」，無論是食材準備還是摺紙；謙遜特質、「愛面子」、有禮貌、重視禮節；健康飲食、小玩意及電子配件，藝妓等等。

我在義大利渡過了幾個夏天，這國家對我來說帶著強烈的雙子座／巨蟹座特質，它們強調食物（豐盛的食物）、美麗的海岸線、以及教會與家庭之間的強大結合，母親的影響尤其重要（巨蟹座）。至於雙子座的影響則表現在他們講話時的手勢、語言及方言的多樣性（每個小鎮、甚至也許每條街道都有自己的方

言）、南北之間的明顯不同、以及他們如何侃侃而談自己如何避稅（變動星座與逃避有關）！

　　以上這些看法不一定是「事實」，當然每個國家在某程度上都有一些行星與星座在發揮作用；但這些觀察是取自於居民及遊客眼中的「國家認同」，就像我們在星盤分析中所看到的上升型人格面具一樣。

　　當我在拉斯維加斯時，覺得這地方就像是木星與海王星（以及獅子座）的化身。我看過一個客戶在舞台上表演，他是一個雜技演員，太陽在獅子座天頂，他數年前剛搬到拉斯維加斯（當時行運海王星對分相他的太陽），接受了一份稱之為「Le Reve」（夢境）的夢幻水底表演的工作，占星象徵與生命之間的連結真是太契合了，因此我研究了一下這個城市。

　　「史前」的南內華達州明顯地是一個充滿水源及植物的濕地（木星／海王星），而不是現在眾所周知的乾旱地貌，堵塞的地下水湧上地面，讓拉斯維加斯山谷誕生；拉斐爾‧里維拉（Rafael Rivera）於 1830 年發現這個地方，成為前往加州淘金的西班牙人的綠洲。約 14 年之後的 1844 年 5 月（海王星行運停留了一個星座），約翰‧費瑞蒙特（John Fermont）（Fremont 意指「神聖的保護者」或「自由的保護者」）的遠征隊來到這裡並在深泉一處紮營；十年之後，摩門教徒在這裡安居了幾年，但一直要到 1905 年 5 月 15 日，拉斯維加斯這小鎮才正式建立（有落在天蠍座／金牛座準確火星／木星對分相，暗示與金錢有關的企業及冒險）。

　　對於一個如此等同於賭博的市鎮來說，剛開始時有點特別：在 1910 年 10 月 1 日午夜，政府在內華達州頒佈了一項嚴格反賭博法案（當時木星在天秤座 21 度並四分相巨蟹座 21 度的海王星，兩者同時與象徵「禁止」、落在摩羯座 21 度的天王星產生相位）。三星期之後，火星合相木星，當地開了一家地下賭場，生意興隆直到 1931 年 3 月 19 日的新月雙魚座為止（行運土星在摩羯座 21 度、木星在巨蟹座），當時政府正在草擬賭博合法化的法案，藉以提升賭博稅收，為政府學校籌募資金，這可以保護（木星巨蟹座）拉斯維加斯免於三十年代

大蕭條（土星摩羯座）的影響（拉斯維加斯於 1911 年 3 月 16 日成為城市，當時太陽在雙魚座座，其守護星木星與海王星形成 5 度之內的三分相）。

1941 年 4 月 3 日，當地第一所賭場開幕，埃爾蘭喬拉斯維加斯賭場飯店（The El Rancho Vegas Hotel-Casino）與其他幾家興建在現在賭城大道（Las Vegas Strip）的賭場飯店，於四十年代末掀起一陣風潮；後來黑手黨畢斯・西格爾（Bugsy Siegel）興建了火鶴酒店（Flamingo Las Vegas）。這是我們目前所知的賭城的開始，現在的賭城看起來非常具有木星、海王星及獅子座特質：巨大、奢華、傾注一切的賭城渡假賭場飯店，裡面有著名歌手、魔術及上空秀（最大一家飯店是拉斯維加斯美高梅大酒店（MGM Grand Las Vegas），飯店門口的標誌上有一隻金色獅子）。

賭城自此之後充滿烏煙瘴氣、亂七八糟的不良場所與會員獨享的俱樂部，時時刻刻都在賭，放眼望去看不見時鐘（土星）（剛開始，賭城以「不」聞名：沒有最低消費、沒有車速限制，沒有銷售稅、沒有所得稅，結婚不用等，這也是木星的不設限及海王星的沒有界線）；此外，還有黑手黨介入這個城鎮，賭博上癮的人們的鋌而走險、放手一搏，贏得多然後輸更多，還有當地蓬勃的旅遊業（2008 年一共有三千七百五十萬人前往拉斯維加斯，總消費高達四百二十八億美元）。當我們抵達拉斯維加斯、駐足於賭城大道上，感覺就像是站在其他星球一樣：這些不真實的巨型建築乞求我們暫時脫離現實；這城市讓我們嚐到遺忘的滋味，但它的確有其獨特、奢華的方式吸引著許多人。

與賭城有關的最著名人物之一應該是六十年代的鼠黨（Rat Pack），狄恩・馬丁（Dean Martin）的上升在雙魚座，而其海王星／下降線經過賭城；法蘭克・辛那屈（Frank Sinatra）的太陽／水星射手座四分相木星雙魚座，加上海王星在天頂獅子座；小森美・戴維斯（Sammy Davis Jr.）的太陽在射手座；彼得・勞福德（Peter Lawford）的木星／海王星四分相。其他與賭城有強烈連結的人包括貓王（上升射手座、月亮雙魚座，重置星盤中的木星／上升線在賭城）、席琳・狄翁（Celine Dion）（木星緊密四分相海王星，她那賣座的表演從 2003

年 3 月 25 日開始，當時木星對分相海王星）及李伯拉斯（Liberace）（月亮射手座／上升線經過拉斯維加斯）。

另一個木星、海王星、獅子座特質的地方是洛杉磯（快樂寶地）的好萊塢，以電影工業、名人群聚、靈媒、追逐名利、數以百萬美元的電影商機、虛張聲勢、自我膨脹、酒色財氣、江郎才盡、出賣色相、貪婪浪費而聞名，當然還有對於各種治療及新時代療癒的上癮，用以治療其他成癮，例如：濫藥。

「浮華之城」（Tinseltown）是閃耀的電影中心，聚集許多巨型電影片場及有權勢的人物，當中最大咖的是路易・伯特・梅耶（Louis Burt Mayer），他在米高梅最輝煌的年代建立了明星體系（米高梅公司與咆哮的獅子、華麗的明星及彩色電影攝影技術（Technicolor）有關，建立於 1924 年 4 月 16 日，當時海王星獅子座三分相木星射手座）。然而，雖然追逐名利與好萊塢密不可分，但它的星光大道卻是讓人慵懶散步的好地方；這條位於好萊塢的街道也許鋪滿黃金，但它的黃金卻是木星特質：當你用手指去擦拭時，它的落粉會沾上你的手指，道出

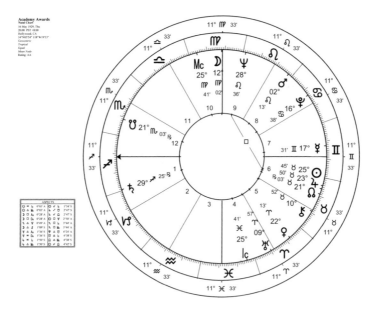

圖說：第一屆奧斯卡頒獎典禮。

在這大道底下不過是一個殘破之夢。

奧斯卡頒獎典禮（見上頁圖）當然與好萊塢有關，頒獎典禮是一個脫離現實之夜，你會看到華麗、奢侈、設計師品牌晚禮服及各式珠寶，這與 1929 年 5 月 16 日晚上 8 點於好萊塢舉行安靜的私人晚宴大相逕庭，就是在第一座奧斯卡獎項被頒出的晚上；但在那一晚的星盤中，太陽／木星合相與海王星獅子座形成四分相：三顆象徵星互相形成相位，暗示了接下來發生的事情。

讓我們觀察好萊塢製片人唐·辛普森（Don Simpson）（見下圖）的星盤，這位製片人於八十年代以其靡爛、奢侈、墮落的生活方式而惡名昭彰，他濫藥、嫖妓、玩性虐待遊戲，而這些場景也在其一系列受歡迎的電影作品中出現（《捍衛戰士》（Top Gun）、《閃舞》、《比佛利山超級警探》（Beverly Hip Cops））。除了他的太陽／月亮天蠍座四分相冥王星之外，上升點落在射手座，守護星木星在獅子座，海王星緊密合相天頂（他的火星／雙子線相當接近洛杉磯），這位進取的交易者對於各式的性愛都感到興趣）。不妨讀一讀由製片人

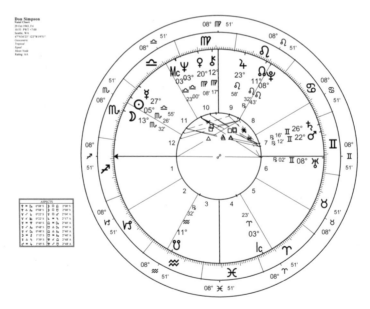

圖說：唐·辛普森星盤。

茱利亞‧菲利浦斯（Julia Philips）所寫的《你再也不會在這個小鎮吃午餐了》（*You'll Never Eat Lunch in this Town Again*）這本書，才會知道辛普森與他的木星／海王星影響好萊塢的深遠。

另一方面，我總是認為紐約與紐約客皆步伐快速、活潑、心急、沒耐性、莽撞、要求很多，這些都非常具有水星／火星特質，很適合我自己的星盤。而如果百老匯又是木星／海王星／獅子座特質；那麼，在紐約的功成名就似乎是來自辛勤工作、不斷試鏡及一日打三份工——皆是火星與水星特質，那些人瘋狂追逐（水星／火星）、夢想（海王星）成為明星（木星）；當你遇到渴望成名的紐約客時，你會覺得如果這些人真的成功的話，你也許得被迫坐下來觀看他們的表演。

當奧斯卡‧王爾德（Oscar Wilde）在 1882 年 1 月 3 日來到紐約時，行運木星正合相其等宮制第九宮，而他正身處於自己的木星／下降線上；後來，他寫道：「美國是唯一一個從蠻荒社會直接變成墮落、其間未曾經歷文明發展的國家。」大家也猜測當美國作家查理斯‧陸克曼（Charles Luckman）寫道：「美國的問題是有太多遼闊之地……被虎視眈眈地包圍著。」當時也正踩在自己的木星線上。

現實的反噬：戳破美好假象

今年，木星／凱龍星／海王星在水瓶座之舞將會跳一整年（這文章寫於 2009 年），我想要探討名人星盤，特別是當下的星象如何反映出如今小咖明星以及電視真人秀／才藝節目上的競賽者滿街都是的現象。

如果我說海王星經過水瓶座時反映出當下「人人都是名人」的社會生態，應該沒有太多人會反對：拜臉書、YouTube 及電視真人秀節目，例如：《老大哥》（*Big Brother*）、《X 音素》（*X Factor*）、《流行偶像》（*Pop Idol*）、《英國達人秀》（*Britain's Got Talent*）之賜，讓一群有才華與不太有才華的普羅大眾（水瓶座）蜂擁至鎂光燈之下；此外，還有數之不盡的節目邀請小咖藝

人去表演或踏出舒適圈（《舞動奇蹟》（*Strictly Comes Dancing*）、《花樣冰舞》（*Dancing on Ice*）、《我是名人……救我出去！（*I'm a Celebrity……Get Me Out of Here!*）》。

　　矛盾的是，在海王星於水瓶座行運期間，許多這類聲稱為「眞人秀」的節目事實上不過是一種剪接、塑造練習，旨在形塑、誘騙及操縱觀眾。這類眞人秀不是新的節目類型，它們有一種監視、偷窺或入侵別人私生活的傾向；個人界線因此被侵蝕，所謂眞實正常人的假象（海王星／水瓶座）被拿來向大眾兜售，毫不質疑的一般大眾也照單全收（又或者他們不是毫無質疑，而是欣然接受這種操作）。透過把表演者放到（強調）日常的生活中或訓練環境之中，我們被邀請去觀看那些華麗、「有名」的人做回自己，他們人生的所有面向都被攤在陽光之下（芭黎絲·希爾頓（Paris Hilton）、安娜·妮可·史密斯（Anna Nicole Smith）、凱蒂·普萊絲（Jordan／Katie Price）是我馬上聯想到的人）。我們有一個假象，以為當這些人卸妝之後，會跟你我一樣；事實上，我們見證著一般人「升等」成名的過程；同時將名人生活降低至世俗、日常、沉悶及（過於）熟悉的人生。

　　海王星水瓶座的符號充斥於在媒體，大眾皆誤以為自己也參與其中，以為自己的意見有影響力，在近期英國一則電話投票醜聞（始於 2007 年 2 月至 3 月）中，當時土星獅子座對分相海王星水瓶座（報章頭條說：「電話投票醜聞撼動了人們對電視台的信任」）。

　　每次海王星行運經過一個星座，它都會向上一代海王星世代的人推銷名利及魅力，現在我們一整個世代的年輕人（海王星在摩羯座）相信自己可以透過參加眞人秀節目而名利雙收，可以什麼事都不做就成為「大咖」，以為只要從人群中站出來就可以得到認同（水瓶座式的矛盾）。上一代人有《名揚四海》（電影及劇集）啓發他們實現夢想，八零年代的成名要求人們「先付出汗水」，但這種價值觀現在已經被想要與眾不同的自戀權所取代（獅子座／水瓶座軸線在最佳的狀態之下的確知道：所謂與眾不同是由個人在創作上對自己及對群體的奉獻的多寡

而定，而非讚譽），這種現代渴望帶來了安迪‧沃荷曾經承諾過的「每個人都可以成名十五分鐘」，雖然這種成名已經縮短爲四分半鐘。

當凱龍星自 1945 至 1946 年以來第一次與海王星形成一度之差的合相時，「每個人都是名人」這句話的代表潔德‧古蒂（Jade Goody）死於子宮頸癌。在她短暫人生的最後幾個月，這位以敢與別人對著幹、胡言亂語及咆哮種族歧話語的女人被視爲人們的公主；但對於一位這幾年來一直受到詆毀的人來說，她殘酷的誠實及開放、黑白分明的態度及連珠炮的性格最後贏得了許多人的尊重，這突顯海王星水瓶座的主題，大眾對於她的痛苦賦予眞實而人道的同情心。

幾星期之後，金星逆行回到雙魚座（並在雙魚座最後幾度停滯），當時媒體發現了一位新的勞工階層公主：蘇珊‧波爾（Susan Boyle）（見下圖），她的歌聲震驚了《英國達人》的所有人，並擄獲了當時的人心。木星／海王星可能暗示全球性的現象，蘇珊在去年秋天試鏡之前，大部分的人生都在照顧年邁的母親，壓抑自己的夢想（注意巨蟹座滿月、火星在巨蟹座成爲 T 三角端點），

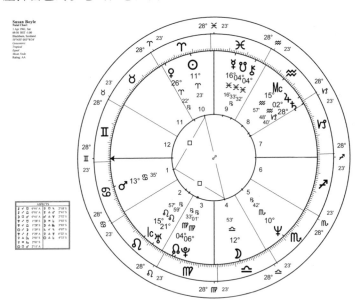

圖說：蘇珊‧波爾星盤。

421

但是在她的天頂在水瓶座（行運木星也在節目播出之前幾星期合相她的天頂）。波爾成為勞工階層的英雄象徵，同時，符合真正木星／凱龍星／海王星的是，她提醒我們不要放棄夢想，無論一個人如何受傷或被踐踏。已故占星師羅伯·布拉施克（Robert Blaschke））於 www.mountainastrologer.com 上發表了一篇具有說服力的文章是關於蘇珊·波爾以及契合《悲慘世界》中的「我曾有夢」（I Dreamed a Dream）的表演。

然而，當媒體及大眾想要拉抬波爾的同時，也有一種想要再次上演「高大罌粟花症侯群」（Tall Poppy Syndrome）（助長然後砍斷）的衝動。當太陽弧正向推運海王星 2010 年來到她下降點時（或是如果她早幾分鐘出生，海王星會在 2009 年來到下降點），它預告了過度飽和、不受保護、被佔便宜、或者在這惡性競爭的圈子被牟利者利用。

評審之一西蒙·高維爾（Simon Cowell）尖酸、說實話的態度，與其他天秤座評審茱迪及安妮·羅賓遜（Anne Robinson）沒有太大分別（經常以「我不是故意要冒犯，但是……」的話開始講評）。高維爾的出生盤中，金星與冥王星在處女座合相，並四分相木星射手座，他將自己定位為毒舌導師，以及所有想紅的世代流行文化量產製作者。目前這種試鏡、比賽然後讓大眾投票的設定，幾乎排除了其他可以得到全國音樂讚賞的機會。

由海王星水瓶座所反映的第一波想紅的人，在英國始於 2001 年 1 月播出的《流行明星》（Popstars），勝出的歌手組成了「聽說」樂團（Hear'Say），除了其原意之外，此團名也意指「從他人那裡聽到或接收而來、未經證實的資訊、流言」（名氣 fame 一字來自 pheme 與 fama，意指「謠言」）；一如預期，這樂團在節目中獲勝不久後就解散了。

2001 年，英國《老大哥》第一季已經在電視上大紅（2000 年 7 月 14 日首播）；有趣的是，就如同占星學的共時性一樣，冠軍、亞軍及主持人達維娜·麥卡爾（Davina McCall）三人的生日都一樣（10 月 16 日，雖然年份不一樣）。兩年之後，潔德·古蒂這位出生盤中有金星／海王星對分相的牙科護士成為這個

節目最成功的參賽者，於 2002 年 5 月 24 日成功進入節目；隨著行運土星合相她的太陽，她成爲了家傳戶曉的名字（當時行運冥王星逆行回來並對分相她的太陽）。

《老大哥》參賽者「意外」成名，與《X 因素》（由高維爾的成名工廠販賣給我們）這類每星期出現在歌唱比賽中的成名之間有一些差異，我沒有太多《老大哥》參賽者的出生資料，但我懷疑最受歡迎、最多人記得的參賽者的星盤中應該會突顯月亮或水瓶座（引起大眾共鳴）；而當他們受到大眾矚目、在聚光燈之下時，與成名有關的行星──木星與海王星應該很活躍。後者反映出公眾狂熱，隨著不再沒沒無聞、私生活被媒體入侵而感到迷失；通常隨之而來的是人氣下滑或大眾對他們的活動不再感到興趣，在海王星進一步的氾濫之下，這帶來同樣的迷失感（「他們現在在哪裡？」）。

當爲這篇文章搜集資料時，我看到了在占星企業家羅伯特・柯瑞（Robert Currey）網頁（www.astrology.co.uk/news/tourettes.htm）上一篇關於《老大

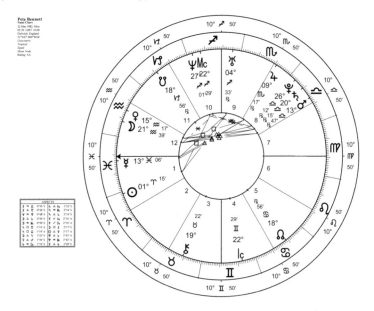

圖說：比特・貝內特星盤。

哥》第七季優勝者彼特・貝內特（Pete Bennett）（見上頁圖）的文章。他是一位古怪討喜的妥瑞症患者，很受觀眾們的歡迎；有趣的是，他在童年時並沒有妥瑞症的外顯症狀，直到十四歲時才被診斷出來，當時他與父親失去聯絡（太陽弧正向推運水星四分相本命落於天頂射手座的海王星）。據說他的症狀是因爲濫用克他命（ketamine，一種高效麻醉劑）而變得更加嚴重，使他在 2005 年「完全變成笨蛋」，當時行運冥王星正經過他的天頂。比特出生時，月亮合相金星水瓶座，而當他留在節目當中時（2006 年 5 月 18 日至 8 月 18 日），行運木星正在本命位置上停滯（木星回歸）。

研究顯示，流行偶像及其他爲觀眾量身訂作的藝人比較可能突顯金星，量產製造的流行歌曲屬於金星領域，當它們被成功包裝時，自會吸引八歲至八十歲的群眾，經常也非常突顯海王星。如果流行偶像想要帶來更多世代影響（或成爲其時代象徵），冥王星似乎必須與內行星（特別是月亮及水星）產生接觸（詳見207 頁小賈斯汀分析）。

讓我們看看幾位才藝比賽冠軍的星盤（主要是《X 因素》及《流行偶像》的得勝者），他們許多人都是雙胞胎或出生於蘇格蘭，這對占星師來說是一件幸運的事，因爲可以得到他們完整的出生資料（這也提醒我們不要低估蘇格蘭投票決定最終冠軍的國家力量！）。

回到 1980 年，希娜・伊斯頓（Sheena Easton）得到電視節目的協助紀錄其成名的心路歷程，以商業觀眾爲目標去包裝她（她的太陽對分相海王星）；電視節目《重要一刻》（*The Big Time*）（見下頁圖）於 1980 年 7 月 2 日倫敦時間晚上 8 時 10 分首播，星盤中海王星在上升射手座並對分相金星雙子座：節目想要觀察並打造一個年輕勇敢女孩踏入音樂圈的開始過程，對於節目目標來說，這是一個完美的相位。這段旅程一點也不輕鬆，希娜需要毅力及堅忍（注意節目的金星／海王星對分相是 T 三角的一部分，處女座的火星／土星是其端點）。金星式的流行工廠所出產的翻唱歌曲的不足，以及淪爲二流的流行歌曲（由當今兩位金星人——賽門精心操刀，一位是天秤座的賽門・高維爾；另一位是金牛座的

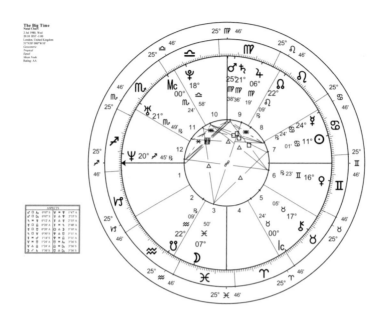

圖說：《重要一刻》。

賽門・夫拿（Simon Fuller）），因此，並未受到當時音樂圈的注意。幸好，伊斯頓努力自我改進而且非常努力（她的火星／土星對分相落在巨蟹座／摩羯座軸線），並且能夠卸下自己的流行包裝（本命金星合相天頂）。曾經是「野性呼喚樂團」（Bucks Fizz）的一員的謝麗爾・貝克（Cheryl Baker）是歐洲歌唱大賽的得勝者，她的金星也落在天頂。

　　《流行偶像》第二季優勝者蜜雪兒・麥克馬納斯（Michelle McManus）（金星／海王星對分相）於 2003 年 12 月得勝後不久就消失的無影無蹤；史蒂夫・布魯克斯坦（Steve Brookstein）（太陽／海王星合相、金星／冥王星四分相）與萊昂・傑克遜（Leon Jackson）也有相似的命運，而真正符合海王星的「放手」是，唱片公司在這些藝人的聲勢開始出現下滑的跡象時，就馬上放棄他們。《名揚學院》（Fame Academy）優勝者大衛・史奈登（David Sneddon）（太陽四分相海王星／天頂）拒絕了其流行歌手的地位（他在行運冥王星經過天

頂時贏得比賽），然後走進地下音樂，並以獨立音樂創作歌手身分回歸（木星第六宮往往指出短暫的光環——短暫出名然後又再回到更加世俗的位置，無論他有沒有離開這個行業）。

威爾‧楊（Will Young）是第一屆《流行偶像》冠軍（金星合相海王星），他似乎是唯一不受此規則限制的人，月亮／冥王星合相並與水星形成四分相的他打造了自己的事業與粉絲團。《X因素》優勝者夏恩‧華德（Shayne Ward）（水星／冥王星合相）努力讓自己躲過電視真人秀的一曲歌手詛咒；達柳斯‧丹涅殊（Darius Danesh）是另一個逃過這種刻板印象的人，雖然他參加過兩個高調的電視才藝比賽。

電視會繼續量產現成的名人及轉瞬即逝的流行明星，而這些量產明星，會在大眾的注視下努力延續其短暫之名，木星／凱龍星／海王星不太可能會終結我們對明星的迷戀；反之，它將會像是一個路標，指出全新的流行文化，由天王星進入牡羊座與海王星進入雙魚座反映。

關於 2009 年 5 月到 2010 年 2 月期間，木星、凱龍與海王星之間的互動（在這段期間，它們在水瓶座 21、24 跟 26 度彼此形成多次合相）梅蘭妮‧瑞茵哈特（Melanie Reinhart）曾經在其網站上發表討論文章（詳情參閱 www.melaniereinhart.com），我推薦讀者們去閱讀那篇富有啟發性的文章〈我們這群人〉（We the People），她說：「凱龍落在水瓶座所關心的是我們容易受到「群眾思考」的影響，以及被誤導的可能性，這些甚至可能傷害我們。」在這三重合相之下，當然會有一種誘惑讓人像夢遊一樣經歷身邊一波又一波的苦難（及操控），讓我們採取一種抽離的痲痹去逃避相關的社會議題，並相信人們告訴或向我們兜售的事情，直到天王星進入牡羊座喚醒那隻金羊，然後我們開始拒絕成為羊群之一。

梅蘭妮觀察到聯合國的成立是在上一次這三顆行星彼此在天秤座合相時，然後她警告我們：「我們一直以來都得到社會的支持去沉迷於各種分散注意力的事物；因此，我們要「從普遍觀點相反的方向前進」，並開始培養與自我經歷「共

處」的能力……那將會有較少的阻力，因此這是讓我們全心專注的時候。」目前這段時間會是讓人們重新爭取自我權益、檢視夢想及願景、彼此之間配合出一種全新而可行的社會制約的好時機，就像是梅蘭妮所說的「重燃起信念及希望」一樣。這是我們首次有機會去預先看見海王星／雙魚座那幾年將會發生什麼，並做出非常個人的決定：要不你可以像預設的一般缺席、擅離職守；或是做出承諾，從許多人的舒適圈中走出來。

從零開始：為海王星雙魚座搭好背景

我的經驗告訴我，當外行星在某星座最後幾度時，我們會放下（或揮別）某些觀點、想法甚至是一些與那個星座的核心有關的象徵人物；例如，當海王星離開水瓶座時（這帶來了數位時代的潮流以及其一切的「酷」美學）。再加上冷酷的蘋果總裁賈柏斯的離世並被封為聖典（當時海王星正在水瓶座 28 度）；《每日電訊報》（*The Telegraph*）(2011 年 10 月 6 日) 寫道，賈柏斯成功說服顧客們，「購買蘋果產品在某程度上等同於獲贈一張會員證，讓他們進入一個獨一無二、充滿遠見的俱樂部」（每一位水瓶座的「獅子座」陰影）。

上一次海王星轉換星座時，發生了戴安娜王妃與德蘭修女（Mother Teresa）的逝世，當時是 1997 年 8 月至 9 月，海王星在摩羯座 27 度；兩人的離世都憾動了世界：某些人成為此悲傷浪潮的一部分（海王星），另一些人在這股被觸發的極端情緒中難以置信。在這兩人離世時，她們都不再享有以往海王星式的盲目崇拜，雖然兩人都以許多方式體現了海王星的特質：一位是媒體眼中曾經遠赴安哥拉的童話公主，另一位則是為印度窮苦大眾奉獻的修女（行運天王星 1997 年幾乎持續合相戴安娜的木星水瓶座，這及符合她致力於公佈地雷分佈的工作，以及她想要「揭開」王室生活的「面具」的想法，而且在她成功這樣做之前於異國發生的突然、暴力的死亡也反映了這個主題）。

大概十年後，2007 年 8 月，我對於兩位高調「女王」的離世感到有趣，當時土星即將離開獅子座，紐約上流社會社交名人布魯克·阿斯特（Brooke

Astor）於 8 月 13 日離世（土星在獅子座 27 度），另一位則是在紐約被譽為「來自地獄的飯店總裁」、專橫的莉歐娜·哈姆西（Leona Helmsley），在阿斯特離世一星期後也相繼離開（土星在獅子座 28 度）。兩人都曾經捐贈數以百萬美元給紐約：阿斯特是一位著名的人道主義者，她曾經說：「金錢就像肥料一樣，它應該到處撒。」另一方面，被冠名「苛刻女王」的哈姆西則會明確的說：「只有小人物才會繳稅。」

外行星會花上一段長時間在星座最後度數慢慢運行或逆行，但關於之前我所強調在進入下一星座之前重要的「放手」階段，我考量的重點是該行星之前是否已經經過星座的最後度數，現在是否重新回到同樣位置；我也會觀察該行星距離進入下一個星座之前還有多少時間，例如：1997 年 4 月，海王星到達 29 度 57 分，那年秋天當戴安娜王妃與德蘭修女相繼離世時，海王星正在逆行，但距離它首次進入水瓶座只剩五個月的時間。至於在兩位紐約女性的例子中，土星在 2007 年 9 月 2 日進入處女座，那是阿斯特與哈姆西離世後幾星期的事。

然而，一個星座最初度數又會怎樣呢？海王星最近進入雙魚座讓我吃了一驚，也讓我明白它對於死亡及終結的重要意涵；可是，如果最後幾度代表「最後一站」（一個時代的終結），那麼，當行星剛剛進入新的星座時所發生的終結，似乎預告即將發生的事件，標示這個新的行運所帶來的氣氛。當外行星在一個星座 0 度時所發生的死亡或事件，已為接下來許多年搭好了相對應的背景。

正如蘇·湯普金在她的德里克·伯德（Derrick Bird）分析文章中（占星期刊 2011 年一／二月號（The Astrological Journal, January / February 2011））提到，巴德的瘋狂殺戮發生在天王星進入牡羊座之後幾天，我們可以說，在某程度上，巴德表達出我們在天王星雙魚座那七年的無助及冷漠所帶來集體沮喪感，並採取了非常暴力的方式去表達自己（天王星牡羊座）。當然，我們從新聞中感受並聽見天王星牡羊座的影響（例如：為了個人權益及自由而引發的集體動盪及鬥爭）：從倫敦種種犯罪的發生及公民不服從、挪威烏托亞島槍擊事件、埃及革命、華爾街集體抗爭；還有與年輕人（牡羊座）有關的暴力，例如：一個六歲孩

童攜槍回學校並槍殺三個幼稚園學生，還有賓拉登（Osama Bin Laden）及格達費（Muammar Gaddafi）兩位領袖以極公開與震撼的方式被從頭部或臉部（牡羊座）射殺身亡，你還記得在這兩宗行刑事件中，那股起勁、自命正義、自我祝賀的牡羊座「勝利者」能量嗎？

2011 年 4 月，當海王星在雙魚座 0 度，法國成為歐洲第一個禁止面紗及罩袍的國家（暗示海王星接下來十四年經過雙魚座期間國家與宗教之間逐漸的緊張情勢）；但是，也許更準確的說法是這是發生在天王星（代表了言論自由、審查及禁止）在牡羊座（守護臉面，也是與「第一」有關的星座）0 度時。5 月 1 日，中國（以網路政治意識審查而惡名昭彰）立法禁止在公眾場所吸煙（當事件涉及人們放棄「點火」──也就是滅火時，我經常看到與火星／牡羊座與天王星有關的行運或正向推運）。2011 年 7 月 1 日，科幻作家及科學教創教人 L・羅恩・賀伯特（L. Ron Hubbard）的作品被俄羅斯以「極端主義者」（天王星）為由全面禁止，「以自由之名」的禁止似乎也是天王星牡羊座所帶來的秩序！

其他行星活動

在思考海王星於 2011 年初次進入雙魚座的意涵之前，我們也不應該忘記這時段的下列星象：

- 冥王星摩羯座四分相天王星牡羊座。
- 土星在天秤座。
- 木星在牡羊座後半段移動至金牛座最初十度。

土星天秤的主題，似乎由美國某些州的公民伴侶／同志婚姻立法的平權行動反映，此外還有 4 月 26 日所舉行的第一屆莫斯科同志遊行宣告。當土星在天秤座，長老教會同意擁有同性關係之人的神職受任；2011 年 5 月 23 日，蘇格蘭教會表示即將容許同性戀者成為牧師。土星於天秤座的課題必然與學習外交、協商及妥協有關，而在土星於 2009 年末進入天秤座、2010 年年中再次進入所成立的

許多聯盟似乎也反映了這一點；而當它來到天秤座 29 度（並停滯）（2012 年 1 月底至 3 月初），那將會是這些聯盟面對真正試煉的時候。

海王星在雙魚座

海王星在雙魚座不僅帶來雙魚座的主題（包括宗教的奉獻、日常溝通中出現的「心靈感應」專家、藥物法的更改、以及許多新的上癮症），它也會與處女座守護的生命領域有關（退休年齡的消失、疾病、病毒與瘟疫以及與慈善、福利年金及健保條款有關的醜聞、不確定或消失）。

首先，以下是尼爾・F・米科爾森（Neil F. Michelsen）與利奇・波坦格（Rique Pottenger）於《廿一世紀美國星曆》（*American Ephemeris for the 21st Century*）（ACS Publication, 2010）中的資料：

2011 年 4 月 4 日	13:52 GMT	海王星進入雙魚座
2011 年 6 月 3 日	07:29 GMT	海王星於雙魚座 0 度 55 分開始逆行
2011 年 8 月 5 日	02:55 GMT	海王星逆行回到水瓶座
2012 年 2 月 3 日	19:04 GMT	海王星進入雙魚座
2025 年 3 月 30 日	12:01 GMT	海王星進入牡羊座
2025 年 10 月 22 日	09:49 GMT	海王星逆行回到雙魚座
2026 年 1 月 26 日	17:38 GMT	海王星進入牡羊座

所以，在海王星進入雙魚座那四個月（從 2011 年 4 月 4 日至 8 月 5 日）期間，會發生什麼事呢？這些事件又如何成為自 2012 年 2 月開始未來十幾年的預兆呢？

我嘗試在網路及維基百科搜尋這期間每一天的新聞，以下是一些重點，尤其是發生在海王星剛進入雙魚座那幾天；請記住一件事，那就是其他外行星也會「創造」其「新聞頭條」，而我在這裡嘗試專注於那些帶來強烈海王星感覺的新聞。

政客的承諾

4月4日：在海王星進入雙魚座之後幾小時，海王星型的美國總統歐巴馬（帶來希望的總統）宣佈，他將會再打另一場選仗。

4月4日：充滿爭議性的前音樂人米歇爾・馬德利（Michel Martelly）、前「甜蜜米奇樂團」（Sweet Micky）成員，在海地總統選舉中勝選，他以在舞台上說話下流及恐同言論聞名。

4月4日：英國一百五十萬正在領取「喪失工作能力」福利（海王星）的人將被要求參與工作能力評估（處女座／雙魚座軸線），做為英國政府福利改革的其中一部分。

4月4日：一艘從利比亞開往義大利，載著尋求庇護及移民的船（海王星）在這一天出發；兩天之後，艘船翻覆，船上兩百多人遇難。當海王星在雙魚座，我們是否會看到更多飄無定所的「遊牧民族」的遷移呢？

駭客、入侵及禁令

我曾經懷疑，當海王星在雙魚座，它是否帶來更多關於心靈現象及外星人的認知，但似乎我們經歷的是非常不一樣的入侵與狹持：最值得注意的是關於隱私被入侵與個人資料被綁架脅持（病毒——無論是電腦病毒還是其他病毒——全部都歸類於此）；網路戰爭——政治動機之的駭客行為、間諜活動及蓄意破壞——是廿一世紀全新的世界大戰模式。

再沒有東西是不可侵犯的嗎？隱私條例及入侵似乎是其中的關鍵。在社交網絡、電腦駭客及超級禁令的醜聞之下，我們開始注意到沒有人可以阻擋資料不外洩或者長期掩飾，人們沉迷於展示高伎倆的假話（天王星牡羊座四分相冥王星摩羯座），加上維基解密（海王星）朱利安・亞桑傑（Julian Assange）的出現，這幾乎確定立即、全球關注、最純粹的各種醜聞（海王星）的出現。法律似乎無力去阻止這種滲透及洩漏，而大眾共識也認為，當對象是大型機構及公眾人物時

（例如：《國際新聞社》（*News International*）及風流成性的足球員），這種做法是「好事」；但如果涉及個人層面的話則是「壞事」（米莉‧道勒（Milly Dowler）及其他犯罪受害者）。海王星雙魚座最大戰爭是關於資訊處理及控管（變動星座），而我們也已經察覺到，其中主要的影響力在於個人資料的收集、販賣及散佈（水星守護的處女座）。

4月6日：西爾維奧‧貝盧斯科尼（Silvio Berlusconi）這位當時深陷醜聞、飽受指責的義大利總理（再次）被審訊，這次是他與未成年妓女發生性行為的指控。這時期對貝盧斯科尼來說似乎相當重要，而這似乎是醜聞纏身的總理生涯一個苦澀結局。

4月8日：國際新聞社《世界新聞報》宣佈它們承認一些侵犯隱私的指控，這些指控源自於《世界新聞報》（*The News of the World*）相關的電話駭客事件。

《世界新聞報》的員工被指控收受警方賄賂，駭入名人、政客及皇室的電話，但他們在那年四月得知此事，證明了受害女學生米莉‧道勒、已故士兵們的親屬、七月七月倫敦橋爆炸事件的受害者們的電話全部遭駭。而諷刺的是七月七日當天，接著上場是針對出版人魯珀特‧梅鐸（Rupert Murdoch）壓制英國媒體的公開呼籲、請辭聲浪及關注──《世界新聞報》也關門大吉（最後一日發行為7月10日，終結了168年的出版歷史）。梅鐸的星盤強調雙魚座，太陽與水星都在雙魚座，海王星提升至天頂：他無所不在，並且滲透至大部分的媒體中；海王星進入雙魚座似乎標示了他財富上的改變──至少在當下（2011年春天，太陽弧正向推運水星四分相他的海王星，而如果他的出生時間準確的話，行運海王星當時正四分相他太陽弧正向推運落在射手座0度的天頂）。

4月21日：美國參議員艾德‧馬基（Ed Markey）寄了一封信給賈伯斯，要求他解釋 iPhone / iPad 裡面一個詳細記錄裝置位置的檔案到底有何目的，幾個國家政府宣稱將會調查這是否觸犯隱私條款。

4月25日：維基解密（創立於2006年10月4日，當時木星在天蠍座

並四分相海王星水瓶座）釋出祕密電報，內容詳述由美國政府在關塔那摩灣（Guantanamo Bay）拘留營中審問及加害年老者及患有心理疾病（海王星）的受刑人，相關人等最後在未被指控之下，全數獲得釋放。

4月26日：因全球網路安全漏洞又洩露七千七百萬名用戶個人資料的新力（Sony）遊戲網（PlayStation Network）仍然繼續保持離線狀態，這是史上最大宗個資外洩事件。（8月3日，邁克菲（McAfee）公司發現一系列針對國際奧委會（IOC）、聯合國、印度政府及主要企業的大型網路攻擊。）

5月9日：超級禁令是一則大新聞，由於推特（Twitter）上的匿名寫手決定要「點名羞辱」一些曾經頒布禁聲令的名人（事實上，這大部分都不算是「超級禁令」）；「超級禁令」確保法律禁止的事實或指控不被報導，而這禁令本身據說在法律上並不存在（海王星）。

5月9日：美國億萬富豪路易斯・貝肯（Louis Bacon）在英國與維基百科、《丹佛報》（*The Denver Post*）與「字報網」（WordPress）的訴訟中勝訴，讓他有權去取得那些涉嫌詆譭他的人的個人身分資料。

4月29日：威廉王子與凱薩琳・密道頓（Catherine Middleton）結婚，這也許是另一則充滿海王星的童話故事的開始（當然，這時候有牡羊座星群，包括木星，這暗示了新一代英國皇室的開始）。

5月10日：馬克斯・莫斯利（Max Mosley）於歐洲人權法庭獲判敗訴，因此無法迫使報章雜誌在披露人們私生活之前先行提出警告。

7月4日：美國獨立紀念日當天，駭客破入福斯新聞（Fox News）的推特帳戶，發佈歐巴馬被殺的消息。

海王星型人物的死亡

行星剛進入一個星座時所發生的死亡事件蘊含什麼意涵呢？讓我們思考一下海王星在雙魚座0度時三位重要的海王星型人物的死亡事件：賓拉登、艾美・懷恩豪斯（Amy Winehouse）及賽巴巴（Sai Baba）。賓拉登的死亡標示了追隨

他信念的人會開始追尋下一位導師或救世主（海王星／雙魚座）。至於長期受苦的的艾美・懷恩豪斯，她是海王星雙魚座世代第一位音樂界的受害者，也許她已然是「27俱樂部」的成員了，其離世可能是在未來幾年中新一波與濫藥有關的死亡的開始；或者她這早被預見但毫無意義的死亡（就像惠妮・休斯頓於2012年2月11日的死亡一樣，當時海王星回到雙魚座0度）可能標示了人們毒品觀念（或法律上）的改變，並作為一種警示、去喚醒現在海王星摩羯座出生的世代企圖擁有一切（摩羯座）卻放棄一切（海王星）的現象。

《每日電訊報》2011年8月5日的副題這樣寫：「生前擁有五千萬追隨者的印度大師離世，引發一場邪惡的五十五億英鎊爭奪戰」，這當然會引起一個問題：一位貧苦的印度聖人如何累積如此巨大財富？而在海王星雙魚座的世代之下，當這位備愛喜愛的導師比自己預期早幾年離開塵世之後，他們會尋求怎樣的接班人呢？

沙迪亞・賽巴巴（Sathya Sai Baba）（於2011年4月24日離世）的藏紅色袍子及黑人髮型是其個人標記，雖然只有五尺二寸高，但對於數以百萬計的追隨者（及評論家）而言，他的確是一個巨人、具影響力的海王星型大師。就像大多數海王星型人物一樣，他身邊有很多追隨者及批評者，賽巴巴的虔誠信徒們緊守他的智慧教導（整體來說讓人找不到錯誤），他的教育中心、人道工作及行使神跡的能力（從空氣中變出東西）證明了他的善心及神聖。批評他的人連續提出他性侵犯小男孩的指控，說他曾經參與謀殺四名追隨者，並看穿他是一個聰明的魔術師，成功變出聖灰及廉價珠寶，認為這些技倆讓他鞏固那些容易受騙的追隨者及印度菁英份子（當在電影中看到這些技巧的畫面時，他的手勢似乎真的有一點像是一個在變魔術的魔術師；但在海王星的影響下，你永遠不會知道……）。

也有一堆關於他的出生的「事實」，有些人相信他是一個之前離世的同名聖人的再世（實諦・賽・巴巴（Sai Baba of Shirdi）），出生於1926年11月23日的普塔帕蒂鎮（Puttaparthi），那時間差不多是前一位巴巴預言自己重生的時間；但後來有人提出別的出生日期（1929年10月4日），關於這方面的爭論及

回應可以在以下兩個網址找到：

http://saibabaexposed.blogspot.com/2006/10/sai-babas-school-records-new-light.html

www,saisathyasai.com/baba/Ex-Baba.com/ssb-school.htm

到底，賽巴巴在海王星雙魚座 0 度的死亡，是為新的靈性哲學家（或機會主義者）打開新的大門，讓他們爭先恐後的佔據這個他所留下的位置？還是當失去大師的引導下，這個國家會被貪污腐化，並且在某程度上因為精神破產而迷失？

幾個額外的想法

我們可以預期與海王星有關的疾病的突破發展，例如：慢性疲勞症候群（myalgic encephalomyelitis）；此外還有病毒及健康議題，包括安樂死。2011年 5 月 15 日，蘇黎世市民投票否決瑞士協助自殺的禁令，同時否決這種協助自殺的禁令只限於蘇黎世市民。5 月 31 日，世界衛生組織把手機輻射列為「具致癌風險」及「對人類有致癌危機」（也就是與癌症的發生有關）；7 月 7 日，耶路撒冷科學家在破損的 DNA 中找出其分子基礎（這導致癌症的擴散）；7 月 1 日，丹麥藥廠靈北（Lundbeck）禁止自家廠牌戊巴比妥（Nembutal）在美國某些州的死刑當中使用；而在 7 月 29 日，強生公司（Johnson & Johnson）宣佈它們會降低每日「特強泰諾」（Extra Strength Tylenol）的用量，減低肝傷害的風險。

此時推出的電影包括了帶有海王星色彩的故事，例如《陰兒房》（*Insidious*）（故事講述一名昏迷的男孩，在星體層中成為鬼魂的載具）及《啓動原始碼》（*Source Code*）（故事中的時空飛行程式，讓人類在保持腦子存活的狀況下，回到過去並進入某個人的身體之中，活出他們人生最後階段，改變未來的發展）。一如以往，電影會引領我們，讓我們看到海王星回到自己星座的樣貌。

附錄
愛的耕耘者

　　這本書是我對於星盤分析的觀點，我希望它是富有教育及娛樂性的探索，對我來說，它一直是一種愛的耕耘。

　　星盤解析是從理解和審視占星拼圖的各個部分開始；然後，我們努力將這些拼成一個連貫性的整體——結合既矛盾又互補的主題。

　　星盤中的配置與相位是探索經驗的動態能量；在此過程中，它們創造了生命的任務和劇本。星盤中的元素就如同天線接收到與自我探索之旅有關的熟悉信號，努力尋求以某種形式表達（希望是富有覺知的）、去體現我們的生命。

　　作為占星師，我們需要有一種方法——去扮演偵探，看看在星盤中所形成的模式並遵循其軌跡，找出其中的暗示和信號。剛開始是運用水星的方式，因為我們觀察、詮釋並且以客戶聽得懂的語言去清楚說明這些象徵符號；然而，我們的工作是要超越這些技術，從這些符號中探索含義並找出意義（木星）；去發現這些既定模式的背後故事——並與客戶一起踏上這條旅程。

　　薇薇安·羅布森（Vivian Robson）提醒我們：本命盤就是指一個人——而不是一系列片斷的行星影響——他建議我們考慮到人的心理、道德和精神的發展。我們必須記住占星學需要有流暢的技巧以及對於人性的理解；我們必須問清楚客戶想要從我們這裡得到些什麼，並且記得：客戶總是比他的星盤重要。

　　讓我們進行對話去找出這些星象模式如何在我們客戶的生命中具體上演；對於評估星盤來說，環境背景是重要的，正如同理查德·艾德蒙（Richard Idemon）曾經說過：「檢視一個人的星盤不能缺乏當事人的回饋」。星盤分析

是一種情境驅動，但它也是一種共同努力——我們是這個過程的一部分，我們每一個詮釋和說明都影響著占星師與客戶的互動。

有時候，我們必須幫助客戶去放下如梅蘭妮‧瑞茵哈特所說的「占星學上的預設」：「從各種資源中吞下太多占星學的垃圾食物，造成一種精神上的消化不良（慢性或急性）」，客戶對於特定星象所抱持的概念和偏見，她稱之為「可怕、陳舊、心理預設的東西，以譴責的語氣、缺乏細緻和憐憫、完全沒有意識到『生命的過程』；總之，沒有智慧、也缺乏真誠」。（《占星學上的預設》（*Astrological Pre-conditioning*）一文，梅蘭妮‧瑞茵哈特著於 2010 年 3 月。）

追隨我們的幸福

最終，星盤真正的心臟是太陽，這是我們內在與外在生命活力的源泉；跟隨太陽的訊息（其位置與相位）提醒我們需要真實、需要傾聽內在的聲音、需要有

目標。我們到底在這裡做什麼？這比什麼都重要，太陽的升起提醒我們每天早晨去肯定生命，去認識生命的循環與季節，並對宇宙整體做出個人的貢獻。正如其他人所指出的那樣，如果死亡是站在出生的「對面」，那麼生命本身就沒有對立面；因此我們必須投入生活的過程，去「追隨我們的幸福」，如同約瑟夫‧坎貝爾（Joseph Campbell）的建議並體驗活著本身。

投入太陽的活動就是感覺真正活著，重新連結動力來源，它不僅比我們本身更偉大，更是我們重要的部分。作為一個占星師的工作是幫助客戶重新連結其生命力量——也就是其宇宙中心這道溫暖的光——努力成為他們必須成為的樣子。事實上，整張星盤都是可以用來幫助實現太陽位置的基本訊息，讓客戶了解自己的本命太陽位置，鼓勵他們從事其意涵的所有部分，我們有機會去幫助他們表現最個人、最令人信服的旅程：也就是他們的職業。

或許近 50 年來描述太陽星座的占星書如此盛行的原因，是因為它們切中的道出：為了感覺滿足以及特定目的，我們自知自己必須成為的樣子；太陽星座專欄文章將我們置於宇宙中心，於聚光燈下的片刻，無論如何，讓我們以簡短、容易理解的方式瞥見自我的召喚。

出生盤是一張地圖：可以幫助我們意識到本性及天賦之才的地圖。在此自我領悟和自我實現的過程中，我想引述兩位能言善道的占星師霍華‧薩斯波塔司和丹尼斯‧埃爾韋爾（Dennis Elwell）的話作為結束：**為了滿足命運的需求，我們要成為天生注定的樣子。**

《占星十二宮位研究》一書中，薩斯波塔司寫道：

應用於所謂「法」（dharma）的東方哲學象徵著內在的身分認同以及我們所有人天生潛在的生命模式……這些模式都有自己的真理和尊嚴……我們都具備一定的內在潛力與能力；更重要的是，我們的內心深處對於我們的真正本質、命運、能力以及生命的「召喚」有一種原始的理解或前意識的感知。我們不僅必須遵循特定路徑，而且在本能上，我們知道那是什麼。

加里・菲利普森（Garry Phillipson）於 1999 年的一次採訪中，丹尼斯・埃爾韋爾提醒我們：

在我們出生時宇宙將朝向特定目的、於某特定方向中持續運作，這象徵著太陽系的現狀，出生於當時的所有生物和事物，根據它們作爲工具的功能，想要更進一步的實現這些目的。你可能會說，無論是做爲個人或是集體，我們人類的使命是將微觀轉向宏觀……

我們的任務之一就是要建立自我成爲一個創意中心，我們並非自然的處於生命活動的核心，而是必須努力，並分階段來實現。這個職務與太陽的體現有關，但並非所有人都過著創造性的生活，我不是說大家都應該畫水彩、做刺繡或諸如此類，而是在我們所遭遇的生活情境中透過精神智慧、有意識的鍛煉而具有創造力。我們可以在所遇到的機遇和考驗中留下個性的的印記，或者我們也可以依照自己快樂或受傷的直接感受、如機器人一般反應出來。這樣的感受是屬於月亮的，它們的發生是某種條件式的反射，並充滿過去的經驗；而在另一方面太陽宣告：看哪，我將一切都更新了！

月亮是我們的衛星——是一種旅途中的安慰、一個塞滿生存的基本糧食的背包、有時是會讓我們感到沉重與疲憊不堪的行李；但是，這是我們圍繞太陽的旅程——看望它以及一年的每一天不同角度之下的黃道星座背景，這是幸福與再創造的眞正源泉。然而，在這次航行中，我們很快就意識到它並不是一個「終點」：我們的目標並不是到達太陽，但允許它成爲我們日常生活中的指引明燈，在每年及一生的旅程中——在它所帶來的季節裡全心投入。

工作表

	開創	固定	變動
火元素			
土元素			
風元素			
水元素			

盤主星		四個軸點及其連結
太陽的支配星		
太陽	月亮	上升

主要相位

高格林區

其它行星紀錄

停滯：
逆行：
落於0度： / 29度：
探索度數：
無相位：
世代行星之間的相位：
連續的合相：

主要相位的圖形

綜合分析

1. 行星的分佈

2. 四個軸角的星座組合

3. 太陽 / 月亮 / 上升三重奏

4. 元素和模式的平衡 / 不平衡

5. 主要相位

6. 主要圖形相位

7. 找出暗示

工作表

	開創	固定	變動
火元素			
土元素			
風元素			
水元素			

盤主星		四個軸點及其連結
太陽的支配星		
太陽	月亮	上升

主要相位

高格林區

其它行星紀錄

停滯：

逆行：

落於0度：　　/ 29度：

探索度數：

無相位：

世代行星之間的相位：

連續的合相：

主要相位的圖形

443

綜合分析

1. 行星的分佈

....

....

2. 四個軸角的星座組合

....

....

3. 太陽 / 月亮 / 上升三重奏

....

....

4. 元素和模式的平衡 / 不平衡

....

....

5. 主要相位

....

....

6. 主要圖形相位

....

....

7. 找出暗示

....

....

國家圖書館出版品預行編目資料

揭開星盤之謎：全方位星盤解讀，帶你活出自己的人生藍圖／法蘭克・
柯利佛（Frank C. Clifford）著；陳燕慧、馮少龍 譯. -- 初版 .-- 臺北
市：商周出版：家庭傳媒城邦分公司發行, 2017（民106.12）
　　456面；17X23公分

ISBN 978-986-477-381-7（平裝）

占星術

292.22　　　　　　　　　　　　　　　　　　106023850

BF6025

揭開星盤之謎：
全方位星盤解讀，帶你活出自己的人生藍圖

原 書 名／Getting To The Heart Of Your Chart：Playing astrological detective
作 者／法蘭克・柯利佛（Frank C. Clifford）
譯 者／陳燕慧、馮少龍
企 劃 選 書／何宜珍
特 約 編 輯／劉毓玟
責 任 編 輯／何若文
版 權／翁靜如、吳亭儀
行 銷 業 務／闕睿甫、石一志

總 編 輯／何宜珍
總 經 理／彭之琬
發 行 人／何飛鵬
法 律 顧 問／元禾法律事務所　王子文律師
出 版／商周出版
　　　　　　台北市104中山區民生東路二段 141 號 9 樓
　　　　　　電話：(02) 2500-7008　傳真：(02) 2500-7759
　　　　　　E-mail：bwp_service@cite.com.tw
發 行／英屬蓋曼群島商家庭傳媒股份有限公司城邦分公司
　　　　　　台北市中山區民生東路二段 141 號 2 樓
　　　　　　讀者服務專線：0800-020-299　24小時傳眞服務：(02) 2517-0999
　　　　　　讀者服務信箱E-mail：cs@cite.com.tw
劃 撥 帳 號／19833503　戶名：英屬蓋曼群島商家庭傳媒股份有限公司城邦分公司
訂 購 服 務／書虫股份有限公司客服專線：(02)2500-7718；2500-7719
　　　　　　服務時間：週一至週五上午09:30-12:00；下午13:30-17:00
　　　　　　24小時傳真專線：(02)2500-1990；2500-1991
　　　　　　劃撥帳號：19863813　戶名：書虫股份有限公司
　　　　　　E-mail：service@readingclub.com.tw
香港發行所／城邦（香港）出版集團有限公司
　　　　　　香港灣仔駱克道 193 號東超商業中心 1 樓
　　　　　　電話：(852) 2508-6231　　傳眞：(852) 2578-9337
馬新發行所／城邦（馬新）出版集團　Cité (M) Sdn. Bhd.
　　　　　　41, Jalan Radin Anum, Bandar Baru Sri Petaling,
　　　　　　57000 Kuala Lumpur, Malaysia.
　　　　　　電話：(603) 9057-8822　傳真：(603)9057-6622
商周出版部落格／http://bwp25007008.pixnet.net/blog
行政院新聞局北市業字第913號

封 面 設 計／黃聖文
內 頁 排 版／游淑萍
印 刷／高典印刷有限公司
印 刷／聯合發行股份有限公司　電話：(02) 2917-8022　傳真：(02)2911-0053

■ 2017 年（民 106）12 月 26 日初版
■ 2023 年（民 112）9 月 8 日初版3.5刷

Printed in Taiwan

城邦讀書花園
www.cite.com.tw

售價／650元

版權所有・翻印必究
ISBN　978-986-477-381-7
Getting to The Heart of Your Chart: Playing Astrological Detective
Copyright © Frank C. Clifford 2012
Complex Chinese language edition published in agreement with Flare Publications and The London
School of Astrology Ltd.
Complex Chinese language edition © 2017 by Business Weekly Publications, a division of Cite
Publishing Ltd.
All rights reserved.

廣　告　回　函
北區郵政管理登記證
台北廣字第000791號
郵資已付，免貼郵票

104台北市民生東路二段 141 號 2 樓

英屬蓋曼群島商家庭傳媒股份有限公司　城邦分公司

- -

請沿虛線對摺，謝謝！

書號：BF6025	書名：揭開星盤之謎： 全方位星盤解讀，帶你活出自己的人生藍圖	編碼：

 商周出版

讀 者 回 函 卡

謝謝您購買我們出版的書籍！請費心填寫此回函卡，我們將不定期寄上城邦集團最新的出版訊息。

姓名：＿＿＿＿＿＿＿＿＿＿＿＿＿＿＿＿＿＿

性別：□男　□女

生日：西元 ＿＿＿＿＿＿ 月 ＿＿＿＿＿ 日 ＿＿＿＿＿

地址：＿＿＿＿＿＿＿＿＿＿＿＿＿＿＿＿＿＿

聯絡電話：＿＿＿＿＿＿＿　傳真：＿＿＿＿＿＿＿

E-mail：＿＿＿＿＿＿＿＿＿＿＿＿＿＿＿＿

職業：□1.學生 □2.軍公教 □3.服務 □4.金融 □5.製造 □6.資訊

□7.傳播 □8.自由業 □9.農漁牧 □10.家管 □11.退休

□12.其他 ＿＿＿＿＿＿＿＿＿＿＿＿

您從何種方式得知本書消息？

□1.書店□2.網路□3.報紙□4.雜誌□5.廣播 □6.電視 □7.親友推薦

□8.其他 ＿＿＿＿＿＿＿＿＿＿＿

您通常以何種方式購書？

□1.書店□2.網路□3.傳真訂購□4.郵局劃撥 □5.其他 ＿＿＿＿＿

您喜歡閱讀哪些類別的書籍？

□1.財經商業□2.自然科學 □3.歷史□4.法律□5.文學□6.休閒旅遊

□7.小說□8.人物傳記□9.生活、勵志□10.其他 ＿＿＿＿＿＿

對我們的建議：＿＿＿＿＿＿＿＿＿＿＿＿＿＿＿＿

＿＿＿＿＿＿＿＿＿＿＿＿＿＿＿＿＿＿＿＿

＿＿＿＿＿＿＿＿＿＿＿＿＿＿＿＿＿＿＿＿

＿＿＿＿＿＿＿＿＿＿＿＿＿＿＿＿＿＿＿＿